# अर्नेस्ट हेमिंग्वे

20वीं शताब्दी के महान उपान्यासकारों में से एक अर्नेस्ट हेमिंग्वे का जन्म 21 जुलाई, 1899 को सिसरो (अब ओक पार्क में), इलिनोइस में हुआ। हेमिंग्वे ने प्रथम विश्व युद्ध के दौरान एक स्वयं सेवक के रूप में इटली की सेना में एम्बुलेंस सर्विस में काम किया था। जहाँ वह गम्भीर रूप से घायल भी हुए। उनकी सेवा भावना और लगन के लिए उन्हें इटैलियन आर्मी की ओर से सम्मानित किया गया।

अपने पहले कहनी-संग्रह 'इन आवर टाइम' के प्रकाशित होने से पहले उन्होंने पत्रकारिता के क्षेत्र में कार्य किया। उस वक़्त उनकी उम्र 17 साल थी। उनके प्रसिद्ध उपन्यासों में 'द सन ऑल्सो राइजेज़', 'ए फेयरवेल टु ऑर्म्स', 'फॉर हूम द बेल टोल्स' है। 1953 में उन्हें उनके उपन्यास 'द ओल्ड मैन एंड द सी' के लिए 'पुल्तिज़र पुरस्कार' मिला। उन्हें 1954 में 'नोबल पुरस्कार' से सम्मानित किया गया।

**निधन** : 2 जुलाई 1961

## अनुवाद : अजय चौधरी

1967 में जन्मे अजय चौधरी ने प्रारम्भिक शिक्षा अपने गृह जनपद एटा में पूरी की और उसके बाद अलीगढ़ मुस्लिम विश्वविद्यालय का रुख किया। अंग्रेजी साहित्य में प्रथम श्रेणी में बी.ए. (ऑनर्स) और तदुपरान्त एम.बी.ए. किया। घर और अलीगढ़ के समृद्ध साहित्यिक परिवेश की छाँव में साहित्य के गम्भीर छात्र बने। छात्र जीवन में खेल, नाटक, वाद-विवाद में विशिष्ट अभिरुचि के साथ कई आन्दोलनों में सक्रिय भागीदारी निभाई। 1996 में भारतीय पुलिस सेवा के सदस्य बने। सरकारी सेवा में जनपक्षधरता और साम्प्रदायिक सद्भावना के सिपाही माने जाते हैं। 'ए फेयरवेल टु आर्म्स' का हिन्दी अनुवाद उनकी पहली कोशिश है।

# शस्त्र-विदाई

अर्नेस्ट हेमिंग्वे

*A Farewell to Arms*

का अंग्रेज़ी से अनुवाद

अजय चौधरी

राजकमल पेपरबैक्स

मूल कृति *'A Farewell to Arms'* का अनुवाद

राजकमल पेपरबैक्स में
**पहला संस्करण :** 2015
**तीसरा संस्करण :** 2026



---

**राजकमल पेपरबैक्स :** उत्कृष्ट साहित्य के जनसुलभ संस्करण

---

राजकमल प्रकाशन प्रा.लि.
1-बी, नेताजी सुभाष मार्ग, दरियागंज
नई दिल्ली-110 002
द्वारा प्रकाशित

**शाखाएँ :** अशोक राजपथ, साइंस कॉलेज के सामने, पटना-800 006
पहली मंजिल, दरबारी बिल्डिंग, महात्मा गांधी मार्ग, प्रयागराज-211 001
1, अनमोल सोराबजी सन्तुक लेन, धोबी तलाव, मरीन लाइंस, मुम्बई-400 002

वेबसाइट : www.rajkamalprakashan.com
ई-मेल : info@rajkamalprakashan.com

बी.के. ऑफसेट
नवीन शाहदरा, दिल्ली-110 032
द्वारा मुद्रित

**मूल्य : ₹** 399

SHASTRA VIDAAI
*Novel by* Ernest Hamingway
*Translated by* Ajay Chaudhary

ISBN : 978-81-267-2775-9

# अनुवादक की ओर से

महान अमरीकी लेखक हेमिंग्वे का उपन्यास 'ए फेयरवेल टु आर्म्स' पहली बार 1983 में पढ़ा। कितना समझ में आया, नहीं पता लेकिन कहीं न कहीं उपन्यास ने मुझे छुआ। आगे चलकर ऐसा लगा कि यह महान उपन्यास हिन्दी के पाठकों को भी उपलब्ध होना चाहिए। यह कोशिश मैंने अपने अरुणाचल प्रवास में प्रारम्भ की। धीरे-धीरे सफल हुआ। कॉपीराइट के कारणों से प्रकाशन सम्भव नहीं हो पा रहा था। राजकमल प्रकाशन समूह के प्रबन्ध निदेशक अशोक महेश्वरी जी के अथक प्रयास से आखिरकार बात बन गई और 'ए फेयरवेल टु आर्म्स' हिन्दी में आपके सामने है।

इस प्रयास में मेरे प्रेरणास्रोत मेरे पिताजी डॉ. रामसिंह यादव हैं जो स्वयं साहित्यकार हैं और माँ के आशीर्वाद के बिना कोई काम कभी पूरा हुआ है? बड़े भाई मेजर संजय यादव के मार्गदर्शन ने लगातार पूरे जीवन का ही पथ प्रशस्त किया है। जीवनसंगिनी अंबिका के स्नेहसिक्त सहयोग के लिए धन्यवाद हमेशा अपर्याप्त ही है। मित्रों, परिजनों की शुभकामनाओं के मामले में भी बहुत भाग्यशाली रहा हूँ।

आस्था और यश की प्रकाशन के प्रति उत्सुकता लगातार प्रेरित करती रही। अपनी कोशिश आपके हवाले कर रहा हूँ। सुधार के लिए सुझावों की अपेक्षा के साथ।

**—अजय चौधरी**

# खंड-1

# अध्याय-1

गर्मियों के उत्तरार्द्ध में हम एक गाँव में रहते थे जो नदी के पार था और पहाड़ के मुकाबले समतल जमीन पर था। नदी की तलहटी में धूप में चमकते हुए छोटे-बड़े पत्थर थे। नदी का साफ पानी विभिन्न धाराओं में तेजी से चलते हुए नीला दिखाई पड़ता था। सेनाएँ घर के पास सड़क से निकलती थीं और उड़ती हुई धूल से पेड़ों की पत्तियाँ रँग जाती थीं। पेड़ों के पत्ते भी धूल से भरे थे, उस साल पतझड़ भी कुछ जल्दी हो गया था। सड़क पर मार्च करती हुई फौजों को हम देखते रहते थे। उनके गुजरने से उठनेवाली हवा में धूल और पत्तियाँ उठती-गिरती थीं। सैनिकों के गुजर जाने के बाद खाली और सफेद सड़क पर रह जाती थीं सिर्फ—पत्तियाँ।

मैदान में कई फसलें थीं। फलदार पेड़ों के कई भाग थे और मैदानों के पार के पहाड़ बादामी रंग के थे जिन पर कोई पेड़-पौधे नहीं थे। पहाड़ों में युद्ध चल रहा था और रात में तोपों की आग की चमक हमें दिखाई देती थी। अँधेरे में यह गर्मी की बिजली की कड़क की तरह थी लेकिन रातें ठंडी थीं और ऐसा नहीं लगता था कि तूफान आएगा।

अँधेरे में रात्रि के मध्यकाल के बाद हम खिड़की के नीचे से फौजों का मार्च सुनते थे। तोपों को मोटर-ट्रैक्टरों से खींचकर ले जाया जाता था। रात में सड़कों पर भारी यातायात था और बहुत सारे खच्चरों की काठी के दोनों तरफ बोरों में गोला और बारूद लादकर ले जाया जा रहा था। ट्रकों में सवार आदमी उन्हें ले जाते थे। अन्य दूसरे भरे ट्रकों के ऊपर टाट ढका था जो धीरे-धीरे चलते थे।

कुछ बहुत बड़ी तोपें भी थीं जिन्हें ट्रैक्टरों से दिन में ले जाया जाता था। तोपों की लम्बी नालों को हरी टहनियों और पत्तियों से ढक दिया जाता था।

उत्तर में एक घाटी थी और अखरोट का एक बाग भी दिखाई देता था। उसके पीछे नदी के इस ओर एक पहाड़ था। उस पहाड़ के लिए भी लड़ाई हो रही थी, लेकिन इसमें सफलता नहीं मिली। वसन्त की वर्षा में अखरोट के पेड़ों की सभी पत्तियाँ झड़ गईं। टहनियाँ खाली हो गईं और पेड़ों के तने बारिश से काले पड़ गए।

अंगूर के बाग भी पतले से और नंगी टहनियाँ लिये थे। पूरा इलाका इस वसन्त में भीगा, बादामी और मृत-सा था। नदी के ऊपर धुँधलका था और पहाड़ों पर बादल घुमड़ते थे। ट्रक सड़क पर कीचड़ उछालते हुए चलते थे। फौजी टुकड़ियाँ भी

कीचड़ से सनी हुई और भीगी हुई दिखती थीं। उनकी राइफलें भी भीगी थीं और उनकी कैप्स के नीचे चमड़े के दो कारतूसों की पेटियाँ बैल्ट के अगले हिस्से में बँधी रहती थीं। 6.5 एम.एम. के नुकीले कारतूसों के भूरे रंग के चमड़े के बक्से मार्च करते हुए ऐसे उभरते थे जैसे सिपाहियों के छह महीने का गर्भ हो।

छोटी-मोटी स्लेटी रंग की कारें भी वहाँ से तेजी से गुजरती थीं। आमतौर पर उनमें अधिकारी बैठते थे। ड्राइवर के साथ वाली सीट पर एक अधिकारी होता था और पीछे की सीटों पर दूसरे अधिकारी। ये गाड़ियाँ ज्यादा कीचड़ उछालती थीं। पीछे बैठनेवाले अधिकारियों में अगर कोई छोटा होता और दो जनरलों के बीच में बैठ जाता तो उसका चेहरा दिखना मुश्किल होता। उसकी टोपी का सिर्फ ऊपरी हिस्सा और पीठ दिखती थी। अगर गाड़ी बहुत ज्यादा तेजी से गुजरती तो सम्भवत: वह राजा की गाड़ी होती थी। राजा यूडीन में रहता था। वह लगभग रोजाना इस रास्ते पर हालात का जायजा लेने आता था और बदकिस्मती से हालात बहुत ज्यादा खराब थे।

जाड़ा शुरू होते ही लगातार बारिश शुरू हो गई। बरसात के साथ ही कॉलेरा भी आया। इसे नियन्त्रित तो कर लिया गया लेकिन अन्त में पता चला कि इससे फौज में सात हजार मौतें हुईं।

## अध्याय-2

अगले साल कई जीतें हासिल हुईं। घाटी के पास के पहाड़ और पहाड़ी के साथ जहाँ अखरोट का जंगल था उस पर हमने कब्जा कर लिया। मैदानों के पास दक्षिणी पठार पर भी जीत हुई। अगस्त में हमने नदी पार कर ली। अब हम गोरिजिया में एक मकान में रहने लगे थे जिसके दीवार से घिरे बगीचे में एक झरना और बहुत से घने छायादार पेड़ थे। अब लड़ाई अगली पर्वतमाला पर थी जो एक मील से ज्यादा दूर नहीं थी। कस्बा बड़ा अच्छा था और हमारा घर भी सुन्दर था। पीछे एक नदी बहती थी। कस्बे को बड़े कायदे से कब्जे में कर लिया गया था। लेकिन उस ओर के पहाड़ों पर अधिकार नहीं हो सका था। मैं इस बात से खुश था कि ऑस्ट्रियन युद्ध समाप्त होने पर वहाँ वापस आना चाहते थे। क्योंकि उन्होंने बमों का धमाका कर इसे नष्ट नहीं किया था लेकिन एक सीमित-सी फौजी कार्रवाई की थी। लोग अभी यहाँ रह रहे थे। यहाँ दूसरे तोप के गोलों से रेलवे पुल पर निशान बन गए थे। नदी के साथ बनी खन्दकें टूट गई थीं।

यही वह स्थान था जहाँ युद्ध चला था। लोग अभी भी यहाँ रह रहे थे। यहाँ दूसरी तरफ हॉस्पिटल, कैफे, आर्टिलरी कैम्प और दो वेश्यालय थे, एक जवानों के

लिए और एक अधिकारियों के लिए। गर्मियों की समाप्ति के साथ रातें ठंडी होने लगीं और कस्बे पार पहाड़ों में चलनेवाली लड़ाई जारी थी ही।

चौक के आसपास पेड़ों का झुरमुट था। चौक तक जानेवाली सड़क के साथ थी—लम्बी वृक्षवीथि। कस्बे में लड़कियों की मौजूदगी थी ही। अपनी मोटरगाड़ी से गुजरता हुआ राजा, कभी अपने आपको देखता हुआ, लम्बी गरदन वाला शरीर और बकरे जैसी मोटी दाढ़ी। इस सबके साथ घरों के अन्दरूनी हिस्से जिनकी दीवारें बमबारी में नष्ट हो गई थीं, उनके बगीचों और गलियों में पड़ा हुआ मलबा और कार्सो पर सब कुछ ठीक-ठाक गुजरता हुआ। इस सबने इस पतझड़ को पिछले पतझड़ से जब हम गाँव में थे, बिलकुल अलग बना दिया था। युद्ध की प्रकृति भी बदल गई थी।

कस्बे के पार के पहाड़ों में ओक का जंगल खत्म हो गया था। गर्मी में जब कस्बे में आए थे तो जंगल हरा-भरा था। लेकिन अब सिर्फ ठूँठ और सूखे हुए तने भर थे। जमीन चटक गई थी। पतझड़ के अन्त में एक दिन जब मैं वहाँ गया जहाँ ओक का जंगल था तो मैंने पहाड़ पर बादल को मँडराते देखा। बादल का टुकड़ा तेजी से आया, सूरज धुँधला कर पीला हुआ और तभी अचानक सब कुछ भूरा-भूरा हो गया। आसमान ढक गया, बादल नीचे उतरकर पर्वत पर आ गए। हम सब उसी में थे और बर्फ गिर गई। बर्फ हवा के बरखिलाफ ढलान पर आ गई, खाली जमीन भर गई, पेड़ों के ठूँठ और नुकीले हो गए। तोपों के ऊपर भी बर्फ थी। खन्दकों के पीछे बने शौचालय की ओर जानेवाले रास्ते बर्फ में दिखते थे।

बाद में अधिकारियों के वेश्यालय की खिड़की से अपने दोस्त के साथ ऐस्टी पेय पीते हुए मैंने हिमपात देखा। उस धीमे और भारी हिमपात को देखते हुए हम जान रहे थे कि अब इस साल कुछ नहीं होगा। नदी के ऊपर के पहाड़ हासिल नहीं हो सके थे। दरअसल नदी पार का कोई भी पहाड़ हासिल नहीं हुआ था। सब कुछ अगली साल के लिए छोड़ दिया गया था। मेरे दोस्त ने गली से निकलते हुए पादरी को देखा। पिघलती हुई बर्फ में चलते हुए वह बड़ी सावधानी बरत रहा था। पादरी का ध्यान आकर्षित करने के लिए उसने खिड़की पर मुक्का मारा। पादरी ने हमें देखा और मुस्कुराया। मेरे दोस्त ने उससे अन्दर आने का प्रस्ताव रखा। पादरी ने सिर हिलाया और चलता गया। उस रात मैस में मोटी सेवई को सभी ने बड़ी तेजी और गम्भीरता से खाया। काँटे में मोटी सेवई तब तक लटकती रहती थी जब तक सारे तन्तु साफ न हो जाएँ और फिर हम मुँह से सुड़कते थे। शराब हम लोग घास से ढके गैलन से झुकाकर निकालते थे और साफ सुर्ख, प्यारी शोषित शराब उसी हाथ में पकड़े हुए गिलास में ढल जाती थी। थोड़ी देर बाद कैप्टन ने पादरी की खिंचाई शुरू कर दी।

पादरी नौजवान था और बहुत जल्दी शरमा जाता था। वह हमारी ही तरह वर्दी पहनता था लेकिन उसकी कमीज की बाईं जेब से ऊपर गहरे लाल रंग के मखमल

का क्रॉस बना रहता था। कैप्टन मेरे लिए मिश्रित इटैलियन में बोला ताकि मैं सब पूरी तरह समझ जाऊँ, कुछ भी ऐसा न रहे जो समझ में न आए।

''आज पादरी लड़कियों के साथ था।'' कैप्टन ने पादरी और मेरी तरफ देखते हुए कहा। पादरी मुस्कराया और शर्म से उसका सिर झुक गया। कैप्टन अक्सर उसको सताया करता था।

''क्या यह सब नहीं है?'' कैप्टन ने पूछा, ''आज मैंने पादरी को लड़कियों के साथ देखा था।''

''नहीं, नहीं।'' पादरी बोला। दूसरे अफसर पादरी को छेड़ने पर मजा ले रहे थे।

''पादरी लड़कियों के साथ नहीं था। पादरी कभी भी लड़कियों के साथ नहीं था।'' कैप्टन ने मुझे समझाया। उसने मेरा गिलास लेकर भरा, उसकी निगाहें मुझ पर ही टिकी हुई थीं, लेकिन पादरी भी उसकी निगाहों की पहुँच के बाहर नहीं था।

''पादरी हर रात अकेला पाँच-पाँच के साथ।'' मेज पर बैठे हुए सभी लोग हँस पड़े।

''तुम समझे? पादरी हर रात पाँच-पाँच के साथ अकेला?'' उसने इशारा किया और जोर से हँसा। पादरी ने इसे मजाक मानकर स्वीकार कर लिया।

''पोप चाहते हैं कि ऑस्ट्रियन युद्ध जीत जाएँ।'' मेजर बोला, ''वह फ्रैंज जोसेफ को प्यार करता है। वहीं से तो पैसा आता है। भई मैं तो नास्तिक हूँ।''

''क्या तुमने कभी 'ब्लैक पिग' पढ़ी है?'' लेफ्टिनेंट ने कहा, ''मैं आपको एक प्रति दूँगा। यह ऐसी किताब है जिसने मेरे विश्वास को हिला दिया।''

''यह एक गन्दी और भ्रष्ट किताब है। आप इसे पसन्द नहीं कर सकते।'' पादरी बोला।

''किताब बहुत महत्त्वपूर्ण है।'' लेफ्टिनेंट बोला, ''इसमें उस तरह के पादरी के बारे में बहुत बातें हैं, तुम्हें जरूर पसन्द आएगी।'' उसने मुझसे कहा।

मैं पादरी की ओर देखकर मुस्कुराया और पादरी भी मोमबत्ती की रोशनी के पार मुस्कुराया। ''तुम नहीं पढ़ते हो क्या?'' उसने पूछा।

''मैं तुम्हारे लिए लाऊँगा।'' लेफ्टिनेंट बोला।

''सभी समझदार लोग नास्तिक होते हैं।'' मेजर ने राय दी, ''लेकिन स्वतन्त्र रूप से फ्री मैसंस में मेरा यकीन नहीं है।''

''मुझे फ्री मैसंस में यकीन है।'' लेफ्टिनेंट बोला, ''यह एक उदार संगठन है।''

तभी कोई अन्दर घुसा। जैसे ही दरवाजा खुला मुझे बर्फ गिरती हुई दिखी।

मैंने कहा, ''चूँकि बर्फ गिर चुकी है इसलिए अब ज्यादा आक्रमण नहीं होंगे।''

''निश्चय ही नहीं।'' मेजर ने कहा, ''तुम छुट्टी चले जाओ। तुम्हें रोम, नेपल्स और सिसिली जाना चाहिए।''

''इन्हें एमाल्फी जाना चाहिए।'' लेफ्टिनेंट ने कहा, ''वहाँ अपने परिवार वालों के लिए मैं तुम्हें कार्ड दूँगा। वे लोग तुम्हें बेटे की तरह प्यार करेंगे।''

''उसे पौलेरमो जाना चाहिए।'' किसी ने कहा।

''उसे कापरी जाना चाहिए।'' किसी और ने कहा।

पादरी ने कहा, ''मैं तो चाहूँगा कि तुम 'ऐब्रूजी' जाओ और 'कैप्राकोटा' में मेरे परिवार से मिलो।''

''अब लो इनकी ऐब्रूजी की बात सुनो। वहाँ इधर से भी ज्यादा बर्फ है। भाई उसे किसानों को नहीं देखना है, उसे संस्कृति और सभ्यता के केन्द्र घूमने दो।''

''उसे अच्छी लड़कियाँ मिलनी चाहिए। मैं तुम्हें नैपल्स में ऐसी जगहों के पते दे दूँगा। खूबसूरत जवान लड़कियाँ—अपनी माँओं के साथ।'' हा! हा!! हा!!! के ठहाके लगने लगे।

कैप्टन ने अपने हाथों को खोला, अँगूठा और उँगलियाँ फैली हुई दिखती हैं जब उन्हें छायाचित्र में देखते हैं। उसके हाथ की छाया से दीवार पर एक छायाचित्र उभर रहा था। उसने इटैलियन भाषा को मिश्रित करते हुए दोबारा कहा, ''तुम लोग इस तरह जाओगे।'' उसने अँगूठे की तरफ केन्द्रित किया, ''और इस तरह वापस आओगे।'' तर्जनी उँगली को नीचे झुकाते हुए उसने इशारा किया। सभी को हँसी आ गई।

''देखो।'' कैप्टन ने कहा। उसने अपना हाथ पुन: खोला। दोबारा मोमबती की रोशनी की छाया दीवार पर बनाई। अँगूठे को सीधा ऊपर किया व उँगलियों को क्रमवार नाम दिया, ''सोटो टैनेंटी (अँगूठा), टैनेंटी (पहली उँगली), केप्टिनो (अगली उँगली), मेग्गियोर (छोटी उँगली से आगे की उँगली) और टैनेंटो की तरह जाओगे और कोलोनेली की तरह वापस आओगे।'' सभी हँस पड़े। कैप्टन ने उँगलियों के खेल से महान सफलता हासिल की। कैप्टन ने पादरी की तरफ देखा और चिल्लाया, ''पादरी हर रात पाँच-पाँच के साथ अकेला।'' सब हँस पड़े।

''तुम फौरन छुट्टी चले जाओ।'' मेजर ने कहा।

लेफ्टिनेंट ने कहा, ''मेरी इच्छा है मैं तुम्हारे साथ चलूँ और बहुत सी चीजें दिखाऊँ।''

''तुम वापस आओ तो एक फोटोग्राफ ले आना।''

''कुछ अच्छी औपेरा डिस्क ले आना।''

''कैरूसो ले आना।''

''नहीं, कैरूसो नहीं वह रेंकता है।''

''तुम लोग नहीं चाहते कि तुम भी उसकी तरह रेंक सको।''

''वह रेंकता है, मैं कहता हूँ कि वह रेंकता है।''

''मैं चाहता हूँ कि तुम ऐब्रूजी ही जाओ।'' पादरी ने कहा। दूसरे चिल्ला रहे थे। ''वहाँ शिकार बहुत अच्छा है, लोग तुम्हें पसन्द आएँगे, हालाँकि वहाँ ठंड है लेकिन मौसम साफ और सूखा है। तुम मेरे परिवार के साथ ठहर सकते हो। मेरे पिता मशहूर शिकारी हैं।''

''चलो जाओ, इससे पहले कि वेश्यालय बन्द हो जाए वहाँ चलें।'' कैप्टन बोला।

''शुभ रात्रि।'' मैंने पादरी से कहा।

पादरी ने जवाब में कहा, ''शुभ रात्रि।''

## अध्याय-3

जब मैं वापस मोर्चे पर लौटा तो हम लोग उसी शहर में रह रहे थे। क्षेत्र में तोपों की संख्या बढ़ गई थी और वसन्त आ गया था। खेत हरे-भरे थे, अंगूर की बेलों से छोटे-छोटे किल्ले फूट रहे थे। सड़क के किनारे के पेड़ों पर छोटी-छोटी पत्तियाँ थीं और समुद्र से मन्द समीर के झोंके उठते थे। मैंने कस्बे को पहाड़ी समेत देखा और उसी के ऊपर पुराना महल जो पहाड़ियों के बीच एक कप में बना था। दूर तक पहाड़—बादामी पहाड़ जिनकी ढलान पर थोड़ी-बहुत हरियाली थी। कस्बे में तोपें बढ़ गई थीं, कुछ नए अस्पताल थे, गलियों में ब्रिटिश आदमी और कभी-कभी औरतें भी दिख जाती थीं, कुछ और घरों पर भी गोले गिरे थे। अभी थोड़ी गर्मी थी। मैं पेड़ों की कतारों के साथ चलता गया।

दीवारों पर गिरती धूप से गर्मी उठ रही थी, मैंने पाया कि हम अभी भी उसी मकान में रहते थे। यह अब भी वैसा ही था जैसा मेरे घर जाने से पहले। दरवाजा खुला हुआ था, एक सिपाही धूप में बैंच पर बैठा हुआ था, किनारे के दरवाजों पर एक एम्बुलैंस इन्तजार कर रही थी। दरवाजों के अन्दर जैसे ही मैं घुसा संगमरमर के फर्श और हॉस्पिटल की महक मेरे नथुनों में घुसी। सब कुछ वैसे ही था जैसा मैं छोड़कर गया था सिवाय वसन्त के। मैंने बड़े कमरे के दरवाजे के अन्दर झाँककर देखा, मेजर अपनी मेज पर बैठा था, खिड़की खुली थी और सूरज की रोशनी कमरे में आ रही थी। उसने मुझे नहीं देखा। मैं समझ नहीं पा रहा था कि पहले जाकर रिपोर्ट कर दूँ या पहले ऊपर जाकर नहा-धो लूँ। मैंने ऊपर जाने का फैसला किया।

लेफ्टिनेंट रिनाल्डी के साथ जिसके कमरे में मैं रहता था वहाँ से आँगन दिखाई पड़ता था। खिड़की खुली थी, मेरा बिस्तर कम्बलों से तैयार किया गया था, मेरी चीजें दीवार पर लटक रही थीं, टीन के एक आयताकार डिब्बे में गैस मास्क और उसी खूँटी पर स्टील का हैलमेट था। बिस्तर के पैरों की ओर मेरा ट्रंक था और तेल से चमकदार जूते ट्रंक के ऊपर रखे थे। नीली अष्टकोणीय बैरल और गहरे रंग के अखरोट की लकड़ी की बट वाली मेरी ऑस्ट्रियन स्नाइपर राइफल जिसमें चीक फील्ड और स्टॉक था दोनों बिस्तरों के बीच लटकी हुई थी। इस पर जो टेलीस्कोप फिट था, मुझे याद है ट्रंक में ताला लगाकर रखा था। लैफ्टिनेंट रिनाल्डी दूसरे बिस्तर पर सोया हुआ था। कमरे में मेरे होने की आवाज से वह जाग गया और उठकर बैठ गया।

‘‘सियाऊ।’’ उसने कहा, ‘‘और कैसे गुजरे दिन।’’

‘‘बहुत अच्छे।’’

हमने हाथ मिलाया और उसने अपना हाथ मेरी गरदन पर रखकर मुझे चूम लिया।

‘‘उफ!’’ मैंने कहा।

‘‘गन्दे हो तुम।’’ वह बोला, ‘‘तुम्हें नहाना चाहिए। तुम कहाँ गए और क्या-क्या किया मुझे एकदम सारा बता दो।’’

‘‘मैं हर जगह गया—मिलान, फ्लोरेंस, रोम, नेपल्स, विला सैन गियोवनी, मैसीना, टाओर्मिना...।’’

‘‘तुम टाइम-टेबल की तरह बोल रहे हो, अरे भाई कोई खूबसूरत रोमांचक घटना हुई ?’’

‘‘हाँ।’’

‘‘कहाँ।’’

‘‘मिलानो में, फिरेंज में, रोम में, नैपोली में...।’’

‘‘बस, बस इतना काफी है। सही-सही बताओ सबसे अच्छी कौन-सी थी ?’’

‘‘मिलानो में।’’

‘‘वह शायद इसलिए कि वह पहली थी। कहाँ मिली तुम्हें वह कोवा में ? कहाँ गए तुम उसके साथ ? कैसा लगता था मुझे सारा बताओ। तुम पूरी रात साथ रहे ?’’

‘‘हाँ।’’

‘‘अरे, यह सब कुछ भी नहीं है। यहाँ अब एक से एक खूबसूरत लड़कियाँ हैं। बिलकुल नई-नई जो पहले कभी मोर्चे पर नहीं गईं।’’

‘‘आश्यर्चजनक।’’

‘‘नहीं, यकीन नहीं हो रहा मुझ पर ? आओ दोपहर में चलेंगे तो देख लेना। शहर में सुन्दर इंगलिश लड़कियाँ भी आई हुई हैं। मुझे तो मिस बर्कले से प्यार हो गया है, मिलवाऊँगा तुम्हें भी। हो सकता है मैं बर्कले से शादी कर लूँ।’’

‘‘मुझे अभी नहाना है और रिपोर्ट भी करना है। क्या अब कोई काम नहीं करता है ? जब से तुम गए हो यहाँ सिर्फ शीतदंश, बिवाई का फटना, जॉडिस, सुजाक, इन्फेक्शन, न्यूमोनिया ही होते रहे हैं। हर सप्ताह कोई न कोई चट्टानी टुकड़ों से घायल हो जाता है। कुछ लोग तो वास्तव में घायल हुए हैं। अगले हफ्ते युद्ध शुरू हो जाएगा। शायद पुन: शुरू हो जाए। ऐसा लोग कह रहे हैं। तुम्हें लगता है कि मेरा मिस बर्कले से युद्ध के बाद ही शादी करना ठीक रहेगा ?’’

‘‘बिलकुल।’’ मैंने कहा और पानी का भरा हुआ बरतन अपने ऊपर उँड़ेल दिया।

‘‘आज रात तुम मुझे सारी बात बताओगे ?’’ रिनाल्डी ने कहा, ‘‘अब मुझे सो जाना चाहिए जिससे मिस बर्कले के लिए ताजा और सुन्दर लग सकूँ।’’

मैंने अपनी ट्यूनिक और कमीज उतारी और बेसिन में भरे ठंडे पानी से धो दिया। तौलिए से बदन रगड़ते हुए कमरे के अन्दर-बाहर देखा। रिनाल्डी आँखें बन्द किए अपने बिस्तर पर पड़ा था। वह सुन्दर था, मेरा हमउम्र और अमाल्फी का निवासी था। वह सर्जन बनना चाहता था। हमलोग बहुत अच्छे दोस्त थे। मैं जब उसकी ओर देख रहा था तभी उसने आँखें खोलीं।

''कुछ पैसे हैं तुम्हारे पास?''

''हाँ।''

''मुझे पचास लीरा उधार दे दो।''

मैंने हाथ सुखाए और दीवार पर लटकी हुई ट्यूनिक की जेब से अपनी पॉकेट-बुक निकाली। रिनाल्डी ने नोट लिया, बिस्तर पर लेटे-लेटे उसे मोड़ा और अपने अंडरवियर की जेब में रख लिया। वह मुस्कुराया, ''मिस बर्कले पर मेरे अमीर आदमी होने की छवि बननी चाहिए। तुम मेरे अच्छे महान मित्र और वित्तीय संरक्षक हो।''

''भाड़ में जाओ।'' मैंने कहा।

उस रात मैं मैस में पादरी के साथ बैठा। उसे यह जानकर बड़ी निराशा और चोट पहुँची कि मैं 'एब्रूजी' नहीं गया। उसने अपने पिताजी को चिट्ठी लिख दी थी कि मैं आ रहा हूँ और उन्होंने तैयारी भी कर ली थी। खैर मुझे भी उतना ही बुरा लग रहा था। मैं समझ नहीं पा रहा था कि मैं वहाँ क्यों नहीं गया? दरअसल मैं जाना भी चाहता था। मैंने उसे समझाने की कोशिश की कि कैसे एक के बाद चीजें बदलती गईं? अन्ततोगत्वा वह समझ गया और उसने मान लिया कि मैं वाकई जाना चाहता था और जो मैं कह रहा था, वह ठीक था। मैं अच्छी-खासी शराब पी चुका था और उसके बाद कॉफी और स्टैगा जैसी कीमती शराब भी। शराब की मस्ती में मैंने कहा कि कैसे कभी-कभी हम जो करना चाहते हैं वह नहीं करते और हमने ऐसा कभी नहीं किया।

हम दोनों बात कर रहे थे और दूसरे लोग बहस में मशगूल थे। मेरी एब्रूजी जाने की इच्छा थी। मैं ऐसी किसी जगह नहीं गया जहाँ, सड़कें लोहे की तरह कठोर और जम गई थीं, जहाँ सूखी और साफ ठंड थी, बर्फ खुश्क और पाउडरनुमा थी। बर्फ में खरगोश के पैरों के निशान थे और किसान अपने सिर से हैट उतारकर आपको लार्ड कहते हों और शिकार खूब होता हो। मैं ऐसी किसी जगह नहीं गया, बल्कि ऐसी जगहों पर गया जहाँ कैफे से उठता धुआँ और रातें ऐसी कि कमरे घूमते नजर आते थे, उनको रोकने के लिए दीवार पर निगाह जमानी पड़ती थी। बिस्तरों में गुजारी हसीन रातें। शराब जब लगता कि अद्‌भुत उत्तेजक और इस बात से अनभिज्ञ कि रात में कौन साथ था। अँधेरे में समस्त विश्व अवास्तविक और इतना उत्तेजक कि हर बार एक नई शुरुआत। कोई फिक्र नहीं, यकीनन जैसे यही सब, सब कुछ यही हो और कोई परवाह नहीं। अचानक ढेर सारी चिन्ता, फिर नींद और सुबह जागने के बाद जैसे जो कुछ था सब खत्म तथा हर चीज बड़ी तेज कठोर या पैसों को लेकर विवाद। कभी-कभी खुशगवार,

रोचक और फिर गर्म नाश्ता और दोपहर का खाना। कभी-कभी सारी खुशगवारी खत्म और खुली सड़कों पर घूमने में सुख मिलता था, लेकिन फिर हमेशा वैसे ही दिन की शुरुआत और फिर एक हसीन रात। मैंने उसे रात के बारे में बताया और रात और दिन का फर्क भी बताने की कोशिश की। रातें कैसे दिनों से बेहतर थीं बशर्ते कि दिन साफ और ठंडा न हो। पर मैं पूरी तरह नहीं बता पाया, ठीक वैसे ही जैसे कि मैं अभी भी नहीं बता सकता। अगर आप खुद इस प्रक्रिया से गुजरे होंगे तो जानते होंगे। उसे अनुभव नहीं था लेकिन वह समझ गया कि मैं वाकई 'एब्रूजी' जाना चाहता था और जा नहीं पाया। बहुत-सी समान पसन्द-नापसन्द के साथ हम अब भी दोस्त थे। यह और बात थी कि हमें कुछ भिन्नता थी। उसे वह सब पता था जो मैं नहीं जानता था। मैं उससे सीख लेता था तो भी हमेशा भूल जाता था। लेकिन बाद में फिर सीखता फिर भले भूल जाता था। इस बीच हम मैस में ही थे, खाना खत्म हो गया था, बहस अभी चल रही थी। हम दोनों ने भी बातचीत बन्द की और कैप्टन चिल्लाया, "पादरी खुश नहीं है। पादरी लड़कियों के बिना भला कैसे खुश हो सकता है।"

पादरी बोला, "मैं प्रसन्न हूँ।"

"नहीं पादरी प्रसन्न नहीं है। पादरी चाहता है कि ऑस्ट्रियन लड़ाई जीतें।" कैप्टन बोला। दूसरों ने सुना।

पादरी ने अपना सिर हिलाया।

"नहीं।" वह बोला।

"पुजारी नहीं चाहता कि हम आक्रमण करें। क्या तुम नहीं चाहते हो कि हम कभी आक्रमण न करें?"

"नहीं, अगर युद्ध हो रहा है तो मेरा मानना है कि हमें जरूर आक्रमण करना चाहिए।"

"जरूर करेंगे आक्रमण, जरूर करेंगे।"

पादरी ने भी सिर हिलाया।

"उसे अकेला छोड़ दो।" मेजर बोला, "वह ठीक है।"

कैप्टन बोला, "वह चाहे तब भी इसमें कुछ नहीं कर सकता।" हम सब उठे और मेज छोड़कर चल दिए।

## अध्याय-4

अगले बागान में हुए तोप के आक्रमण ने सुबह मुझे जगाया। मैंने खिड़की से आती हुई धूप को देखा और बिस्तर से निकल आया। मैं खिड़की तक गया और बाहर झाँका। पथरीले रास्ते नम थे और घास ओस से भीगी हुई थी। टुकड़ी ने दो बार फायर किया और हर बार हवा का तेज झोंका आया जिससे खिड़की हिल

गई और मेरे पाजामे का अगला हिस्सा फड़फड़ाया। मुझे तोपें दिखाई नहीं दीं लेकिन स्पष्ट था कि वह हम पर ही आक्रमण कर रही थीं। उनका वहाँ होना एक सिरदर्द था लेकिन यही गनीमत थी कि वे बहुत बड़ी नहीं थीं। बाग में देखते ही ट्रक के स्टार्ट होने की आवाज सुनाई दी। मैंने कपड़े पहने, सीढ़ियों के नीचे गया, किचिन में थोड़ी कॉफी पी और गैराज तक चला गया।

लम्बे शैड में एक के बाद एक दस कारें लाइन से लगी हुई थीं। ये मजबूत छत वाली, चपटी नाक वाली, भूरे रंग की एम्बुलैंस गाड़ियाँ थीं जो चलने वाली वैन की तरह बनाई गई थीं। आँगन में एक पर मैकेनिक काम कर रहे थे। तीन एम्बुलैंस पहाड़ियों पर ड्रेसिंग स्टेशन पर लगी हुई थीं।

"क्या वे कभी इस तरफ आक्रमण करते हैं।" मैंने एक मैकेनिक से पूछा।

"नहीं, सिग्नोर टैनेंट। यह छोटी पहाड़ी से सुरक्षित है।"

"बाकी सब कैसा है ?"

"कुछ खास बुरा नहीं ? यह मशीन ठीक नहीं है बाकी तो चलती हैं।" उसने काम बन्द कर दिया और मुस्कुराया। "आप क्या छुट्टी पर थे ?"

"हाँ।"

उसने अपने हाथ पाजामे से पोंछे और मुस्कुराते हुए बोला, "आपका तो अच्छा वक्त गुजरा होगा।" दूसरे भी मुस्कुराए।

"हाँ, अच्छा।" मैंने कहा, "इस मशीन में हुआ क्या है ?"

"यह मशीन ठीक नहीं है कभी कुछ, कभी कुछ।"

"नई रिंग्स।"

मैं उन्हें काम करते हुए छोड़कर चल दिया। गाड़ी खुले हुए इंजन और काम करने की बैंच पर पड़े पुर्जों की वजह से बड़ी वाहियात और खुली-खुली लग रही थी। मैं शैड के अन्दर गया और हर कार को देखा। ये फिर भी थोड़ी साफ थीं, कुछ ताजा धुली हुई और कुछ पर थोड़ी धूल थी। मैंने कारों के टायरों को ध्यानपूर्वक देखा कि कहीं कटे हुए या पत्थरों की रगड़ के निशान न हों। सब कुछ अच्छी हालत में दिखाई पड़ता था। जाहिरा तौर पर मेरे वहाँ देखभाल करने के लिए, होने या न होने से कोई फर्क नहीं पड़ता था। मेरा मानना था कि कारों की स्थिति चीजों की उपलब्धता, घायलों और बीमारों को ड्रेसिंग स्टेशन से हटाने की सुचारु व्यवस्था फिर पहाड़ों से उन्हें निचले स्टेशन पर लाने की व्यवस्था और तब उनके कागजों पर निर्देशित अस्पतालों में भेजने की व्यवस्था मेरे ऊपर थी। स्पष्टत: महत्त्वपूर्ण यह नहीं था कि मैं वहाँ पर था या नहीं।

"वहाँ कोई पुर्जा समस्या पैदा कर रहा है ?" मैंने सार्जेंट मैकेनिक से पूछा।

"सिग्नोर टैनेंट नहीं।"

"अब गैसोलीन पार्क कहाँ है ?"

"उसी जगह।"

"अच्छा।" कहकर मैं वापस घर चला आया और मैस की मेज पर बैठकर एक कप कॉफी पी। कॉफी जर्द भरी और दूध के साथ मीठी थी। खिड़की के बाहर सुहानी वसन्ती सुबह थी। नाक से कुछ खुश्की-सी महसूस हो रही थी जिससे लगता था कि दिन में गर्मी बढ़ जाएगी। उस दिन मैं पहाड़ी की चौकियों पर भी गया और दोपहर बाद कस्बे में लौट आया।

ऐसा लगता था कि जैसे मैं नहीं था तो सब कुछ बेहतर ही रहा होगा। मैंने सुना कि नदी पार करते हुए आक्रमण होगा और पहाड़ियों पर फैल जाएगा। जिस खंड में हम काम कर रहे थे वहाँ आक्रमण नदी के ऊपर के स्थान से होना था। मेजर ने कहा कि मैं आक्रमण के दौरान चौकियों की देख-रेख करूँ। आक्रमण नदी के पार से तंग व सँकरी घाटियों से होना था, जो ऊपर पहाड़ियों की तरफ जाकर फैल जाता था। कारों के लिए नदी के करीब चौकियाँ बनाई जाएँगी और उन्हें छिपाकर रखा जाएगा। दरअसल इसका चुनाव और विवरण पैदल सेना को तैयार करना था जबकि हमें इसका आकलन करना था। इस तरह की चीजों से हमें भी सैन्य कार्यवाही में शामिल होने का मिथ्याभिमान होता था।

मैं धूल से सना हुआ और गन्दा हो गया था इसलिए ऊपर कमरे में नहाने चला गया। रिनाल्डी ह्यूगो की अंग्रेजी व्याकरण की एक प्रति लिये बिस्तर पर बैठा था। वह कपड़े पहने तैयार था। उसने काले जूते पहन रखे थे और उसके बाल चमक रहे थे।

"धाँसू।" मुझे देखते ही वह बोला, "तुम मिस बर्कले से मिलने मेरे साथ चलोगे।"

"नहीं।"

'यार। मेहरबानी करके मेरे साथ चलो जिससे मेरा भी उस पर कुछ अच्छा असर पड़े।"

"ठीक है। जब तक मैं नहाता हूँ। तुम इन्तजार करो।"

"हाथ-मुँह धो लो और जैसे हो वैसे ही आ जाओ।"

मैंने मुँह धोया, बालों में कंघी की और हम चल पड़े।

रिनाल्डी बोला, "एक मिनट रुको। चलने से पहले एक दौर हो जाए।" उसने अपना ट्रंक खोला और एक अद्धा निकाल लिया।

"स्ट्रेगा नहीं है?" मैंने पूछा।

"नहीं, ग्रापा शराब है।"

"चलो, वही सही।"

उसने दो गिलास डाले, हमने एक दूसरे के गिलासों को टच किया। तर्जनी उँगलियाँ आगे बढ़ीं। ग्रापा बड़ी स्ट्रांग दारू थी।

"एक और?"

"ठीक।" मैंने कहा।

हमने दूसरा जाम पिया, रिनाल्डी ने बॉटल उठाकर रखी और हम सीढ़ियों से उतर गए। कस्बे में पैदल चलने पर गर्मी महसूस हो रही थी लेकिन धूप मद्धिम होने लगी थी और मौसम खुशगवार था। ब्रिटिश अस्पताल एक बड़ा महल था जिसे जर्मनों ने युद्ध से पहले बनवाया था। मिस बर्कले बाग में थी। उसके साथ एक नर्स थी। पेड़ों के बीच से हमें उनकी सफेद यूनीफार्म दिखी और हम उनकी ओर चल पड़े। रिनाल्डी ने सैल्यूट किया। सैल्यूट मैंने भी किया लेकिन थोड़ा हल्का।

''कैसे हो तुम?'' मिस बर्कले ने पूछा, ''तुम इटैलियन तो नहीं हो।''

''ओह नहीं।''

रिनाल्डी दूसरी नर्स से बात कर रहा था। दोनों हँस रहे थे।

''बड़ी अजीब-सी बात है तुम्हारा इटैलियन आर्मी में होना।''

''दरअसल यह आर्मी नहीं है। सिर्फ एम्बुलैंस है।''

''फिर भी अजीब सा ही है, तुम क्यों भर्ती हुए?'' बर्कले ने पूछा।

''मुझे नहीं पता।'' मैंने कहा, ''हर चीज की हमेशा कोई वजह नहीं हुआ करती।''

''क्या कोई वजह नहीं? मुझे तो यही बताया गया है कि वजह होती है।''

''तो फिर यही ठीक है।''

''क्या हम लोग इसी तरह बात करते रहेंगे?''

''नहीं।'' मैंने कहा।

''बेहतर है, है न?''

''यह छड़ी कैसी है?'' मैंने पूछा।

मिस बर्कले काफी लम्बी थी, मेरे हिसाब से वह नर्स की यूनिफॉर्म पहने थी। उसके बाल सुनहरे, त्वचा गोरी और आँखें भूरी थीं। मुझे लगा कि वह बेहद सुन्दर थी। चमड़े में बँधी हुई एक सुन्दर सी पतली छड़ी वह हाथ में लिये हुए थी।

''यह एक लड़के की है जो पिछली साल लड़ाई में शहीद हो गया।''

''मुझे बहुत अफसोस है।''

''बड़ा अच्छा लड़का था। वह मुझसे शादी करनेवाला था। लेकिन सोमे के युद्ध में मारा गया।''

''हाँ बड़ा घृणास्पद दृश्य था।''

''तुम थे क्या वहाँ?''

''नहीं।''

''मैंने सुना है इसके बारे में।'' वह बोली, ''उस तरह की लड़ाई यहाँ नहीं हो रही है। उन्होंने यह छोटी छड़ी मुझे भेज दी। उसकी माँ ने भेज दी, मुझे यह। उसके सामान के साथ उन्होंने यह भी वापस भेज दी।''

''क्या बहुत पहले तुम्हारी सगाई हो गई थी?''

''हाँ आठ साल पहले। हम लोग साथ-साथ ही बड़े हुए।''

"फिर शादी क्यों नहीं की?"

"पता नहीं," वह बोली। "बेवकूफ जो थी मैं। इतना तो मैं उसके लिए कभी भी कर सकती थी। लेकिन मैंने सोचा यह उसके लिए ठीक नहीं रहेगा।"

"हो सकता है।"

"क्या तुमने कभी किसी से प्यार किया है?"

"नहीं।" मैंने कहा।

हम लोग बेंच पर बैठ गए और मैंने उसके चेहरे को पढ़ने की कोशिश की। मैंने कहा, "तुम्हारी जुल्फें बहुत खूबसूरत हैं।"

"तुम्हें पसन्द आईं?"

"हाँ, बहुत।"

"जब उसकी मौत हुई तो मैंने सोचा कि सारी कटवा डालूँ।"

"नहीं।"

"मैं उसके लिए कुछ करना चाहती थी। देखो, मैं अक्षत यौवन जैसी चीजों में यकीन नहीं रखती। अगर मुझे पता होता तो जो वह चाहता मैं उसे दे देती। मैं उससे शादी कर लेती या कुछ भी कर लेती। अब सारी बातें मेरे जहन में आ रही हैं। लेकिन वह तो युद्ध में जाना चाहता था और मुझे क्या पता था कि..."

मैंने कुछ नहीं कहा।

"दरअसल मैं उस वक्त कुछ जानती ही नहीं थी। मैंने सोचा कि शादी उसके लिए ठीक नहीं रहेगी। मैंने सोचा था कि वह इसका निर्वाह नहीं कर पाएगा और फिर वह मारा गया और सब खत्म हो गया।"

"मैं क्या कह सकता हूँ।"

"ओह हाँ।" वह बोली, "फिर सब खत्म हो गया।"

हमने रिनाल्डी को दूसरी नर्स से बात करते हुए देखा।

"उस लड़की का नाम क्या है?"

"फर्ग्युसन—हैलेन फग्युर्सन। तुम्हारा दोस्त डॉक्टर है न?"

"हाँ। बहुत अच्छा है वह।"

"बहुत खूब। मोर्चे पर अच्छे आदमी मिलना बड़ा मुश्किल है, यह जगह मोर्चे के काफी नजदीक है न?"

मैं खामोश ही रहा।

"बड़ा वाहियात मोर्चा है।" वह बोली, "लेकिन जगह सुन्दर है, क्या आक्रमण होगा?"

"हाँ।"

"फिर तो काम करना पड़ेगा। अभी तो कोई काम नहीं है।"

"क्या तुम बहुत दिनों से नर्स हो?"

''हाँ, 1915 के आखिर से जब उसने नौकरी शुरू की थी तब से। मुझे याद है कि मेरे मन में बेवकूफी भरा खयाल था कि जब वह घायल होगा तो मेरे हॉस्पिटल में आएगा। कहीं से मामूली कटा हुआ, सिर पर पट्टियाँ बाँधे या फिर कन्धे को छीलती हुई गोली। कुछ-कुछ दृश्यात्मक।''

''यह फ्रंट वाकई दृश्यावली जैसा है।'' मैंने कहा।

''हाँ।'' वह बोली, ''लोगों को अहसास नहीं है कि फ्रांस कैसा है। अगर वह समझ पाते तो यह सब न चलता रहता। उसे मामूली कन्धे की चोट नहीं आई। उन्होंने उसके चिथड़े उड़ा दिए।''

मैं खामोश ही रहा।

''तुम्हें क्या लगता है कि यह हमेशा चलेगा?''

''नहीं।''

''कैसे रुकेगा यह सब?''

''कहीं तो बिखराव आएगा।''

''हमीं तोड़ेंगे। फ्रांस में हम तोड़ेंगे। ऐसा नहीं हो सकता कि सोमे जैसी घटनाएँ होती रहें और यह न टूटे।''

''यहाँ वह नहीं टूटेंगे।'' मैंने कहा।

''नहीं। पिछली गर्मियों में वह बहुत अच्छा लड़े।''

''वे टूट सकते हैं।'' वह बोली, ''कोई भी टूट सकता है।''

''क्या जर्मन भी?''

''नहीं।'' उसने कहा, ''मैं समझती हूँ, नहीं।''

हम लोग रिनाल्डी और फर्ग्युसन की ओर बढ़ गए।

''तुम्हें इटली पसन्द है?'' रिनाल्डी ने फग्युर्सन से इंग्लिश में पूछा।

''बहुत ज्यादा।''

''नहीं समझा।'' रिनाल्डी ने सिर हिलाया।

मैंने इटैलियन में अनुवाद किया। उसने अपना सिर हिलाया।

''यह अच्छी बात नहीं है। तुम इंग्लैंड को प्यार करती हो?''

''बहुत ज्यादा नहीं। मैं स्कॉट हूँ तुम जानते हो।''

रिनाल्डी ने मुझे शून्य भाव से देखा।

''वह स्कॉट है इसलिए इंग्लैंड की तुलना में स्कॉटलैंड को अधिक प्यार करती है।'' मैंने इटैलियन में कहा।

''लेकिन स्कॉटलैंड इंग्लैंड है।'' मैंने इसे फर्ग्युसन के लिए इटैलियन में अनुवाद किया।

''फिर से न कहें।'' मिस फर्ग्युसन ने कहा।

''नहीं। वास्तव में?''

''कभी नहीं। हम अंग्रेजों को पसन्द नहीं करते।''

''अंग्रेजों को पसन्द नहीं करती? मिस बर्कले को पसन्द नहीं करती?''

''ओह! इसमें अन्तर है। तुम हर बात को एक जैसी न लो।''

कुछ समय बाद हम गुडनाइट कहकर चल दिए।

रिनाल्डी ने कहा, ''मिस बर्कले मेरी तुलना में तुम्हें ज्यादा पसन्द कर रही थी। यह बहुत स्पष्ट है। लेकिन छोटी स्कॉटिश भी बहुत अच्छी है।''

''बहुत!'' मैंने कहा। मैंने उस पर ध्यान नहीं दिया था, ''तुम उसे पसन्द करते हो?''

''नहीं।'' रिनाल्डी ने कहा।

## अध्याय-5

अगले दिन दोपहर के बाद मैं पुनः बर्कले से मिलने गया। वह बाग में नहीं थी। मैं कोठी के किनारे वाले दरवाजे की तरफ चला गया जहाँ से एम्बुलैंस चलती थी।

अन्दर हैड नर्स दिखाई दी, उसने बताया कि बर्कले ड्यूटी पर है, ''तुम्हें पता है युद्ध चल रहा है।''

मैंने कहा, मुझे पता है।

''तुम इटैलियन आर्मी में अमेरिकन हो?'' उसने पूछा।

''हाँ।''

''अरे भाई, ऐसा कैसे हुआ? तुम हमारे साथ क्यों नहीं आए।''

''मैं नहीं जानता।'' मैंने कहा, ''क्या मैं अब आपके साथ शामिल हो सकता हूँ।''

''मुझे शक है, शायद अब नहीं। मुझे ये बताओ, तुम इटैलियन के साथ क्यों गए?''

''मैं इटली में था।'' मैंने कहा, ''और इटैलियन बोलता था।''

''ओह! मैं भी सीख रही हूँ। बड़ी प्यारी जुबान है।''

''कोई कह रहा था कि तुम चाहो तो दो हफ्ते में सीख सकते हो।''

''ओह! मैं दो हफ्ते में नहीं सीख पाऊँगी। मुझे तो पढ़ते-पढ़ते कई महीने हो गए। तुम चाहो तो बर्कले से सात बजे के बाद मिल सकते हो। तब तक उसकी छुट्टी हो जाएगी। लेकिन ढेर सारे इटैलियन को मत ले आना।''

''खूबसूरत जुबान के लिए भी नहीं।''

''नहीं, खूबसूरत यूनीफॉर्म के लिए भी नहीं।''

''अच्छा, नमस्ते।'' मैंने कहा।

''सी यू।''

"सी यू अगेन।" मैंने सैल्यूट किया और बाहर आ गया। इटैलियन की तरह विदेशियों को बिना झेले सैल्यूट करना असम्भव था। इटैलियन सैल्यूट कुछ था ही ऐसा कि उसका निर्यात नहीं हो सकता था।

दिन में गर्मी थी। मैं प्लावा में पुल के पास नदी में था। यहीं से आक्रमण शुरू होने को था। पिछली साल तक दूर के किनारे पर आगे बढ़ना असम्भव था क्योंकि दर्रे से पोंटून पुल के लिए सिर्फ एक सड़क थी और करीब एक मील तक मशीनगन और शैल फायरिंग की रेंज में थी। रास्ता इतना चौड़ा था कि ऑस्ट्रियन इसे बरबाद कर सकते थे। लेकिन इटैलियन नदी पार करके दूर तक फैल चुके थे और ऑस्ट्रिया की ओर की नदी की तरफ डेढ़ मील के इलाके पर कब्जा जमा चुके थे। यह बड़ी खतरनाक जगह थी और ऑस्ट्रियंस को इस पर उन्हें कब्जा नहीं जमाने देना चाहिए था। मैं समझता हूँ कि कहीं न कहीं कुछ परस्पर सहनशीलता थी क्योंकि अभी ऑस्ट्रियंस के पास नीचे की ओर नदी का पुल था। इटैलियन लाइंस से थोड़ी दूर पर ही पहाड़ी के ऊपर की ओर ऑस्ट्रियनों की खन्दकें थीं। वहाँ पहले एक छोटा कस्बा था। लेकिन अब वहाँ सिर्फ खँडहर थे। वही एक बचा-खुचा सा रेलवे स्टेशन और ध्वस्त पुल था जिसकी मरम्मत नहीं हो सकती और न खुली जगह में होने के कारण बहुत इस्तेमाल हो सकता था।

मैं सँकरी सड़क के सहारे नीचे नदी की ओर गया। कार मैंने पहाड़ी के नीचे वाले ड्रैसिंग स्टेशन पर छोड़ी। पोंटून पुल पार किया जो पहाड़ के एक भाग से सुरक्षित था और ढलान के सहारे खन्दकों में होता हुआ ध्वस्त शहर में गया। हर आदमी खाई में था। रॉकेट्स के टाँड लगे हुए थे। जिससे कभी भी तोपखाने की मदद ली जा सके या टेलीफोन लाइनें कट जाने पर सिग्नल पास किए जा सकें। सब कुछ बड़ा शान्त, गर्म और शुष्क था। मैंने तार के पार आस्ट्रियन मोर्चे की ओर देखा, कोई दिखाई नहीं दिया। मैंने एक परिचित कैप्टन के साथ खन्दक में एक ड्रिंक लिया और पुल से वापस आ गया।

एक नई चौड़ी सड़क बन रही थी जो पहाड़ के ऊपर और टेढ़ी-मेढ़ी होकर पुल तक जाएगी। जब इस सड़क का काम पूरा हो जाएगा तो युद्ध भी शुरू हो जाएगा। जंगल के बीच सड़क में बड़े तीव्र मोड़ थे। कोशिश थी कि जो भी चीजें उतारनी हों उसके लिए नई सड़क का इस्तेमाल किया जाए और खाली ट्रक, गाड़ियाँ, भरी हुई एम्बुलैंस और वापसी वाला सारा ट्रैफिक पुरानी सड़क से जाए। ड्रेसिंग स्टेशन नदी के ऑस्ट्रियन वाले किनारे की पहाड़ी के एक हिस्से के नीचे था। स्ट्रैचर लानेवाले घायलों को पोंटून पुल से लेकर आएँगे। युद्ध शुरू होने पर भी ऐसा ही रहेगा। जहाँ तक मेरी समझ में आता था इस सड़क का लगभग एक मील का हिस्सा, जहाँ से सड़क समतल हो जाती थी ऐसा था जिसमें ऑस्ट्रियन आसानी से भारी बमबारी कर सकते थे। ऐसा लग रहा था कि भारी गड़बड़ हो जाएगी। लेकिन मुझे एक ऐसी जगह मिल गई जहाँ इस खतरनाक हिस्से को पार करने के बाद कारें

खड़ी की जा सकती थीं जो पोंटून पुल से आनेवाले घायलों का इन्तजार कर सकती थीं। मेरा दिल था कि नई सड़क पर कार चलाकर देखूँ लेकिन सड़क अभी पूरी नहीं हुई थी। सड़क काफी चौड़ी और अच्छे किस्म की सामग्री से बनी थी, मोड़ बड़े प्रभावी थे जिन्हें पहाड़ की साइड के जंगल से देखा जा सकता था। मेटलिक ब्रेक की वजह से कारों को उतरने में दिक्कत नहीं थी और फिर उतरते वक्त वह भरी हुई नहीं होंगी। मैं सँकरी सड़क से वापस चला आया।

इटली के दो फौजियों ने कार रोक ली। एक बम गिरा था और जब हम रुके हुए थे तभी सड़क पर तीन और बम गिरे। ये सेवेंटी-सेवन थे और हवा के तेज झोंके के साथ आए। तेज चमकदार धमाका हुआ और लपटें उठीं और पूरा धुआँ सड़क पर छा गया। फौजियों ने हमें जाने का इशारा किया। जहाँ बम गिरे थे, मैंने गाड़ी को छोटे टूटे हुए पत्थरों से बचाया। ताजा बारूद की बू माहौल में बिखरी हुई थी। मैं गोरिजिया में वापस अपने विला में चला आया और मिस बर्कले से मिलने गया जो उस समय ड्यूटी पर थी।

रात का खाना मैंने बड़ी तेजी से खाया और ब्रिटिश हॉस्पिटल की ओर चल पड़ा। वाकई यह बहुत विशाल और खूबसूरत था, पार्क में सुन्दर पेड़ लगे हुए थे। बर्कले बगीचे में एक बैंच पर बैठी हुई थी। फर्ग्युसन भी उसके साथ थी। मुझे देखकर वह दोनों खुश दिखाई पड़ीं और फर्ग्युसन थोड़ी देर में माफी माँगकर चली गई।

''मैं तुम दोनों को यहाँ छोड़ती हूँ।'' वह बोली, ''मेरे बिना तुम लोगों की अच्छी जमती है।''

''नहीं हेलेन, जाना जरूरी नहीं।'' बर्कले बोली।

''नहीं मैं जाऊँ तो ठीक रहेगा। मुझे कुछ चिट्ठियाँ भी लिखनी हैं।''

''गुड नाइट!'' मैंने कहा।

''गुड नाइट! मिस्टर हेनरी।''

''कुछ ऐसा मत लिखना कि सैंसर वालों को परेशानी हो।''

''फिक्र मत करो। मैं सिर्फ इतना ही लिखती हूँ कि हम बहुत खूबसूरत जगह पर हैं और इटैलियन से ज्यादा बहादुर तो कोई नहीं है।''

''इस तरह तो तुम्हें पदक भी मिल जाएगा।''

''अच्छा ही होगा। गुड नाइट! कैथरीन।''

बर्कले बोली, ''मैं अभी थोड़ी देर में तुमसे मिलती हूँ।''

मिस फर्ग्युसन अँधेरे में विलीन हो गई।

''अच्छी लड़की है।'' मैंने कहा।

''ओह! हाँ, बहुत अच्छी है। नर्स है न।''

''तुम भी तो नर्स हो?''

''अरे नहीं। मुझे तो ये लोग वी.ए.डी.कहते हैं। हम लोग इतनी मेहनत करते हैं। लेकिन हम पर कोई भरोसा नहीं करता।''

''क्यों?''

''जब काम नहीं होता उस वक्त हम पर भरोसा नहीं करते और जब काम पड़ता है तब करते हैं।''

''इसमें फर्क क्या है?''

''नर्स तो एक डॉक्टर की तरह है। नर्स बनने में बहुत वक्त लगता है, वी.ए.डी. तो शॉर्ट कट है।''

''अब समझा।''

''इटैलियन नहीं चाहते कि महिलाएँ मोर्चे के इतने नजदीक रहें। इसलिए हम से खास तरह के व्यवहार की अपेक्षा की जाती है। हम लोग बाहर नहीं जा सकते।''

''हालाँकि मैं यहाँ आ सकता हूँ।''

''ओह हाँ। यह कोई मठ या चर्च तो नहीं ही है।''

''हमें लड़ाई छोड़ देनी चाहिए।''

''बहुत कठिन है। कोई ऐसी जगह भी नहीं है जहाँ इसे छोड़कर चले आएँ।''

''लेकिन किसी भी तरह इसे खत्म करना चाहिए।''

''ठीक है।''

अँधेरे में हमने एक-दूसरे को देखा। मुझे महसूस हुआ कि वह बेहद खूबसूरत थी। मैंने उसका हाथ अपने हाथों में ले लिया। उसने मुझे रोका नहीं, मैं हाथ थामे रहा और अपनी बाँह उसकी बाँह के नीचे रख ली।

''नहीं।'' उसने कहा।

मैंने अपनी बाँह पूर्ववत् कर ली।

''नहीं क्यों?''

''नहीं बस।''

''हाँ।'' मैंने कहा, ''प्लीज!''

उसका चुम्बन लेने के लिए मैं अँधेरे में आगे झुका और तभी एक तेज डंक सा मुझे महसूस हुआ। उसने मेरे गाल पर एक कठोर तमाचा जड़ दिया। उसका हाथ मेरी नाक और आँखों पर पड़ा और प्रतिक्रिया में मेरी आँखों से आँसू निकल पड़े।

''मैं माफी चाहती हूँ।'' उसने कहा।

मैंने महसूस किया कि निश्चित रूप से मैं लाभ की स्थिति में था।

''तुम बिलकुल सही थीं।''

''मैं बहुत-बहुत माफी माँगती हूँ।'' उसने कहा, ''मैं यह नर्सों के साथ शाम व्यतीत करनेवाला पक्ष बर्दाश्त न कर सकी। मैं तुम्हारा दिल दुखाना नहीं चाहती थी। मैंने तुम्हारे दिल को चोट पहुँचाई है, क्या नहीं?''

वह अँधेरे में मुझे देख रही थी। मैं नाराज था लेकिन सुनिश्चित, शतरंज के खेल में आनेवाली सम्भाव्य परिस्थितियों को देखता हुआ।

“तुमने बिलकुल ठीक किया।” मैंने कहा, “मैंने इसका बुरा नहीं माना।”

“बेचारे तुम।”

“देखो मैं एक अजीब किस्म की जिन्दगी जीता रहा हूँ, अंग्रेजी में तो मैं कभी बोलता भी नहीं और फिर तुम इतनी सुन्दर हो।” मैं उसकी ओर देखता रहा।

“तुम्हें इतनी बकवास करने की जरूरत नहीं है। मैंने कहा न कि मुझे दुख है। हम लोगों में वैसे अच्छी पटती है।”

मैंने कहा, “हाँ। और युद्ध के बारे में हम बिलकुल भूल ही गए।”

वह हँसी। पहली बार मैंने उसे हँसते हुए देखा। मैं उसका चेहरा पढ़ता रहा।

“यू आर स्वीट! बहुत प्यारे हो तुम।” वह बोली।

“नहीं, मैं बिलकुल भी स्वीट नहीं हूँ।”

“हाँ। तुम बहुत प्रिय हो। अगर तुम बुरा न मानो तो मुझे तुम्हारा चुम्बन लेने में खुशी होगी।”

मैंने उसकी आँखों में झाँका, अपनी बाँह पहले की तरह उसकी कमर में डाल दी और उसे चूम लिया। मैंने प्रगाढ़ चुम्बन लिया और उसे कसकर भींच लिया। मैंने उसके होंठों को खोलने की कोशिश की, उसके होंठ मजबूती से बन्द थे। मैं अभी भी नाराज था और अभी जब मैं उसे पकड़े था तो अचानक वह कँपकँपा उठी। मैंने उसे अपने और निकट समेट लिया। मैं उसके दिल की धड़कनें महसूस कर सकता था, उसके होंठ खुले हुए थे, उसका सिर मेरे हाथ के विपरीत पीछे चला गया और वह मेरे कन्धे पर सिर रखकर सिसकने लगी।

“ओह डार्लिंग!” उसने कहा, “तुम मेरे लिए अच्छे बने रहोगे न?”

मैंने सोचा क्या ड्रामा है ये। मैंने उसके बाल सहलाए और कन्धा थपथपाया। वह रो रही थी।

“तुम रहोगे, या नहीं?” उसने मेरी ओर देखा, “क्योंकि हम लोगों की जिन्दगी अजीब होनेवाली है।”

कुछ देर बाद मैं उसके साथ विला के दरवाजे तक गया। वह अन्दर गई और मैं वापस चला आया। अपने मकान पर वापस सीढ़ियों से कमरे में पहुँचा।

रिनाल्डी अपने बिस्तर पर पड़ा हुआ था। उसने मुझे देखा।

“तो बर्कले के साथ कुछ प्रोग्रेस हो रही है।”

“दोस्त हैं हम।”

“तुमसे उत्तेजित कुत्ते की खुशबू आ रही है।”

मैं समझ नहीं पाया।

“किसकी क्या?”

उसने मुझे समझाया।

“तुम्हारे अन्दर से भी उस कुत्ते की खुशबू आ रही है जो...।” मैंने कहा।

"छोड़ो अब। अभी थोड़ी देर में हम गालियाँ देना शुरू कर देंगे।" वह हँसा।
"गुड नाइट।" मैंने कहा।
"गुड नाइट। प्यारे पिल्ले।"
मैंने तकिए से उसकी मोमबत्ती गिरा दी और अँधेरे में बिस्तर में घुस गया।
रिनाल्डी ने मोमबत्ती उठाई, उसे जलाया और पढ़ता रहा।

## अध्याय-6

मैं दो दिन तक चौकियों पर बाहर ही रहा। अब घर वापस आया तो काफी देर हो चुकी थी इसलिए अगली शाम तक बर्कले से नहीं मिल पाया। वह बगीचे में नहीं थी और जब वह नीचे नहीं आई तो मुझे हॉस्पिटल के ऑफिस में इन्तजार करना पड़ा। जिस कमरे को ऑफिस के रूप में वह इस्तेमाल कर रहे थे उसकी दीवारों के सहारे रंगीन लकड़ी के स्तम्भों पर संगमरमर की अर्ध प्रतिमाएँ लगी हुई थीं।हॉल जिसमें ऑफिस खुलता था उसमें भी उनकी कतारें थीं। सभी की संगमरमर की श्रेणी लगभग एक सी दिखती थी। लेकिन संगमरमर की अर्ध प्रतिमाएँ समाधि स्थल-सी लगती थीं। हालाँकि पीसा में एक सुन्दर समाधि-स्थल था। जेनोआ का संगमरमर घटिया था। यह एक अमीर जर्मन का बँगला था, उसे यह अर्ध-प्रतिमाएँ बड़ी महँगी पड़ी होंगी। मैंने समझने की कोशिश की कि क्या वे एक ही परिवार के सदस्य थे या और कुछ लेकिन वह समान रूप से क्लासिक थे। उनके बारे में कुछ बता पाना मुश्किल था।

मैं एक कुर्सी पर बैठा था और हाथ में अपनी कैप पकड़े था। हमें गोरिजिया में स्टील के हैलमेट पहनने पड़ते थे, इनमें बहुत तकलीफ होती थी, शहर सिविलियन आबादी से खाली नहीं कराया गया था इसलिए इन्हें पहनकर आदमी और भी नमूना दिखता था। हम जब ऊपर चौकियों पर गए तब मैंने एक हेलमेट पहन रखा था और एक इंग्लिश गैस-मास्क ले लिया था। ये मास्क हमें मिलना बस शुरू ही हुए थे। ये असली मास्क थे। हमें एक ऑटोमेटिक पिस्तौल भी रखनी पड़ती थी। यहाँ तक कि डॉक्टरों और सफाई अधिकारियों को भी। कुर्सी के पिछले हिस्से की रगड़ से मैंने इसे महसूस किया। अगर यह साफ तौर पर पहनी हुई नहीं दिखती थी तो आपको गिरफ्तार भी किया जा सकता था। रिनाल्डी होल्सटर में टॉयलेट-पेपर भरकर घूमता था। मैं असली लिये घूमता था। और जब तक फायरिंग का अभ्यास नहीं किया था खुद को बहुत बड़ा बन्दूकची समझता था। यह 7.65 एम.एम. कैलीबर की छोटी नाल वाली पिस्टल थी, जो चलाने पर इतनी तेजी से उछलती थी कि किसी निशाने पर लगने का सवाल ही नहीं था। लक्ष्य से नीचे निशाना साधते हुए और छोटी-सी वाहियात बैरल के झटके पर नियन्त्रण करने के लिए मैंने अभ्यास किया जब तक

कि मैं बीस कदम की दूरी से निशाने के एक गज के इलाके में नहीं मारने लगा। तब जाकर पिस्तौल लेकर चलने का वाहियातपन खत्म हुआ। शीघ्र ही मैं इसे भूल गया और बिना किसी अहसास के पिस्टल मेरे पीछे लटकी रहती थी। हाँ एक अजीब किस्म की शर्म तब जरूर महसूस होती थी जब अंग्रेजी-भाषी लोग मिल जाते थे। मैं अब एक कुर्सी पर बैठा था और एक अर्दली किस्म का आदमी एक मेज के पीछे से अस्वीकार भाव से मुझे देख रहा था। मैं संगमरमर के फर्श, स्तम्भों पर संगमरमर की अर्ध-प्रतिमाओं, दीवार के भित्ति-चित्रों को देखते हुए बर्कले की प्रतीक्षा कर रहा था। भित्ति-चित्र बुरे नहीं थे।

मैंने कैथरीन बर्कले को हॉल के नीचे आते हुए देखा और खड़ा हो गया। मेरी ओर आती हुई वह बहुत लम्बी तो नहीं लेकिन सुन्दर लग रही थी।

"गुड ईवनिंग मि. हेनरी।" वह बोली।

"कैसी हो तुम?" मैंने पूछा।

अर्दली मेज के पीछे से सब सुन रहा था।

"यहीं बैठें या बाग में चलें?"

"बेहतर है बाहर चलें। यहाँ बहुत ठंडा है।"

मैं उसके पीछे बाग में चला, अर्दली पीछे से हमें देख रहा था। जब हम बजरी वाले रास्ते पर पहुँचे वह बोली, "कहाँ थे तुम?"

"मैं बाहर चौकी पर था।"

"तुम मुझे एक नोट नहीं भेज सकते थे?"

"नहीं।" मैंने कहा, "आसानी से नहीं, मैं सोच रहा था कि जल्दी लौटूँगा।"

"लेकिन डार्लिंग तुम्हें मुझे बताना चाहिए था।"

हम पक्के रास्ते से उतर गए और पेड़ों के नीचे चलने लगे। मैंने उसका हाथ थाम लिया, रुका और उसे चूम लिया।

"कोई ऐसी जगह नहीं है जहाँ हम लोग जा सकें।"

"नहीं।" उसने कहा, "हमें यहीं घूमना होगा, तुम काफी दिन दूर रहे।"

"आज तीसरा दिन है। लेकिन अब मैं वापस आ गया हूँ।"

उसने मुझे देखा, "और तुम मुझे प्यार करते हो?"

"हाँ।"

"तुमने कहा था तुम मुझे प्यार करते हो, नहीं कहा था क्या?"

"हाँ।" मैंने झूठ बोला, "मैं तुम्हें प्यार करता हूँ।" हालाँकि मैंने पहले यह नहीं कहा था।

"और तुम मुझे कैथरीन कहते हो।"

"कैथरीन।" हम एक रास्ते पर चले और एक पेड़ के नीचे रुक गए।

"बोलो?"

''मैं रात में कैथरीन के पास आया हूँ।''

''ओह, डार्लिंग, तुम वापस आ गए हो, आ गए हो न?''

''हाँ।''

''मैं तुम्हें प्यार करती हूँ और यह बड़ा विस्मयकारी है। तुम दूर मत जाना।''

''नहीं। मैं हमेशा वापस आ जाऊँगा।''

''ओह, मैं तुम्हें बहुत प्यार करती हूँ। अपना हाथ वहीं रहने दो।''

''वहीं है, दूर नहीं है।''

जब मैंने उसे चूमा तो उसे अपनी ओर घुमाया जिससे मैं उसका चेहरा देख सकूँ, मैंने देखा उसकी आँखें बन्द थीं। मैंने दोनों आँखों को चूम लिया। मैंने सोचा शायद वह थोड़ी सनकी थी। अगर थी तो ठीक ही था। मुझे परवाह नहीं थी मैं किधर जा रहा हूँ। यह रोजाना अफसरों के वेश्यालय में जाने से बेहतर था जहाँ लड़कियाँ आपके ऊपर चढ़ बैठती थीं और प्रेम के प्रतीक के रूप में आपकी टोपी उठाकर पीछे रख देंगी तथा साथी अफसरों के साथ नीचे चक्कर काटती रहेंगी। मैं अच्छी तरह जानता था कि मैं कैथरीन बर्कले से प्यार नहीं करता था न ही मेरा उससे प्यार करने का कोई विचार था। यह खेल था, ब्रिज की तरह जिसमें आपको बहाना करना होता है कि आप पैसों के लिए या किसी और बाजी के लिए खेल रहे हैं। किसी ने ध्यान ही नहीं दिया कि दाँव पर क्या था? मेरे लिए सब ठीक था।

''मैं चाहता हूँ कोई ऐसी जगह हो जहाँ हम चल सकें।'' मैंने कहा।

लम्बे समय तक खड़े होकर प्यार करने में मर्दों को होनेवाली दिक्कत का अनुभव मुझे हो रहा था।

''ऐसी कोई जगह नहीं है।'' वह जहाँ खोई हुई थी वहाँ से वापस आ गई।

''हम उधर थोड़ी देर के लिए बैठ सकते हैं?''

पत्थर की एक सपाट बैंच पर हम बैठ गए। मैंने कैथरीन बर्कले का हाथ थाम लिया। अपनी बाँह उसने मुझे अभी भी अपने गिर्द नहीं रखने दी।

''क्या बहुत थके हुए हो?'' उसने पूछा।

''नहीं।''

वह घास की ओर नीचे देखती रही।

''यह बड़ा सड़ा हुआ खेल है जो हम खेल रहे हैं।''

''ऐसा नहीं है क्या?''

''कौन-सा खेल?''

''इतने भोंदू मत बनो।''

''नहीं, मैं जान-बूझकर नहीं बन रहा।''

''तुम अच्छे लड़के हो।'' वह बोली, ''और जितना तुम जानते हो उस हिसाब से अच्छा खेलते हो। लेकिन है बहुत सड़ा हुआ खेल।''

''क्या तुम्हें हमेशा पता चल जाता है कि लोग क्या सोचते हैं।''

''हमेशा नहीं। लेकिन तुम्हारा पता चल जाता है। तुम्हें यह झूठ बोलने की जरूरत नहीं कि तुम मुझे प्यार करते हो। आज की शाम के लिए बहुत हुआ। इसके अलावा कुछ और बात भी करनी है।''

''लेकिन मैं तुम्हें वास्तव में प्यार करता हूँ।''

''जब झूठ बोलने की जरूरत न हो तो फिर हमें झूठ नहीं बोलना चाहिए। एक अच्छा-खासा सीन हुआ और अब मैं एकदम ठीक हूँ। देखो मैं पागल नहीं हूँ, सनकी भी नहीं हूँ। कभी-कभी हो जाता है।''

''डियर कैथरीन।'' मैंने उसका हाथ दबाते हुए कहा।

''अब यह बड़ा अजीब-सा लगता है कैथरीन।''

''तुम इस तरह तो उच्चारण नहीं करते। लेकिन तुम बहुत अच्छे हो। बहुत अच्छे लड़के हो तुम।''

''पादरी भी यही कहता था।''

''हाँ, तुम बहुत अच्छे हो। तुम आओगे और मुझसे मिलोगे।''

''पक्का।''

''और यह नहीं कहना है कि तुम मुझे प्यार करते हो।''

कुछ देर के लिए वह सब खत्म हो गया है। वह खड़ी हो गई और अपना हाथ अलग कर लिया।

''गुड नाइट।''

मैं उसे प्यार करना चाहता था।

''नहीं।'' उसने कहा, ''मैं बुरी तरह थकी हुई हूँ।''

''फिर मुझे प्यार दो।'' मैंने कहा।

''नहीं मुझे प्यार दो।''

''क्या सख्त जरूरत है?''

''हाँ।''

हम दोनों ने एक-दूसरे को चूमा और वह अचानक अलग हो गई।

''नहीं, गुड नाइट प्लीज डार्लिंग।''

हम दरवाजे तक गए और मैंने उसे हॉल में अन्दर जाते देखा। मुझे उसकी चाल पसन्द आई। वह नीचे हॉल में चलती गई। मैं घर चला आया। गर्म रात थी और ऊपर पहाड़ों में भी काफी हरकत हो रही थी। सैन गैब्रियल पर मुझे कौंध दिखाई दी। मैं रौसा विला के सामने रुक गया। शटर उठा हुआ था लेकिन अन्दर कुछ चल रहा था। कोई गा रहा था। मैं घर चला गया। मैं जब कपड़े उतार रहा था रिनाल्डी अन्दर आया।

''आ हा!'' वह बोला। ''मामला गड़बड़ है।''

''बच्चा कुछ परेशान है।''

"तुम कहाँ थे?"

"विला रौसा में बड़ा शिक्षाप्रद था बच्चे, हम सभी ने गाया। तुम कहाँ रहे?"

"अंग्रेजनी से मिलने गया था।"

"हे भगवान! ठीक रहा मैं उस अंग्रेजनी के चक्कर में नहीं पड़ा।"

## अध्याय-7

अगली अपराह्न अपनी पहली पहाड़ी चौकी से मैं वापस आ गया और कार वहाँ लाकर खड़ी कर दी जहाँ घायलों और बीमारों को उनके कागजों के आधार पर छाँटा जाता था। यहाँ से उनके कागज विभिन्न अस्पतालों को मार्क कर दिए जाते थे। गाड़ी मैं चला रहा था इसलिए मैं कार में बैठा रहा और ड्राइवर कागज लेकर अन्दर आ गया। आज बड़ी गर्मी थी, आसमान साफ और नीला था और सड़क सफेद और धूल भरी थी। मैं फिएट की ऊँची सीट पर बैठा कुछ भी नहीं सोच रहा था। एक रेजीमेंट सड़क से गुजरी और मैं उन्हें गुजरते देखता रहा। जवान गर्मी से त्रस्त और पसीने से तर थे। कुछ स्टील के हैलमेट पहने थे लेकिन अधिकांश उन्हें अपने पैक के साथ लटकाकर ले जा रहे थे। ज्यादातर हैलमेट काफी बड़े थे और पहननेवाले सभी आदमियों के कानों तक आ जाते थे। सभी ऑफिसर हैलमेट पहनते थे, बेहतर फिटिंग वाले हैलमेट। बैसिलकाट ब्रिगेड का यह आधा भाग था। मैंने उन्हें लाल और सफेद धारीदार कालर के निशान से पहचाना। कुछ भटके हुए लोग जो अपने प्लाटून के साथ नहीं चल पाए थे और अपनी रेजीमेंट गुजरने के काफी बाद जा रहे थे। वे पसीने से तर, धूल से सने और थके हुए थे। कुछ की हालत बहुत खराब थी। एक सिपाही उन सब भटके हुए अन्तिम लोगों के बाद आया। वह लँगड़ाकर चल रहा था। वह रुक गया और सड़क के किनारे बैठ गया। मैं उतरा और उसके पास गया।

"क्या बात है?"

उसने मेरी ओर देखा और खड़ा हो गया।

"मैं चल रहा हूँ।"

"क्या? परेशानी क्या है?"

"यह युद्ध...।"

"तुम्हारी टाँग को क्या हुआ है?"

"यह मेरी टाँग नहीं। मेरी टाँग टूट गई।"

"तुम सवारी पर चढ़कर क्यों नहीं गए?" मैंने पूछा, "तुम हॉस्पिटल क्यों नहीं चले जाते?"

''वह मुझे नहीं जाने देंगे। लेफ्टिनेंट कहता है कि मैं पुल से जान–बूझकर फिसला।''

''मुझे देखने दो।''

''यह अलग हो गया है।''

''कौन–सी तरफ है यह।''

''यहाँ।''

मैंने महसूस किया।

''खाँसो।'' मैंने कहा।

''मुझे डर है कि इससे यह और बड़ा हो जाएगा। सवेरे से अब तक यह दुगुना हो चुका है।''

''बैठ जाओ!'' मैंने कहा, ''जैसे ही मुझे इन घायलों के कागज मिल जाते हैं। मैं सड़क से तुम्हें ले चलूँगा और तुम्हारे स्वास्थ्य अधिकारियों के पास छोड़ दूँगा।''

''वह कहेगा, मैंने ऐसा जानबूझकर किया है।''

''वह कुछ नहीं कर सकते!'' मैंने कहा, ''यह घाव नहीं है। तुम्हारे यह पहले से था, या नहीं?''

''लेकिन मेरी बैल्ट खो गई।''

''वह तुम्हें अस्पताल भेज देंगे।''

''क्या मैं यहाँ नहीं ठहर सकता, टेनैंट?''

''नहीं, मेरे पास तुम्हारे पेपर्स नहीं हैं।''

ड्राइवर कार वाले घायलों के पेपर्स लेकर दरवाजे के बाहर आ गया।

''चार 105 के, दो 132 के।'' वह बोला यह नदी पार के ही हॉस्पिटल थे।

''तुम चलाओ।'' मैंने कहा। मैंने चोटिल सिपाही को अपने साथ सीट पर बिठाने में मदद की।

''आप इंग्लिश बोलते हैं?'' उसने पूछा।

''श्योर।''

''यह वाहियात युद्ध तुम्हें कैसा लगता है?''

''बकवास।''

''मैं कहता हूँ कि यह बकवास है। प्रभु यीशु, मैं कहता हूँ कि यह व्यर्थ है।''

''क्या तुम पिट्सबर्ग में थे?''

''श्योर। मैं जानता हूँ आप अमेरिकन हैं।''

''क्या मैं इटैलियन में अच्छी बात नहीं कर लेता?''

''मैं जानता आप अमेरिकन था ठीक।''

''दूसरा अमरीकी।'' ड्राइवर ने इटैलियन में हर्निया से पीड़ित जवान को देखकर कहा।

"सुनो, लेफ्टिनेंट। क्या तुम्हें मुझे रेजीमेंट ले जाना पड़ेगा?"

"हाँ।"

"क्योंकि कैप्टन डॉक्टर को पता है कि मुझे हर्निया थी। मैंने उस बैल्ट को इसीलिए फेंक दिया था कि यह और बिगड़ जाएगा और मुझे दोबारा मोर्चे पर नहीं जाना पड़ेगा।"

"समझा।"

"क्या आप मुझे कहीं और नहीं ले जा सकते हैं?"

"अगर मोर्चे के आसपास कहीं होता तो मैं तुम्हें पहली मेडिकल चौकी पर छोड़ देता। लेकिन इधर वापसी के लिए तुम्हारे पास पेपर्स होने चाहिए।"

"अगर मैं वापस गया तो वह मेरा ऑपरेशन करा देंगे और हमेशा के लिए मोर्चे पर डाल देंगे।"

मैं उस पर सोचता रहा।

"हमेशा के लिए तो सर आप भी मोर्चे पर जाना पसन्द नहीं करेंगे, करेंगे क्या?"

"नहीं।"

"जीसस क्राइस्ट, क्या यह युद्ध व्यर्थ नहीं है?"

"सुनो।" मैंने कहा, "तुम बाहर जाओ और सड़क पर लुढ़क जाओ, अपने सिर पर चोट लगा लो, मैं वापस आते वक्त तुम्हें उठा लूँगा और अस्पताल ले जाऊँगा। आल्डो हम यहीं सड़क पर रुक जाएँगे।"

हम सड़क पर रुक गए। मैंने उसे उतरने में मदद की। उसने कहा, "मैं यहीं पर रहूँगा, लेफ्टिनेंट।"

"इतनी देर तक?" मैंने कहा। हम चले गए, और आधा मील आगे रेजीमेंट को पार किया। बर्फीले पानी और बादलों से आच्छादित पुल के मुहाने से तेजी से बहती हुई नदी पार की।

वापस लौटते वक्त मैंने कार स्वयं चलाई और पिट्सबर्ग वाले आदमी को खोजने के लिए खाली कार को तेज दौड़ाया। पहले हमें रेजीमेंट मिली जो पहले से अधिक धीमी और गर्मी से त्रस्त थी और फिर पिछड़े हुए लोग मिले। तभी हमने एक घोड़ेवाली एम्बुलैंस को सड़क के किनारे खड़े देखा। हर्निया वाले जवान को दो आदमी उठाकर अन्दर रख रहे थे। वह उसी के लिए वापस आए थे। जवान ने मुझे देखकर सिर हिलाया। उसका हैलमेट उतरा हुआ था और बालों के नीचे माथे से खून बह रहा था। उसकी नाक छिली हुई थी और छिले हुए हिस्से और बालों में धूल थी।

"लेफ्टिनेंट गुमड़ा देखो।" वह चिल्लाया, "लेकिन अब कुछ करना नहीं। ये मुझे लेने वापस आ गए।"

जब मैं बँगले में वापस पहुँचा तो पाँच बज चुके थे, जहाँ हम कारों की धुलाई करते थे वहाँ नहाने गया। फिर पैंट और बनियान पहने खुली खिड़की के सामने

बैठकर रिपोर्ट लिखी। दो दिनों में आक्रमण शुरू होना था और मुझे कारों के साथ प्लावा जाना था। बहुत दिन हो गए थे जब से मैंने अमेरिका कुछ नहीं लिखा था, मैं जानता था कि मुझे लिखना चाहिए, लेकिन मैं तब तक टालता गया कि अब लिखना लगभग असम्भव था। कुछ लिखने को था भी नहीं। मैंने सेना से सम्बद्ध 'जोना डि ग्वॅरा' पोस्ट कार्ड भेज दिए—'मैं ठीक-ठाक हूँ' के अलावा सब मैंने काट दिया। उनके लिए इतना ठीक है। ये पोस्ट कार्ड अमेरिका के लिए अच्छे रहेंगे—आश्चर्यजनक और रहस्यमय। यह बड़ा अजीब और रहस्यमयी युद्ध क्षेत्र था लेकिन मेरा मानना था कि ऑस्ट्रियन के साथ अन्य युद्धों की तुलना में यह बेहतर संचालित और भयंकर था। ऑस्ट्रियाई सेना नेपोलियन जैसी विजयश्री प्राप्त करने के लिए बनाई गई थी। कोई भी यह नेपोलियन हो सकता था। मैं चाहता था हमारे पास भी एक नेपोलियन हो, बजाय इसके हमारे पास जनरल कैडोर्ना जैसे मोटे और खाते-पीते और विटोरियो इमेन्युल जैसे छोटे, लम्बी पतली गरदन और बकरा दाढ़ी वाले लोग थे।

दूसरी ओर उनके पास ओरटा का ड्यूक था। हो सकता है वह महान जनरल बनने के लिए बहुत खूबसूरत था लेकिन पुरुष जैसा दिखता था। बहुत से लोग उसे राजा बनाना पसन्द करते। वह राजा जैसा दिखता था। वह राजा का चाचा था और तीसरी सेना को कमांड करता था। हम सेकंड आर्मी में थे। कुछ ब्रिटिश टुकड़ियाँ थर्ड आर्मी के साथ थीं। मैं उस समूह के दो तोपचियों से 'मिलान' में मिला था। वे बड़े भले लोग थे और हमने शाम शानदार ढंग से मनाई थी। वे बहुत विशालकाय और शर्मीले थे। वे किसी घटना पर बहुत जल्दी व्याकुल या उत्साहित हो जाते थे। ब्रिटिश एम्बुलैंस ड्राइवर कभी-कभी मार दिए गए थे। हाँ, मैं जानता था कि मैं नहीं मारा जाऊँगा। इस युद्ध में नहीं। इसका मुझसे कोई वास्ता नहीं था। फिल्मों में लड़ाई देखने से ज्यादा खतरनाक मुझे अपने लिए यह नहीं लगा। सम्भवतः यह इस गर्मी में युद्ध समाप्त हो जाए। हो सकता है आस्ट्रियाई ही टूट जाएँ। दूसरे युद्धों में वह हमेशा टूट चुके थे। इस युद्ध में क्या मसला था? हर आदमी कहता था कि फ्रांसीसी खत्म हो गए। रिनाल्डी कहता था कि फ्रांसीसियों ने विद्रोह कर दिया है और सेनाएँ पेरिस की ओर बढ़ रही हैं। मैंने उससे पूछा और वह बोला, "ओह, उन्होंने उन्हें रोक लिया है।" मैं युद्ध के बिना ऑस्ट्रिया जाना चाहता था। मैं ब्लैक फॉरेस्ट जाना चाहता था। मैं हाट्र्ज पर्वत पर जाना चाहता था। लेकिन ये हाट्र्ज पर्वत आखिर थे कहाँ?

वो कारपैथियन में लड़ रहे थे। वहाँ खैर मैं किसी तरह भी जाना नहीं चाहता था। हालाँकि यह अच्छा हो सकता था। अगर युद्ध न चल रहा होता तो मैं स्पेन जा सकता था। सूरज मन्द हो रहा था और दिन ठंडा होता जा रहा था। रात के खाने के बाद मैं जाऊँगा और कैथरीन बर्कले से मिलूँगा। काश! वह यहीं होती। काश! मैं 'मिलान' में उसके साथ होता। मैं 'कीवा' में खाना खाता और गर्म शाम में 'मौनजोनी' होकर नहर पार करते हुए उसके सहारे कैथरीन बर्कले के साथ होटल चला जाता।

हो सकता है वह हो। हो सकता है वह यह बहाना करे कि मैं उसका वही दोस्त हूँ जो मारा गया था। हम लोग सामने के दरवाजे तक जाएँगे। कुली अपनी कैप उतारेगा। मैं द्वारपाल की मेज के पास रुकूँगा और चाबी के लिए पूछूँगा और वह लिफ्ट के पास खड़ी रहेगी, फिर हम लोग लिफ्ट में चढ़ेंगे और लिफ्ट धीरे-धीरे ऊपर खिसकेगी हर तल पर आवाज करती हुई फिर हमारा तल जाएगा, लड़का दरवाजा खोलेगा और वहाँ खड़ा होगा, पहले वह उतरेगी, मैं उतरूँगा। हम लोग हॉल से गुजरेंगे। मैं दरवाजे में चाबी डालूँगा उसे खोलूँगा, अन्दर जाऊँगा, टेलीफोन उठाऊँगा और उनसे चाँदी की बर्फ से भरी बाल्टी में 'काप्री बियंका' की बोतल भेजने के लिए कहूँगा और कॉरीडोर से बाल्टी में आती हुई बर्फ की आवाज सुनाई देगी। लड़का दरवाजा खटखटाएगा और मैं कहूँगा कि इसे बाहर दरवाजे के पास ही छोड़ दो क्योंकि हम लोगों ने कपड़े नहीं पहन रखे होंगे, क्योंकि गर्मी इतनी ज्यादा थी। खिड़कियाँ खुली होंगी, घरों की छतों के ऊपर अबाबील उड़ रही होगी। बाद में जब अँधेरा हो जाएगा और खिड़की बन्द करने जाएँगे तो बहुत छोटी चमगादड़ें घरों के ऊपर मँडरा रही होंगी और पेड़ों के पास सिमट आएँगी। हम लोग कॉफी पिएँगे। गर्मी होगी और दरवाजा बन्द होगा, सिर्फ एक चादर होगी और पूरी रात 'मिलान' में उस गर्म रात में हम दोनों एक-दूसरे को प्यार करेंगे। ऐसा ही कुछ होना चाहिए। मैं जल्दी से खाना खाऊँगा और जाकर कैथरीन बर्कले से मिलूँगा।

मैस में उन लोगों ने बहुत बातें कीं, मैंने शराब पी क्योंकि अगर आज रात में न पीता तो भाईबन्दी पूरी न होती, मैंने पादरी से आयरलैंड के आर्कबिशप के बारे में बात की जो सम्भवत: नेक आदमी लगता था लेकिन उसकी वजह से हमारे पादरी के साथ अन्याय हुआ था। मैंने इसमें एक अमेरिकन की हैसियत से हिस्सा लिया। मैंने इसके बारे में कभी सुना नहीं था लेकिन मैंने अपनी जानकारी बढ़ाई। उनके कारणों के बारे में इतनी शानदार व्याख्याएँ सुनने के बाद कुछ भी न जानना, एक तरह की अशिष्टता हो जाती। अन्ततोगत्वा सम्भवत: यह सिर्फ गलतफहमियाँ थीं। मैंने सोचा कि उसका नाम बड़ा अच्छा था, वह 'मिनेसोटा' का था जिससे बड़ा अच्छा बनता था। मिनेसोटा का आयरलैंड, विस्कोनसिन का आयरलैंड, मिशीगन का आयरलैंड। चूँकि इससे आइलैंड की आवाज आती थी। इसीलिए और भी सुन्दर लगता था। नहीं ऐसा नहीं था। बात इससे कहीं ज्यादा थी। हाँ फादर यह सत्य है, फादर शायद फादर। अच्छा हो सकता है। आपको इसके बारे में मुझसे ज्यादा पता है, फादर। पुजारी अच्छा आदमी था लेकिन सुस्त था। अफसर अच्छे भी नहीं थे और सुस्त भी थे। राजा अच्छा लेकिन सुस्त था। शराब खराब थी लेकिन तेज थी। यह आपका दाँत का वल्क उतारकर आपके मुँह की छत पर पहुँचा देती थी।

"और पादरी को लॉकअप में डाल दिया।" रॉक्का बोला, "क्योंकि उसके पास तीन प्रतिशत प्रतिभूतियाँ थीं। यह वाकई फ्रांस की बात थी। यहाँ उसे कभी

गिरफ्तार नहीं करते। उसने पाँच प्रतिशत प्रतिभूतियों की जानकारी होने से मना किया। यह बेजियर्स में हुआ। मैं वहीं था और अखबार में इसके बारे में पढ़कर, मैं जेल गया और पादरी से मिलने की कोशिश की। यह साफ जाहिर था कि उसने बाँड चुरा लिए थे।''

''मैं इसके एक भी शब्द पर विश्वास नहीं करता।'' रिनाल्डी ने कहा।

''तुम्हारी मर्जी।'' रॉक्का ने कहा, ''लेकिन मैं तो अपने पादरी की वजह से बता रहा हूँ।''

''बहुत जानकारी है इसे। यह पादरी है, यह बात समझ जाएगा।''

पादरी मुस्कुराया।

''बोलते जाओ, मैं सुन रहा हूँ।'' पादरी ने कहा।

वास्तव में कुछ बाँड्स का कोई हिसाब-किताब नहीं था लेकिन पादरी के पास तीन प्रतिशत बाँड और कुछ स्थानीय देनदारी थी, अब ठीक से याद नहीं कि वह क्या थी। इसलिए मैं जेल गया, अब यह कहानी का असली बिन्दु है, मैं उसकी कोठरी के बाहर खड़ा हो गया और ऐसे बोला कि जैसे मैं अपराध स्वीकार करनेवाला था, ''फादर, मेरे लिए दुआ कीजिए क्योंकि आपने पाप किया है।''

सभी ने जोरदार ठहाका लगाया।

''और उसने जवाब में क्या कहा?'' पुजारी ने पूछा। रॉक्का ने इसकी उपेक्षा कर दी और मुझसे इस मजाक की व्याख्या करने लगा, ''तुम समझ गए न! नहीं समझे?''

अगर आप ठीक से समझ पाएँ तो शायद यह बड़ा हास्यास्पद मजाक था। उन्होंने मेरे गिलास में और शराब डाली और मैंने अंग्रेज सिपाही का किस्सा सुनाया जिसे शावर बाथ में रख दिया गया था। फिर मेजर ने ग्यारह चैकोस्लोवाद और हंगेरियन कारपोरल की कहानी सुनाई। थोड़ी और शराब लेने के बाद मैंने उसे घुड़सवार की कहानी सुनाई जिसे सिर्फ एक पैनी मिली थी। मेजर बोला कि इटैलियन कहानी भी तो है किसी डचैस के बारे में जो रात में सो नहीं पाई थी। अब पादरी चल दिया और मैंने उस सेल्समैन की कहानी सुनाई जो मार्सेलेस सुबह पाँच बजे पहुँचा जब मिस्ट्रॅल बज रहा था। मेजर बोला कि उसे रिपोर्ट मिली है कि मैं और पी सकता हूँ। मैंने मना किया। वह बोला, यह सच है और सुरदेवता बैकस की लाश के समक्ष हम परखेंगे कि यह सच था या झूठ। सुरदेवता बैकस नहीं, मैंने कहा कि सुरदेवता नहीं। 'हाँ सुरदेवता बैकस ही' वह बोला। मुझे बैसी फिलिया विसैंजा के साथ और जाम के साथ जाम पीना चाहिए। बैसी बोला कि यह कोई टैस्ट नहीं है क्योंकि मैं आपसे दोगुनी पहले ही पी चुका हूँ। मैंने कहा यह सफेद झूठ था, बैकस-ऐक्स को छोड़िए, क्योंकि फीलियो बिसैंजा बैसी या बैसी फीलियो विसैंजा ने शाम को एक बूँद भी नहीं ली थी। यही नाम था न उसका? उसने पूछा मेरा नाम

फ्रैडरिको ऐनरिको है या एनरिको फ्रैडरिको ? मैंने कहा, बैकस को अलग हटाओ, जो बैस्ट होगा वही जीतेगा और मेजर ने मगों में रेड वाइन हमें डाल दी। आधी पीने के बाद मैंने और लेने से मना कर दिया। मुझे याद था कि मुझे कहाँ जाना है।

''बैसी जीत गया।'' मैंने कहा, ''वह मुझसे बेहतर आदमी है। मुझे जाना है।''

''हाँ, उसे वाकई जाना है।'' रिनाल्डी बोला, ''उसे मिलना है किसी से। मुझे सब पता है।''

''किसी और रात,'' बैसी ने कहा, ''जब तुम और सशक्त महसूस कर रहे हो।''

उसने मेरा कन्धा थपथपाया। मेजों पर मोमबत्तियाँ जली हुई थीं। सभी ऑफिसर बहुत खुश थे।

''गुडनाइट जैंटिलमैन।'' मैंने कहा।

रिनाल्डी मेरे साथ बाहर आया। हम दरवाजे के बाहर रास्ते पर खड़े हो गए और उसने कहा, ''बेहतर होगा कि तुम पीकर वहाँ न जाओ।''

''मैं नशे में नहीं हूँ। रिजिन, वाकई।''

''तुम थोड़ी कॉफी चबा लो तो ठीक रहेगा।''

''बकवास।''

''बच्चे, मैं थोड़ी लाता हूँ। तुम ऊपर-नीचे चहलकदमी करो।'' वह हाथ में तली हुई कॉफी बींस लेकर वापस आ गया।

''बच्चे, इन्हें चबा लो, और भगवान तुम्हारी मदद करे।''

''सुरदेवता।'' मैंने कहा।

''मैं तुम्हारे साथ चलूँ।''

''अरे यार मैं बिलकुल ठीक हूँ।''

कस्बे में हम दोनों साथ-साथ चले और मैं कॉफी बींस चबाता रहा। ब्रिटिश बँगले तक जानेवाली सड़क के द्वार पर पहुँचकर रिनाल्डी ने गुडनाइट कहा।

''गुडनाइट।'' मैंने कहा—''तुम भी अन्दर आ जाओ।''

उसने सर हिलाया, ''नहीं मुझे आसान रास्ते पसन्द हैं।''

''काफी बींस के लिए शुक्रिया।''

''कोई नहीं बच्चे, कोई नहीं।''

मैं ड्राइव वे से नीचे चल पड़ा। ड्राइव वे के साथ-साथ सरु के वृक्षों की आकृतियाँ सुस्पष्ट दिख रही थीं। मैंने मुड़कर देखा तो रिनाल्डी खड़े होकर मुझे देख रहा था। मैंने हाथ हिलाया।

मैं बँगले के स्वागत-कक्ष में बैठ गया और कैथरीन बर्कले के आने का इन्तजार करने लगा। हॉल के रास्ते से कोई नीचे आ रहा था। मैं खड़ा हो गया लेकिन वह कैथरीन नहीं थी, मिस फर्ग्युसन थी।

"हैलो।" उसने कहा, "कैथरीन ने मुझसे तुम्हें बोलने को कहा है कि उसे अफसोस है कि आज शाम वह तुमसे नहीं मिल पाएगी।"

"आइ एम सो सॉरी, बीमार तो नहीं है वह।"

"एकदम अच्छी भी नहीं है।"

"उससे कहना कि मुझे बहुत दुख है।"

"हाँ, मैं कहूँगी।"

"कल उससे मिलने की कोशिश करना ठीक रहेगा?"

"हाँ।"

"थैंक्यू वेरी मच, गुडनाइट।" मैंने कहा।

मैं दरवाजे के बाहर आ गया और अचानक मैंने खुद को अकेला और खाली-खाली महसूस किया। कैथरीन से मुलाकात को मैंने हल्के ढंग से लिया था, शराब भी चढ़ गई थी और यहाँ आने की बात लगभग भूल चुका था लेकिन जब मैं उससे मिल नहीं पाया तो बहुत अकेला और निरर्थक-सा महसूस कर रहा था।

## अध्याय-8

अगली दोपहर हमने सुना कि आज रात नदी के ऊपर आक्रमण होगा और हमें वहाँ चार कारें ले जानी थीं। किसी को इसके बारे में कुछ भी पता नहीं था हालाँकि सभी बड़े प्रभावी और सामरिक ज्ञानवाले की तरह बात करते थे। मैं पहली कार में था और जैसे ही हम ब्रिटिश हॉस्पिटल के प्रवेश द्वार से गुजरे मैंने ड्राइवर को गाड़ी रोकने को कहा। दूसरी कारें भी थम गईं। मैं बाहर निकला और ड्राइवरों को चलते रहने और अगर हम 'कॉरमोंस' जानेवाली सड़क के जंक्शन तक उन्हें न पकड़ पाएँ तो वहीं इन्तजार करने का आदेश दिया। मैंने तेजी से ड्राइव-वे को पार किया और स्वागत-कक्ष में मिस बर्कले के बारे में पूछा।

"वह ड्यूटी पर है।"

"क्या मैं उससे थोड़ी देर के लिए मिल सकता हूँ?"

रिसेप्शनिस्ट ने एक अर्दली को बर्कले को देखने के लिए भेजा और वह उसके साथ ही आ गई।

"मैं तुम्हारा हाल पूछने के लिए रुक गया था। अब कैसी हो तुम। उन्होंने बताया कि तुम ड्यूटी पर हो, तो मैंने मिलने के लिए पूछा।"

"अब मैं बिलकुल ठीक हूँ।" उसने कहा, "शायद कल गर्मी ने मुझे पछाड़ दिया।"

"मुझे जाना है।"

''मैं एक मिनट के लिए दरवाजे से थोड़ा बाहर निकलूँगी।''

''तुम बिलकुल ठीक हो ना।'' बाहर आकर मैंने पूछा।

''हाँ डार्लिंग। आज रात को आ रहे हो न।''

''नहीं, प्लावा के ऊपर 'शो' के लिए जा रहा हूँ।''

''शो के लिए?''

''मुझे नहीं लगता कि कुछ होगा।''

''और वापस कब आ जाओगे?''

''कल।''

वह अपने गले से कुछ उतारने लगी और उसने यह मेरे हाथ में रख दिया।

''यह सेंट एंथोनी है।'' उसने कहा, ''कल रात को आ जाना।''

''तुम कैथोलिक तो नहीं हो?''

''नहीं, लेकिन कहते हैं 'सेंट एंथोनी' बहुत उपयोगी है।''

''चलो, तुम्हारी वजह से मैं इसका खयाल रखूँगा, गुडबाइ।''

''नहीं, गुडबाइ नहीं।'' उसने कहा।

''ठीक।''

''अच्छे बच्चे बनो और सावधान रहना। नहींऽऽऽ नहींऽऽऽ अरे यहाँ 'किस' मत करो, यहाँ नहींऽऽऽ।''

''ठीक।''

मैं पीछे मुड़ा और उसे सीढ़ियों पर खड़े देखा, उसने हाथ हिलाया और मैंने अपना हाथ चूमकर हवाई चुम्बन उछाल दिया। उसने फिर हाथ हिलाया तब तक मैं ड्राइव-वे से बाहर था और एम्बुलैंस की सीट पर चढ़ रहा था। हम पुनः चल पड़े। सेंट एंथोनी छोटे से धातु के खोल में था। मैंने वह कवच खोला और उसे अपने हाथ पर फैला लिया।

''सेंट एंथोनी?'' ड्राइवर ने पूछा।

''हाँ।''

''मेरे पास भी है।'' उसने दाहिने हाथ से स्टीयरिंग छोड़ी ट्यूनिक का बटन खोला और कमीज के नीचे से उसे बाहर खींच लिया।

मैंने अपना सेंट एंथोनी वापस खोल में रखा, सोने की चेन लपेट दी और सब अपनी अगली जेब में रख लिया।

''आप पहनते नहीं हैं इसे?''

''नहीं।''

''पहनना ठीक रहता है साब। पहनने के लिए ही है ये...।''

''ठीक है।'' मैंने कहा। मैंने सोने की चेन का हुक अलग किया, इसे गले में पहन लिया और बकलस लगा दिया। सेंट एंथोनी मेरी वरदी के ऊपर लटक रहा था।

मैंने अपनी ट्यूनिक का गला ढीला किया, कमीज का कॉलर बटन खोला और उसे शर्ट के अन्दर डाल दिया। जब हम चल रहे थे तो मैंने धातु के खोल में अपनी छाती पर उसे महसूस किया। फिर मैं उसके बारे में भूल गया। घायल होने के बाद मुझे वह फिर नहीं मिला। ड्रैसिंग-स्टेशन पर शायद किसी के पल्ले पड़ गया होगा।

जब हम पुल के ऊपर थे तो काफी तेज चले और शीघ्र ही हमें आगे सड़क के नीचे दूसरी कारों से उड़ती धूल दिखाई पड़ी। सड़क में घुमाव थे और वहाँ से तीनों कारें छोटी-सी दिखती थीं। पहियों से उठकर धूल पेड़ों से गुजर रही थी। हमने उन्हें पकड़ लिया, आगे निकले और पहाड़ियों के अन्दर जानेवाली सड़क पर मुड़ गए। काफिले में अगर आप पहली कार में हों तो गाड़ी चलाना अप्रिय नहीं होता। मैं सीट पर बैठ गया और इलाके को देखता रहा। हम लोग नदी के निचले हिस्से की तरफ पहाड़ियों की तलहटी में थे और जैसे ही सड़क ऊपर को चढ़ती थी उत्तर की ओर ऊँचे पर्वत थे जिनकी चोटी पर अभी भी बर्फ थी। मैंने पीछे देखा, अपनी धुँध के अन्तराल से अलग-अलग तीनों कारें चढ़ती हुई दिखीं। सामान से लदे हुए खच्चरों की एक लम्बी कतार हमें मिली, उनके मालिक लाल रंग की फ्रैंच टोपी लगाए खच्चरों के साथ चल रहे थे। वे बेरसाग्लीयरी यूनिट के थे।

खच्चरों की कतार के बाद सड़क खाली थी। हम पहाड़ियों के बीच से ऊपर चढ़े और फिर एक लम्बे पर्वत-स्कंध से नीचे नदी-घाटी में उतर गए। सड़क के दोनों किनारों पर वृक्ष थे, दाहिने हाथ वाले वृक्षों के बीच से नदी दिखती थी जिसका पानी साफ, तेज और उथला था। नदी नीची थी और संकीर्ण पानी की धार के साथ मिट्टी और पत्थरों का विस्तार था, कभी-कभी पानी पथरीले तल पर चमक के साथ फैलता था। किनारे के पास एक तालाब था जिसका पानी आकाश की तरह नीला था। किनारे के ऊपर महराबनुमा पत्थर के पुल दिखे जहाँ से रास्ता सड़क से मुड़ जाता था, हम कुछ फॉर्महाउसों से गुजरे जिनकी दक्षिणी दीवारें नाशपाती के पेड़ों से ढकी थीं। सड़क घाटी में दूर तक जाती थी, हम फिर मुड़े और पुनः पहाड़ियों में चढ़ना शुरू कर दिया। अखरोट के पेड़ों से गुजरती सड़क में आगे-पीछे तीव्र चढ़ाई और ढलान थे। सड़क अन्ततः एक चट्टान के सहारे आकर समतल हो गई।

मैं जंगल से नीचे देख सकता था, काफी नीचे नदी की रेखा दिखी जो दोनों सेनाओं को अलग करती थी, सूर्य उसके ऊपर चमक रहा था। चट्टान के शिखर से जानेवाली नई कठोर सड़क से हम लोग गए, मैंने दो उत्तरी पर्वतमालाओं को देखा, बर्फीली रेखा से पहले हरी और काली और उसके बाद धूप में श्वेत और सुन्दर। फिर जैसे ही सड़क चट्टान के सहारे चढ़ी, मैंने तीसरी पर्वत शृंखला देखी, ऊँचे बर्फीले पहाड़ जो खड़िया की तरह सफेद और कूँड़दार और विचित्र से तल वाले थे। फिर बहुत दूर वाले पहाड़ थे जिन्हें अगर आप देख पाएँ तभी उनके बारे में बता सकते थे। वे सभी ऑस्ट्रियाई पहाड़ थे और हमारे पास उन जैसा कुछ भी नहीं था।

आगे वहाँ सड़क में एक घुमावदार मोड़ था और नीचे देखने पर मुझे सड़क नीचे जाती हुई दिखी। इस सड़क पर मोटर-ट्रक, पहाड़ी-तोपों से लदे खच्चर और फौजें थीं। जैसे हम नीचे गए किनारे की तरफ, पुराना पुल था जहाँ से रेलवे लाइन दूसरी ओर पहाड़ी के पार निकल जाती थी। छोटे से कस्बे के टूटे-फूटे मकान जिन पर कब्जा किया जाना था, मैं आसानी से देख सकता था।

जब तक हम नीचे आए लगभग अँधेरा हो चुका था और हम नदी के साथ जाने वाली मुख्य सड़क पर मुड़ गए।

## अध्याय-9

सड़क पर भीड़ थी और उसके दोनों किनारों पर मकई के डंठल और पुआल के ढेर पड़े थे। सड़क के ऊपर ऐसी चटाई बिछी थी जैसे किसी सर्कस या पुराने गाँव का प्रवेश द्वार हो। इस चटाईयुक्त मार्ग से हम धीरे-धीरे निकले और साफ की हुई जगह पर आ गए जहाँ पहले रेलवे स्टेशन था। सड़क यहाँ नदी के किनारे से नीची थी और इस दबी हुई पूरी सड़क के साथ तटबंध में गड्ढे खोद दिए गए थे जिनमें पैदल सेना मौजूद थी। सूर्य अस्त हो रहा था, नदी के किनारे चलते हुए ऊपर की ओर मैंने सूर्यास्त की पृष्ठभूमि में दूसरी ओर पहाड़ियों के ऊपर ऑस्ट्रियन फौज द्वारा छोड़े हुए प्रेक्षक गुब्बारे देखे। ईंटों के आँगन के पार हमने कारें खड़ी कर दीं। भट्ठियों और कुछ गहरे गड्ढों में ड्रेसिंग-स्टेशन का सामान रखा था। वहाँ के तीन डॉक्टरों को मैं जानता था। मैंने मेजर से बात की और पता किया कि कब शुरुआत होगी। हमारी कारें लोड की जाएँगी और हम उन्हें ढकी सड़क से मुख्य सड़क तक पहाड़ों के साथ वापस ले जाएँगे जहाँ चौकी होगी और आगे के लिए दूसरी कारें होंगी। उसे उम्मीद थी कि सड़क जाम नहीं होगी। एक सड़क का खेल था, यह।

सड़क को इसलिए ढक दिया गया था क्योंकि नदी के पार से ऑस्ट्रियन फौज को यह दिखती थी। यहाँ ईंटों के इस आँगन में राइफल और मशीन गन के आक्रमण से हमारी रक्षा के लिए नदी के किनारे का बचाव था। नदी पर एक ध्वस्त पुल था। बमबारी शुरू होने पर वह दूसरा पुल बनानेवाले थे क्योंकि कुछ टुकड़ियों को नदी के मोड़ पर उथले हिस्से से नदी पार करनी थी। मेजर ठिगने कद का था लेकिन उसकी मूँछें ऊपर को उठी हुई थीं। वह लीबिया के युद्ध में था और उसे दो जख्म लगे हुए थे। उसने कहा कि अगर सब ठीक-ठाक रहा तो वह मुझे मेडल दिलवाएगा। मैंने कहा कि सब ठीक-ठाक रहेगा और यह तो आपकी जर्रानवाजी है। मैंने पूछा कि कोई ऐसी बड़ी खन्दक है जहाँ ड्राइवर बैठ सकें। उसने मेरे साथ एक सिपाही भेज दिया।

ड्राइवर भी खन्दक देखकर खुश हुए और मैंने उन्हें वहीं छोड़ दिया। मेजर ने दो और अफसरों के साथ ड्रिंक्स लेने को कहा। हम लोगों ने रम ली, जो काफी अच्छी लगी। बाहर अँधेरा हो रहा था। मैंने पूछा आक्रमण कब होगा, उन्होंने कहा कि अँधेरा होते ही। मैं ड्राइवरों के पास वापस आ गया। वे खन्दक में बैठे बात कर रहे थे, मैं अन्दर आया तो चुप हो गए। मैंने हर एक को मैसीडोनियास का सिगरेट का पैकेट दिया, ये ढीली बन्द की गई सिगरेटें थीं जिनसे तम्बाकू निकल पड़ती थी और पीने से पहले आपको उसके छोर ऐंठने पड़ते थे। मानेरा ने अपना लाइटर जलाया और आगे बढ़ा दिया। लाइटर फिएट रेडियेटर जैसा था। जो मैंने सुना था उन्हें बताया।

"हमने नीचे आते वक्त चौकी क्यों नहीं देख ली?" पासिनी ने पूछा।

"जहाँ से हम मुड़े थे उसके ठीक पार थी।"

"वह सड़क बड़ी खटारा होगी।" मानेरा बोला।

"वह हमीं पर बम बरसाएँगे।"

"हो सकता है।"

"खाने का क्या होगा, लेफ्टिनेंट? लड़ाई शुरू हो गई तो कुछ खाने का मौका नहीं मिलेगा।"

"मैं जाकर पता करता हूँ।" मैंने कहा।

"हम लोग क्या यहीं रुकें या आसपास देख लें।"

"बेहतर है कि यहीं रहो।"

मैं वापस मेजर की खन्दक तक गया। उसने बताया कि चलती-फिरती रसोई साथ रहेगी और ड्राइवर आकर अपना खाना ले सकते हैं। अगर उनके पास बरतन नहीं होंगे तो वह उन्हें मैस के बर्तन उधार दे देगा। मैं वापस गया और ड्राइवरों को बताया कि जैसे ही खाना आ जाएगा मैं उनके लिए ला दूँगा। मानेरा बोला कि उम्मीद है बमबारी शुरू होने से पहले आ जाएगा। जब तक मैं बाहर नहीं गया वे चुप थे। वे सभी मैकेनिकथे और युद्ध से नफरत करते थे।

मैं कारों पर निगाह डालने और यह देखने कि क्या चल रहा था बाहर गया और वापस आकर चारों ड्राइवरों के साथ खन्दक में बैठ गया। हम लोग दीवार के सहारे पीठ टिकाकर जमीन पर बैठे और सिगरेट पीते रहे। बाहर लगभग अँधेरा था। खन्दक की मिट्टी गर्म और सूखी थी, मैंने अपने कन्धे दीवार पर झुका दिए और दीवार का सहारा लेते हुए आराम करने लगा।

"आक्रमण कौन कर रहा है?" गावुजी ने पूछा।

"बैरसाग्लियरी।"

"पूरा बैरसाग्लियरी?"

"मैं ऐसा सोचता हूँ।"

"वास्तविक आक्रमण के लायक पर्याप्त सेना यहाँ नहीं है।"

''सम्भवत: यह जहाँ वास्तविक आक्रमण होगा वहाँ से ध्यान हटाने के लिए है।''

''क्या जवानों को पता है कि कौन आक्रमण करेगा?''

''मैं सोचता हूँ शायद नहीं।''

''यकीनन, उन्हें नहीं पता।'' मानेरा ने कहा, ''उन्हें पता हुआ तो वे आक्रमण नहीं करेंगे।''

''नहीं करेंगे।'' पैसिनी बोला, ''बैरसाग्लियरी तो पागल होते हैं।''

''वे बहादुर हैं और उनका अनुशासन अच्छा है।'' मैंने कहा।

''सीने की नाप के हिसाब से वह लम्बे-चौड़े और स्वस्थ हैं। लेकिन हैं फिर भी मूर्ख ही।''

''ग्रेनेशियरी लम्बे हैं।'' मानेरा ने कहा, यह मजाक था। वह सब हँस पड़े।

''टैनेंट क्या तुम वहाँ थे, जब उन्होंने आक्रमण किया और हर दसवें आदमी पर गोली चलाई।''

''नहीं!''

''यह सच है, बाद में उन्हें लाइन-अप किया गया और हर दसवें आदमी को गोली मार दी गई। कैराबिनियरी ने गोली चलाई।''

''कैराबिनियरी।'' पासिनी ने कहा और फर्श पर थूका, ''वह ग्रेनेडियर्स साले छह फुटे, वह आक्रमण नहीं करेंगे।''

''जब कोई आक्रमण नहीं करेगा तो युद्ध तो खत्म हो जाएगा।'' मानेरा ने कहा।

''ग्रेनेशियरी के साथ ऐसा नहीं था। वे डरे हुए थे। सारे ऑफिसर बड़े अच्छे घरों के थे।''

''कुछ ऑफिसर अकेले चले गए।''

''एक सार्जेंट ने दो अफसरों को गोली मार दी जो बाहर नहीं जाते थे।''

''कुछ टुकड़ियाँ बाहर चली गईं।''

''जो बाहर गए थे, दसवाँ आदमी मारते वक्त उन्हें लाइन-अप नहीं किया गया था।''

''कैराबिनियरी ने जो लोग मारे उनमें से एक मेरे कस्बे का है।'' पासिनी ने कहा, ''वह ग्रेनेशियरी में बड़ा बाँका नौजवान था। हमेशा रोम में, हमेशा लड़कियों के साथ, हमेशा कैराबिनियरी के साथ।'' वह हँसा, ''अब उसके घर के सामने गारद लगा रखी है, उसके माँ-बाप और बहनों से मिलने कोई नहीं आ सकता। उसके पिता के नागरिक अधिकार छीन लिए गए हैं, वह वोट भी नहीं डाल सकता। ऐसा कोई कानून नहीं जो उन्हें सुरक्षा दे सके। कोई भी उनकी जायदाद ले सकता है।''

''उनके परिवार के साथ जो हो रहा है वह न हो तो कोई भी लड़ने नहीं जाएगा।''

''हाँ। आल्पिनी जाएँगे। कुछ बैरसाग्लियरी जाएँगे।''

''बैरसाग्लियरी भी भाग चुके हैं। अब वह इसे भुलाने की कोशिश करते हैं।''

''टैनेंट, आपको हमें इस तरह बात नहीं करने देना चाहिए। इविबा लैसिरिसिटो।'' पासिनी ने व्यंग्यात्मक लहजे में कहा।

''मैं जानता हूँ तुम कैसी बातें करते हो।'' मैंने कहा, ''लेकिन जब तक तुम कार ठीक से चलाते रहे और अनुशासन में रहो तो कोई दिक्कत नहीं... ।''

''...और इतना जोर से मत बोलो कि दूसरे अधिकारी सुन सकें।''

मानेरा चुप हो गया।

''मेरा मानना है कि अब हमें लड़ाई खत्म कर देनी चाहिए।'' मैंने कहा, ''लेकिन एक पक्ष के बन्द कर देने से तो लड़ाई खत्म होगी नहीं। अगर हमने लड़ाई रोक दी तो हालत और भी खराब हो जाएगी।''

''और ज्यादा क्या खराब होगी।'' पासिनी ने सम्मानपूर्वक कहा, ''युद्ध से ज्यादा बुरा कुछ भी नहीं है।''

''हार और भी ज्यादा खराब चीज है।''

''मैं ऐसा नहीं मानता।'' पासिनी ने अभी भी सम्मानपूर्वक कहा, ''हार से क्या होता है? अपने घर तो पहुँच जाएँगे।''

''पीछे-पीछे वह चले आएँगे। घर छीन लेते हैं। आपकी बहनों को उठा ले जाते हैं।''

''मैं नहीं मानता।'' पासिनी बोला, ''सबके साथ वह ऐसा नहीं कर सकते। हर आदमी अपने घर की सुरक्षा करे। अपनी-अपनी बहनों को अपने घर में रखें।''

''उल्टा लटका देंगे तुम्हें। वह आएँगे और तुम्हें दोबारा सिपाही बना देंगे। इस बार एम्बुलैंस गाड़ी में नहीं बल्कि इनफैंट्री में डालेंगे।''

''हर एक को नहीं लटका पाएँगे।''

''कोई बाहरी राष्ट्र तुम्हें सिपाही नहीं बना सकता।'' मानेरा ने कहा, ''पहली ही लड़ाई में तुम भाग खड़े होगे।''

''टैकोस की तरह।''

''मैं सोचता हूँ कि अधीन होने का मतलब तुम नहीं जानते इसलिए तुम सोचते हो कि यह बुरा नहीं है।''

''टैनेंट।'' पासिनी ने कहा, ''हम समझते हैं आप हमें कहने देंगे, सुनिए, युद्ध से बुरा कुछ भी नहीं है, एम्बुलैंस गाड़ी में बैठे हुए हम लोग सोच भी नहीं सकते कि युद्ध कितना बुरा है, जब लोगों की समझ में आता है कि यह वाकई कितना खराब है तब वह इसे रोकने के लिए कुछ कर भी नहीं सकते क्योंकि तब तक वह सनकी हो जाते हैं। कुछ ऐसे भी हैं जो समझ ही नहीं पाते। लोग अपने अफसरों से डरे हुए होते हैं, उन्हीं से लड़ाई कराई जाती है।''

''मैं जानता हूँ यह खराब है लेकिन हमें इसे खत्म करना ही चाहिए।''

''खत्म नहीं होगा, युद्ध कभी खत्म नहीं होता।''

"नहीं, खत्म तो होता है।" पासिनी ने अपना सिर हिलाया।

"एक लड़ाई जीत जाने से युद्ध नहीं जीता जा सकता। सैन ग्रैबियल हम ले लेंगे तो क्या हुआ? कार्सो, मानकाल्कोन और ट्रीस्टे भी अगर हम ले लें तो? फिर हम कहाँ हैं? आज तुमने दूर वाले सारे पहाड़ देखे? तुम्हें लगता है हम सब पर कब्जा कर पाएँगे? सिर्फ तभी अगर ऑस्ट्रियन लड़ाई रोक दें? एक पक्ष को लड़ाई रोक देनी चाहिए। हम ही लड़ाई क्यों नहीं रोक देते? इटली में अगर वह अन्दर आ जाते हैं तो वे थक जाएँगे और शायद चले जाएँगे। उनका अपना देश है। लेकिन नहीं, फिर भी लड़ाई हो रही है।"

"तुम तो अच्छे वक्ता हो।"

"हम सोचते हैं, हम पढ़े-लिखे हैं। हम किसान नहीं हैं। हम लोग मैकेनिक हैं। लेकिन इतना तो किसान भी बेहतर जानते हैं कि युद्ध में विश्वास करना बेकार है। हर एक को इस युद्ध से नफरत है।"

"एक वर्ग है जो देश को चलाता है और यह वर्ग विशुद्ध मूर्ख है जिसकी समझ में न कुछ आता है न कभी आएगा। उसी की वजह से यह युद्ध हो रहा है।"

"पैसा भी बनाते हैं इसमें से वो।"

"ज्यादातर तो नहीं बनाते।" पासिनी बोला, "मूर्ख ज्यादा हैं। इसलिए बिना बात के युद्ध करते हैं।"

मानेरा ने कहा, "हम लोग बहुत बात करते हैं, टैनेंट भी झेलते होंगे।"

"उन्हें पसन्द है।" पासिनी ने कहा, "हम उनको भी बदल देंगे।"

"लेकिन अभी हम सब चुप हो जाएँ।" मानेरा ने कहा।

"सर क्या अब कुछ खा लिया जाए?" गावुजी ने कहा।

"मैं जाकर देखूँगा।" मैंने कहा।

गॉर्डिनी खड़ा हुआ और मेरे साथ बाहर आ गया।

"टैनेंट, मेरे लायक कोई काम है, मैं आपकी कोई मदद कर सकता हूँ?" चारों में वह सबसे ज्यादा शान्त था।

"अगर तुम चाहते हो तो मेरे साथ आओ।" मैंने कहा, "फिर देखते हैं।"

बाहर अँधेरा था और सर्चलाइटों का लम्बा प्रकाश पहाड़ों के ऊपर मँडरा रहा था। उस मोर्चे पर गाड़ियों पर स्थापित की हुई बड़ी सर्चलाइटें थीं जो रात में सड़क पार करते समय मिलती थीं। एक अधिकारी प्रकाश और जत्थों के लिए निर्देश दे रहा था।

हमने ईंटों का आँगन पार किया और मुख्य ड्रेसिंग स्टेशन पर रुक गए। बाहर प्रवेश द्वार के ऊपर हरी टहनियों की छाँह थी और रात में धूप से सूखी हुई पत्तियाँ रात की हवा में खड़खड़ाती थीं। अन्दर प्रकाश था। मेजर एक बॉक्स पर बैठकर टेलीफोन कर रहा था। मेडिकल के एक कैप्टन ने कहा कि लड़ाई एक घंटा आगे

कर दी गई है। उसने मुझे एक गिलास में कॉन्याक शराब ऑफर की। मैंने लकड़ी की मेज की ओर देखा। औजार रोशनी में चमक रहे थे। प्याले और कॉर्क लगी शराब की बोतलें रखी थीं।

गॉर्डिनी मेरे पीछे खड़ा था। मेजर टेलीफोन खत्म करके खड़ा हो गया।

''जंग अब शुरू होती है।'' मेजर ने कहा, ''इसका समय एक बार फिर पहले वाला हो गया है।''

मैंने बाहर देखा, अँधेरा था और ऑस्ट्रियाई सर्चलाइटें हमारे पीछे वाले पहाड़ों पर घूम रही थीं। अभी एक क्षण के लिए खामोशी थी, तभी हमारे पीछे वाली तोपों से बमबारी शुरू हो गई।

''बचो।'' मेजर ने कहा।

''मेजर, खाने का क्या हुआ?'' मैंने कहा। उसने अनसुना कर दिया। मैंने फिर कहा।

''नहीं आया अभी।''

तभी एक बड़ा बम अन्दर आया और बाहर ईंटों के आँगन में विस्फोट हुआ। एक और बौछार हुई और भारी शोर में सिर्फ ईंटों और धूल की बरसात की हलकी-सी आवाज सुनाई दी।

''कुछ खाने को है।''

''हमारे पास थोड़ा-सा पास्टा है।'' मेजर ने कहा।

''जो भी है मैं ले लूँगा।''

मेजर ने एक अर्दली से बात की जो पिछवाड़े की तरफ से अदृश्य हो गया और ठंडी पकी हुई मैकेरोनी बरतन में लेकर आया। मैंने यह गॉर्डिनी को दे दिया।

''तुम्हारे पास थोड़ा 'चीज' होगा?'' मैंने पूछा।

मेजर ने बड़ी हिकारत से अर्दली से कहा और वह दरवाजे के अन्दर घुस गया और सफेद 'चीज' का एक क्वाटर ले आया।

''बहुत-बहुत शुक्रिया।'' मैंने कहा।

''तुम बाहर न निकलो तो बेहतर होगा।''

बाहर दरवाजे के पास कुछ रखा हुआ था। दो आदमी किसी को लेकर आ रहे थे। उन्होंने अन्दर देखा।

''अन्दर लेकर आओ।'' मेजर ने कहा, ''क्या मामला है? क्या हम लोग आकर उसे उठाएँ।''

स्ट्रैचर उठाने वाले दोनों आदमियों ने उसके हाथ-पैर पकड़कर उठाया और अन्दर ले आए।

''ट्यूनिक खोलो!'' मेजर ने कहा।

उसके हाथ में एक चिमटी थी जिसके आखिर में कुछ जाली लगी थी।

दोनों कैप्टन ने अपने ओवरकोट उतार दिए।

"यहाँ से बाहर जाओ।" मेजर ने दोनों स्ट्रैचर लानेवालों से कहा।

"आओ।" मैंने गॉर्डिनी से कहा।

"जब तक बमबारी हो रही है, बेहतर होगा तुम इन्तजार करो।" मेजर ने उचककर कहा।

"वे लोग कुछ खाना चाहते हैं।" मैंने कहा।

"तुम्हारी मर्जी।"

बाहर हम लोग पक्के आँगन से भागकर निकले। नदी के किनारे के एकदम पास एक बम आकर फटा। एक दूसरे बम की आवाज हमें सुनाई ही नहीं दी जब तक कि उसका अचानक झटका हमें नहीं लगा। हम दोनों तेजी से जमीन पर लेट गए। धमाके की तीव्रता और गन्ध के साथ किरचों की छनछनाहट और गिरती हुई ईंटों की खड़बड़ाहट सुनाई दे रही थी। गॉर्डिनी उठा और खन्दक की तरफ भागा। मैं उसके पीछे था। 'चीज' के चिकने तल पर ईंटों की धूल जम गई थी। खन्दक के अन्दर दीवार के सहारे बैठे तीनों ड्राइवर सिगरेट पी रहे थे।

"अबे, देशभक्तो।" मैंने कहा।

"कारों का क्या हाल है?" मानेरा ने पूछा।

"ठीक है।"

"क्या तुम डर गए थे, टैनेंट?"

"तुम बिलकुल ठीक कहते हो।" मैंने कहा।

मैंने अपना चाकू निकाला, उसे खोला, ब्लेड साफ किया और 'चीज' की गन्दी ऊपरी सतह को उतार दिया। गावुजी ने मैकरोनी का बर्तन मुझे दे दिया।

"खाना शुरू करें टैनेंट।"

"नहीं।" मैंने कहा, "फर्श पर रख लो। हम सब साथ खाएँगे।"

"फोर्क तो है नहीं?"

"ह्वाट द हैल।" मैंने अंग्रेजी में कहा।

मैंने 'चीज' को कई टुकड़ों में काटा और मैकरोनी पर रख दिया।

"बैठ जाओ।" मैंने कहा। वे बैठ गए और इन्तजार करने लगे। मैंने अँगूठा और उँगलियाँ मैकरोनी में डालीं और उसे उठाया। एक हिस्सा ढीला हुआ।

"थोड़ा ऊँचा उठाइए, टैनेंट।"

मैंने उसे बाँह की ऊँचाई तक उठाया और उसके तन्तु साफ हो गए। मैंने इसे नीचा कर मुँह में डाला, चूसा और छोर को अलग किया। एक कौर 'चीज' का काटा, चबाया और फिर एक घूँट शराब का डाला। धूल भरी धातु जैसा स्वाद था। मैंने कैन वापस पासिनी को दी।

"सड़ गया है।" उसने कहा, "बहुत दिनों से पड़ा हुआ है। मेरी कार में था।"

वह सब खा रहे थे, उनकी ठुड्डियाँ बर्तन के पास थीं, सिर को पीछे की ओर ले जाते थे, छोर को चूसते थे। मैंने एक और निवाले के साथ, थोड़ा-सा 'चीज' लिया और शराब का घूँट भर लिया। बाहर कुछ धमाका हुआ जिससे जमीन हिल गई।

''फोर हंड्रेड ट्वेंटी या मिनैनबर्फर।'' गावुजी ने कहा।

''पहाड़ों में अब 'फोर हंड्रेड ट्वेंटी' नहीं है।'' मैंने कहा।

''उनके पास बड़ी स्कोडा तोपें हैं। मैंने उनकी मार देखी है।''

''थ्री हंड्रेड फाइव्स।''

हम खाते रहे। थोड़ी सरसराहट हुई, रेल के इंजन के स्टार्ट होने जैसा शोर हुआ और तभी एक विस्फोट हुआ जिससे धरती फिर हिल गई।

''यह गहरी खन्दक नहीं है।'' पासिनी ने कहा।

''यह बड़ा ट्रैंच मोर्टार था।''

''हाँ, सर!''

मैंने अपने वाले 'चीज' के टुकड़े का आखिरी हिस्सा खाया और शराब का एक घूँट लिया। दूसरे शोर के बीच से मुझे खाँसी की आवाज सुनाई दी, फिर कुछ चमका जैसे ब्लास्ट फर्नेस का दरवाजा झटके से खोला जाता है और फिर सफेद गर्जना हुई जो तेज हवा से लाल हुई और बढ़ती चली गई। मैंने साँस लेने की कोशिश की लेकिन साँस नहीं आ रही थी, मुझे लगा जैसे मैं अपने शरीर से अलग निकलकर बाहर, बाहर और बाहर भाग रहा हूँ। हर पल मेरा शरीर हवा में तैर रहा है। मैं सफाई से बाहर निकला, खुद ही अकेला। मैं जानता था कि मैं मर गया था। लेकिन यह सोचना एक भूल थी कि आप ऐसे ही मर गए। मैंने तैरने जैसी उड़ान भरने की कोशिश की, आगे जाने की बजाय मुझे लगा मैं पीछे जा रहा हूँ। मैंने साँस खींची और मैं वापस लौटा। जमीन फट गई थी और मेरे सिर के सामने लकड़ी की एक टूटी हुई मोटी खपची पड़ी थी। अपने सिर में लगे झटके में ही मैंने किसी के रोने की आवाज सुनी। मैंने सोचा कोई चीख रहा है। मैंने चलने की कोशिश की पर चल नहीं पाया। मैंने नदी के आर-पार और नदी के साथ मशीनगनों और राइफलों की फायरिंग की आवाज सुनी। एक तेज प्रकाश कौंधा, चमकीले बॉम्ब ऊपर जाते और फटते हुए और सफेद-सफेद तिरते हुए दिखे। एक ही क्षण में रॉकेट ऊपर गए और बम के धमाकों की आवाज सुनी और तभी मैंने अपने नजदीक किसी को कहते सुना—'अरे माँऽऽऽ। ओह माँऽऽऽ।' मैंने अपने पैरों को खींचा और मोड़ा और अन्ततः मुझे अपनी टाँगें मिल ही गईं। घूमकर मैंने उसे छुआ। यह पासिनी था। जैसे ही मैंने उसे छुआ वह चीखा। उसके पैर मेरी तरफ थे। हलके प्रकाश में मैंने देखा कि उसके दोनों घुटने ऊपर से उड़ गए थे। एक टाँग पूरी चली गई थी और दूसरी नसों के सहारे पैर पर सधी थी। उसका ठूँठ ऐंठ गया था और ऐसे फड़क रहा था जैसे जुड़ा न हो। उसने अपनी बाँह को काटा और कराहा—'ओह माँऽऽऽ अरी

माँऽऽऽ।' और फिर 'डिओ टि साली, मारिया डियो टि साली गारिया। ओह माँऽऽऽ अरे। माँऽऽऽ। ओह, मेरी शूट मी। बस करो, बस करो, बस करो, ओह जीसस, मदर मेरी बस करो, ओह, ओह, ओह।' उसका गला रुँध गया 'माँऽऽऽ'। बाँह काटते हुए वह शान्त हो गया। उसकी टाँग का ठूँठ फुदक रहा था।

"पोर्टा फैरेटी।" अपने हाथों को जोड़ते हुए मैं चिल्लाया, "पोर्टा फैरेटी।" मैंने पासिनी के पास पहुँचने की कोशिश की जिससे उसकी टाँगों पर पट्टी बाँध सकूँ लेकिन मैं हिल नहीं सका। मैंने फिर कोशिश की और मेरी टाँगें थोड़ा-सा हिलीं। अपनी बाँहों और कोहनियों के सहारे मैं पीछे की ओर सरका। पासिनी अब खामोश था। मैं उसके पास बैठा, अपनी ट्यूनिक खोली और अपनी कमीज का पिछला हिस्सा फाड़ने की कोशिश की। कमीज नहीं फटी और मैंने दाँतों से कपड़े का कोना काटा जिससे वह फट जाए। तब मुझे उसकी पट्टियों का ध्यान आया। मेरे पास रूई की गाँठें थीं लेकिन पासिनी के पास पट्टियाँ थीं। सभी ड्राइवर पट्टियाँ रखते थे। लेकिन पासिनी की एक ही टाँग बची थी। मैंने पट्टी खोली और जब मैं उसे खोल रहा था तो मैंने देखा कि रक्तबन्ध बनाने के प्रयास की कोई आवश्यकता नहीं थी क्योंकि पासिनी पहले ही मर चुका था। मैंने सुनिश्चित किया कि वह जीवित नहीं था—तीन और भी साथी थे जिन्हें खोजना था। मैं सीधा उठा और जैसे ही मैंने ऐसा किया मेरे सिर में कोई चीज ऐसे चली जैसे किसी गुड़िया की आँखों की पुतलियों पर कोई वजन रखा हो और वह मेरी पुतलियों से जा टकराया हो। मेरी टाँग गर्म और भीगी-सी थी और मेरे जूते भी अन्दर से गर्म और भीगे हुए थे। मैं जानता था कि मुझे भी चोट लगी है। मैं झुका और अपना हाथ अपने घुटने पर रखा। मेरा घुटना नीचे तिल्ली के पास था। मैंने कमीज से अपना हाथ पोंछा और तिरते हुए प्रकाश की एक झलक धीरे से नीचे आई, मैंने अपनी टाँग देखी। मैं बेहद डर गया। "ओह गॉड! मुझे यहाँ से निकालो।" मैंने कहा। हालाँकि मुझे पता था कि मेरे साथ तीन और लोग भी थे। कुल चार ड्राइवर थे। पासिनी इस दुनिया से जा चुका था। अब तीन और थे। किसी ने नीचे से मेरी बाँह पकड़ी और दूसरे ने मेरी टाँगें उठाईं।

"तीन आदमी और भी हैं।" मैंने कहा, "एक तो मर चुका है।"

"मैं मानेरा हूँ। हम लोग स्ट्रैचर लेने गए थे लेकिन कोई खाली नहीं थी। तुम कैसे हो टैनेंट?"

"गॉर्डिनी और गावुजी कहाँ हैं?"

"गॉर्डिनी चौकी में है, उसकी पट्टी की जा रही है। गावुजी के पास तुम्हारी टाँग है। मेरी गरदन पकड़ लो, टैनेंट। क्या तुम बुरी तरह घायल हो?"

"हाँ टाँग में। गॉर्डिनी कैसा है?"

"वह तो ठीक है। काफी बड़ा ट्रैंच-मोर्टार शैल था।"

"पासिनी चला गया।"

"हाँ, वह खत्म हो गया।"

अचानक एक बम पास ही में गिरा और वह दोनों जमीन पर लुढ़क गए। उन्होंने मुझे छोड़ दिया।

"आई एम सॉरी टैनेंट।" मानेरा ने कहा, "मेरी गर्दन कस के पकड़े रहो।"

"इस बार मत छोड़ देना।"

"ऐसा इसलिए हुआ क्योंकि हम डर गए थे।"

"तुम लोग घायल तो नहीं हुए।"

"हम लोग थोड़ा-सा घायल हुए हैं।"

"गॉर्डिनी गाड़ी चला पाएगा।"

"मुझे ऐसा नहीं लगता।"

चौकी पहुँचते-पहुँचते उन्होंने मुझे एक बार और गिराया।

"कुतिया के बच्चे।" मैंने कहा।

"आई एम सॉरी, टैनेंट।" मानेरा ने कहा, "अब अगली बार आपको नहीं गिरने देंगे।"

चौकी के बाहर हमारे जैसे कई घायल अँधेरे में जमीन पर पड़े थे, वह घायलों को पहले अन्दर ले जाते और बाहर लाते थे। परदा खुलने पर किसी को अन्दर-बाहर ले जाते समय ड्रैसिंग-स्टेशन से आने वाले प्रकाश को मैं देख सकता था। मृतक एक ओर पड़े हुए थे, डॉक्टर अपनी बाजुएँ कन्धों तक ऊपर उठाए हुए काम कर रहे थे। उनके हाथ कसाइयों की तरह खून से लाल हो रहे थे। स्ट्रैचर पर्याप्त नहीं थीं। कुछ घायल शोर मचा रहे थे परन्तु अधिकांश खामोश थे। ड्रैसिंग-स्टेशन के दरवाजे पर लगी बेल के पत्ते हवा से हिल रहे थे। रात ठंडी होती जा रही थी। स्ट्रैचर उठानेवाले अपनी स्ट्रैचर नीचे रखते थे, उन्हें खाली करते थे और चले जाते थे। जैसे ही मैं ड्रैसिंग-स्टेशन में गया मानेरा एक चिकित्सक सार्जेंट को ले आया जिसने मेरी दोनों टाँगों पर पट्टियाँ बाँध दीं। उसने बताया कि घाव के अन्दर इतनी ज्यादा धूल थी कि रक्तस्राव अधिक नहीं हुआ था और जितनी जल्दी हो सकेगा लोग मुझे यहाँ से ले जाएँगे। वह वापस अन्दर चला गया।

"गॉर्डिनी गाड़ी नहीं चला पाएगा।" मानेरा ने कहा। उसका कन्धा टूट गया था और सिर में भी चोट थी, पहले उसे अहसास नहीं हुआ था, लेकिन अब कन्धा अकड़ चुका था। वह ऊपर की ओर ईंट की दीवार के सहारे बैठा था, मानेरा और गावुजी दोनों घायलों की खेप के साथ चले गए। वे ठीक-ठाक गाड़ी चला सकते थे। ब्रिटिश तीन एम्बुलैंस लेकर आए थे और प्रत्येक एम्बुलैंस पर उनके दो आदमी थे। गॉर्डिनी के लाए हुए उन ड्राइवरों में से एक जो एकदम सफेद और बीमार-सा लगता था, मेरे पास आया। ब्रितानी ने थोड़ा झुककर पूछा।

"काफी चोट लगी है?" वह लम्बा आदमी था और स्टील फ्रेम का चश्मा पहने था।

"पैरों में।"

"उम्मीद है बहुत गम्भीर नहीं है, सिगरेट पिओगे?"

"थैंक्स।"

"बताते हैं तुम्हारे दो ड्राइवरों की जिन्दगी चली गई।"

"हाँ, एक मारा गया और और दूसरा जो तुम्हें लाया था।"

"कैसा दुर्भाग्य है, क्या तुम चाहोगे कि हम कार ले जाएँ?"

"यही मैं तुमसे पूछना चाहता था।"

"हम उनकी ठीक से देखभाल करेंगे और बँगला नम्बर 206 में लौटा देंगे, ठीक है न?"

"हाँ।"

"बड़ी सुन्दर जगह है, मैंने तुम्हें वहाँ देखा है, लोग कहते हैं तुम अमेरिकन हो।"

"हाँ।"

"मैं इंग्लिश हूँ।"

"अरे नहीं?"

"हाँ भाई, इंग्लिश। तुम्हें मैं इटैलियन लगता था। हमारी एक यूनिट में कुछ इटैलियन थे।"

"अगर तुम कारें ले जा सकोगे तो बेहतर होगा।" मैंने कहा।

"नहीं, हम उनका पूरा खयाल रखेंगे।" वह तनकर खड़ा हो गया, "तुम्हारा यह बन्दा मुझे तुमसे मिलाने को बड़ा बेचैन था।" उसने गॉर्डिनी का कन्धा थपथपाया। गॉर्डिनी चौंक गया और मुस्कुराया। अंग्रेज धाराप्रवाह और शुद्ध इतालवी में बोला, "अब सब इन्तजाम हो गया, टैनेंट से मैं मिल लिया हूँ। दो कारें हम ले जाएँगे, आप फिक्र न करें।" वह अचानक रुका। "आप लोगों को यहाँ से निकालने के लिए मुझे अवश्य ही कुछ करना चाहिए। मैं मेडिकल वालों से मिलूँगा। हम आप लोगों को अपने साथ ले जाएँगे।"

वह, घायलों के बीच से सावधानी से निकलते हुए ड्रैसिंग-स्टेशन की तरफ बढ़ गया। मैंने परदा उठते हुए देखा, थोड़ा-सा प्रकाश बाहर आया और वह अन्दर चला गया।

"वह तुम्हारी देखभाल करेगा, टैनेंट।" गॉर्डिनी ने कहा।

"फ्रैंको। तुम कैसे हो?"

"मैं ठीक हूँ।" वह मेरे पास बैठ गया। क्षण-भर में ड्रैसिंग-स्टेशन का दरवाजा खुला और दो स्ट्रैचर उठाने वाले बाहर आए, लम्बा अंग्रेज उनके पीछे था। वह उन्हें मेरे पास लाया।

"यहाँ, अमेरिकन साब हैं।" उसने इतालवी में कहा।

''मैं प्रतीक्षा करूँगा।'' मैंने कहा, ''मुझसे से भी ज्यादा घायल लोग हैं। मैं ठीक-ठाक हूँ।''

''आओ-आओ।'' उसने कहा, ''साला हीरो नहीं बनने का।'' फिर इतालवी में बोला, ''उसे टाँगों की तरफ से बड़ी सावधानी से उठाना, उसकी टाँगों में बहुत दर्द है। प्रेसीडेंट विल्सन का असली बेटा है।'' उन्होंने मुझे उठाया और ड्रैसिंग-रूम में ले गए। अन्दर सभी मेजों पर वह ऑपरेशन कर रहे थे, नाटे मेजर ने गुस्से से हमें देखा। उसने मुझे पहचान लिया और चिमटी हिलाकर इशारा किया।

''कै, वा बियन।''

''कै वा!''

''मैं उसे अन्दर ले आया हूँ।'' लम्बे अंग्रेज ने इतालवी में कहा, ''अमेरिकन राजदूत की इकलौती औलाद है। जब तक तुम इसे ले जाने को तैयार होगे तब तक यह यहीं रहेगा। फिर मैं उसे अपने साथ पहली खेप में ले जाऊँगा।'' वह मेरे ऊपर झुक गया। ''मैं इनके एडजुटैंट से तुम्हारे पेपर्स के बारे में बात करूँगा जिससे थोड़ी जल्दी हो जाएगी।'' वह दरवाजे के नीचे घुसने के लिए झुका और बाहर चला गया। मेजर चिमटियाँ उतार रहा था और उन्हें बेसिन में गिरा रहा था। मेरी आँखें उसके हाथों पर टिकी हुई थीं। अब वह पट्‌टी कर रहा था। फिर स्ट्रैचर ढोनेवालों ने घायल आदमी को मेज से उतार लिया।

''मैं अमेरिकन आफिसर को ले जाऊँगा।'' एक कैप्टन ने कहा। उन्होंने मुझे मेज पर उठाकर रखा। वह सख्त और रपटीली थी। वहाँ कई किस्म की तेज गन्ध उठ रही थी, रासायनिक गन्ध और रक्त की मीठी गन्ध। उन्होंने मेरी पैंट उतार दी और मेडिकल कैप्टन काम करते हुए एडजुटैंट को बोलकर लिखाने लगा—मल्टीपल सुपरफिशयल घाव बाईं और दाहिनी जाँघ में, बाएँ और दाहिने घुटने और दाहिने पैर में। दाहिने पैर और घुटने में गहरे घाव। सर पर कटे का निशान—उसने पूछा, ''क्या दर्द होता है ? अरे भगवान खोपड़ी में फ्रैक्चर की सम्भावना। चोट मोर्चे पर ड्यूटी के समय आई। खुद से घायल होने के लिए कोर्ट-मार्शल होने से यही बचाता है।'' उसने कहा, ''थोड़ी सी ब्रांडी लोगे ? आखिरकार तुम घायल हो गए ? कर क्या रहे थे तुम ? आत्म-हत्या करनी थी ? एंटी-टैटेनस लाओ, दोनों टाँगों पर एक क्रास लगा दो। थैंक्यू। मैं इसे थोड़ा साफ करूँगा, धो डालो, पट्‌टी बाँध दो, तुम्हारा रक्त बड़ी अच्छी तरह जमता है।''

एडजुटैंट पेपर के ऊपर से देखते हुए बोला, ''घाव किस चीज से हुआ ?''

मेडिकल कैप्टन ने पूछा, ''क्या टकराया तुमसे ?''

मैं आँख बन्द करके पड़ा हुआ था, ''एक ट्रैंच-मोर्टार शैल।''

कैप्टन कुछ ऐसा कर रहा था जिससे तेज दर्द हो रहा था। कपड़ा हटाते हुए वह बोला, ''पक्का ?''

मैं शान्त लेटे रहने की कोशिश कर रहा था। लेकिन जब मांस काटा गया तो ऐसा लगा जैसे कि मेरा पेट कुड़कुड़ा रहा हो, ''मुझे ऐसा ही लगता है।''

कैप्टन डॉक्टर, (कुछ ऐसा रोचक मिला जो वह खोज रहा था) ''दुश्मन की ट्रैंच-मोर्टार शैल के टुकड़े। अगर तुम चाहो तो और भी ढूँढ़ें लेकिन इसकी जरूरत नहीं है। मैं इस सबमें रंग भर दूँगा—क्या जलन होती है? ठीक है। अभी कुछ नहीं लेकिन बाद में दर्द करेगा। अभी दर्द शुरू नहीं हुआ है। एक गिलास ब्रांडी लाओ। सदमे से दर्द शमित हो जाता है, लेकिन ठीक है। अगर इंफैक्शन नहीं होता तो तुम्हें चिन्ता करने की कोई बात नहीं है और बिरले ही ऐसा होता है। तुम्हारा सिर कैसा है?''

''ओह! क्राइस्ट।'' मैंने कहा।

''फिर ज्यादा ब्रांडी मत पियो। अगर फ्रेक्चर हुआ है तो ज्यादा उत्तेजन की जरूरत नहीं। कैसा लगता है?'' मैं पसीने से तर-बतर था।

''हे क्राइस्ट!'' मैंने कहा।

''मुझे लगता है तुम्हें फ्रैक्चर ही हुआ है। मैं तुम्हारे सिर की पट्टी कर दूँगा और अपना सिर इधर-उधर मत हिलाना।'' उसने पट्टी बाँध दी, उसके हाथ बहुत तेज चल रहे थे। पट्टी कसती जा रही थी, ''ठीक है, गुड लक और वाइवे ला फ्रांस।''

''वह अमेरिकन है।'' किसी दूसरे कैप्टन ने कहा।

''मैं समझा कि तुमने कहा है कि वह फ्रैंच बोलता है।'' कैप्टन ने कहा, ''मैं उसे पहले से जानता हूँ, मैं भी हमेशा उसे फ्रैंच ही समझता था।'' उसने कॉन्याक का आधा गिलास चढ़ा लिया। ''सीरियस होने के कारण कुछ तेज दवा लेकर आओ। उसे एंटी-टैटनस ही लगाओ।'' कैप्टन ने हाथ हिलाकर मुझे अभिवादन किया। उन्होंने मुझे उठाया और जैसे ही हम बाहर निकले कंबल का खोल मेरे मुँह से हट गया। बाहर जहाँ मैं लेटा था, सार्जेंट एडजुटैंट आया और मेरे पास झुककर पूछने लगा।

''नाम?'' उसने आहिस्ता से पूछा।

''मध्य नाम? प्रथम नाम? रैंक? जन्म स्थान? श्रेणी? कॉर्प्स? और भी कई प्रश्न।''

''मुझे तुम्हारे सिर की वजह से दुख है, टैनेंट। उम्मीद है तुम बेहतर महसूस कर रहे हो। मैं तुम्हें अब इंग्लिश एम्बुलैंस के साथ भेज रहा हूँ।''

''मैं ठीक हूँ।'' मैंने कहा, ''बहुत-बहुत शुक्रिया।''

मेजर जिस दर्द के बारे में बोल रहा था शुरू हो गया था और अब जो भी हो रहा था वह बिना किसी कार्य के और सम्बन्ध के हो रहा था। थोड़ी देर में इंग्लिश एम्बुलैंस आ गई, उन्होंने मुझे स्ट्रैचर पर लिटाया, स्ट्रैचर को एम्बुलैंस तक उठाया और उसे अन्दर घुसा दिया। पास ही एक और स्ट्रैचर थी जिस पर एक आदमी उल्टा लेटा था, पट्टियों के बीच उसकी नाक मोम जैसी लग रही थी। ऊपर पट्टों में भी स्ट्रैचर उठाकर रखी गई थी, लम्बा अंग्रेज ड्राइवर पास आया और अन्दर झाँका।

''मैं धीरे-धीरे ले चलूँगा।'' उसने कहा, ''उम्मीद है तुम्हें परेशानी नहीं होगी।'' इंजन का स्टार्ट होना मैंने महसूस किया, आगे की सीट पर उसके बैठने का अन्दाजा हुआ, ब्रेक से पैर हटाने और क्लच की आवाज हुई फिर हम चले। मैं शान्त पड़ा रहा और दर्द बढ़ता गया।

जैसे-जैसे एम्बुलैंस सड़क पर ऊपर चढ़ती उसकी गति कम होती जाती थी, कभी-कभी यह रुक जाती थी, कभी-कभी घुमाव पर पीछे हटती थी और अन्ततः उसने तेज चढ़ना शुरू किया। मुझे महसूस हुआ कि कुछ टपक रहा है। पहले वह धीरे-धीरे और लगातार गिर रहा था, बाद में धारा की तरह प्रवाहित होने लगा। मैंने चिल्लाकर ड्राइवर को बुलाया। उसने गाड़ी रोकी और अपनी सीट के पीछे बने छेद से झाँककर देखा।

''क्या है?''

''मेरे ऊपर स्ट्रैचर वाले आदमी को हैमरेज हो गया है।''

''हम अब मंजिल से ज्यादा दूर नहीं है। मैं स्ट्रैचर को अकेला नहीं उतार पाऊँगा।'' उसने गाड़ी स्टार्ट कर दी। रक्त की धारा गिरती रही। अँधेरे में यह भी मैं न देख पा रहा था कि ऊपर के कैनवस से खून किधर से आ रहा था। वहाँ गर्म और चिपचिपा हो गया था। मैं ठंडा हो गया था। मेरा पैर इतना दर्द कर रहा था कि मैं झेल नहीं पा रहा था। कुछ देर बाद ऊपर स्ट्रैचर से गिरती हुई रक्त की धारा कुछ कम हुई और फिर बूँद-बूँद कर गिरने लगी। मैंने सुना और महसूस किया कि ऊपर का कैनवस कुछ हिला और स्ट्रैचर वाला आदमी एकदम शान्त हो गया।

''क्या हाल है उसका?'' अंग्रेज ने पुनः पूछा, ''हम लगभग पहुँच चुके हैं।''

''लगता है मर गया।'' मैंने कहा।

बूँदें धीरे-धीरे गिर रही थीं जैसे सूर्यास्त के बाद किसी हिमलम्ब से गिरती हैं। जैसे-जैसे सड़क ऊपर की ओर गई रात में गाड़ी में ठंड बढ़ती रही। चोटी की चौकी पर पहुँचकर उन्होंने एक स्ट्रैचर बाहर निकाला, दूसरा अन्दर रखा और हम लोग चलते रहे।

## अध्याय-10

फील्ड हॉस्पिटल के वार्ड में उन्होंने मुझे बताया कि दोपहर बाद कोई मुझसे मिलने आएगा। उस दिन काफी गर्मी थी और कमरे में ढेरों मक्खियाँ थीं। मेरे अर्दली ने कागज काटकर उसकी पट्टियाँ बनाई थीं और उन्हें एक डंडी से बाँधकर ब्रश बना दिया था जो मक्खियाँ उड़ाने के काम आता था। मैं उन्हें छत पर

बैठते देखता रहता था। अर्दली ने जब ऊँघना बन्द किया और सो गया तो मक्खियाँ नीचे आ गईं। मैंने उन्हें उड़ाया और आखिर में अपना मुँह हाथों से ढक लिया और खुद भी सो गया। गर्मी बहुत थी। जब मैं जगा तो मेरी टाँगों में चुनचुनी हो रही थी। मैंने अर्दली को जगाया और उसने पट्टियों पर साफ पानी डाल दिया। इससे बिस्तर गीला और ठंडा हो गया। हम में से कई लोग जगे हुए थे और वार्ड में एक-दूसरे से बात करते रहते थे। दोपहर बड़ी खामोश-सी थी। सुबह को एक डॉक्टर और तीन नर्सिंग असिस्टेंट बारी-बारी से एक-एक बैड पर आते थे। बिस्तर से उतारकर वह हमें ड्रैसिंग-रूम में ले जाते थे जिससे इस बीच बिस्तरे ठीक किए जा सकें। इस बीच हम लोगों की पट्टी चल रही होती थी। ड्रैसिंग-रूम तक की यात्रा सुखद नहीं थी और काफी बाद में मुझे पता चला कि बिस्तरे मरीज के होते हुए भी ठीक किए जा सकते थे। मेरे अर्दली ने पानी डालना बन्द कर दिया था। बिस्तर ठंडा और अच्छा लग रहा था और मैं अर्दली को अपने तलवे में जहाँ खुजली हो रही थी वहाँ खुजलाने को कह रहा था तभी एक डॉक्टर रिनाल्डी को लेकर आया। वह तेजी से अन्दर घुसा, बिस्तर पर झुका और मुझे चूम लिया। मैंने देखा वह दस्ताने पहने था।

"बच्चे, क्या हाल है? कैसा लग रहा है? कुछ लाया हूँ तुम्हारे लिए।" उसके हाथ में एक कॉन्याक की बोतल थी। अर्दली एक कुर्सी ले आया और वह बैठ गया। "और खास खबर यह है कि तुम्हें अलंकृत किया जाएगा। वह तुम्हें रजत पदक दिलाना चाहते हैं लेकिन शायद कांस्य ही दिला पाएँ।"

"किसलिए।"

"क्योंकि तुम गम्भीर रूप से घायल हुए हो। उनका कहना है कि अगर तुम सिद्ध कर सको कि तुमने कुछ बहादुरी का काम भी किया है तो तुम्हें रजत भी मिल सकता है। अन्यथा यह कांस्य होगा। ठीक-ठीक बताओ क्या हुआ? तुमने कोई शौर्य का काम किया?"

"नहीं।" मैंने कहा, "मैं तो उस वक्त घायल हुआ जब हम लोग 'चीज' खा रहे थे।"

"मजाक नहीं। तुमने पहले या बाद में बहादुरी का कोई न कोई काम जरूर किया होगा। ध्यान से याद करो।"

"मैंने नहीं किया दोस्त।"

"तुम किसी को पीठ पर लादकर नहीं लाए? गॉर्डिनी कहता है कि तुमने कई लोगों को अपनी पीठ पर उठाया लेकिन प्रथम चौकी का मेजर कहता है कि यह असम्भव है। प्रशंसा पत्र के प्रस्ताव पर उसका दस्तखत होना है।"

"मैं किसी को नहीं ले गया, मैं चल भी नहीं सकता था।"

"कोई मायने नहीं रखता।" रिनाल्डी ने कहा और उसने अपने दस्ताने उतार लिये।

"मैं सोचता हूँ हम लोग तुम्हें रजत पदक दिला सकते हैं। क्या तुमने दूसरों से पहले चिकित्सकीय सहायता लेने से इनकार नहीं किया?"

"बहुत दृढ़ता के साथ नहीं।"

"कोई फर्क नहीं पड़ता कि तुम किस तरह से घायल हुए हो। यह देखो, किस तरह तुमने हमेशा प्रथम पंक्ति में जाने के लिए आग्रह कर बहादुरी का परिचय दिया है। उसके अलावा युद्ध में भी सफलता मिली ही।"

"क्या उन्होंने नदी सही-सलामत पार कर ली?"

"बहुत अच्छे से। करीब एक हजार बन्दी बनाए गए हैं। यह अखबार में है, देखा नहीं तुमने?"

"नहीं।"

"मैं तुम्हें लाकर दूँगा। यह सफल अभियान है।"

"बाकी लोग कैसे हैं?"

"मस्त, सब मस्त हैं। सबको तुम पर नाज है। कैसे-कैसे यह सब हुआ मुझे बताओ, मुझे यकीन है तुम्हें रजत पदक मिलेगा। बताओ! इस बारे में मुझे बताओ।" वह रुका और सोचने लगा।

"हो सकता है तुम्हें एक इंग्लिश पदक भी मिल जाए। एक इंग्लिश आदमी था न, मैं उससे जाकर मिलूँगा और उससे बात करूँगा कि वह तुम्हारे लिए संस्तुति कर दे। वह जरूर कुछ कर सकेगा। तुम्हें ज्यादा तकलीफ तो नहीं है। लो एक ड्रिंक लो। अर्दली! जाओ एक कार्क स्क्रू ले आओ। ओह! तुम देख पाते कि तीन मीटर छोटी आँत को मैंने कितनी सफाई से निकाला। हमेशा से बेहतर। यह मेडिकल पत्रिका 'द लैंसेट' के लिए है। उसका अनुवाद करके देना, मैं इसे 'द लैंसेट' में भेज दूँगा। मेरे प्यारे बच्चे! अब कैसा महसूस करते हो? तुम्हारा वह कॉर्क स्क्रू कहाँ है? तुम बहुत बहादुर और शान्त हो। मैं भूल गया कि तुम्हें कितना कष्ट है।" उसने अपने दस्तानों से बिस्तरे के किनारे पर हाथ मारा।

"सिग्नोर टैनेंट, यह रहा कॉर्क स्क्रू।" अर्दली ने कहा।

"बोतल खोलो, एक गिलास लाओ। बच्चू लो पियो। बेचारे तुम्हारे सिर का क्या हाल है? मैंने तुम्हारे पेपर्स देखे थे। फ्रैक्चर तो नहीं हुआ है। चौकी पर जो मेजर था साला पूरा कसाई था। मैं तुम्हारी देख-रेख करूँगा और कभी दर्द नहीं होगा। मैं किसी को तकलीफ नहीं पहुँचाता। मुझे पता है, कैसे करना है। हर दिन मैं चीजों को बेहतर और सुचारू रूप से करना सीख रहा हूँ। यार, ज्यादा बोलने के लिए माफ करना। मैं तुम्हें बुरी तरह घायल देखकर विचलित हो गया हूँ। लो, पियो। अच्छा है। पन्द्रह लीरा दाम है इसका। अच्छा होना ही चाहिए। फाइव स्टार्स। यहाँ से जाने के बाद मैं उस इंग्लिश से मिलूँगा वह तुम्हें एक इंग्लिश पदक जरूर दिलवाएगा।"

"ऐसे ही नहीं देते वे लोग।"

''तुम बहुत विनम्र हो। मैं सम्पर्क अधिकारी को भेजूँगा वह अंग्रेज को सँभाल सकता है।''

''मिस बर्कले को देखा तुमने?'' मैंने पूछा।

''मैं उसे यहाँ ले आऊँगा। मैं अभी जाऊँगा और उसे यहाँ लेकर आऊँगा।''

''जाओ मत।'' मैंने कहा, ''मुझे गौरिजिया के बारे में बताओ। लड़कियों के क्या हाल हैं?''

''लड़कियाँ वहाँ नहीं हैं। अभी दो सप्ताह से वही पुरानी ही हैं, उन्होंने बदली ही नहीं हैं। मैं अब वहाँ नहीं जाता। शर्म की बात है। साली वह लड़कियाँ नहीं हैं, वह पुरानी युद्ध संगिनी हैं।''

''बिलकुल नहीं जाते तुम?''

''कुछ नया है या नहीं यह देखने के लिए जाता हूँ। थोड़ा रुकता हूँ। सब तुम्हारे बारे में पूछती हैं, बड़ी गलत बात है। उन्हें एक ही जगह इतना नहीं रखना चाहिए कि वे दोस्त बन जाएँ।''

''हो सकता है लड़कियाँ अब मोर्चे पर जाना ही न चाहती हों।''

''जाना चाहती हैं। उनके पास बहुत लड़कियाँ हैं। सिर्फ मैनेजमेंट खराब है। साले पीछे खन्दकों में छुपे रहनेवालों को खुश रखने के लिए रखे हुए हैं।''

''बेचारा रिनाल्डी।'' मैंने कहा, ''अकेला युद्ध में और उसके साथ कोई नई लड़की नहीं।'' रिनाल्डी ने अपने लिए कॉन्याक का दूसरा गिलास निकाल लिया।

''मुझे नहीं लगता इससे तुम्हें तकलीफ होगी, बच्चू, ले लो इसे।''

मैंने कॉन्याक पी और नीचे तक खुद को गर्म महसूस किया। रिनाल्डी ने एक और गिलास डाला। अब वह पहले सेकक अधिक शान्त था। उसने गिलास ऊपर उठाया, ''तुम्हारी गम्भीर चोट के नाम। सिल्वर मेडल के लिए। बच्चू, यह बताओ। यहाँ इस तरह सारा वक्त गर्म मौसम में पड़े-पड़े क्या तुम उत्तेजित नहीं हो जाते?''

''कभी-कभी।''

''मैं ऐसे पड़े रहने के बारे में सोच भी नहीं सकता। मैं तो पागल हो जाऊँगा।''

''तुम पहले से ही हो।''

''मैं चाहता हूँ तुम जल्दी से वापस आ जाओ। रात में आकर रोमांचक घटनाएँ सुनानेवाला कोई नहीं है। मजाक करने के लिए कोई नहीं। उधार देनेवाला कोई नहीं। कोई भाई-बन्धु नहीं और कोई रूम-मेट नहीं। तुम क्यों चोट लगा के बैठ गए।'' रिनाल्डी ने पूछा।

''तुम पादरी से मजाक कर सकते हो।''

''वह पादरी, यार मैं उसका मजाक नहीं उड़ाता, कैप्टन ही करता है ऐसा। मुझे वह पसन्द है। अगर तुम्हें कोई पादरी ही रखना हो तो उसी को रखना। देखने आएगा वह तुम्हें, वह लम्बी-चौड़ी तैयारी करता है, हर काम के लिए।''

''मुझे भी वह अच्छा लगता है।''

''ओह, मुझे पता है, कभी-कभी मुझे तुम दोनों थोड़े-थोड़े वैसे लगते हो, समझ गए।''

''नहीं, तुम नहीं समझते।''

''हाँ, कभी-कभी मुझे लगता है। थोड़ा-सा उस तरह जैसे ब्रिगाटा एनकोना की फर्स्ट रेजीमेंट के कुछ लोग करते हैं।''

''अबे साले, चुप।''

वह खड़ा हो गया और अपने दस्ताने पहन लिए।

''बच्चू, तुम्हें परेशान करने में मुझे मजा आता है। तुम्हारा पादरी, तुम्हारी वह अंग्रेज लड़की और तुम वाकई अन्दर से मेरे जैसे ही हो।''

''नहीं, मैं तेरे जैसा नहीं हूँ।''

''नहीं, हम हैं। तुम असली इटैलियन हो।''

''सिर्फ आग और धुआँ और अन्दर से खोखला।''

''अमेरिकन तो तुम नाम के हो। हम-तुम भाई हैं और एक दूसरे को बेहद प्यार करते हैं।''

''मैं चला जाऊँ तो ठीक से रहना।'' मैंने कहा।

''मैं बर्कले को भेज दूँगा। मैं न रहूँ और वह हो तो तुम बहुत मस्त रहते हो। तुम बहुत सीधे और प्यारे इनसान हो।''

''भाग जा, साले।''

''मैं उसे भेज दूँगा। तुम्हारी प्रिय शान्त देवी। इंग्लिश गौड्स। ओह गॉड! ऐसी लड़की की पूजा करने के सिवाय कोई आदमी उसके साथ और करेगा भी क्या? इंग्लिश औरतें और हैं भी किस काम की?''

''तुम नम्बर एक के धूर्त हो और बकवास करते हो।''

''क्या-क्या?''

''मूर्ख इटैलियन।''

''इटैलियन, तुम मनहूस चेहरेवाले इटैलियन हो।''

''तुम अज्ञानी और मूर्ख हो।'' मैंने देखा कि यह शब्द उसे चुभा है और मैं कहता रहा, ''अनभिज्ञ, अनाड़ी, अनुभवहीनता की वजह से मूर्ख।''

''सच्ची? मैं तुम्हें तुम्हारी अच्छी औरतों के बारे में कुछ बताता हूँ। तुम्हारी देवियाँ, एक ऐसी लड़की जो हमेशा अच्छी रही है और एक औरत में सिर्फ एक फर्क है। लड़की के साथ दर्द ही मिलता है। मैं इतना ही जानता हूँ।'' उसने अपने दस्ताने से बिस्तर को थपथपाया, ''और ये भी पता नहीं चलता कि लड़की पसन्द भी करेगी या नहीं।''

''नाराज न हो भाई।''

"मैं नाराज नहीं हूँ, मैं बच्चू तुम्हें सिर्फ बता रहा हूँ, तुम्हारे फायदे के लिए, तुम्हें मुश्किल से बचाने के लिए।"

"क्या यही एक फर्क है ?"

"हाँ लेकिन तुम्हारे जैसे लाखों मूर्ख यह नहीं जानते।"

"आपने बता दिया, मेहरबानी।"

"बच्चू, हम लोग लड़ेंगे नहीं, मैं तुम्हें बहुत प्यार करता हूँ, लेकिन मूर्ख मत बनो।"

"नहीं, मैं तुम्हारी तरह अक्लमन्द बनने की कोशिश करूँगा।"

"नाराज क्यों होते हो, बच्चू। हँसो, थोड़ा-सा एक ड्रिंक ले लो। मुझे चलना चाहिए अब।"

"तुम बहुत अच्छे बंदे हो।"

"अब तुम्हीं देख लो, अन्दर से हम लोग एक हैं। हमलोग युद्ध भाई हैं। मुझे विदाई चुम्बन दो।"

"तुम गन्दे हो।"

"नहीं, मैं थोड़ा ज्यादा स्नेही हूँ।"

मैंने उसकी साँस को अपने निकट महसूस किया। "गुड बाय। मैं जल्दी ही तुमसे मिलने आऊँगा।" उसकी साँस दूर हो गई। "अगर तुम नहीं चाहते तो मैं तुम्हें किस नहीं करूँगा, तुम्हारी उस अंग्रेज लड़की को भेज दूँगा। गुड बाय बच्चू। कॉन्याक बिस्तर के नीचे रखी है, फटाफट ठीक हो जाओ।" वह जा चुका था।

## अध्याय-11

जब पादरी आया धुँधलका हो चुका था। वह सूप पिला चुके थे और खाली कटोरियाँ भी ले जा चके थे। मैं खिड़की से बाहर शाम की बयार में हिलती हुई पेड़ों की चोटियों और बिस्तरों की कतारों को लेटे हुए देख रहा था। हवा का एक झोंका खिड़की से आया। शाम की वजह से इसमें ठंड थी। मक्खियाँ छत पर तारों से लटकते बल्बों पर बैठी थीं। बत्तियाँ तभी जलाई जाती थीं जब रात में किसी को अन्दर लाया जाता था या कोई और काम किया जाता था। शाम को धुँधलके के बाद अँधेरे के आने और फिर बने रहने से मैं खुद को जवान महसूस करता था। यह जल्दी खाना खाकर सोने चले जाने जैसा था। अर्दली बिस्तरों के बीच आया और रुक गया। कोई उसके साथ था। पादरी था। छोटा सा, भूरे रंग वाला, परेशान-सा वह खड़ा हुआ था।

"कैसे हो ?" उसने पूछा। उसने बिस्तर के नीचे फर्श पर कुछ पैकेट रख दिए।

''ठीक हूँ, फादर।''

वह रिनाल्डी के लिए लाई गई कुर्सी पर बैठ गया और परेशान-सा खिड़की के बाहर देखने लगा। मैंने देखा उसका चेहरा थका हुआ-सा था।

''मैं एक मिनट ही रुक सकूँगा।'' उसने कहा, ''देर हो गई है।''

''नहीं देर तो नहीं हुई है। मैस की क्या खबर है?''

वह मुस्कुराया, ''मैं अभी भी अच्छा-खासा मजाक का विषय हूँ।'' वह थका हुआ भी लग रहा था, ''भगवान का शुक्र है सब लोग ठीक-ठाक हैं।''

''तुम ठीक हो इससे मैं बहुत खुश हूँ।'' उसने कहा, ''आशा है तुम्हें तकलीफ नहीं है।''

वह बहुत थका हुआ दिख रहा था और मुझे उसे थका हुआ देखने की आदत नहीं थी।

''नहीं, अब ज्यादा नहीं।''

''मैं तुम्हें मैस में याद करता हूँ।''

''काश मैं वहाँ होता। लोगों की बातों में मुझे खास मजा आता था।''

''तुम्हारे लिए कुछ छोटी-छोटी चीजें लाया हूँ।'' उसने कहा। उसने पैकेट उठा लिए, ''यह मच्छरदानी है। यह वरमाउथ शराब की बोतल है। वरमाउथ तुम्हें पसन्द है ना? ये अंग्रेजी के अखबार हैं।''

''जरा खोल देना।''

उसे खुशी हुई और उसने अखबार खोल दिया। मच्छरदानी मैंने अपने हाथों से पकड़ ली। मुझे दिखाने के लिए वरमाउथ की बोतल उसने हाथ में पकड़ी और फिर बिस्तर के साथ नीचे फर्श पर रख दी। अंग्रेजी अखबार का एक पुलिंदा मेरे हाथ में था। खिड़की से आती हुई रोशनी में मैं मुख्य समाचार पढ़ सकता था। अखबार का नाम 'न्यूज ऑफ द वर्ल्ड' था।

''बाकियों में तस्वीरें भी हैं।'' उसने कहा।

''इसे पढ़कर वाकई बड़ी खुशी होगी। तुम्हें न्यूजपेपर कहाँ से मिल गए?''

''मैंने मेस्ट्रे भेजा था किसी को, और मँगा दूँगा।''

''फादर आप बहुत अच्छे हैं जो आए। क्या आप वरमाउथ का एक गिलास लोगे?''

''थैंक्यू! तुम रखो। यह तुम्हारे लिए है।''

''नहीं, एक गिलास लीजिए।''

''ठीक है। फिर मैं तुम्हारे लिए और लाऊँगा।''

अर्दली गिलास ले आया और उसने बोतल खोल दी। उसने कॉर्क तोड़ दिया। जबकि उसके आखिरी हिस्से को बोतल में गिराना था। मैंने देखा पादरी को निराशा हुई लेकिन उसने कहा, ''चलो ठीक है, कोई बात नहीं।''

"तुम्हारे स्वास्थ के लिए, फादर।"

"तुम्हारे बेहतर स्वास्थ्य के लिए।"

वह हाथ में गिलास थामे रहा और हमने एक-दूसरे को देखा। कभी-कभी हम लोग खूब बात करते थे और अच्छे दोस्त थे लेकिन आज रात बड़ी मुश्किल हो रही थी।

"क्या बात है फादर? आप बहुत थके हुए दिखते हैं?"

"थका हुआ तो हूँ, लेकिन थकना नहीं चाहिए।"

"गर्मी ज्यादा है।"

"नहीं, अभी तो बसन्त ही है। मैं बहुत खिन्न महसूस कर रहा हूँ।"

"क्या युद्ध से विरक्ति हो गई है?"

"नहीं, लेकिन मैं युद्ध से घृणा करता हूँ।"

"मुझे भी मजा नहीं आता।" मैंने कहा। उसने अपने सिर को झटका दिया और खिड़की के बाहर देखने लगा।

"तुम्हें क्या फर्क पड़ता है। तुम नहीं देख पा रहे हो कि क्या हो रहा है। माफ करना मुझे पता है तुम घायल हो।"

"यह एक दुर्घटना है।"

"फिर भी घायल होते हुए भी तुम नहीं समझ पा रहे हो। मैं बताता हूँ। मैं खुद नहीं देख पा रहा हूँ लेकिन मैं कुछ महसूस कर सकता हूँ।"

"मैं जब घायल हुआ हम लोग इसी बारे में बात कर रहे थे, पासिनी बोल रहा था।"

पादरी ने गिलास नीचे रख दिया। वह किसी और चीज के बारे में सोच रहा था।

"मैं उन लोगों को जानता हूँ क्योंकि मैं भी उन्हीं की तरह हूँ।" उसने कहा।

"नहीं, आप अलग हैं।"

"वास्तव में मैं उन्हीं जैसा हूँ।"

"अफसरों की समझ में कुछ नहीं आता।"

"कुछ समझते हैं, कुछ बहुत संवेदनशील भी होते हैं और हम में से किसी से भी ज्यादा बुरा महसूस करते हैं।"

"ज्यादातर एक से ही हैं।"

"पढ़ाई और पैसा ही सबकुछ नहीं है। कुछ और भी है। अगर उनके पास पढ़ाई और पैसा भी हो तो भी पासिनी जैसे अफसर बनना नहीं चाहेंगे। मैं ऑफिसर नहीं बनूँगा।"

"लेकिन आपकी रैंक तो ऑफिसर की है। मैं भी ऑफिसर हूँ।"

"दरअसल मैं नहीं हूँ। तुम तो इटैलियन भी नहीं हो। तुम विदेशी हो। लेकिन तुम जवानों की अपेक्षा अफसरों के ज्यादा करीब हो।"

''इसमें क्या अन्तर है?''

''मैं आसानी से नहीं कह सकता। लोग हैं तो युद्ध होगा ही। इस देश में ऐसे बहुत लोग हैं। कुछ ऐसे भी हैं जो कभी युद्ध नहीं करेंगे।''

''लेकिन पहले वाले उनसे कराएँगे न।''

''हाँ।''

''और मैं उनकी मदद कर रहा हूँ।''

''तुम विदेशी हो। तुम देशभक्त हो।''

''और वह लोग जो युद्ध करना नहीं चाहते? क्या वह इसे रोक पाएँगे?''

''मैं नहीं जानता।''

उसने फिर खिड़की से बाहर देखा। मैंने उसका चेहरा देखा।

''क्या वह कभी रोक पाए हैं?''

''वह रोकने के लिए संगठित भी नहीं हैं और जब संगठित हो जाएँगे तो बाद में उनके नेता उन्हें बेच देंगे।''

''फिर तो कोई उम्मीद नहीं है?''

''नाउम्मीद होने की बात नहीं है। लेकिन कभी-कभी उम्मीद भी नहीं बचती। मैं हमेशा आशा जीवित रखने की कोशिश करता हूँ। लेकिन कभी-कभी बड़ा मुश्किल हो जाता है।''

''हो सकता है लड़ाई खत्म हो जाएँ।''

''मुझे भी ऐसी ही आशा है।''

''क्या करोगे फिर तुम?''

''अगर यह सम्भव है तो फिर मैं एब्रुजी लौट जाऊँगा।''

उसके बादामी चेहरे पर अचानक खुशी फैल गई।

''तुम्हें एब्रुजी से बहुत प्यार है।''

''हाँ, मैं बहुत प्यार करता हूँ।''

''तब, तुम्हें जरूर जाना चाहिए।''

''मुझे बहुत खुशी होगी अगर मैं वहाँ रह पाऊँ, ईश्वर को प्यार और उसकी सेवा कर सकूँ। और इज्जत प्राप्त करूँ।'' मैंने कहा।

''जरूर, कोई वजह नहीं। तुम्हें सम्मान मिलना ही चाहिए।''

''कोई फर्क नहीं पड़ता। लेकिन मेरे देश में लोग समझते हैं कि कोई ईश्वर से भी प्रेम कर सकता है। इसे गन्दा मजाक नहीं मानते।''

''मैं तुम्हारी बात समझता हूँ।''

उसने मेरी ओर देखा और मुस्कुराया।

''समझते तो तुम हो, लेकिन ईश्वर से प्यार नहीं करते हो।''

''नहीं।''

"क्या तुम्हें ईश्वर से बिलकुल लगाव नहीं ?" उसने पूछा।

"मुझे रात में कभी-कभी उससे डर लगता है।"

"तुम्हें लगाव रखना चाहिए।"

"मैं ज्यादा लगाव नहीं रखता।"

"हाँ।" उसने कहा, "तुम करते हो। रात में जो कुछ मुझे बताते हो, वह प्रेम नहीं है। वह केवल भावातिरेक और वासना है। जब आप प्रेम करते हैं तब आप कुछ करना चाहते हैं—बलिदान करना चाहते हैं। आप सेवा करना चाहते हैं।"

"मैं प्रेम नहीं करता।"

"करोगे। मैं जानता हूँ तुम करोगे। तभी तुम प्रसन्न होगे।"

"मैं अब भी प्रसन्न हूँ। मैं हमेशा ही प्रसन्न रहा हूँ।"

"यह दूसरी बात है। इसके बारे में तुम तभी जान सकोगे जब इसे प्राप्त कर लोगे।"

"अच्छा।" मैंने कहा, "अगर कभी मुझे यह चीज मिल जाएगी तो तुम्हें बताऊँगा।"

"मैं बहुत देर रुक जाता हूँ और बहुत बातें करता हूँ।"

वह यह सोचकर बहुत चिन्तित हो गया।

"नहीं, नहीं जाओ मत। यह बताओ कि स्त्रियों से प्रेम करना कैसा है ? अगर मैं किसी स्त्री से प्रेम करूँ तो क्या यह भी वैसा ही होगा ?"

"यह तो मैं नहीं बता सकता। मैंने कभी किसी स्त्री से प्रेम नहीं किया।"

"अपनी माँ से भी नहीं ?"

"हाँ, मैंने अपनी माँ से अवश्य प्रेम किया होगा।"

"क्या तुम्हें ईश्वर से हमेशा से प्रेम था ?"

"हाँ तभी से जब मैं छोटा बच्चा था।"

"अच्छा।" मेरी समझ में नहीं आया क्या कहूँ। "तुम अच्छे बच्चे हो।" मैंने कहा।

"बच्चा हूँ मैं ?" उसने कहा, "लेकिन तुम मुझे फादर कहते हो।"

"वह तो विनम्रता है।"

"मुझे अब चलना चाहिए।" उसने कहा।

"मेरे लायक कोई और काम तो नहीं है ?" उसने आशापूर्वक पूछा।

"नहीं, सिर्फ बात करनी है।"

"मैं तुम्हारा सलाम मैस में पहुँचा दूँगा।"

"ढेर सी चीजें लाने के लिए शुक्रिया।"

"कोई नहीं।"

"फिर आना।"

“हाँ, गुड बाय।” उसने मेरा हाथ थपथपाया।

“सो लौंग (गुडबाय)” मैंने क्षेत्रीय भाषा में कहा।

“सिआऊ।” उसने दोहराया।

कमरे में अँधेरा हो गया था, बिस्तर के पैताने बैठा हुआ अर्दली उठा और पादरी के साथ बाहर गया। मुझे पादरी बहुत पसन्द था और मुझे उम्मीद थी कि कभी वह एब्रुजी जरूर लौट जाएगा। मैस में उसकी जिन्दगी बरबाद थी लेकिन फिर भी ठीक थी। मैं सोचता था कि अपने देश में उसका क्या हाल होगा? ‘कैपराकोटा’ में एक बार उसने बताया था कि नीचे नदी में मछलियाँ थीं। रात में बाँसुरी बजाना मना था। युवा जब सांध्यगीत गाते थे तो बाँसुरी नहीं बजाई जा सकती थी। मैंने पूछा था क्यों? क्योंकि लड़कियों के लिए रात में बाँसुरी सुनना खराब माना जाता था। सभी किसान आपको ‘डॉन’ कहते थे और मिलने पर अपनी टोपियाँ उतार लेते थे। उसके पिता रोज शिकार करते थे और किसानों के घर खाने को रुक जाते थे। उन्हें हमेशा सम्मान मिलता था। विदेशी को शिकार करने के लिए एक सर्टीफिकेट दिखाना पड़ता था कि वह कभी गिरफ्तार नहीं किया गया है। ग्रान सैसो में भालू थे। लेकिन वह काफी दूर था। एक्विला एक अच्छा कस्बा था। गर्मियों में रातें अक्सर ठंडी रहती थीं और एब्रुजी का वसन्त इटली में सबसे सुन्दर होता था। लेकिन सबसे ज्यादा खूबसूरत था—झरनों और अखरोट के जंगलों में शिकार करने के लिए जाना।

चिड़ियाँ बड़ी अच्छी थीं क्योंकि वे हमेशा अँगूर खाती थीं और लंच लेकर जाने की जरूरत कभी नहीं पड़ती थी क्योंकि अगर आप किसी किसान के घर खाने पर जाएँ तो वह हमेशा सम्मानित महसूस करते थे। थोड़ी देर बाद मुझे नींद आ गई।

## अध्याय-12

हॉस्पिटल में मेरा कमरा काफी लम्बा था जिसकी दाहिनी ओर खिड़कियाँ थीं और दूर के कोने पर दरवाजा था जो ड्रैसिंग-रूम में चला जाता था। मेरा बिस्तर जिस पंक्ति में था, खिड़की उसके सामने पड़ती थी और खिड़की के साथ वाली पंक्ति के सामने दीवार आती थी। अगर आप बाईं करवट लेटें तो ड्रेसिंग-रूम का दरवाजा दिखता था। दूर के सिरे पर एक और दरवाजा था जिससे लोग अन्दर आते थे। अगर कोई मर रहा होता था तो उसके बिस्तर के चारों ओर परदा लगा देते थे जिससे आप उन्हें मरते हुए न देख सकें। कभी-कभी फुसफुसाहटें सुनाई पड़ती थीं या परदे के नीचे डॉक्टरों और पुरुष नर्सों के जूते या पट्टियाँ दिखाई पड़ती थीं। कुछ समय बाद वहाँ केवल कानाफूसी होगी। फिर पादरी परदे के पीछे से बाहर

आता है। बाद में पुरुष-नर्सें वापस पर्दे के पीछे जाएँगी और मृतक को कम्बल से ढककर बिस्तरों के बीच के कॉरीडोर से ले जाते हुए पुनः बाहर आएँगे और कोई परदे को तह करके वापस ले जाएगा।

उस सुबह वार्ड के इंचार्ज मेजर ने मुझसे पूछा कि क्या मैं अगले दिन यात्रा कर पाऊँगा। मैंने कहा कि हाँ। उसने कहा फिर वह लोग मुझे सवेरे जल्दी बाहर भेज देंगे। उसने कहा कि ज्यादा गर्मी होने से पहले यात्रा कर लेना मेरे लिए ठीक रहेगा।

जब वह मुझे ड्रेसिंग-स्टेशन ले जाने के लिए बिस्तर से उठाते थे तो खिड़की से बाग में नई कब्रें दिखाई पड़ती थीं। एक सिपाही बगीचे की कब्रगाह में दफनाए जानेवाले लोगों के नाम, रैंक, रेजीमेंट वगैरह क्रॉस बनाकर लिखता रहता था। वह वार्ड के छोटे-मोटे काम भी करता था। खाली वक्त में उसने मेरे लिए ऑस्ट्रियन राइफल के कारतूस के खोखे से एक लाइटर बनाकर दिया। डॉक्टर बड़े अच्छे और योग्य थे। वह लोग मुझे 'मिलान' भेजने के लिए चिन्तित थे, जहाँ बेहतर एक्स-रे सुविधाएँ थीं और जहाँ ऑपरेशन के बाद मैं थिरेपी करा सकता था। मैं खुद भी 'मिलान' जाना चाहता था। वह सब जहाँ तक सम्भव हो यही चाहते थे कि हम यहाँ से निकलकर वापस चले जाएँ, क्योंकि जब भी युद्ध होगा सारे बिस्तरों की जरूरत पड़ेगी।

मेरे फील्ड हॉस्पिटल छोड़ने से पहलेवाली रात को रिनाल्डी हमारे मैस के मेजर के साथ मिलने आया। उन्होंने बताया कि मुझे मिलान में अभी हाल ही में बने अमेरिकन हॉस्पिटल में जाना है। कुछ अमेरिकन एम्बुलैंस यूनिटों को नीचे भेजा जाना था। यह हॉस्पिटल कोई भी अमेरिकन जो इटली में सेवारत है, उसकी देख-भाल करेगा। रेडक्रॉस में बहुत से अमेरिकन लोग थे। अमेरिका ने जर्मनी के विरुद्ध युद्ध की घोषणा की थी, आस्ट्रिया के विरुद्ध नहीं।

इटैलियंस को पूरी आशा थी कि अमेरिका ऑस्ट्रिया के विरुद्ध भी युद्ध की घोषणा करेगा इसलिए वह किसी भी नीचे आनेवाले अमेरिकन के प्रति भले ही वह रेडक्रॉस का हो, बड़े उत्साहित रहते थे। उन्होंने मुझसे पूछा कि मेरे विचार से क्या राष्ट्रपति विल्सन ऑस्ट्रिया के विरुद्ध युद्ध की घोषणा करेंगे। मैंने कहा कि बस चन्द दिनों की बात है। मुझे नहीं पता था कि ऑस्ट्रिया से हमारी क्या लड़ाई है लेकिन यह बड़ा तर्कसंगत था कि अगर हमने जर्मनी के खिलाफ जंग का ऐलान किया है तो ऑस्ट्रिया के विरुद्ध भी करना चाहिए। उन्होंने मुझसे पूछा कि क्या हम टर्की के खिलाफ युद्ध की घोषणा करेंगे। मैंने कहा इसमें सन्देह है। मैंने कहा टर्की हमारा राष्ट्रीय पक्षी है, लेकिन इस मजाक का अर्थ कुछ ऐसा निकला कि वह लोग चकरा गए और शक में पड़ गए जिससे मुझे कहना पड़ा कि शायद हम लोग टर्की पर भी युद्ध की घोषणा करें, और बुल्गारिया पर भी? ब्रांडी के काफी गिलास हम लोग चढ़ा चुके थे। मैंने कहा कि भगवान कसम बुल्गारिया पर और जापान पर भी।

वे बोले, लेकिन जापान तो इंग्लैंड का मित्र है। अंग्रेजों का कोई भरोसा नहीं। जापानियों को 'हवाई द्वीप' चाहिए। मैंने कहा। हवाई कहाँ है ? प्रशान्त महासागर में है। जापानी इसे क्यों चाहते हैं ? वास्तव में उन्हें नहीं चाहिए। यह सब फालतू बात है। जापानी नाच और शराब के शौकीन, बड़े प्यारे लोग हैं, फ्रेंच की तरह। मेजर ने कहा कि फ्रांस से हम 'नाइस' और 'सेवोया' लेंगे। कॉर्सिका और पूरी एड्रियाटिक तट रेखा भी मिलेगी। रिनाल्डी ने कहा। इटली पुनः रोम के स्वर्ण-युग में पहुँच जाएगा, मेजर ने कहा। मुझे रोम पसन्द नहीं। मैंने कहा कि रोम गर्म रहता है और वहाँ मक्खियाँ बहुत हैं। तुम्हें रोम पसन्द नहीं है ? मुझे रोम से बेहद प्यार है, रोम समस्त राष्ट्रों की जननी है। मेजर ने फरमाया।

हम सभी को रोम चलना चाहिए। चलो आज रात ही चलें और फिर कभी वापस न आएँ। रोम एक खूबसूरत शहर है। मेजर ने कहा, राष्ट्रों की माँ और बाप, मैंने कहा, रोमा स्त्रीलिंग है, रिनाल्डी ने कहा। यह बाप नहीं हो सकता, फिर फादर कौन है, पवित्र भूत ? कुफ्र मत बोलो, कुफ्र नहीं बोल रहा मैं तो जानकारी के लिए पूछ रहा था, बेटा, तुम्हें चढ़ गई है। लेकिन मुझे पिलाई किसने है ? मैंने पिलाई है मेजर ने कहा, मैंने तुम्हें इसलिए पिलाई कि मैं तुमसे प्यार करता हूँ और अमेरिका युद्ध में हमारे साथ है। बिलकुल पूर्णरूपेण, मैंने कहा। बच्चू, अब सुबह जाना होगा, रोम, मैंने कहा। नहीं, मिलान मेजर ने दोहराया। मिलान जहाँ क्रिस्टल महल है, जहाँ कोवा, कैम्पारी बीफी और गैलेरिया है। तुम भाग्यशाली हो। ग्रान इटैलियन जहाँ मैं जार्ज से उधार ले सकूँगा। 'स्कैला' रिनाल्डी ने कहा। मैं स्कैला हर रात जाऊँगा। मैंने कहा। हर रात के लिए पैसे नहीं निकाल पाओगे। मेजर बोला।

टिकट में बहुत पैसे लग रहे हैं। मैं अपने दादा के नाम एक 'साइट ड्राफ्ट' बना लूँगा, मैंने कहा। क्या ? एक साइट ड्राफ्ट, वह पैसा दें नहीं तो मुझे जेल होगी, मि. कानिंघम बैंक में यही करते हैं। मैं तो इन 'साइट ड्राफ्ट' पर ही जिन्दा हूँ, क्या कोई दादा अपने राष्ट्र भक्त पोते को जो इटली के लिए जान दे रहा है उसे जेल जाने देगा ? जियो अमेरिका के गैरीबाल्डी, रिनाल्डी ने कहा। 'साइट ड्राफ्ट' के सहारे, मैंने कहा। हमें शान्त रहना चाहिए, मेजर ने कहा। इससे पहले भी कई बार हमें शान्त रहने के लिए कहा जा चुका है—फ्रैडरिको कल क्या तुम वास्तव में जा रहे हो ? मैं बता रहा हूँ ये अमेरिकन हॉस्पिटल में जाएगा, रिनाल्डी ने कहा। सुन्दर नर्सों के पास, फील्ड हॉस्पिटल की दाढ़ी वाली नर्सों के पास नहीं। हाँ, हाँ, मुझे पता है अमेरिकन हॉस्पिटल जा रहा है। मेजर बोला, दाढ़ी से कोई ऐतराज नहीं मुझे अगर कोई चाहता है तो दाढ़ी बढ़ाए। सिग्नोर मैग्योर आप दाढ़ी क्यों नहीं बढ़ाते ? गैस मास्क में नहीं जा पाएगी, हाँ, चली जाएगी, गैस मास्क में हर चीज चली जाती है। मैंने तो गैस मास्क में उल्टी भी की है। बच्चू, इतनी मत हाँको, रिनाल्डी ने कहा। सभी को पता है तुम मोर्चे पर रहे हो। अरे यार जब तू चला जाएगा तो मैं क्या

करूँगा? हमें अब चलना चाहिए। मेजर ने कहा, अब मामला 'सैंटी' हो रहा है सुनो, तुम्हारे लिए सरप्राइज है, तुम्हारी इंग्लिश समझ गए? वही जिससे मिलने तुम उसके हॉस्पिटल के चक्कर काटते थे, वह भी मिलान जा रही है क्योंकि वह अमेरिकन हॉस्पिटल में ही किसी और के साथ जा रही है वहाँ अभी अमेरिका से नर्स नहीं पहुँची। उनके हैड से आज मेरी बात हुई। उनके पास यहाँ मोर्चे पर बहुत महिलाएँ हैं। कुछ को वह वापस भेज रहे हैं। कैसा लगा बच्चू? हाँ, ठीक, अब बड़े शहर में रहने जाओ और वहाँ तुम्हारी इंग्लिश भी तुम्हें सान्त्वना देने के लिए होगी। साला, मैं क्यों घायल नहीं होता? रिनाल्डी बोले जा रहा था। हो सकता है तुम भी हो जाओ, मैंने कहा। भई अब चलें, मेजर ने कहा। हम लोग दारू पीकर शोर करते हैं और फ्रैडरिको को परेशान कर रहे हैं। रुको ना। नहीं अब चलेंगे, गुडबाय गुड लक। कई चीजें शामिल हैं इसमें सियाउ, सियाउ, जल्दी लौटना, बच्चू। रिनाल्डी ने मेरा चुम्बन लिया। गुडबाय गुडबाय। मेजर ने मेरा कन्धा थपथपाया और दोनों बाहर निकल गए। मैंने बहुत दारू पी ली थी, लेकिन सोने चला गया।

अगले दिन सुबह हम लोग मिलान के लिए चल पड़े और अड़तालीस घंटे बाद पहुँचे। बड़ा गन्दा सफर था। मैस्ट्रे के इस तरफ हम काफी देर तक किनारे पर फँसे रहे और बच्चे आकर हमें देखते रहे। मुझे एक छोटा लड़का कॉन्याक लाने को मिल गया। लेकिन वह वापस आकर बोला कि वह सिर्फ ग्रैपा ला सकेगा। मैंने उसे वही लाने को कहा। मैंने उसे खुले पैसे दिए। मेरे साथ वाले आदमी ने और मैंने ग्रैपा पी और विसंजा के निकलने तक सो गए। वहाँ पहुँचकर मेरी नींद खुली तो मैंने खुद को बीमार-सा महसूस किया। मगर यह कुछ खास बात नहीं थी क्योंकि बगल वाला पहले कई बार बीमार हो चुका था। बाद में मुझे लगा कि मैं अपनी प्यास को रोक नहीं पाऊँगा इसलिए मैंने वरोना के यार्ड के बाहर ट्रेन के साथ ऊपर-नीचे घूम रहे एक फौजी को बुलाया जिसने मुझे पानी लाकर दिया। मैंने दूसरे लड़के जॉर्जेटी को जगाया जो नशे में सो रहा था और उसे पानी दिया। उसने पानी अपने कन्धे पर पलटने के लिए कहा और फिर से सो गया। फौजी ने मुझसे पैसे नहीं लिए और एक रसदार सन्तरा भी ले आया। मैंने उसे चूस लिया और उसके अन्दर के रेशे को थूक दिया। जवान मालगाड़ी के डिब्बे के पास से ऊपर-नीचे चहलकदमी कर रहा था। कुछ देर बाद गाड़ी ने झटका दिया और चल पड़ी।

# खंड-2

# अध्याय-13

हम लोग सुबह मिलान पहुँचे और उन्होंने हमें मालघर में उतार दिया। एक एम्बुलैंस मुझे लेकर अमेरिकन हॉस्पिटल गई। एम्बुलैंस में स्ट्रैचर पर लेटकर मैं यह नहीं बता सकता था कि हम शहर के किस हिस्से से गुजर रहे थे। लेकिन जब उन्होंने स्ट्रैचर नीचे उतारी तो मुझे बाजार में शराब की एक खुली हुई दुकान के सामने एक लड़की झाड़ू लगाते हुए दिखी। गली में छिड़काव हो रहा था और सुबह की गन्ध आ रही थी। उन्होंने स्ट्रैचर नीचे रख दी और अन्दर गए। कुली उनके साथ बाहर आया। उसकी मूँछें भूरी थीं। वह द्वारपाल की टोपी और आधी आस्तीन की कमीज पहने था। स्ट्रैचर से उठाकर लिफ्ट में ले जाना ठीक रहेगा या स्ट्रैचर को सीढ़ियों से लगाना ठीक होगा। मैंने उन्हें इस बारे में बात करते हुए सुन रहा था। उन्होंने लिफ्ट से जाना तय किया। उन्होंने मुझे लिफ्ट से उठा लिया।

''आराम से चलो।'' मैंने कहा, ''धीरे से उठाओ।'' लिफ्ट में भीड़ हो गई और जैसे ही मेरी टाँगें मुड़ीं भयानक दर्द हुआ।

''पैर सीधे कर दो।'' मैंने कहा।

''नहीं हो पाएगा, सिग्नोर टैनेंट। जगह नहीं है।'' जो आदमी यह बोला उसकी एक बाँह मेरी कमर पर थी और मेरी बाँह उसकी गर्दन के सहारे थी। उसकी शराब और लहसुन भरी गन्ध मेरे चेहरे पर आई।

''ठीक से।'' दूसरे आदमी ने कहा।

''साले, कौन ठीक से नहीं कर रहा है।''

''मैं बोलता हूँ ठीक से।'' जो मेरे पैर पकड़े था। उसने दोहराया।

मैंने लिफ्ट का दरवाजा और जाली बन्द होते हुए देखा। कुली ने चौथे तल का बटन दबा दिया। कुली परेशान दिखता था। लिफ्ट धीरे-धीरे उठी।

''भारी लगता है क्या?'' मैंने लहसुन की गन्ध वाले आदमी से पूछा।

''उसने कहा, नहीं।''

उसके चेहरे पर पसीना आ रहा था और वह झुँझला रहा था। लिफ्ट लगातार ऊपर उठी और रुक गई। पैर पकड़नेवाले ने दरवाजा खोला और बाहर निकला। हम

बालकनी पर थे। वहाँ कई दरवाजे थे। जो आदमी मेरे पैर पकड़े था उसने घंटी बजाई। कोई नहीं निकला। तभी कुली सीढ़ियों से ऊपर आया।

"कहाँ हैं वे?" स्ट्रैचर उठानेवालों ने पूछा।

"मुझे नहीं मालूम।" कुली ने कहा, "नीचे सोते हैं।"

"बुलाओ किसी को।"

कुली ने घंटी बजाई, फिर दरवाजा खटखटाया, दरवाजा खोला और अन्दर गया। वह वापस आया तो उसके साथ चश्मा पहने एक वयस्क महिला थी। उसके बाल खुले हुए थे और आधे झूल रहे थे। वह नर्स की ड्रैस पहने हुई थी।

"मैं नहीं समझ पा रही।" उसने कहा, "मैं इटैलियन नहीं जानती।"

"मैं इंग्लिश बोल सकता हूँ।" मैंने कहा, "वह मुझे यहाँ रखना चाहते हैं।"

"कोई कमरा तैयार नहीं है, किसी मरीज के आने की उम्मीद ही नहीं थी।" उसने अपने बाल ठीक किए और मुझे नजदीक से देखा।

"कोई भी कमरा दिखा दीजिए जहाँ मुझे रखा जा सके।"

"मुझे नहीं मालूम, किसी मरीज के आने की सम्भावना नहीं थी। मैं ऐसे ही तुम्हें किसी कमरे में नहीं रख सकती।" उसने कहा।

"कोई भी कमरा चलेगा।" मैंने कहा।

मैंने पोर्टर से इटैलियन में कहा, "किसी भी तरह कोई खाली कमरा खोजो।"

"ये सारे कमरे खाली हैं।" पोर्टर ने कहा, "तुम पहले मरीज हो।"

उसने अपनी कैप हाथ में ले ली और नर्स की ओर देखा।

"भगवान के लिए मुझे किसी भी कमरे में ले चलो।" मेरी टाँगों में दर्द बढ़ता ही जा रहा था। हड्डियों के अन्दर और बाहर जाते हुए दर्द को मैं महसूस कर सकता था। कुली दरवाजे के अन्दर गया। भूरे बालों वाली महिला उसके पीछे-पीछे गई। फिर दोनों तेजी से वापस आए।

"पीछे आओ।" उसने कहा। एक लम्बे हॉल से होकर एक कमरे में मुझे ले गए जिसमें खिड़कियों पर पर्दे लगे थे। नए फर्नीचर की बू आ रही थी। कमरे में एक बैड और शीशे वाली एक बड़ी अलमारी थी। उन्होंने मुझे बिस्तर पर लिटा दिया।

"मैं चादर नहीं बिछा सकती, चादरें ऊपर ताले में बन्द हैं।" बूढ़ी नर्स बोली।

मैंने उससे बात नहीं की।

"मेरी जेब में पैसे हैं।" मैंने कुली से कहा, "बटन वाली जेब में।" कुली ने पैसे निकाल लिए। स्ट्रैचर लानेवाले दोनों आदमी कैप पकड़े बिस्तर के साथ ही खड़े थे।

"दोनों को पाँच-पाँच लीरा दे दो। और पाँच तुम रख लो। मेरे कागज दूसरी जेब में हैं, उन्हें नर्स को दे दो।"

स्ट्रैचर लानेवाले ने प्रणाम किया और धन्यवाद कहा।

''नमस्कार और बहुत-बहुत शुक्रिया।'' मैंने कहा। उन्होंने फिर प्रणाम किया और बाहर चले गए।

''पेपर्स में मेरे केस और अब तक जो इलाज हुआ है उसके बारे में लिखा है।''

औरत ने वह कागज उठा लिए और चश्मे से उन्हें देखा। तीन कागज थे जो मुड़े हुए थे।

''मुझे नहीं पता क्या करूँ?'' वह बोली, ''मैं इटैलियन पढ़ना नहीं जानती और डॉक्टर के ऑर्डर के बिना मैं कुछ नहीं कर सकती।'' उसने कागज एप्रन की जेब में रख लिए और रोने लगी।

''क्या तुम अमेरिकन हो?'' उसने रोते हुए पूछा।

''हाँ। बैड के साथ वाली मेज पर यह कागज रख दीजिए।''

कमरे में हल्का सा अँधेरा और ठंड थी। बिस्तर पर लेटकर कमरे की दूसरी ओर का बड़ा शीशा मुझे दिखाई देता था लेकिन उसका प्रतिबिम्ब नहीं दिखता था। कुली अभी बिस्तर के पास ही खड़ा था। वह सुन्दर और दयालु किस्म का इनसान था।

''तुम जा सकते हो।'' मैंने उससे कहा।

''आप भी जा सकती हैं।'' मैंने नर्स से भी कहा।

''नाम क्या है आपका?''

''मिसेज वाकर।'' नर्स ने उत्तर दिया।

''मिसेज वाकर आप जा सकती हैं। लगता है मुझे नींद आ जाएगी।''

मैं कमरे में अकेला था। कमरा ठंडा था और हॉस्पिटल की बू नहीं आ रही थी। गद्दा मजबूत और आरामदेह था। मैं बिना हिले-डुले अटक-अटककर साँस लेते हुए दर्द को कम होते हुए महसूस करता हुआ लेटा रहा। कुछ देर बाद प्यास लगी। बिस्तर के पास एक घंटी थी, मैंने घंटी तक पहुँचकर बटन दबाया, लेकिन कोई आया नहीं। मुझे नींद आ गई।

जब जागा तो मैंने चारों तरफ देखा। शटर से होकर सूरज की रोशनी आ रही थी।

मैंने बड़ी अलमारी, नंगी दीवारों और दोनों कुर्सियों को देखा। गन्दी पट्टियों से बँधी हुई मेरी टाँगें सीधी बिस्तर से चिपक गई थीं। मैं सावधान था कि कहीं वह हट न जाएँ। मुझे प्यास लगी थी, मैं घंटी के पास पहुँचा और बटन दबाया। दरवाजा खुलने की आवाज सुनाई दी। मैंने देखा एक नर्स थी। वह कमसिन और सुन्दर थी।

''गुड मॉर्निंग।'' मैंने कहा।

''गुड मॉर्निंग।'' कहकर वह बिस्तर के पास आई, ''डॉक्टर अभी तक नहीं आए हैं। वह लेक कोमो गए हैं। किसी को पता ही नहीं था कि कोई पेशेंट आ रहा है। वैसे क्या हुआ है, तुम्हें?''

“मैं घायल हो गया हूँ, पैर, टाँगों और सिर में चोट लगी है।”

“क्या नाम है तुम्हारा?”

“हेनरी, फ्रैडरिक हेनरी।”

“मैं सफाई कर दूँगी। लेकिन ड्रेसिंग में हम डॉक्टर के आने तक कुछ नहीं करेंगे।”

“क्या मिस बर्कले यहाँ है?”

“नहीं, इस नाम का तो यहाँ कोई नहीं है।”

“मैं अन्दर आया तब कौन सी औरत चीख रही थी।”

नर्स हँस पड़ी, “वह मिसेज वाकर हैं, वह नाइट ड्यूटी में थीं और सो रही थीं। उन्हें किसी के आने की उम्मीद नहीं थी।”

जब हम बात कर रहे थे, वह मेरे कपड़े उतार रही थी। पट्टियों के अलावा जब सारे कपड़े उतर गए तो उसने बड़े अच्छे तरीके से सफाई कर दी। सफाई होने से अच्छा लगा। एक पट्टी माथे पर भी थी लेकिन उसने किनारे-किनारे साफ कर दिया।

“तुम किस जगह घायल हुए?”

“इसोंजो में, प्लावा के उत्तर में।”

“कहाँ पर है यह?”

“गौरिजिया के उत्तर में।”

मैंने देखा उसे किसी स्थान से कोई सरोकार नहीं था।

“क्या, बहुत दर्द होता है?”

“नहीं, अब ज्यादा नहीं।”

उसने मेरे मुँह में थर्मामीटर रख दिया।

“बात मत करो।”

थर्मामीटर मुँह से निकालकर उसने पढ़ा और फिर उसे हिलाया।

“कितना टैम्प्रेचर है?”

“तुम्हें यह जानने की जरूरत नहीं।”

“बताओ कितना है?”

“लगभग नॉर्मल है।”

“मुझे कभी बुखार नहीं आता, मेरी टाँगों में पुराना लोहा लगा हुआ है।”

“क्या मतलब?”

“ट्रेंच-मोर्टार के टुकड़े, पेंच, बैडस्प्रिंग और बहुत सी चीजें।”

उसने सिर हिलाया और मुस्करा दी।

“अगर टाँगों में कोई बाहरी चीज होगी तो उत्तेजना करेगी और तुम्हें बुखार हो जाएगा।”

“ठीक है।” मैंने कहा, “देखेंगे क्या होता है।”

वह बाहर चली गई और सुबह वाली बूढ़ी नर्स के साथ वापस आई। दोनों ने मिलकर मेरा बिस्तर ठीक किया। मेरे लिए यह नई-सी बात थी और अच्छा लगा।

''यहाँ इंचार्ज कौन है?''

''मिस वैन कैम्पेन।''

''कितनी नर्स हैं यहाँ?''

''सिर्फ हम दोनों।''

''कुछ और नहीं आएँगी?''

''और भी आनेवाली हैं।''

''कब पहुँचेंगी यहाँ?''

''मुझे नहीं पता। बीमार होकर भी तुम इतने सवाल करते हो।''

''मैं बीमार नहीं हूँ।'' मैंने कहा, ''मैं घायल हूँ।''

बिस्तर उन्होंने ठीक-ठाक कर दिया था और एक साफ चिकनी चादर मेरे नीचे और ऊपर थी। मिसेज वाकर बाहर गई और एक पाजामा-जैकेट लेकर आई। उसे उन्होंने मुझे पहना दिया। मैं खुद को साफ-सुथरा और कपड़े पहने हुए महसूस कर रहा था।

''आप मेरे लिए बहुत कर रही हैं।'' मैंने कहा। मिस गेज नाम की नर्स हँस पड़ी।

''क्या एक गिलास पानी मिलेगा?'' मैंने पूछा।

''बिलकुल। उसके बाद तुम ब्रेकफास्ट भी कर सकते हो।''

''नहीं मुझे ब्रेकफास्ट नहीं चाहिए। मैं चाहता हूँ ये शटर खुल जाए।''

कमरे का प्रकाश बहुत कम था, जब शटर खुला तो तेज धूप की रोशनी अन्दर आई। मैंने बाहर बालकनी की ओर देखा। उस पर छतें और चिमनियाँ थीं। छतों के ऊपर मैंने देखा कि सफेद बादल मँडरा रहे थे और आसमान गाढ़ा नीला था।

''तुम्हें पता नहीं है कि दूसरी नर्सें कब आ रही हैं?''

''क्यों? हम लोग तुम्हारी देखभाल ठीक से नहीं कर रहे हैं?''

''नहीं, आप बहुत अच्छी हैं।''

''बेडपान इस्तेमाल करोगे?''

''कोशिश करूँगा?''

उन्होंने मेरी मदद की और मुझे उठाया लेकिन कोई बात नहीं बनी। मैं लेटा रहा और खुले दरवाजे से बालकनी की ओर देखता रहा।

''डॉक्टर कब आते हैं?''

''जब वह वापस लौटेंगे। हमने उन्हें लेक कोमो में टेलीफोन करने की कोशिश की है।''

''उनके अलावा कोई दूसरा डॉक्टर नहीं है?''

''इस हॉस्पिटल के लिए वही डॉक्टर हैं।''

मिस गेज पानी का घड़ा और एक गिलास ले आई। मैंने तीन गिलास पिए, फिर वह चली गई। मैंने थोड़ी देर खिड़की से बाहर देखा और फिर सो गया। थोड़ा सा लंच मैंने किया और दोपहर बाद सुपरिंटेंडेंट मिस वैन कैम्पेन मुझे देखने आई। वह नाटी-सी और बड़ी शक्की मिजाज थी। उसने कई सवाल पूछे और शायद सोच रही थी कि मेरा इटैलियंस के साथ होना जैसे बड़ी शर्म की बात थी।

"मैं खाने के साथ शराब ले सकता हूँ?" मैंने उससे पूछा।

"केवल तभी जब डॉक्टर कहें।"

"जब तक वह नहीं आता, मैं नहीं ले सकता?"

"बिलकुल नहीं।"

"आपका इरादा है उसे बुलाने का?"

"हमने लेक कोमो में टेलीफोन से बात की है।"

वह बाहर निकली और मिस गेज वापस आ गई।

"मिस वैन कैम्पेन से तुम इस तरह क्यों बोल रहे थे?" कौशल से कुछ काम करने के बाद वह बोली।

"मेरा इरादा नहीं था लेकिन वह बहुत दम्भी है।"

"वह कह रही थी कि तुम बहुत घमंडी और उद्‌दंड हो।"

"मैंने ऐसा कुछ नहीं किया। लेकिन भला बिना डॉक्टर के हॉस्पिटल का क्या मतलब?"

"डॉक्टर आ रहा है। लेक कोमो में टेलीफोन पर उन्होंने बात की है।"

"क्या करता है वह वहाँ? तैराकी करता है क्या?"

"नहीं। उसका क्लीनिक है।"

"तो दूसरा डॉक्टर क्यों नहीं रख लेते?"

"श्शशऽऽऽ! ऽऽऽ! अच्छे बच्चे की तरह रहो, वह आएगा।"

मैंने कुली को बुलाया। उसके आने पर मैंने इटैलियन में उसे दुकान से एक शराब की बोतल और शाम का अखबार लाने को कहा। वह चला गया और सारा सामान अखबार में लपेटकर ले लाया। मैंने अखबार खोला। फिर उसे कॉर्क खींचकर शराब और वरमाउथ बिस्तर के नीचे रखने को कहा। वह चला गया और मैं अकेला लेटकर थोड़ी देर अखबार पढ़ता रहा। मोर्चे की खबरें, शहीद अधिकारियों के नाम और अलंकरण। फिर नीचे झुककर सिजानो की बोतल उठाकर सीधी पेट पर रख ली, ठंडा गिलास भी पेट पर था। मैंने कुछ ड्रिंक्स लिये। पेट पर बोतल रखने से घेरा बन गया था। शहर की छतों पर शाम धीरे-धीरे उतर रही थी। चमगादड़ें घेरा बनाने लगीं। मैं उन्हें और रात की चीलों को देखता रहा और सिजानो पीता रहा। मिस गेज अंडे की जर्दी एक गिलास में लेकर आई। वह जब अन्दर घुसी तो मैंने वरमाउथ की बोतल बिस्तर के दूसरी तरफ नीचे सरका दी।

''मिस वैन कैम्पेन ने इसमें थोड़ी शेरी मिला दी है।'' वह बोली, ''तुम्हें उनसे रुखाई से बात नहीं करनी चाहिए थी। उनकी काफी उम्र है और हॉस्पिटल की बड़ी जिम्मेदारी उनके ऊपर है। मिसेज वाकर बहुत ज्यादा बूढ़ी हैं और किसी काम की नहीं हैं।''

''वह बड़ी महान महिला हैं।'' मैंने कहा, ''उनका बहुत-बहुत शुक्रिया।''

''मैं अभी तुम्हारा रात का खाना लेकर आ रही हूँ।''

''वह तो ठीक है, लेकिन मुझे भूख नहीं है।'' मैंने कहा।

जब वह ट्रे लेकर आ गई और बड़ी टेबल पर रख दी तो मैंने शुक्रिया कहा और थोड़ा-सा खाना खाया। तब तक बाहर अँधेरा हो चुका था। मुझे आकाश में सर्चलाइटों की किरणें दिखाई पड़ रही थीं। थोड़ी देर तक मैं देखता रहा और फिर सो गया। गहरी नींद आई। सिर्फ एक बार को छोड़कर जब मैं घबरा गया और पसीने से सराबोर हो गया था। डरावने सपनों से अपने आपको दूर रखने की कोशिश करते हुए मैं फिर सो गया। सवेरा होने पर जल्दी नींद खुल गई। मुर्गे की बाँग सुनाई देती रही और धूप निकलने से पहले तक मैं जगा रहा। मैं चूँकि थका हुआ था इसलिए उजाला होने के बाद फिर से सो गया।

## अध्याय-14

मैं जब जगा तो कमरे में धूप की तेज रोशनी थी। मैंने सोचा जैसे मैं फिर मोर्चे पर हूँ और मैंने अंगड़ाई ली। मेरी टाँगों में दर्द हुआ, गन्दी पट्टियों में बँधी टाँगों को मैंने देखा और देखकर अहसास हुआ कि मैं कहाँ हूँ। घंटी के पास पहुँचकर मैंने बटन दबाया। हॉल में उसकी गूँज मुझे सुनाई पड़ी और फिर कोई रबड़ की चप्पल पहने हॉल से आता हुआ लगा। मिस गेज थी जो धूप में थोड़ी उम्रदराज और उतनी सुन्दर नहीं लग रही थी।

''गुड मार्निंग।'' वह बोली, ''रात अच्छी कटी?''

''हाँ, थैंक यू, बहुत अच्छी कटी।'' मैंने कहा, ''कोई नाई होगा यहाँ?''

''मैं तुम्हें देखने आई तो तुम इसे लिये सो रहे थे।''

उसने अलमारी का दरवाजा खोला और वरमाउथ की बोतल निकाली जो लगभग खाली थी। मैंने बिस्तर के नीचे वाली दूसरी बोतल भी निकाल दी थी।

उसने कहा, ''तुमने मुझसे गिलास क्यों नहीं माँगा?''

''मैंने सोचा कि तुम मुझे पीने नहीं दोगी।''

''मैं भी तुम्हारे साथ थोड़ी ले लेती।''

''अरे! तुम तो गजब लड़की हो?''

''तुम्हारे लिए अकेला पीना ठीक नहीं है।'' वह बोली, ''तुम्हें अकेले नहीं पीनी चाहिए।''

''ठीक है, अब नहीं पिऊँगा।''

''तुम्हारी दोस्त मिस बर्कले आ गई है।'' उसने बताया।

''वाकई।''

''हाँ, पर मुझे वह अच्छी नहीं लगी।''

''नहीं तुम्हें अच्छी लगेगी, वह बहुत अच्छी है।''

उसने अपना सिर हिलाया, ''मैंने मान लिया वह अच्छी है। अब इधर करवट बदलोगे? ठीक है। ब्रेकफास्ट से पहले सफाई कर दूँ।'' उसने कपड़े, साबुन और गरम पानी से मुझे साफ किया। ''कन्धा थोड़ा ऊँचा करो।'' वह बोली, ''हाँ, ठीक है।''

''क्या नाई ब्रेकफास्ट से पहले आ सकता है?''

''मैं कुली को बुलाने भेज दूँगी।'' वह बाहर गई और लौट आई, ''बुलाने गया है।'' उसने कहा और हाथ के कपड़े को बेसिन के पानी में डुबा दिया।

नाई कुली के साथ ही आ गया। नुकीली मूँछोंवाला वह पचास के आसपास रहा होगा। मिस गेज अपना काम खत्म कर चुकी थी और बाहर चली गई। नाई ने चेहरे पर क्रीम लगाई और दाढ़ी बनाना शुरू कर दिया। वह बहुत शान्त था और बात करने से बच रहा था।

''क्या बात है भाई? कोई खबर नहीं है?'' मैंने पूछा।

''कैसी खबर?''

''कोई नहीं, जैसे कि शहर में क्या हो रहा है?''

''यह युद्ध का समय है।'' उसने कहा, ''और दुश्मन के कान चारों तरफ हैं।''

मैंने उसकी तरफ देखा।

''गर्दन मत हिलाओ।'' उसने कहा और दाढ़ी बनाता रहा, ''मैं कुछ नहीं बताऊँगा।''

''आखिर बात क्या है?'' मैंने पूछा।

''मैं इटैलियन हूँ और मैं दुश्मन से बात नहीं करूँगा।''

मैंने बात वहीं छोड़ दी। वह सनकी था और भलाई इसी में थी कि जितनी जल्दी हो सके उसके उस्तरे से दूर हुआ जाए। एक बार मैंने उसे ढंग से देखने की कोशिश की।

''सावधान!'' वह बोला, ''उस्तरा बहुत तेज है।''

खत्म होने पर मैंने उसे पैसे दिए और आधा लीरा बख्शीश दी। उसने सिक्के लौटा दिए।

''मैं नहीं लूँगा। मैं मोर्चे पर नहीं हूँ लेकिन मैं इटैलियन हूँ।''

''बाहर निकलो, यहाँ से।''

''आपकी आज्ञा।'' उसने कहा और अपना उस्तरा अखबार में लपेट लिया। बिस्तर के साथ वाली मेज पर पैसों को पड़ा छोड़कर वह चला गया। मैंने घंटी बजाई। मिस गेज अन्दर आई।

''जरा, अर्दली को अन्दर भेज दो।''

''ठीक है।''

अर्दली अन्दर आया। वह अपनी हँसी रोकने की चेष्टा कर रहा था।

''ये नाई पागल है क्या?''

''नहीं, ऑफिसर। उससे गलती हो गई। वह ठीक से समझा नहीं। वह समझा कि आप ऑस्ट्रियन अफसर हैं।''

''ओह!'' मैंने कहा।

हो, हो, हो, अर्दली अपनी हँसी रोक रहा था। ''जब मैं उसे बताऊँगा कि आप ऑस्ट्रियन नहीं हैं, हो, हो, हो।''

''हो, हो, हो।'' मैंने गुस्से से कहा, ''मेरा गला काट के रख देता तो। हो, हो, हो।''

''नहीं सिग्नोरिनो। नहीं, नहीं ऑस्ट्रियन के नाम से ही उसकी हालत पतली हो गई थी। हो हो हो हो हो।''

मैंने कहा, ''भागो यहाँ से।''

वह बाहर निकल गया, हॉल में उसके हँसने की आवाज मुझे सुनाई देती रही। तभी हॉल के रास्ते से किसी के कदमों की आहट सुनाई दी। मैंने दरवाजे की ओर देखा। कैथरीन बर्कले आ रही थी।

वह कमरे में घुसी और बिस्तर के पास तक आ गई।

''हैलो डार्लिंग।'' उसने कहा। वह तरोताजा, युवा और बहुत खूबसूरत लग रही थी। लगा जैसे उससे सुन्दर कोई लड़की आज तक मैंने देखी ही नहीं।

''हैलो।'' मैंने कहा। उसे देखते ही दिल में प्यार उमड़ पड़ा। मैं अन्दर से पूरा हिल गया। उसने दरवाजे की तरफ देखा, उधर कोई नहीं था, वह बिस्तर के किनारे पर बैठ गई। थोड़ा झुकी और मेरा चुम्बन ले लिया। मैंने उसे अपनी ओर खींच लिया और उसके दिल की धड़कन महसूस की।

''ओ स्वीट।'' मैंने कहा, ''तुमने यहाँ आकर बहुत अच्छा किया।''

''यह तो बहुत मुश्किल नहीं था। लेकिन यहाँ रुकने में परेशानी हो सकती है।''

''तुम्हें रुकना पड़ेगा।'' मैंने कहा, ''ओह कितनी अच्छी हो तुम।'' मैं उसके लिए पागल सा हो रहा था। मुझे यकीन ही नहीं हो रहा था कि वह वाकई यहाँ आ गई थी। मैंने उसे और भी कसकर भींच लिया।

''नहीं ऐसे मत करो।'' वह बोली, ''तुम्हारी तबीयत ठीक नहीं है।''

''नहीं, मैं ठीक हूँ। ठीक हूँ यार, आओ।''

''नहीं, अभी तुममें उतनी ताकत नहीं है।''

''नहीं, काफी ताकत है, प्लीज।''

''तुम मुझसे प्यार करते हो न?''

''मैं वाकई तुम्हें प्यार करता हूँ, मैं तुम्हारे लिए पागल हूँ। आओ, प्लीज।''

''हमारे दिल की धड़कन महसूस हो रही है?''

''मैं दिलों की परवाह नहीं करता। मैं तुम्हें चाहता हूँ। मैं तुम्हारे लिए ही पागल हूँ।''

''तुम मुझे वाकई प्यार करते हो?''

''बार-बार यह मत पूछो। आओ, आओ कैथरीन प्लीज।''

''ठीक है लेकिन सिर्फ एक मिनट के लिए।''

''ठीक है।'' मैंने कहा, ''दरवाजा बन्द कर लो।''

''नहीं ऐसा नहीं। तुम्हें ऐसा नहीं...।''

''आओ भी, बात नहीं करो। प्लीज।''

कैथरीन बिस्तर के पास की कुर्सी पर बैठ गई। दरवाजा हॉल की तरफ खुला था। वहशत खत्म हो गई थी और मैं खुद को पहले से कहीं अधिक परिष्कृत महसूस कर रहा था। उसने पूछा, ''अब तुम्हें विश्वास है कि मैं तुमसे प्यार करती हूँ?''

''ओह, बहुत प्यारी हो तुम।'' मैंने कहा, ''तुम्हें रुकना ही पड़ेगा। वह तुम्हें इस तरह मुझसे दूर नहीं भेज सकते। मैं तुम्हारे प्रेम में पागल हो गया हूँ।''

''हम लोगों को बहुत सावधानी बरतनी पड़गी। वह एक पागलपन था। हम यह सब नहीं कर सकते।''

''रात में कर सकते हैं।''

''नहीं, हमें बहुत सावधान रहना होगा। दूसरे लोगों के सामने तुम्हें बहुत खयाल रखना पड़ेगा।''

''मैं सावधान रहूँगा।''

''रहना ही होगा तुम्हें। तुम बहुत अच्छे हो। तुम मुझसे प्यार करते हो, करते हो न?''

''अब फिर से यह बात मत कहना। तुम नहीं जानती मुझे यह सुनकर क्या हो जाता है?''

''नहीं, फिर मैं ध्यान रखूँगी। अब मैं तुम्हें कुछ और नहीं करना चाहती। डार्लिंग, अब मुझे वाकई जाना है।''

''जल्दी वापस आना।''

''जैसे ही मौका मिलेगा मैं आ जाऊँगी।''

"गुडबाय।"

"गुडबाय, स्वीट!"

वह चली गई। भगवान जानता है कि उससे इश्क करने का मेरा कोई इरादा नहीं था। लेकिन भगवान यह भी जानता है कि ऐसा हो चुका था और मिलान में हॉस्पिटल के बिस्तर पर लेटे हुए सैकड़ों तरह की बातें मेरे दिमाग में घूम गईं, लेकिन मुझे अच्छा लग रहा था। आखिरकार मिस गेज अन्दर आ गई।

"डॉक्टर आनेवाला है।" उसने बताया, "लेक कोमो से उसका फोन आया था।"

"कब पहुँचेगा यहाँ?"

"आज दोपहर तक पहुँचेगा यहाँ।"

## अध्याय-15

दोपहर तक कुछ नहीं हुआ। डॉक्टर दुबला-सा शान्त प्रकृति का आदमी था जो युद्ध से परेशान दिखता था। मेरी जाँघों से छोटी-छोटी स्टील की किरचें उसने बड़ी सावधानी और परिष्कृत विरक्ति से निकालीं। उसने 'स्नो' या ऐसे ही किसी नाम के स्थानीय एनीस्थिसिया स्नो का प्रयोग किया। जिससे ऊतक सुन्न हो जाते थे और चिमटियाँ सुन्न हिस्से में जाती थीं तो दर्द नहीं होता था। सुन्न किया गया क्षेत्र मरीज स्वयं स्पष्ट बता देता था। थोड़ी देर में डॉक्टर की नफासत खत्म हो गई और वह कहने लगा कि एक्स-रे बेहतर रहेगा। सब तरह की जाँच असन्तोषजनक थी, उसने कहा।

मैगियर हॉस्पिटल में एक्स-रे लिया गया। जिस डॉक्टर ने एक्स-रे लिया वह बड़ा योग्य, खुशमिजाज और गर्मजोशी वाला आदमी था। एक्स-रे को कन्धे के ऊपर उठाकर ऐसे लिया गया था कि मशीन से मरीज खुद शरीर में बाहरी तत्त्वों को देख सकता था। अभी एक्स-रे प्लेटें भेजी जानी थीं। डॉक्टर ने अपनी पॉकेट नोटबुक में मुझसे अपना नाम, रेजीमेंट और कुछ दिल की बात लिखने को कहा। उसने घोषणा कर दी कि बाहरी तत्त्व खतरनाक और कठोर हैं। ऑस्ट्रियन कुत्ते हैं, मैंने कितने ऑस्ट्रियन मारे हैं? मैंने एक भी नहीं मारा था लेकिन उसे खुश करना जरूरी था—इसलिए मैंने कहा कि मैंने कई मारे। मिस गेज मेरे साथ ही थी। डॉक्टर ने उसे अपनी बाँह के घेरे में लेते हुए कहा कि वह क्लिओपेट्रा से भी ज्यादा खूबसूरत थी। क्या वह समझ सकी? क्लिओपेट्रा मिस्र की भूतपूर्व महारानी। हाँ, भगवान कसम वह थी। एम्बुलैंस से हम लोग हॉस्टिपल वापस आ गए और थोड़ी देर में ढेर सारी उठापटक के बाद मैं ऊपर अपने बिस्तर में था। एक्स-रे की प्लेटें

उसी दोपहर तक आ गईं। डॉक्टर ने कहा था कि वह अपराह्न तक मँगा लेगा और ऐसा ही हुआ। कैथरीन बर्कले ने मुझे प्लेटें दिखाईं। प्लेटें लाल लिफाफे में थीं, कैथरीन ने उन्हें लिफाफों से बाहर निकाल लिया और प्रकाश में ऊपर उठाया। हम दोनों उन्हें गौर से देखते रहे।

"यह तुम्हारी दाहिनी टाँग है।" उसने कहा और प्लेट लिफाफे में रख दी। "और यह बाईं है।"

"दोनों को दूर रख दो।" मैंने कहा, "और इधर मेरे पास आ जाओ।"

"मैं नहीं आ सकती।" उसने कहा, "मैं सिर्फ तुम्हें एक सेकंड के लिए एक्स-रे दिखाने आई थी।"

वह बाहर चली गई और मैं लेटा रहा। दोपहर काफी गर्म थी और बिस्तर में लेटे-लेटे मैं बीमार महसूस कर रहा था। मैंने अर्दली को कहा कि जितने भी अखबार मिलें सारे लेकर आ जाए।

अर्दली के वापस आने से पहले तीन डॉक्टर कमरे में आए। मेरे हिसाब से जो डॉक्टर मेडिसिन की प्रैक्टिस में असफल रहते हैं उनके अन्दर एक दूसरे के साथ रहने और राय देने से पहले मदद लेने की प्रवृत्ति पैदा हो जाती है। जो डॉक्टर ठीक से आपका एपेंडिक्स नहीं निकाल सकता वह आपको ऐसे डॉक्टर के पास भेज देगा जो ठीक से आपका टांसिल भी नहीं हटा सकता। यह तीनों ऐसे ही डॉक्टर थे।

"यही वह नौजवान है।" कोमल हाथों वाले हाउस डॉक्टर ने कहा।

"कैसे हो भाई?" लम्बे सुदृढ़ दाढ़ी वाले डॉक्टर ने पूछा। तीसरा डॉक्टर जो लाल रंग के लिफाफे में एक्स-रे प्लेटें लिये हुए था कुछ नहीं बोला।

"पट्टियाँ हटा दें?" दाढ़ी वाले डॉक्टर ने सवाल किया।

"यकीनन। पट्टियाँ हटा दो, नर्स।" हाउस डॉक्टर ने मिस गेज से कहा। मिस गेज ने पट्टियाँ हटा दीं। मैंने टाँगों की ओर देखा।

फील्ड हॉस्पिटल में उनकी हालत थोड़े से बासी हैम्बर्गर जैसी थी। लेकिन अब उन पर पपड़ी जम गई थी। घुटना सूजा हुआ और बदरंग था। पाँव की पिंडली पिचकी हुई थीं लेकिन उनमें मवाद नहीं था।

"काफी साफ है।" हाउस डॉक्टर ने कहा, "काफी साफ और ठीक।"

"हूँऽऽऽ।" दाढ़ी वाला डॉक्टर बोला। तीसरा डॉक्टर दाढ़ी वाले डॉक्टर के कन्धे से झाँक रहा था।

"थोड़ा-सा घुटना चलाइए?" दाढ़ी वाले डॉक्टर ने कहा।

"नहीं हो पाएगा।"

"घुटने के जोड़ की जाँच करो।" दाढ़ी वाले डॉक्टर ने फिर सवाल किया। उसके बाजू पर एक पट्टी के अलावा तीन स्टार थे। इसका मतलब वह फर्स्ट कैप्टन था।

“पक्का।” हाउस डॉक्टर बोला। उनमें से दो ने सावधानी से मेरी दाहिनी टाँग पकड़ी और उसे दूसरी ओर झुका दिया।

“दर्द होता है।” मैंने कहा।

“हाँ-हाँ, थोड़ा-सा और आगे डॉक्टर।”

“इतना काफी है। अब इससे आगे नहीं जाएगी।” मैंने कहा।

“कुछ हिस्सा टूटा है।” फर्स्ट कैप्टन ने कहा, उसने पैर सीधा किया, “डॉक्टर, मुझे जरा दोबारा एक्स-रे प्लेट दिखाओ।” तीसरे डॉक्टर ने उसे एक प्लेट दी, “नहीं बाईं टाँग की प्लीज।”

“यह बाईं टाँग की है डॉक्टर।”

“तुम सही कहते हो, मैं दूसरे कोण से देख रहा था।” उसने प्लेट लौटा दी। दूसरी प्लेट की भी उसने थोड़ी देर जाँच की।

“डॉक्टर देखा आपने?” उसने एक बाहरी तत्त्व की ओर इशारा किया जो गोल और प्रकाश के विरुद्ध साफ दिखाई पड़ रहा था।

“मैं सिर्फ एक बात कह सकता हूँ कि प्रश्न समय का है। तीन महीने, छह महीने शायद।” दाढ़ी वाले फर्स्ट कैप्टन ने कहा।

“पक्के तौर पर साइनोवियल का दुबारा बनना जरूरी है।”

“निश्चित वक्त का ही प्रश्न है। जब तक प्रोजेक्टाइल ठीक से बैठ नहीं जाती तब तक मैं घुटने को खोलने की बात दिल से स्वीकार नहीं करूँगा।”

“मैं आप से सहमत हूँ, डॉक्टर।”

“छह महीने किस बात के लिए?” मैंने पूछा।

“छह महीने घुटना खोलने से पहले किरच के ठीक से जमने के लिए।”

“मुझे यकीन नहीं होता।” मैंने कहा।

“यंग मैन, अपना घुटना बचाना चाहते हो?”

“नहीं,” मैंने कहा।

“क्या?”

“मैं चाहता हूँ कि वह कट जाए।” मैंने कहा, “जिससे उस पर कुछ लटका दिया करूँगा।”

“क्या मतलब? हुक बनाओगे?”

“मजाक कर रहा है।” हाउस डॉक्टर ने कहा। उसने आहिस्ता से मेरा कन्धा थपथपाया।

“अपना घुटना बचाना चाहता है। बड़ा बहादुर नौजवान है। वीरता के सिल्वर मेडल के लिए उसका नाम भेजा गया है।”

“मेरी शुभकामनाएँ।” फर्स्ट कैप्टन ने कहा।

उसने मुझसे हाथ मिलाया।

"मैं सिर्फ इतना कहना चाहता हूँ कि सुरक्षा की दृष्टि से घुटना खुलवाने से पहले तुम्हें छह महीने इन्तजार करना चाहिए। अगर तुम्हारा कोई दूसरा विचार है तो उसका स्वागत है।"

"बहुत-बहुत शुक्रिया।"

"मैं आपकी राय की कद्र करता हूँ।" मैंने कहा। फर्स्ट कैप्टन ने अपनी घड़ी देखी।

"अब हमें चलना चाहिए।" वह बोला।

"मेरी शुभकामनाएँ।"

"बहुत-बहुत धन्यवाद और मेरी ओर से भी आपको शुभकामनाएँ।" मैंने कहा। मैंने तीसरे कैप्टन वैरिनी हेनरी से हाथ मिलाया और वह तीनों कमरे से बाहर चले गए।

"मिस गेऽऽऽज!" मैंने पुकारा। वह अन्दर आई। "जरा हाउस डॉक्टर को एक मिनट के लिए वापस बुलाना।" वह अपनी कैप हाथ में पकड़े हुए आया और बिस्तर के पास खड़ा हो गया।

"तुम मिलना चाहते थे मुझसे?"

"हाँ, मैं ऑपरेशन के लिए छह महीने का इन्तजार नहीं कर सकता। डॉक्टर, क्या आप कभी छह महीने बिस्तर में रहे हैं?"

"सारे वक्त तुम बिस्तर में नहीं रहोगे भाई। थोड़ा जख्मों को धूप लगने दो। उसके बाद तुम बैसाखियों पर चल सकते हो।"

"छह महीने तक, उसके बाद फिर ऑपरेशन होगा?"

"सुरक्षित तरीका तो यही है। किरचों को पहले जमने दो और साइनोबियल को दोबारा बनना होगा। उसके बाद घुटने को खोलना ठीक रहेगा।"

"क्या आप खुद भी ऐसा सोचते हैं कि मुझे इतना लम्बा इन्तजार करना पड़ेगा।"

"सुरक्षित रास्ता यही है।"

"यह फर्स्ट कैप्टन कौन है?"

"वह मिलान का बहुत अच्छा सर्जन है।"

"लेकिन फर्स्ट कैप्टन ही है ना?"

"हाँ, लेकिन है बहुत अच्छा सर्जन।"

"एक फर्स्ट कैप्टन से मैं अपने पैर का कबाड़ा नहीं कराना चाहता। अगर उसे कुछ आता तो अब तक मेजर हो गया होता। डॉक्टर मैं जानता हूँ, फर्स्ट कैप्टन क्या होता है?"

"वह बहुत अच्छा सर्जन है और मैं अपने जाननेवाले किसी दूसरे डॉक्टर की तुलना में उसकी राय को बेहतर समझता हूँ।"

"कोई दूसरा सर्जन इसे देख सकता है?"

"पक्का, अगर तुम चाहते हो तो?"

"डॉ बैरेला की राय मैं खुद ले लूँगा।"

"क्या आप किसी दूसरे सर्जन को इसे आकर देखने के लिए कह सकते हैं?"

"मैं डॉक्टर वैलेंटिनी से आने को कहूँगा।"

"वह कौन हैं?"

"वह मैग्योर हॉस्पिटल में सर्जन हैं।"

"अच्छा, यह ठीक रहेगा। आप जानते हैं डॉक्टर मैं छह महीने बिस्तर में नहीं रह सकता।"

"तुम बिस्तर में नहीं रहोगे। पहले धूप का थोड़ा सेंक देंगे। फिर हल्का व्यायाम कराएँगे। उसके बाद ऑपरेशन करेंगे।"

"लेकिन मैं छह महीने इन्तजार नहीं कर सकता।"

डॉक्टर ने अपनी सुकोमल उँगलियाँ अपनी कैप पर फैलाईं और मुस्कुराया, "तुम मोर्चे पर जाने के लिए इतने उतावले हो?"

"क्यों नहीं?"

"बहुत अच्छी बात है।" उसने कहा, "तुम बहुत अच्छे नौजवान हो।"

वह झुका और आहिस्ता से मेरे माथे पर चूम लिया।

"मैं वैलेंटिनी को बुलवा लूँगा। चिन्ता मत करो और उत्तेजित मत होना। अच्छे बच्चे बनो।"

"एक जाम चलेगा।" मैंने पूछा।

"नहीं, थैंक यू। मैं शराब नहीं लेता।"

"सिर्फ एक।" मैंने अर्दली से गिलास मँगाने के लिए घंटी बजाई।

"नहीं, नहीं थैंक यू। वह लोग मेरा इन्तजार कर रहे हैं।"

"गुडबाय।"

दो घंटे बाद डॉ. वैलेंटिनी कमरे में आए। उनकी मूँछों की नोंक सीधी ऊपर को खड़ी हुई थी। वह मेजर थे, उनका चेहरा ताँबई था और वह हमेशा हँसते रहते थे।

"कैसे लगा ली तुमने, यह वाहियात चोट?" उसने कहा, "मुझे एक्स-रे प्लेट दिखाओ। हाँ, हाँ, यही है। बकरे की तरह मोटे हो रखे हो तुम। वह सुन्दर सी लड़की कौन है? तुम्हारी दोस्त है क्या? ऐसा ही लगता है मुझे। यह वाहियात युद्ध है न? तुम्हें कैसा लगता है? तुम अच्छे लड़के हो। मैं तुम्हें एकदम अच्छा कर दूँगा। क्या दर्द होता है? शर्त लगाओ दर्द होता है। ये डॉक्टर, क्यों तुम्हें तकलीफ दे रहे हैं? अब तक इन्होंने तुम्हारे लिए क्या किया है? क्या वह लड़की इटैलियन जानती है? उसे सीख लेनी चाहिए? कितनी प्यारी लड़की है। मैं सिखा दूँगा उसे,

मैं खुद ही एडमिट हो जाऊँ यहाँ। नहीं, लेकिन मैं तुम्हारे बच्चे का सारा काम मुफ्त में करूँगा। क्या वह समझती है ये? यह तुम्हें सुधार देगी। अपने जैसा अच्छा। यह ठीक है। वह ठीक है। कितनी प्यारी लड़की है। पूछो अगर वह रात का खाना मेरे साथ खाएगी। नहीं, नहीं मैं उसे तुमसे अलग नहीं ले जाऊँगा। थैंक यू वैरी मच, मिस...बस इतना ही। यही सब मैं जानना चाहता था।'' उसने मेरा कन्धा थपथपाया। ''पट्टियाँ खुली रहने दो।''

''हाँ, वैलेंटिनी, क्या एक ड्रिंक लेंगे?''

''ड्रिंक? बिलकुल। मैं दस ड्रिंक्स लूँगा। कहाँ है।''

''अलमारी में। मिस बर्कले बोतल ले आएँगी।''

''ओह चीयर्स। ओह मिस, चीयर्स! कितनी प्यारी लड़की है। मैं तुम्हारे लिए इससे अच्छी 'कॉन्याक' ला दूँगा।'' उसने अपनी मूँछ साफ की।

''आपके हिसाब से ऑपरेशन कब हो सकता है?''

''कल सबेरे। उससे पहले नहीं। तुम्हारा पैर खाली रहना चाहिए। तुम्हें नहलाना पड़ेगा। मैं नीचे वृद्ध महिला को सारे निर्देश दे दूँगा। गुडबाय। कल मिलते हैं। तुम्हारे लिए अच्छी वाली कॉन्याक लाऊँगा। तुम आराम करो यहाँ। गुडबाय। कल तक के लिए। अच्छे से सोना। मैं जल्दी मिलूँगा तुमसे?'' उसने दरवाजे के रास्ते से हाथ हिलाया। उसकी मूँछ ऊपर उठी हुई थी और ताँबई चेहरा मुस्करा रहा था। उसके बाजू पर बॉक्स के अन्दर एक स्टार था, क्योंकि वह मेजर था।

## अध्याय-16

कमरे का खुला हुआ दरवाजा बालकनी की तरफ जाता था जिससे हम शहर की छतों पर रात को उतरते हुए देखते थे। उस दरवाजे से एक चमगादड़ अन्दर घुस आई। शहर में रात के धुँधले उजाले के सिवाय कोई रौशनी नहीं थी। हमारे कमरे में अँधेरा था। चमगादड़ कतई डरी हुई नहीं थी। वह कमरे में ऐसे चक्कर लगा रही थी जैसे बाहर ही हो। हम लेटे हुए उसे देखते रहे और मुझे नहीं लगता कि उसने हमें देखा होगा क्योंकि हम लोग बिलकुल निश्चल थे। उसके बाहर जाने के बाद हमें एक सर्चलाइट आते हुए दिखी, प्रकाश-पुंज आकाश से गुजरा और दूर हो गया और फिर से अँधेरा हो गया। हवा की एक ठंडी लहर रात में आई। पड़ोस की छत पर एंटी-एयर क्राफ्टगन वाले आदमियों की आवाजें सुनाई पड़ रही थीं। ठंड काफी थी और वह लोग टोपियाँ पहने थे। मैं रात में किसी के ऊपर आने के डर से परेशान था लेकिन कैथरीन ने बताया कि सब सोए हुए थे।

रात में एक बार हम सो गए। मैं एक बार जागा तो पाया कि कैथरीन वहाँ नहीं थी। लेकिन मुझे हॉल से उसके आने की आवाज सुनाई दी। दरवाजा खुला, वह बिस्तर तक आई और बोली कि सब ठीकठाक था, वह नीचे गई थी, सब लोग सो रहे थे। वह मिस वैन कैम्पेन के दरवाजे के पास तक गई थी। नींद में उसकी साँस की आवाज आ रही थी। वह बिस्किट लेकर आई थी जो हमने खाए और थोड़ी-सी वरमाउथ भी। हमें बड़ी तेज भूख लगी थी, वह बोली कि सवेरे यह सारा सामान बाहर निकालना पड़ेगा। सुबह जब उजाला हो गया तो मैं फिर सो गया और उठा तो देखा कि वह चली गई थी। तरोताजा और प्यारी सी दिखती हुई वह अन्दर आई, और बिस्तर पर बैठ गई। थर्मामीटर मेरे मुँह में लगा हुआ था और सूर्य उदय हो रहा था, पड़ोस की छत से ताजी ओस और फौजियों की कॉफी की महक आ रही थी।

''मैं चाहती हूँ कि हम लोग थोड़ा घूमते।'' वह बोली, ''अगर व्हील चेयर हो तो मैं तुम्हें घुमाती।''

''मैं कुर्सी पर बैठूँगा कैसे?''

''हम लोग कर लेंगे।''

''हम लोग बाहर पार्क में चले जाते और नाश्ता भी बाहर खुले में ही करते।'' मैंने खुले हुए दरवाजे से बाहर देखा।

''आज तो हमें सिर्फ यही करना है कि तुम्हें तुम्हारे दोस्त डॉ. वैलेंटिनी के लिए तैयार रखें।'' उसने कहा।

''आदमी बड़ा जानदार था।''

''मुझे उतना अच्छा नहीं लगा जितना तुम्हें। लेकिन हो सकता है अच्छा आदमी हो।''

''कैथरीन चलो, एक बार फिर इधर आ जाओ, प्लीज।'' मैंने कहा।

''नहीं, नहीं अब नहीं, रात अच्छी नहीं निकली क्या?''

''आज, फिर नाइट ड्यूटी लग जाएगी?''

''शायद। लेकिन तुम मुझे परेशान मत करना।''

''मैं तो करूँगा।''

''नहीं बिलकुल नहीं। तुम्हारा पहले कभी ऑपरेशन नहीं हुआ है। तुम्हें पता नहीं है कि तुम्हारा क्या हाल होगा?''

''मेरा हाल बिलकुल ठीक रहेगा।''

''तुम बीमार होगे ओर होश भी नहीं रहेगा तुम्हें।''

''तो फिर अभी आ जाओ।''

''नहीं। अभी मुझे चार्ट बनाना है और तुम्हें तैयार करना है।''

''इसका मतलब तुम मुझे प्यार नहीं करती या फिर दोबारा आओगी।''

''तुम तो एकदम बच्चे हो।'' उसने मुझे चूम लिया, ''आज के चार्ट के लिए ठीक है, तुम्हारा टैम्प्रेचर नॉर्मल है। टैम्प्रेचर तुम्हारा बहुत अच्छा रहता है।''

''तुम्हारी तो हर चीज अच्छी है।''

''ओह नो। तुम्हारा टैम्प्रेचर बहुत अच्छा है। मुझे तुम्हारे टैम्प्रेचर पर नाज है।''

''हो सकता है हमारे सारे बच्चों का टैम्प्रेचर भी अच्छा ही रहे।''

''हमारे बच्चों का टैम्प्रेचर एकदम हाई रहेगा।''

''मुझे डॉ. वैलेंटिनी के लिए तैयार करने के लिए क्या-क्या करना पड़ेगा?''

''ज्यादा नहीं। थोड़ी तकलीफ होगी।''

''काश! तुम्हें यह न करना पड़ता।''

''नहीं मैं किसी और को तुम्हें छूने नहीं देना चाहती। बेवकूफ हूँ मैं? उनमें से कोई तुम्हें छूता है तो मैं पागल हो जाती हूँ।''

''फर्ग्युसन भी?''

''खासतौर से फर्ग्युसन, गेज और वह तीसरी क्या नाम है उसका?''

''वाकर?''

''हाँ वही। अब यहाँ कई नर्स हो गई हैं। कुछ और मरीज आने चाहिए नहीं तो वह हमें यहाँ से दूर भेज देंगे। अब चार नर्स हैं यहाँ।''

''शायद कुछ लोग आएँगे। इतनी नर्सों की जरूरत पड़ेगी। इतना बड़ा हॉस्पिटल है।''

''मुझे भी उम्मीद है कि कुछ लोग आएँगे। अगर उन्होंने मुझे भेज दिया तो मैं क्या करूँगी? अगर और मरीज नहीं आए तो वह भेज देंगे।''

''मैं भी चला जाऊँगा।''

''बेकार की बातें मत करो। अभी तुम नहीं जा सकते। लेकिन जल्दी से ठीक हो जाओ फिर हम लोग कहीं चलेंगे।''

''उसके बाद फिर?''

''फिर शायद युद्ध खत्म हो जाए। हमेशा तो चलता नहीं रहेगा।''

''मैं अच्छा हो जाऊँगा।'' मैंने कहा, ''वैलेंटिनी ठीक कर देगा।''

''उसकी मूँछों से ऐसा लगता है और डार्लिंग जब तुम्हें ईथर दिया जाए तो तुम किसी और चीज के बारे में मत सोचना, हम लोगों के बारे में नहीं। एनीस्थिसिया के असर से लोग अक्सर गोपनीय बातें बुदबुदाने लगते हैं।''

''मैं किस बारे में सोचूँ?''

''कुछ भी। हम लोगों को छोड़कर कुछ भी। अपने घर के लोगों के बारे में सोच लो या किसी दूसरी लड़की के बारे में सोच लेना।''

''नहीं।''

''फिर प्रार्थनाएँ करना। उससे अच्छा इम्प्रेशन भी बनेगा।''

''हो सकता है मैं बात ही न करूँ।''

''यह भी सच है। अक्सर लोग बात भी नहीं करते।''

''मैं बात ही नहीं करूँगा।''

''शेखी मारने की जरूरत नहीं है।''

''मैं एक शब्द भी नहीं बोलूँगा।''

''डार्लिंग अब तुम हाँक रहे हो। जानते हुए भी तुम शेखी बघार रहे हो। जब वह तुमसे गहरी-गहरी साँस लेने के लिए कहें तुम अपनी प्रार्थना, या कोई कविता या कुछ और शुरू कर देना। ऐसा करने से तुम बहुत अच्छे लगोगे और मुझे तुम पर नाज होगा। नाज तो तुम पर मुझे वैसे भी है। तुम्हारा टैम्प्रेचर इतना प्यारा है और तुम छोटे बच्चे की तरह अपनी बाँह तकिए के नीचे लगाकर सोते हो और सोचते हो कि मैं हूँ। या फिर कोई और लड़की? कोई सुन्दर इटैलियन लड़की?''

''तुम्हीं होती हो।''

''हाँ, मैं ही होती हूँ। मैं तुम्हें प्यार करती हूँ। डॉ. वैलेंटिनी तुम्हारा पैर ठीक कर देंगे। मैं तो खुश हूँ कि मुझे यह देखना भी नहीं पड़ेगा।''

''आज तुम नाइट ड्यूटी पर रहोगी न?''

''हाँ, लेकिन तुम्हें कुछ भी ध्यान नहीं रहेगा।''

''तुम इन्तजार करना और देखना।''

''वहाँ, डार्लिंग। अब तुम अन्दर-बाहर से पूरे साफ हो गए हो। अच्छा मुझे बताओ। अब तक तुमने कितने लोगों से प्यार किया है?''

''किसी से नहीं?''

''मुझसे भी नहीं?''

''सिर्फ तुमसे।''

''और किस-किससे?''

''कोई नहीं।''

''कितनों के साथ...। कैसे कहा जाए? तुम साथ रहे हो?''

''कोई नहीं।''

''तुम मुझसे झूठ बोल रहे हो।''

''हाँ।''

''अब ठीक है। तुम मुझसे झूठ ही बोलते रहना। मैं यही चाहती हूँ। क्या वे सुन्दर थीं?''

''मैं किसी के साथ रुका ही नहीं।''

''चलो ठीक है। क्या वे आकर्षक थीं?''

''मुझे इस बारे में कुछ भी नहीं पता।''

''तुम सिर्फ मेरे हो। तुम कभी किसी के नहीं थे यही सच है। तुम किसी के थे भी तो मुझे फर्क नहीं पड़ता। मुझे उनका कोई डर नहीं है। लेकिन मुझे उनके बारे में मत बताओ। अच्छा जब कोई आदमी किसी औरत के साथ रहता है तो वह पैसे के बारे में कब बात करती है?''

''मैं नहीं जानता।''

''चलो ठीक है। क्या वह कहती है कि वह उसे प्यार करती है। मुझे बताओ न, मैं जानना चाहती हूँ।''

''हाँ, अगर वह उससे कहलवाना चाहे तो।''

''क्या वह भी कहता है कि वह उससे प्यार करता है? बताओ, बताओ। यह जरूरी है।''

''कहता है अगर वह कहना चाहता है।''

''तुमने तो कभी नहीं कहा न? सच? मुझे सच-सच बताओ?''

''नहीं,'' मैंने झूठ बोला।

''तुम नहीं कहोगे।'' वह बोली, ''मैं जानती थी तुम नहीं कहोगे। डार्लिंग मैं तुमसे प्यार करती हूँ।''

बाहर छतों पर धूप फैल गई थी, चर्च के कँगूरे धूप की रोशनी में साफ दिख रहे थे। मेरे अन्दर और बाहर सफाई हो चुकी थी और मैं डॉक्टर का इन्तजार कर रहा था।

''यही बात है न?'' कैथरीन ने कहा, ''वह वही कहती है जो वह कहलवाना चाहती है?''

''हमेशा नहीं।''

''लेकिन मैं कहूँगी। मैं वही कहूँगी जो तुम चाहोगे और वही करूँगी भी जो तुम कहोगे लेकिन फिर तुम किसी और लड़की को कभी नहीं चाहोगे, बोलो?''

उसने बड़ी खुशी से मुझे देखा, ''तुम जो चाहोगे मैं वहीं करूँगी, तुम जो चाहोगे वही बोलूँगी तभी मैं कामयाब हो पाऊँगी, है न?''

''हाँ।''

''अब तुम तैयार हो, अब बताओ मुझे क्या करना है।''

''बिस्तर पर आ जाओ।''

''ठीक है, आती हूँ।''

''ओऽऽऽ डार्लिंग, ओऽऽऽ डार्लिंग, डार्लिंग। ओऽऽऽ डार्लिंग।'' मैंने कहा।

''देखो, तुम जो भी चाहते हो वही मैं करती हूँ।''

''बहुत प्यारी हो तुम।''

''मुझे लगता है मैं अभी ठीक से कर नहीं पाती।''

''तुम बहुत प्यारी हो।''

''मैं वही चाहती हूँ जो तुम चाहते हो। मेरी मैं अब शेष नहीं रही है। सिर्फ वही जो तुम चाहो।''

''यू स्वीट।''

''मैं अच्छी हूँ, अच्छी हूँ न मैं ? तुम किसी और लड़की को नहीं चाहते हो, नहीं चाहते न।''

''नहीं ?''

''देखो, मैं अच्छी हूँ न, मैं वही करती हूँ जो तुम चाहते हो।''

# अध्याय-17

ऑपरेशन के बाद नींद खुली तो पाया कि मैं बहुत दूर नहीं गया था। दूर जाते भी नहीं हैं आप। वह सिर्फ बेहोश करते हैं। यह मरने जैसा नहीं होता। यह सिर्फ रासायनिक अवरोध होता है जिससे आप दर्द महसूस नहीं कर पाते, या ऐसे जैसे आपने भारी नशा कर रखा हो। कुछ देर बाद मैंने मिस गेज को देखा और उसने पूछा, ''अब कैसा लग रहा है ?''

''बेहतर।'' मैंने कहा।

''उसने तुम्हारे घुटने का बहुत अच्छा ऑपरेशन किया।''

''कितना वक्त लगा था ?''

''ढाई घंटे।''

''मैंने कोई बेवकूफी की बात तो नहीं की ?''

''कुछ भी नहीं। बात मत करो। एकदम शान्त रहो।''

मेरी तबीयत ठीक नहीं थी। कैथरीन ने ठीक ही कहा था। रात को ड्यूटी में कौन था इससे कोई फर्क नहीं पड़ता था।

हॉस्पिटल में अब तीन मरीज आ गए थे। जॉर्जिया का एक दुबला लड़का जो रेडक्रॉस में था उसे मलेरिया था। एक और अच्छा-खासा लड़का जो न्यूयॉर्क का था उसे मलेरिया और जॉंडिस था। एक और अच्छा-सा लड़का था जो कम्बिनेशन शार्पनेल की फ्यूज कैप को खोलने की कोशिश कर रहा था उसे तोहफे के रूप में रखने के लिए। इस शार्पनेल सील को ऑस्ट्रियाइयों ने पहाड़ों में प्रयोग किया था। इसकी नोज-कैप फटने के बाद खुलती थी और सम्पर्क में आने पर विस्फोट होता था।

कैथरीन बर्कले को सभी नर्स बहुत पसन्द करती थीं क्योंकि वह नाइट ड्यूटी करने के लिए हमेशा तैयार रहती थी। मलेरिया वाले लड़के का काम बहुत थोड़ा था

और नोज कैप खोलने वाला लड़का हमारा दोस्त बन गया था। जब तक बहुत जरूरी न हो वह रात में घंटी नहीं बजाता था। काम के बीच में जो भी वक्त मिलता था हम लोग साथ रह लेते थे। मैं कैथरीन को बेहद प्यार करता था और वह भी मुझे प्यार करती थी। मैं दिन के वक्त सो लेता था और दिन में जब हम जगे रहते थे तो चिट्ठियाँ लिखा करते थे और फर्ग्युसन के हाथ भेज देते थे। फर्ग्युसन बड़ी अच्छी लड़की थी। सिवाय इसके कि उसका एक भाई 52वीं डिविजन और एक भाई मैसोपोटामिया में था, मुझे उसके बारे में कुछ पता नहीं चला। कैथरीन से भी उसका व्यवहार अच्छा था।

''फर्गी, तुम हमारी शादी में आओगी?'' मैंने एक बार उससे पूछा।

''तुम्हारी शादी नहीं होगी।''

''हम करेंगे।''

''नहीं करोगे तुम।''

''क्यों नहीं करेंगे?''

''शादी से पहले ही तुम्हारा झगड़ा हो जाएगा।''

''हमारा झगड़ा नहीं होता।''

''अभी बहुत वक्त है।''

''हम लोग कभी नहीं लड़ते।''

''मर लोगे फिर तुम। लड़ो या मरो। लोग यही करते हैं। शादी-वादी नहीं करते।''

मैंने उसका हाथ थामने की कोशिश की।

''मेरा हाथ मत पकड़ो।'' वह बोली, ''मैं रो नहीं रही हूँ। हो सकता है तुम दोनों के साथ ऐसा न हो। लेकिन देख लेना उसे मुश्किलों में न डाल देना। तुमने उसे मुसीबत में फँसाया तो मैं तुम्हें मार डालूँगी।''

''नहीं मैं उसे परेशानी में नहीं डालूँगा।''

''चलो देखते हैं, उम्मीद है तुम ठीक हो जाओगे। वक्त अच्छा कट रहा है।''

''हमारा वक्त अच्छा निकल रहा है।''

''ठीक है फिर लड़ाई मत करना और उसे परेशानी में मत डालना।''

''नहीं, मैं ऐसा नहीं करूँगा।''

''ध्यान रखना। मैं नहीं चाहती कि वह युद्ध की पैदावार लिए घूमती फिरे।''

''फर्गी, तुम बहुत अच्छी लड़की हो।''

''नहीं, मैं अच्छी-वच्छी नहीं हूँ। मेरी चमचागिरी करने की जरूरत नहीं है। तुम्हारी टाँग कैसी है?''

''अच्छी।''

''तुम्हारा सिर कैसा है?'' उसने अपनी उँगलियों से ऊपर का हिस्सा छुआ।

सोए हुए पैर की तरह यह भी संवेदनशील हो गया था। ''इसने मुझे कभी परेशान नहीं किया।''

''सिर में इस तरह का गूमरा तुम्हें पागल बना देगा। इससे तुम्हें परेशानी नहीं होती?''

''नहीं।''

''तुम भाग्यशाली आदमी हो, चिट्ठी पूरी हो गई? मैं जा रही हूँ।''

''यह रही।'' मैंने कहा।

''तुम्हें कैथरीन को कुछ दिन के लिए रात की ड्यूटी करने से मना करना चाहिए। बहुत थक जाती है वह।''

''ठीक है। मैं कहूँगा।''

''मैं करना चाहती हूँ पर वह मुझे नहीं करने देगी। दूसरे उसके करते रहने से बहुत खुश हैं। उसे थोड़ा-सा आराम तो करने दो।''

''ठीक है।''

''मिस वैन कैम्पेन तुम्हारे बारे में कह रही थी कि पूरा दिन सोता है।''

''कहेंगी ही।''

''कुछ एक रात तुम कैथरीन को ड्यूटी न करने दो तो ठीक रहेगा।''

''मैं भी चाहता हूँ।''

''तुम नहीं चाहते। लेकिन अगर तुम उससे ऐसा करा सको तो मेरी निगाह में तुम्हारी इज्जत बढ़ेगी।''

''मैं करा दूँगा उससे।''

''मुझे यकीन नहीं है।'' उसने चिट्ठी ले ली और बाहर चली गई। मैंने घंटी बजाई और थोड़ी देर में मिस गेज अन्दर आई।

''क्या बात है?''

''तुमसे बात करने का मन था। क्या तुम्हें नहीं लगता कि मिस बर्कले को कुछ दिन रात की ड्यूटी नहीं करनी चाहिए? बहुत थकी-थकी दिखती है वह। इतनी देर तक क्यों काम करती है?''

मिस गेज ने मेरी ओर देखा।

''मैं तुम्हारी दोस्त हूँ।'' वह बोली, ''तुम मुझसे इस तरह से बात मत करो।''

''क्या मतलब है तुम्हारा।''

''बेवकूफ मत बनाओ। सिर्फ इसी के लिए बुलाया था तुमने?''

''तुम वरमाउथ पिओगी?''

''ठीक है। मैं जाकर लाती हूँ।'' उसने अलमारी से बोतल निकाली और गिलास ले आई।

''एक गिलास तुम ले लो।'' मैंने कहा, ''मैं बोतल से ही पियूँगा।''

''तुम्हारे नाम का।'' मिस गेज ने कहा।

''मिस वैन कैम्पेन मेरे सुबह देर तक सोने के बारे में क्या कह रही थी?''

''वह सिर्फ कुछ बड़बड़ा रही थी। वह तुम्हें विशेषाधिकार वाला मरीज मानती है।''

''भाड़ में जाए वह।''

''नहीं, वह बुरी नहीं है।'' मिस गेज ने कहा, ''वह सिर्फ बूढ़ी और चिड़चिड़ी है। तुम उसे कभी पसन्द नहीं आए।''

''नहीं।''

''लेकिन मैं पसन्द करती हूँ तुम्हें और मैं तुम्हारी दोस्त हूँ। यह मत भूलना।''

''अरे, तुम तो बहुत ही अच्छी हो।''

''नहीं, मैं जानती हूँ तुम किसे अच्छा समझते हो। फिर भी मैं तुम्हारी दोस्त हूँ।''

''अब टाँग कैसी है तुम्हारी?''

''अच्छी।''

''मैं थोड़ा ठंडा साफ पानी इस पर डालने के लिए ले आऊँगी, पलास्टर के अन्दर चुनचुनी मचती होगी। बाहर काफी गर्मी है।''

''तुम बहुत अच्छी हो।''

''क्या ज्यादा चुनचुनी होती है?''

''नहीं, अब अच्छा है।''

''मैं उस सैंड बैग को ठीक से लगा दूँगी।'' ठीक करते हुए वह ऊपर झुक गई। ''मैं तुम्हारी दोस्त हूँ।''

''मैं जानता हूँ।''

''तुम नहीं जानते। लेकिन एक दिन समझ जाओगे।''

कैथरीन बर्कले ने नाइट ड्यूटी से तीन दिन का ऑफ ले लिया, और वह फिर वापस आ गई। ऐसा लगता था जैसे हम लोग कोई लम्बी यात्रा पूरी करने के बाद मिले हों।

## अध्याय-18

वह गर्मियाँ बहुत अच्छी कटीं। जब मैं बाहर जा पाता था तो हम पार्क की गाड़ी में सवारी करते थे। वह गाड़ी मुझे अभी भी याद है, धीरे-धीरे चलता हुआ घोड़ा, रंगीन पेंट किया हुआ हैट पहने गाड़ीवान की पीठ और कैथरीन बर्कले मेरे

साथ बैठी हुई। अगर हम अपने हाथ छूने दें या मेरे हाथ के किनारे का जरा सा हिस्सा भी उसके हाथ से छू जाए तो हम उत्तेजित हो उठते थे। बाद में जब मैं बैसाखियों पर आ गया तो हम लोग ग्राँ इटालिया में डिनर के लिए गए और गैलरी के फ्लोर वाली सीटों पर बैठे। वेटर अन्दर-बाहर आ-जा रहे थे, लोग पास से गुजर रहे थे, मेजपोश के ऊपर छायादार मोमबत्तियाँ लगी हुई थीं। आखिर हम लोग इस फैसले पर पहुँच गए कि हमें ग्राँ इटालिया सबसे ज्यादा पसन्द है। वहाँ का प्रधान बैरा जॉर्ज हमारे लिए एक टेबल बचाकर रखता था। वह बहुत अच्छा बैरा था, जब तक वह खाने का ऑर्डर लेकर आता था हम लोग एक दूसरे को और आने-जानेवाले लोगों को भव्य गैलरी के धुँधलके में देखते रहते थे। हम लोग बाल्टी में बर्फ में रखी हुई शुष्क व्हाइट कैपरी ही पीते थे, वैसे हमने कई तरह की वाइन फ्रेसा बारबरा और मीठी सफेद वाइन भी आजमाकर देखी। वहाँ युद्ध की वजह से वाइन जैसे परोसनेवाला वेटर नहीं था और जब मैं जॉर्ज से फ्रेसा जैसी वाइन लाने के लिए कहता तो वह बेशरमी से मुस्करा देता था।

"क्या आप किसी ऐसे देश की कल्पना कर सकते हैं जो शराब इसलिए बनाता है क्योंकि इसका स्वाद स्ट्राबैरी जैसा है।" उसने कहा।

"क्यों नहीं हो सकता?" कैथरीन ने पूछा, "यह तो अच्छी बात है।"

"आप वही लीजिए, मैडम।" जॉर्ज बोला, "अगर आप चाहती हैं तो। लेकिन टैनेंट के लिए मुझे मार्गोक्स की एक छोटी बोतल लाने दीजिए।"

"जॉर्ज, मैं भी फ्रेसा ही पीकर देखूँगा।"

"सर, मैं आपको उसे पीने के लिए नहीं कहूँगा। उसका स्वाद स्ट्रॉबैरी जैसी होगा।"

"फिर तो बहुत अच्छा है।"

"मैं लाता हूँ।" जॉर्ज बोला, "और जब मैडम सन्तुष्ट हो जाएँगी तो ले जाऊँगा।"

यह कम से कम शराब नहीं थी। जैसा उसने कहा उसका स्वाद स्ट्रॉबैरी की तरह भी नहीं था। हम लोग वापस कैप्री गए। एक शाम मेरे पास पैसे कम थे और जॉर्ज ने मुझे सौ लीरा उधार दिए।

"ठीक है, टैनेंट, कोई बात नहीं।" उसने कहा, "मैं सब जानता हूँ। मुझे पता है कि कमी पड़ जाती है। अगर आप को या मैडम को कभी पैसों की कमी हो तो आप सोचिएगा मत।"

डिनर के बाद हम गैलेरिया से निकले, दूसरे रेस्तराओं और दुकानों के पास से गुजरे जिनके शटर बन्द थे। हम एक छोटी-सी जगह पर रुके। यहाँ कई तरह के सैंडविच बिक रहे थे। सुअर के सूखे मांस और सलाद का सैंडविच जो पतली भूरे रंग की चमकीली रोल में था। आपकी उँगली के जितना लम्बा। ये रात में भूख लगने पर खाने के लिए थे। फिर हम चर्च के बाहर एक खुली गाड़ी में

बैठकर हॉस्पिटल के लिए चल पड़े। हॉस्पिटल के दरवाजे पर अर्दली बैसाखियों से मदद करने के लिए आ गया। मैंने ड्राइवर को पैसे दिए और हम लिफ्ट से ऊपर आए। कैथरीन निचले तल पर जहाँ नर्सें रहती थीं उतर गई। मैं ऊपर हॉल से अपने कमरे तक बैसाखियों के सहारे गया। कभी-कभी मैं कपड़े उतार देता था और बिस्तर में घुस जाता था और कभी-कभी बालकनी में दूसरी कुर्सी पर पैर रखकर बैठ जाता था। छत पर बैठे अबाबील देखता रहता था और कैथरीन का इन्तजार किया करता था। जब वह ऊपर आती थी तो लगता था जैसे कहीं दूर यात्रा करने गई थी। मैं बैसाखियों के सहारे उसके साथ हॉल में जाता था, अपने बरतन साथ ले जाता था। बाहर इन्तजार करता। यह इस बात पर निर्भर करता था दूसरे मरीज हमारे मित्र हैं या नहीं। जब वह सारा काम खत्म कर लेती थी तो अपने कमरे के बाहर बालकनी में हम लोग बैठ जाते थे। मैं सोने चला जाता था और जब सब सो जाते थे और वह आश्वस्त हो जाती कि अब कोई उसे नहीं बुलाएगा वह अन्दर आ जाती थी। मुझे उसके बाल खोलने में मजा आता था, वह बिस्तर पर एकदम स्थिर होकर बैठ जाती थी। जब मैं उसके बालों से खेल रहा होता तो वह अचानक मेरा चुम्बन लेने के लिए झुक जाती। मैं उसके बालों की पिनें भी निकाल देता और उसके सारे बाल नीचे आ जाते। वह अपना सिर झुका देती और हम दोनों इनकी छाँह में ढक जाते। लगता था जैसे हम किसी तम्बू में हैं या किसी झरने के पीछे।

उसके बाल बेहद खूबसूरत थे। मैं कभी-कभी लेट जाता था और खुले हुए दरवाजे से आती हुई रोशनी में उसे बाल लहराते हुए देखता। उसके बाल रात में भी चमकते थे जैसे उजाला होने से पहले कभी-कभी पानी चमकता है। उसकी मुखाकृति, देहयष्टि और अत्यन्त चिकनी त्वचा बहुत मनमोहक थी। हम लोग साथ लेटे रहते, मैं उसके गालों, माथों, आँखों के नीचे और गले को अपनी उँगलियों के पोरों से स्पर्श करता रहता और कहता, ''पियानो के की-बोर्ड की तरह चिकनी।''

वह मेरी ठोढ़ी को उँगली से छूती और कहती, ''रेगमाल की तरह चिकनी और पियानो के बोर्ड पर बेहद कठोर।''

''क्या ज्यादा सख्त हैं?''

''नहीं डार्लिंग, मैं तो सिर्फ मजाक कर रही थी तुमसे।'' एक दूसरे के स्पर्श मात्र से हम प्रसन्न रहते थे। इस ढेर सारे वक्त के अलावा प्यार करने के हमारे कई छोटे-छोटे तरीके थे। जब हम लोग अलग-अलग कमरों में होते थे, तो एक दूसरे को अपने विचार सम्प्रेषित करते थे। कभी-कभी ऐसा लगता था कि ऐसा वाकई हो रहा है लेकिन ऐसा इसलिए होता था क्योंकि अक्सर हम लोग एक ही चीज के बारे में सोचते थे।

हमने एक दूसरे से सिर्फ यही कहा कि जिस दिन वह हॉस्पिटल में आई हमारी शादी उसी दिन हो गई थी और अपनी शादी के दिन से ही हम महीनों की गिनती करते थे। मैं वास्तव में शादी करना चाहता था लेकिन कैथरीन का मानना था कि शादी करने से वह उसे दूर भेज देंगे। अगर हम इस औपचारिकता में उलझ गए तो वह उस पर निगरानी शुरू कर देंगे और दोनों को अलग-अलग कर देंगे। हम लोगों को इतालवी कानून के अन्तर्गत शादी करनी पड़ती और यह कानूनी औपचारिकताएँ बड़ी कठोर थीं। मैं दरअसल इसलिए विवाह चाहता था क्योंकि बच्चे के बारे में सोचने पर चिन्ता होने लगती थी। लेकिन हम लोग खुद से यही बहाना करते जैसे हम विवाहित हैं और ज्यादा चिन्ता नहीं करते थे। मुझे लगता है कि वास्तव में मैं विवाहित न होने का मजा ले रहा था। मुझे याद है कि एक बार हम लोगों ने इस बारे में बातचीत की तो कैथरीन ने कहा, ''डार्लिंग, वह मुझे दूर भेज देंगे।''

''हो सकता है न भेजें।''

''भेज देंगे। वह मुझे घर भेज देंगे और फिर जब तक युद्ध खत्म नहीं होगा हम लोग नहीं मिल पाएँगे।''

''मैं छुट्टी लेकर आ जाऊँगा।''

''तुम स्कॉटलैंड नहीं जा सकोगे और वह भी ड्यूटी पर होते हुए उसके अलावा मैं तुम्हें अकेला नहीं छोड़ूँगी। अभी शादी करने से क्या लाभ होगा? हम लोगों की वास्तव में शादी हो चुकी है। अब इससे ज्यादा मेरी क्या शादी होगी?''

''मैं तुम्हारी वजह से कह रहा था।''

''अब मेरी कोई मैं नहीं है, तुम ही मैं हूँ। मुझे खुद से अलग मत करो।''

''मैं तो यही समझता था कि लड़कियाँ हमेशा शादी के चक्कर में रहती हैं।''

''रहती हैं लेकिन डार्लिंग मेरी शादी हो चुकी है। मैंने तुमसे विवाह किया है। क्या मैं एक अच्छी पत्नी नहीं हूँ?''

''तुम बहुत अच्छी पत्नी हो।''

''देखो, डार्लिंग, शादी का इन्तजार करने का एक अनुभव मुझे है।''

''मैं उसके बारे में सुनना नहीं चाहता।''

''तुम जानते हो मैं तुम्हारे सिवा किसी से प्यार नहीं करती। कोई और मुझसे प्यार करता था यह बात तुम्हें बुरी नहीं लगनी चाहिए।''

''मुझे बुरा लगता है।''

''जब सब कुछ तुम्हारे पास है तो एक ऐसे इंसान से जो जिन्दा नहीं है उससे तुम्हें ईर्ष्या नहीं करनी चाहिए।''

''नहीं, लेकिन मैं इस बारे में सुनना नहीं चाहता।''

''पुअर डार्लिंग, मैं जानती हूँ, तुम कैसी-कैसी लड़कियों के साथ रहे हो लेकिन मुझ पर तो कोई फर्क नहीं पड़ता।''

''हम लोग किसी तरह गुप्त तरीके से शादी नहीं कर सकते? मान लो मुझे कुछ हो गया और फिर तुम्हें बच्चा हुआ तो।''

''चर्च और राज्य के अलावा शादी करने का कोई और तरीका नहीं है। व्यक्तिगत रूप से हमारी शादी हो चुकी है। देखो डार्लिंग मुझे फर्क पड़ता अगर मेरा कोई धर्म होता। लेकिन मेरा तो कोई धर्म ही नहीं है।''

''लेकिन तुमने मुझे सेंट एंथोनी दिया था।''

''वह अच्छे भाग्य के लिए था। मुझे भी किसी ने दिया था।''

''तुम्हें कोई फिक्र नहीं है?''

''सिर्फ तुम से दूर भेज दिए जाने की चिन्ता होती है। तुम्हीं मेरा धर्म हो। मेरा सब कुछ तुम ही हो।''

''ठीक है। लेकिन तुम जिस दिन कहोगी मैं उसी दिन शादी कर लूँगा।''

''ऐसे बात मत करो जैसे तुम मुझे एक ईमानदार औरत बना रहे हो। मैं बहुत ईमानदार स्त्री हूँ। आप अगर किसी चीज पर गर्व करते हैं और प्रसन्न हैं तो उसके लिए शर्मिन्दा महसूस नहीं कर सकते। क्या तुम प्रसन्न नहीं हो?''

''लेकिन तुम किसी और के लिए मुझे छोड़ तो नहीं दोगी।''

''नहीं डार्लिंग। मैं किसी और के लिए तुम्हें कभी नहीं छोड़ूँगी। मैं जानती हूँ हमारे साथ बड़ी भयावह घटनाएँ होंगी। लेकिन तुम्हें इस बारे में चिन्तित होने की जरूरत नहीं है।''

''नहीं, मैं परेशान नहीं होता, लेकिन मैं तुम्हें बहुत प्यार करता हूँ और तुम पहले किसी से प्यार करती थी। लेकिन उसका क्या हुआ? वह मर गया?''

''हाँ, और अगर ऐसा न हुआ होता तो मैं तुमसे न मिली होती। मैं बेवफा नहीं हूँ डार्लिंग, मुझ में बहुत सी कमियाँ हैं लेकिन मैं बहुत वफादार हूँ। मैं इतनी ज्यादा वफादार रहूँगी कि तुम परेशान हो जाओगे।''

''मुझे बहुत जल्दी मोर्चे पर जाना होगा।''

''जब तक तुम वहाँ जाते नहीं हम लोग इस बारे में सोचेंगे भी नहीं। डार्लिंग, तुम देख रहे हो मैं कितनी खुश हूँ। और समय कितना अच्छा निकल रहा है। एक लम्बे अरसे से मैं खुश नहीं रही हूँ और जब मैं तुमसे मिली मैं करीब-करीब पागल हो चुकी थी। शायद पागल ही हो गई थी। लेकिन अभी हम लोग खुश हैं और एक दूसरे से प्यार करते हैं। बस इस खुशी को बना रहने दो। तुम प्रसन्न हो, हो न? मैं कुछ ऐसा तो नहीं करती हूँ जो तुम्हें पसन्द नहीं है? तुम कहो तो मैं अपने बाल खोल दूँ? खेलोगे तुम उनसे?''

''हाँ, और इधर बिस्तर पर आ जाओ।''

''ठीक है, मैं पहले मरीजों को देखकर आती हूँ।''

# अध्याय-19

गर्मियाँ इसी तरह निकल गईं। उन दिनों के बारे में सिवाय इसके कि गर्मी बहुत पड़ती थी और अखबारों में जीत की कई खबरें आती थीं, मुझे और ज्यादा कुछ याद नहीं है। मैं काफी स्वस्थ हो गया था और मेरी टाँगें भी जल्दी से ठीक हो रही थीं। बैसाखियों के सहारे से बेंत से चलने तक आने में ज्यादा वक्त नहीं लगा। बाद में घुटना मोड़ने के लिए मैंने अपना उपचार मैगियोर अस्पताल में शुरू कर दिया। यह मैकेनिकल इलाज था जिसमें अल्ट्रा वायलेट किरणों से एक बॉक्स में सिकाई और मालिश की जाती थी। मैं दोपहर के बाद यहाँ आ जाता था। उसके बाद कैफे में रुकता था, एक ड्रिंक लेता था और अखबार पढ़ता था। मैं शहर में नहीं घूमता था और कैफे से सीधा हॉस्पिटल ही जाता था। मुझे कैथरीन से मिलने की ललक रहती थी। बाकी वक्त तो कैसे भी निकल ही जाता था। अधिकांशत: मैं सुबह और दोपहर में सोया करता था, कभी-कभी मैं रेस देखने भी जाता था और अभी हाल में मैकेनिकल-थिरेपी के लिए जाना शुरू किया था। कभी-कभी मैं एंग्लो-अमेरिकन क्लब में रुकता और चमड़े की गुदगुदी कुर्सी पर खिड़की के सामने बैठकर पत्रिकाएँ पढ़ता था। बिना बैसाखियों के होने पर वह हम दोनों को साथ नहीं जाने देते थे क्योंकि एक ऐसे मरीज के साथ जिसे नर्स की आवश्यकता नहीं है, एक नर्स का घूमना अच्छा नहीं लगता था। इसीलिए दोपहर बाद हम लोग साथ नहीं रहते थे। हम लोग फर्ग्युसन के साथ जाने पर कभी-कभी डिनर के लिए निकल जाते थे। मिस वैन कैम्पेन ने इस स्थिति को स्वीकार कर लिया था कि हम लोगों की बहुत अच्छी दोस्ती है। इसकी वजह शायद यह थी कि कैथरीन से वह बहुत ज्यादा काम कराती थी। वह सोचती थी कि कैथरीन बहुत बड़े खानदान की है और अन्तत: इसीलिए उसका झुकाव कैथरीन के प्रति हो गया था। कैम्पेन की खानदान में बड़ी आस्था थी और वह स्वयं भी नामी परिवार से सम्बन्धित थी। हॉस्पिटल में काम भी बढ़ गया था। इसीलिए वह व्यस्त भी रहती थी।

मिलान में बहुत गर्मी थी, मैं बहुत से लोगों को यहाँ जानता था लेकिन दोपहर बाद हॉस्पिटल लौटने की जल्दी मची रहती थी। मोर्चे पर सेनाएँ कार्सो की ओर बढ़ रही थीं, प्लावा के पार कुक पर कब्जा हो गया था और बैंसिजा पठार के लिए कोशिश चल रही थी। पश्चिमी मोर्चे पर स्थिति मजबूत नहीं थी। ऐसा लगता था जैसे लड़ाई एक अरसे से चल रही थी। युद्ध अभी चल ही रहा था और लगता था कि बड़ी फौजें खड़ी करने और ट्रेनिंग देकर लड़ाने के लिए तैयार करने में एक साल से ज्यादा वक्त लगेगा। अगली साल खराब ही होगी या हो सकता है अच्छी निकल जाए। इटैलियन बहुत ज्यादा आदमियों का इस्तेमाल कर रहे थे। मैं समझ नहीं पा रहा था कि यह कब तक खिंचेगा। सारा बैंसिजा और ग्रैब्रियल पर्वत ले लेने के बाद

भी ऑस्ट्रियाइयों के पास बहुत से पहाड़ शेष थे। मैंने यह पहाड़ देख रखे थे। सभी ऊँची पर्वतमालाएँ दूर थीं। वह कार्सो की तरफ बढ़ रहे थे लेकिन नीचे समुद्र की ओर झाड़ियाँ थीं। नेपोलियन ने मैदान में ऑस्ट्रियंस को रगड़ दिया होता। वह उनसे पहाड़ों में कभी नहीं लड़ता। वह उनके पहाड़ों से नीचे आने का इन्तजार करता और वैरोना के आसपास उन्हें दौड़ाता। पश्चिमी मोर्चे पर अभी कोई किसी को नहीं पछाड़ रहा था। शायद कोई भी अब युद्ध जीतने की स्थिति में नहीं था। शायद लड़ाई चलती ही रहेगी। शायद यह दूसरा 'शताब्दी युद्ध' था। मैंने अखबार वापस रैक पर रख दिया और क्लब से चल पड़ा। मैं सावधानी से सीढ़ियों से उतरा और मैंजोनी तक टहलते हुए गया। ग्रान होटल के बाहर मेयर्स और उनकी पत्नी गाड़ी से उतरते हुए मिले। वह घुड़दौड़ से आ रहे थे। वह उन्नत वक्ष वाली महिला काला साटन पहने थी। मेयर्स ठिगने और बूढ़े थे। उनकी मूँछें सफेद थीं और बेंत के सहारे चलते थे।

''हाउ डू यू डू? हाउ डू यू डू?'' महिला ने हाथ मिलाया और मेयर्स ने 'हैलो' कहा।

''घुड़दौड़ कैसी रही?''

''अच्छी, बहुत सुन्दर। मैंने तीन जीते।''

''आपका कैसा रहा?'' मैंने मेयर्स से पूछा।

''ठीक। मैंने एक जीता।''

''पता नहीं यह कैसे करते हैं?'' श्रीमती मेयर्स बोलीं, ''मुझे भी कुछ नहीं बताते।''

''मैं ठीक करता हूँ?'' मेयर्स ने कहा।

''आप कभी आइए।'' उससे बात करते वक्त लगता था जैसे वह आपकी तरफ देख नहीं रहे हैं या फिर आपको कोई और समझकर बात कर रहे हैं।

''आऊँगा।'' मैंने कहा।

''तुम्हें देखने मैं हॉस्पिटल आऊँगी।'' मिसेज मेयर्स ने कहा, ''बच्चों के लिए मेरे पास कुछ चीजें हैं। तुम सब मेरे बच्चे हो। तुम तो मेरे प्यारे बच्चे हो।''

''आपसे मिलकर वह सब खुश होंगे।''

''वह प्यारे बच्चे और तुम भी। तुम मेरे बच्चों में से एक हो।''

''मुझे वापस लौटना है।'' मैंने कहा।

''सब बच्चों को मेरा प्यार कहना। मेरे पास ढेर सी चीजें हैं। कुछ अच्छी शराब और केक भी मेरे पास है।''

''गुडबाय।'' मैंने कहा, ''आपसे मिलकर सब बहुत खुश होंगे।''

''गुडबाय।'' मिसेज मेयर्स ने कहा, ''तुम गैलेरिया आना, तुम्हें मेरी मेज पता है। दोपहर के बाद हम लोग वहीं मिलते हैं।''

मैं गली में आगे बढ़ता गया। मैं कोवा से कैथरीन के लिए कुछ खरीदना चाहता था। कोवा से मैंने चॉकलेट का डिब्बा लिया और जब लड़की उसे कागज में लपेट रही थी, मैं बार की ओर बढ़ गया। वहाँ कुछ ब्रिटिश और वायुयान–चालक थे। मैंने अकेले मार्टिनी ली, पैसे दिए, बाहर के काउंटर से चॉकलेट का डिब्बा उठाया और वापस हॉस्पिटल की ओर चल पड़ा।

गली में स्कैला के आगे छोटी बार के आसपास कुछ लोग थे जिन्हें मैं जानता था, मसलन एक वाइस–कॉन्सल, दो लोग जो संगीत के छात्र थे और एटोरे मोरेटी जो सैन फ्रांसिस्को का रहनेवाला इतालवी था और इटैलियन आर्मी में था। मैंने उनके साथ शराब पी। एक संगीतकार का नाम रॉल्फ साइमोंस था। वह एनरिको डेल क्रेडो के नाम से गाया करता था। मुझे नहीं पता वह कैसा गाता था लेकिन वह हमेशा ऐसी बातें करता था जैसे उसके साथ कुछ बड़ा होनेवाला है, वह पिकैंजा से गाकर लौटा था। उसने वहाँ टोस्का गाया और बहुत लोकप्रिय रहा था।

"यह तो वास्तव में सही है कि तुमने मुझे कभी गाते हुए नहीं सुना।" उसने कहा।

"तुम यहाँ कब गाओगे?"

"बसन्त में मैं स्कैला में गा रहा हूँ।"

"मैं शर्त लगाता हूँ वहाँ पर बैंचें फेंकी जाएँगी।" एटोरे ने कहा।

"आप लोगों को मालूम है मोडेना में इस पर कितने बैंचें फेंकी गई थीं।"

"यह सरासर झूठ है।"

"नहीं, नहीं, फिकी थीं।" एटोरे ने कहा, "मैं वहाँ था। छह बैंचें मैंने खुद फेंकी थीं।"

"तुम फ्रिस्को के उल्लू हो क्या?"

"इसे इटैलियन बोलना आता नहीं है, यह कहीं भी जाता है, लोग उस पर बेंच फेंकते हैं।" एटोरे ने कहा।

"उत्तरी इटली में पिकैंजा में गाना सबसे मुश्किल है।" इस गायक ने कहा, "मेरी बात मानिए वहाँ गाना सबसे कठिन है।" इसका नाम एफ. सांड्र्स था और वह एडोराडो गियोवनी के नाम से गाता था।

"ठीक है भाई तुम्हारे ऊपर बैंचों की फिंकाई देखने के लिए मैं पहुँच जाऊँगा।" एटोरे ने कहा, "तुम इटैलियन में नहीं गा सकते।"

"आधा पागल है ये।"

"बैंचें कैसे फेंकी जाती हैं यह कहने के सिवाय यह कुछ नहीं जानता।"

"जब तुम दोनों लोग गाते हो तो पब्लिक भी सिर्फ यही करना चाहती है।" एटोरे ने कहा।

"जब तुम लोग अमेरिका जाओगे तो तुम स्कैला में अपनी सफलता के बारे में बोलोगे। स्कैला में तुम्हें एक लाइन भी नहीं गाने देंगे।"

"मैं स्कैला में गाऊँगा।" सांड्र्स बोला, "मैं अक्टूबर में टोस्का गानेवाला हूँ।"

''हम लोग चलेंगे, क्यों मैक ?'' एटोरे ने वाइस काउंसल से कहा, ''इन लोगों को बचाने के लिए कोई तो होना चाहिए।''

''हो सकता है बचाने के लिए वहाँ अमेरिकन फौज हो।'' वाइस काउंसल ने कहा।

''साइमंस एक और ड्रिंक चलेगा ? सांड्र्स तुम एक लोगे ?''

''ठीक है।'' सांड्र्स ने कहा।

''मैंने सुना है तुम्हें सिल्वर मेडल मिल रहा है।'' एटोरे ने मुझसे पूछा, ''प्रशंसा-पत्र में क्या लिख रहे हैं ?''

''नहीं मालूम। मुझे नहीं पता कि मिल भी रहा है।''

''नहीं, तुम्हें मिल रहा है। कोवा की लड़कियाँ तभी तुम्हें ठीक मानेंगी। सभी मान लेंगी कि तुमने दो सौ ऑस्ट्रियन को मारा होगा और पूरी खन्दक पर खुद कब्जा किया होगा। यकीन करो, मुझे भी अपने मेडलों के लिए मेहनत करनी पड़ी।''

''तुम्हें कितने मेडल मिले हैं एटोरे ?'' वाइस काउंसल ने पूछा।

''उसे सब मिले हैं।'' साइमंस ने कहा, ''इसी की वजह से लड़ाई चलाई जा रही है।''

''मुझे कांस्य दो बार और तीन सिल्वर मेडल मिल चुके हैं। लेकिन पेपर्स अभी एक के ही मिले हैं।'' एटोरे ने कहा।

''दूसरे को क्या हो गया ?'' साइमंस ने पूछा।

''एक्शन सफल नहीं रहा।'' एटोरे ने बतलाया।

''अगर एक्शन असफल रहता है तो फिर वह लोग मेडल रोक लेते हैं।''

''एटोरे तुम घायल कितनी बार हुए हो ?''

''तीन बार बुरी तरह। घावों की तीन पट्टियाँ हैं। देखो ?'' कहते हुए उसने कमीज की बाँह खोल दी। कन्धे के नीचे आठ इंच लम्बी कपड़े की सिलाई जैसी काली पृष्ठभूमि में चाँदी जैसी समानान्तर धारियाँ लगी हुई थीं।

''तुम्हारे पास भी एक है ?'' एटोरे ने मुझसे पूछा, ''यकीनन गर्व की बात है। मेडल की अपेक्षा मैं इनको तरजीह दूँगा। बेटा जब तीन लगें तब बात कुछ और है। एक घाव के लिए एक ही मिलता है और तीन महीने अस्पताल में पड़े रहना पड़ता है ?''

''तुम कहाँ घायल हुए थे एटोरे ?'' वाइस काउंसल ने पूछा।

एटोरे ने अपनी आस्तीन खींची।

''यहाँ।'' उसने गहरा लाल निशान दिखाया, ''और यहाँ टाँग पर। पट्टियाँ बँधी हैं इसलिए तुम्हें दिखा नहीं सकता। इसके अलावा पैर में भी है, पैर की हड्डी मृत प्राय है और बदबू करती है। हर दिन मैं छोटे-छोटे टुकड़े बाहर निकालता हूँ और हर वक्त उसमें सड़ाँध आती है।''

''क्या लगा था तुम्हारे ?'' साइमंस ने पूछा।

''हैंड ग्रेनेड। आलू मैश करने वाला जैसा। मेरा पूरा पैर उड़ा दिया था। तुम जानते हो पुटेटो मैशर्स?'' वह मेरी तरफ मुड़ा।

''पक्का।''

''मैंने उस हरामी को फेंकते हुए देखा।'' एटोरे ने बताया, ''मैं नीचे गिर गया और लगा कि मर गया था लेकिन उस आलू में कुछ होता-वोता नहीं है। मैंने उसकी राइफल से ही उसे उड़ा दिया। मैं हमेशा राइफल लेकर चलता हूँ जिससे पता न चले कि मैं ऑफिसर हूँ।''

''कैसा दिखता था वह?'' साइमंस ने पूछा।

''उसके पास शायद एक ग्रेनेड ही था।'' एटोरे ने कहा, ''पता नहीं साले ने क्यों फेंका। शौक रहा होगा, साले को फेंकने का। शायद कभी लड़ाई नहीं देखी थी उसने। मैंने भून दिया हरामी को।''

''जब तुमने गोली मार दी तब कैसा लगता था?'' साइमंस ने पूछा।

''हैल, मैं कैसे बताऊँ?'' एटोरे ने कहा, ''मैंने पेट में गोली मारी। मुझे डर था कि सिर में मारने पर शॉट मिस हो सकता है।''

''एटोरे, तुम ऑफिसर कब बने?'' मैंने पूछा।

''दो साल से। मैं कैप्टन बननेवाला हूँ। तुम कब से लेफ्टिनेंट हो?''

''तीसरा साल चल रहा है।''

''तुम कैप्टन नहीं बन पाओगे क्योंकि तुम्हें इटैलियन भाषा ठीक से नहीं आती।'' एटोरे ने पूछा, ''तुम बोल तो सकते हो लेकिन ठीक से लिखना और पढ़ना नहीं जानते। कैप्टन बनने के लिए एजूकेशन जरूरी है। तुम अमेरिकन आर्मी क्यों नहीं ज्वॉइन करते?''

''हो सकता है कर लूँ?''

''काश! मैं ज्वॉइन कर सकता। मैक! एक कैप्टन को कितना मिलता है?''

''एकदम सही तो मुझे नहीं मालूम। ढाई सौ डॉलर मिलते होंगे।''

''ओह क्राइस्ट! ढाई सौ डॉलर तो मेरी समझ में नहीं आता कैसे खर्च किए जाएँगे। फ्रेड तुम जल्दी से अमेरिकन आर्मी में चले जाओ। देखना, मेरे लिए कुछ हो सकता है।''

''ठीक है।''

''मैं इटैलियन में कम्पनी कमांड कर सकता हूँ। अंग्रेजी के माध्यम से मैं आसानी से सीख लूँगा।''

''तुम जनरल बन जाओगे।'' साइमंस ने कहा।

''नहीं, जनरल बनने लायक मैं नहीं जानता। एक जनरल को बहुत कुछ पता होना चाहिए। तुम लोग लड़ाई को ऐसे ही समझते हो। तुम लोगों के पास इतना दिमाग भी नहीं है कि दूसरे दर्जे के कारपोरल भी बन सको।''

"थैंक गॉड, मुझे जरूरत भी नहीं है।" साइमंस ने कहा।

"एक बार तुम्हारे जैसे आलसियों को वह बन्द कर दें तो तैयार हो जाओगे। मैं तुम दोनों को अपनी प्लाटून में रखूँगा। मैक को भी। मैक, तुझे मैं अपना ऑर्डरली बना दूँगा।"

"एटोरे, तुम अच्छे आदमी हो।" मैक ने कहा, "लेकिन अफसोस है कि तुम सैन्यवादी हो।"

"युद्ध समाप्त होने से पहले मैं कर्नल बन जाऊँगा।" एटोरे ने कहा।

"बशर्ते वह तुम्हें मार न पाएँ।"

"मैं नहीं मरूँगा।" उसने अँगूठे और उँगली से अपने स्टार छुए, "देखो अगर कोई मौत का जिक्र करता है तो हम लोग हमेशा अपने स्टार छूते हैं।"

"सिम, अब चलें।" सांड्र्स ने खड़े होते हुए पूछा।

"ठीक है।"

"बाय-बाय।" मैंने कहा, "मुझे भी जाना है।" बार की घड़ी में पौने छह बजे थे, "सि यू एटोरे।"

"सि यू, फ्रेड।" एटोरे ने कहा, "यह अच्छी बात है कि तुम्हें सिल्वर मेडल मिल रहा है।"

"मुझे नहीं पता कि मिलेगा।"

"नहीं, फ्रेड, पक्का मिलेगा। मैंने सुना है कि तुम्हें मिल रहा है।"

"चलो, देखते हैं।" मैंने कहा, "एटोरे, मुश्किलों से बचो।"

"मेरी फिक्र मत करो। मैं दारू नहीं पीता और न इधर-उधर जाता हूँ। न मैं दारूबाज हूँ और न रंडीबाजी करता हूँ। मुझे पता है मेरे लिए क्या ठीक है?"

"सो लोंग", मैंने कहा। "खुशी की बात है कि तुम कैप्टन बननेवाले हो।"

"प्रमोशन का इन्तजार मुझे नहीं करना है। युद्ध में उत्कृष्ट सेवा से मैं कैप्टन बनने जा रहा हूँ। क्रॉस, तलवारें, तीन स्टार और उसके ऊपर क्राउन। तब जमूँगा मैं।"

"गुड लक।"

"गुड लक। तुम मोर्चे पर वापस कब जा रहे हो?"

"बहुत जल्दी।"

"ठीक है उधर ही मिलूँगा।"

"बाय-बाय।"

"बाय।"

मैं एक पीछे वाली गली से जो हॉस्पिटल की तरफ निकलती थी उस पर चल पड़ा। एटोरे तेईस साल का था। उसे सैन फ्रांसिस्को में उसके चाचा ने पाला था और जब युद्ध की घोषणा हुई वह अपने माँ-बाप से मिलने टोरिनो गया हुआ था। उसकी एक बहन थी, उसे भी उसके साथ अमेरिका भेज दिया गया था जिससे वह इस साल

चाचा के पास रहकर ग्रेजुएशन कर सके। वह सच्चा हीरो था लेकिन जिससे भी मिलता था उसे बोर करता था। कैथरीन उसे बिलकुल पसन्द नहीं करती थी।

"हमने भी बहादुर देखे हैं।" उसने कहा। "लेकिन डार्लिंग आमतौर पर वह थोड़ा खामोश रहते हैं।"

"मैं ज्यादा ध्यान नहीं देता।"

"मैं भी ध्यान नहीं देती अगर वह इतना दम्भी न होता और मुझे बोर न करता। बहुत बोर करता है।"

"वह मुझे भी बोर करता है।"

"डार्लिंग, तुम अच्छे हो जो ऐसा कह सकते हो। लेकिन तुम्हें इसकी जरूरत नहीं है। तुम तो यह कल्पना कर सकते हो कि वह मोर्चे पर है और तुम यह भी जानते हो कि वह काम का आदमी है लेकिन मैं ऐसे लोगों की परवाह नहीं करती।"

"मैं जानता हूँ।"

"बहुत अच्छा है तुम जानते हो। मैं कोशिश करती हूँ कि उसे बरदाश्त कर सकूँ लेकिन वह बहुत अझेल है।"

"आज दोपहर वह कह रहा था कि वह कैप्टन बननेवाला है।"

"मुझे खुशी है।" कैथरीन ने कहा, "इससे उसे बड़ी खुशी होगी।"

"तुम नहीं चाहोगी कि मुझे इससे बड़ी रैंक मिल जाए?"

"नहीं, डार्लिंग। मैं तुम्हारे लिए सिर्फ इतनी रैंक चाहती हूँ कि हम लोग बेहतर रेस्तराओं में जा सकें।"

"उतना रैंक तो मेरे पास है।"

"तुम्हारा रैंक बहुत अच्छा है, मैं इससे ज्यादा रैंक नहीं चाहती। तुम्हें घमंड हो जाएगा। मैं तो बहुत खुश हूँ कि तुम घमंडी नहीं हो। तुम घमंडी होते तब भी मैं तुमसे शादी कर लेती लेकिन अगर पति घमंडी न हो तो कितना आराम रहता है।"

हम लोग आराम से बालकनी में बात कर रहे थे। चाँद बस निकलने को था लेकिन शहर पर बादलों की एक छोटी सी तह जमी थी इसलिए चाँद नहीं निकला। थोड़ी देर में बूँदा-बाँदी शुरू हो गई और हम लोग अन्दर आ गए। थोड़ी देर में बरसात का शोर सुनाई देने लगा। मैं उठा और दरवाजे पर जाकर देखा कि बारिश अन्दर तो नहीं आ रही। पानी अन्दर नहीं आ रहा था इसलिए मैंने दरवाजा खुला छोड़ दिया।

"और कौन-कौन मिला?" कैथरीन ने पूछा।

"मिस्टर और मिसेज मेयर्स।"

"वे भी अजीब ही हैं।"

"उन्होंने उसे घर में नजरबन्द कर दिया था। बाद में मरने के लिए बाहर छोड़ दिया।"

"उसके बाद वह मिलान में आराम से खुश होकर रह रहे हैं।"

"यह तो मैं नहीं कह सकता कि कितने खुश रहे।"

"जेल के बाद तो खुश ही रहा होगा।"

"वह कुछ अच्छी चीजें लेकर आ रही हैं।"

"वह अच्छी चीजें ही लेकर आती है। तुम उसके प्रिय बच्चे हो।"

"उनमें से एक हूँ।"

"तुम सब उसके प्यारे बच्चे हो।" कैथरीन बोली, "उसे प्यारे बच्चे पसन्द हैं। बारिश की आवाज सुनो।"

"जोर की बारिश हो रही है।"

"तुम हमेशा मुझे प्यार करते रहोगे, करते रहोगे न?"

"हाँ।"

"बरसात से कोई फर्क नहीं पड़ेगा।"

"नहीं।"

"तब ठीक है। क्योंकि मैं बरसात से बहुत डरती हूँ।"

"क्यों?" मुझे नींद आ रही थी। बाहर बरसात अभी भी तेज थी।

"मैं नहीं जानती डार्लिंग, मैं बरसात से हमेशा डरती हूँ।"

"मुझे बरसात पसन्द है।"

"मैं इसमें घूमना पसन्द करती हूँ, लेकिन प्यार से इसका बैर है।

"मैं हमेशा तुमसे प्यार करूँगा।"

"मैं तुम्हें बारिश, बर्फ, तूफान और इसके अलावा और क्या होता है—सभी में प्यार करती रहूँगी।"

"पता नहीं, लगता है मुझे नींद आ रही है।"

"सो जाओ, डार्लिंग, कुछ भी हो मैं तुम्हें प्यार करती रहूँगी।"

"तुम्हें बारिश से डर तो नहीं लग रहा?"

"नहीं, जब तुम्हारे साथ हूँ तब नहीं।"

"क्यों डरती हो तुम?"

"मुझे नहीं मालूम।"

"बताओ मुझे।"

"मुझे बनाओ मत।"

"बताओ, बताओ।"

"नहीं।"

"बताओ मुझे।"

"ठीक है। मैं बरसात से इसलिए डरती हूँ क्योंकि कभी-कभी मैं खुद को इसमें मरा हुआ देखती हूँ।"

"नहीं।"

"और कभी-कभी तुमको मृत देखती हूँ।"

"यह फिर भी मुमकिन है।"

"नहीं ऐसा नहीं है, डार्लिंग। क्योंकि तुम्हें मैं सुरक्षित रख सकती हूँ। मैं ऐसा कर सकती हूँ। लेकिन खुद की मदद करना मुश्किल होता है।"

"चलो छोड़ो, मैं नहीं चाहता कि आज रात तुम सोच-सोचकर पागल हो जाओ। हम लोग ज्यादा साथ नहीं रहेंगे।"

"लेकिन, मैं पागल हो गई हूँ। हाँ, बन्द करती हूँ, यह सब बेकार है।"

"हाँ, यह सब बकवास है।"

"हाँ, यह बकवास है। यह सिर्फ बकवास ही है। मुझे बारिश का डर नहीं है। हे भगवान! मुझे बारिश से डर न लगे।" वह रो रही थी। मैंने उसे सान्त्वना दी और वह चुप हो गई, लेकिन बाहर बरसात अभी हो रही थी।

## अध्याय-20

एक दिन दोपहर बाद हम घुड़दौड़ देखने गए। साथ में फर्ग्युसन और क्रॉवेल रोजर्स भी था जिसकी आँख विस्फोट से घायल हो गई थी। लड़कियाँ लंच के बाद जाने के लिए तैयार हुईं। मैं और क्रॉवेल उसके कमरे में बिस्तर पर बैठे रहे और घोड़ों का पिछला प्रदर्शन और अखबार में घुड़दौड़ की भविष्यवाणियाँ पढ़ते रहे। क्रॉवेल के सिर पर पट्टी बँधी हुई थी, उसे इन रेसों की खास परवाह नहीं थी और कुछ करने के लिए वह घुड़दौड़ के अखबारों को ध्यान से पढ़ता था। सभी घोड़ों की जानकारी रखता था। वह कहता था कि घोड़े बड़े बेकार से थे लेकिन सिर्फ वही घोड़े थे। मेयर्स को वह पसन्द था और वह उसे टिप्स भी देता था। मेयर्स लगभग हर रोज जीतता था लेकिन टिप्स देना पसन्द नहीं करता था। क्योंकि इससे दाम गिर जाते थे। रेसिंग बड़ी कमीनियत की चीज थी। जिन लोगों को सब जगह से रेसिंग कोर्स से निकाल दिया गया था वह इटली में रेसिंग कर रहे थे। मेयर्स की सूचना सटीक होती थी। लेकिन मुझे उससे पूछने से नफरत थी क्योंकि कभी-कभी वह जवाब नहीं देता था और बताने में उसे तकलीफ होती थी। कभी-कभी वह किसी वजह से खुद हमें इसे बताने को बाध्य समझता था लेकिन क्रॉवेल को बताने में उसे दिक्कत नहीं थी। क्रॉवेल की आँखों में चोट लगी थी और एक आँख में समस्या ज्यादा थी। मेयर्स की आँखों में भी तकलीफ थी इसलिए वह क्रॉवेल को पसन्द करता था। मेयर्स कभी अपनी पत्नी को नहीं बताता था कि किस घोड़े पर दाँव लगा रहा है, वह जीते या हारे। वह अक्सर हारती थी और हर वक्त बोलती रहती थी।

एक खुली गाड़ी में हम चारों सैनसिरो गए। बड़ा सुहाना दिन था, हम लोग पार्क से निकले और ट्राम वे के साथ चलकर कस्बे से बाहर आए। वहाँ सड़क पर धूल भरी हुई थी। लोहे की काँटेदार जालियाँ मकानों के आगे लगी हुई थीं और उनके साथ-साथ बड़े-बड़े बागान थे। पानी के गिरने के लिए खाई थी और उत्तर दिशा में पर्वतमालाएँ थीं। घुड़दौड़ के मैदान की ओर बहुत ही गाड़ियाँ आ रही थीं। गेट पर खड़े आदमियों ने हमें बिना कार्ड के अन्दर जाने दिया क्योंकि हम यूनिफॉर्म पहने थे। हमने गाड़ी छोड़ दी, कार्यक्रम की प्रतियाँ खरीदीं और मैदान से होते हुए मैदान की मोटी टर्फ से पैडौक तक पहुँच गए। दीर्घा पुरानी थी और लकड़ी की बनी हुई थी, शर्त लगाने वाले बूथ अस्तबल के पास एक कतार में थे। अन्दर के मैदान में कंटीली बाढ़ के सहारे सैनिकों की भीड़ जमा थी तथा पैडौक लोगों से भरा हुआ था। वे भव्य स्टैंड के पीछे घोड़ों की पैडौक के नीचे एक गोल घेरे में हुआ करते थे। हम जान-पहचान वाले लोगों से मिले और फग्युर्सन और कैथरीन के लिए कुर्सियाँ ले आए और घोड़ों को देखते रहे।

घोड़े सिर झुकाए एक-दूसरे के पीछे चल रहे थे। साईस इन घोड़ों के आगे चल रहे थे। क्रॉवेल ने बताया कि बैंगनी रंग के एक घोड़े को वैसा रंग दिया गया था। हमने उसे देखा तो लगा कि शायद ऐसा ही है।

वह घोड़ा घंटी बजने के बाद अभी ही निकला था। साईस की बाँह पर लगे नम्बर से हमने उसे कार्यक्रम में ढूँढ़ा जिसमें उसे जैपलैक नाम दिया गया था। वह दौड़ उन घोड़ों के लिए थी जिन्होंने एक हजार लीरा या उससे ज्यादा की कोई दौड़ नहीं जीती थी। कैथरीन पूरी तरह से आश्वस्त थी कि उस घोड़े का रंग बदल दिया गया है। फर्ग्युसन बोली कि वह यकीन के साथ कुछ नहीं कह सकती। मुझे लगा कि वह सन्देहास्पद था। हम लोगों ने तय किया कि हम लोग उसी पर शर्त लगाएँगे। और हमने सौ लीरा इकट्ठे किए, उसकी जीत पर 35-1 का दाँव लगा था। क्रॉवेल गया और टिकटें खरीद लाया और हम घुड़सवार को सड़क के नीचे से जाकर जहाँ से रेस शुरू होनेवाली थी, वहाँ तक गैल्प करते हुए देखते रहे। हम ग्रांड स्टैंड में रेस देखने के लिए उधर की तरफ। सैनसिरो में उस समय लचीला बैरियर नहीं था इसलिए शुरुआत करानेवाले ने सभी घोड़ों को कतार में खड़ा कर लिया। घोड़े ट्रैक पर दूर से बहुत छोटे दिखाई पड़ते थे। फिर उसने अपने चाबुक की तेज आवाज से रेस की शुरुआत कर दी। घोड़े हमारे पास से गुजरे, पहला घोड़ा काफी आगे था और मोड़ आते ही वह और आगे निकल रहा था। दूर वाले कोने पर मैं उन्हें दूरबीन से देख रहा था। सभी घुड़सवार उसे पकड़ने की कोशिश कर रहे थे और जब वह मोड़ पर और उससे आगे वाले हिस्से पर पहुँचा तो काला घोड़ा बाकी घोड़ों से पन्द्रह कदम आगे था। रेस खत्म होने पर वह समाप्ति बिन्दु से काफी आगे निकल गया।

''मजा आ गया न।'' कैथरीन ने कहा, ''अब हमें तीन हजार लीरा मिलेंगे। कितना शानदार घोड़ा था।''

''जब तक वह पैसे दे तब तक कहीं उसका रंग न उड़ जाए।'' क्रावेल ने कहा।

''बड़ा प्यारा घोड़ा था,'' कैथरीन बोली, ''क्या मि. मेयर्स ने भी उस पर दाँव लगाया है?''

''क्या आप जीते?'' मैंने मेयर्स से पूछा। उसने सिर हिलाया।

''मैं नहीं जीती।'' मिसेज मेयर्स ने कहा, ''बच्चों तुमने किस पर शर्त लगाई थी?''

''जैपलैक।''

''सच? उस पर पैंतीस पर एक है।''

''हमें उसका रंग अच्छा लगा था।''

''मैंने नहीं लगाया। मुझे वह एकदम वाहियात लग रहा था। सब लोग उस पर लगाने को मना कर रहे थे।''

''उस पर ज्यादा नहीं मिलेगा।'' मेयर्स ने कहा।

''लेकिन उस पर बोली तो पैंतीस पर एक की लगी है।'' मैंने कहा।

''ज्यादा नहीं मिलेगा।'' मेयर्स बोले। ''क्योंकि आखिरी वक्त तो लोग उस पर बहुत पैसा लगा देते हैं।'

''कौन?''

''कैम्पटन और दूसरे लड़के, तुम देखना। एक का दो भी नहीं मिलेगा।''

''तो हम लोगों को तीन हजार लीरा नहीं मिलेंगे।'' कैथरीन ने कहा, ''यह वाहियात रेसिंग मुझे इसीलिए पसन्द नहीं है।''

''हम लोगों को दो सौ लीरा मिलेंगे।''

''वह तो कुछ भी नहीं है। उससे क्या फायदा? मुझे तो लग रहा था कि हमें तीन हजार लीरा मिलेंगे।''

''बहुत बकवास और बेईमानी है।'' फर्ग्युसन बोली।

''वाकई।'' कैथरीन बोली, ''अगर यह बेईमानी न होती तो शायद हम लोग उस पर दाँव ही नहीं लगाते। लेकिन अगर तीन हजार लीरा मिल जाते तो मजा आ जाता।''

क्रॉवेल ने कहा, ''चलो नीचे चलकर एक ड्रिंक लेते हैं और फिर देखते हैं कि क्या मिलता है?''

हम वहाँ पहुँचे जहाँ उन्होंने नम्बर लगा रखे थे। पैसे देने की घंटी बजी और उन्होंने जैपलैक के जीतने के बाद 18.50 लगा दिया। इसका मतलब था दस लीरा की शर्त पर मिलनेवाले पैसे पर बराबरी से भी कम पैसा वह देगा।

हम ग्रॉंड स्टैंड के नीचे बार में गए और व्हिस्की और सोडा लिया। वहाँ कई जाननेवाले इटैलियन मिले। वहीं पर वाइस काउसंल मैक एडम्स भी थे। जब हम लड़कियों के पास पहुँचे तो वह भी शामिल हो गए। इटैलियन बड़े ही तहजीब वाले लोग थे।

मैक एडम्स कैथरीन से बात करते रहे और हम शर्त दोबारा लगाने चले गए। मिस्टर मेयर्स नजदीक ही खड़े थे।

''उनसे पूछा उन्होंने क्या खेला?'' मैंने क्रॉवेल से कहा।

''मि. मेयर्स आप क्या लगा रहे हैं?'' क्रॉवेल ने पूछा। मेयर्स ने अपना चार्ट निकाला और पाँच नम्बर की तरफ इशारा किया।

''अगर हम भी उसी पर खेलें तो आप बुरा तो नहीं मानोगे?'' क्रॉवेल ने पूछा।

''ठीक है, लगाओ। लेकिन मेरी बीवी को मत बताना कि नम्बर मैंने दिया है।''

''एक ड्रिंक लेंगे आप?'' मैंने पूछा।

''नहीं, थैंक्स। मैं लेता नहीं हूँ।''

हमने नम्बर पाँच पर सौ लीरा जीतने के लिए लगाए और एक सौ लीरा रख लिए।

फिर एक व्हिस्की और सोडा लिया। मुझे बहुत अच्छा महसूस हो रहा था। हम कई दूसरे इटैलियंस से भी मिले जिन्होंने हमारे साथ ड्रिंक्स लिया। हम वापस लड़कियों के पास चले गए। वह इटैलियन बड़े सलीकेदार और अपने स्वभाव वाले पहले लोगों से काफी मिलते थे। थोड़ी देर बाद किसी को बैठना नहीं था। मैंने टिकट कैथरीन को दे दिए।

''कौन सा घोड़ा है?''

''मुझे नहीं पता, मि. मेयर्स की पसन्द है।''

''तुम्हें नाम भी नहीं मालूम।''

''नहीं चार्ट में देख लो। शायद नम्बर पाँच है।''

''बड़ा विश्वास है तुम्हें।'' उसने कहा, ''नम्बर पाँच जीत गया लेकिन मिला कुछ भी नहीं।'' मि. मेयर्स बहुत नाराज थे।

''बीस लीरा बनाने के लिए दो सौ लीरा लगाने पड़ते हैं।'' उन्होंने कहा, ''दस के लिए बारह लीरा। बेकार है मेरी पत्नी के बीस लीरा बेकार चले गए।''

''मैं तुम्हारे साथ नीचे चलूँगी।'' कैथरीन ने मुझसे कहा। सारे इटैलियन खड़े हो गए।

हम नीचे सीढ़ियों पर चले गए और पैडौक पर पहुँच गए।

''तुम्हें यह सब पसन्द है?'' कैथरीन ने पूछा।

''हाँ, लगता तो ऐसा ही है।''

''चलो, ठीक है, मैं मानती हूँ।'' उसने कहा, ''लेकिन डार्लिंग मैं इतने लोगों से नहीं मिल-जुल सकती।''

''कहाँ, ज्यादा कहाँ हैं?''

''नहीं, लेकिन ये मेयर्स, यह बैंक वाला आदमी, उसकी बीवी, लड़कियाँ... ?''

''वह मेरे साइट ड्राफ्ट निकालता है।'' मैंने कहा।

''ठीक है लेकिन वह नहीं करेगा तो कोई और करेगा। वे चारों के चारों लड़के बड़े अजीब थे।''

''हम लोग यहाँ खड़े हो सकते हैं और यहीं से रेस देख सकते हैं।''

''यह अच्छा रहेगा। डार्लिंग हम लोग ऐसे घोड़े पर दाँव लगाते हैं जिसका किसी ने नाम भी न सुना हो और मि. मेयर्स जिस पर दाँव न लगा रहे हों।''

''ठीक है।''

हमने जिस घोड़े पर दाँव लगाया उसका नाम था—'लाइट फार मी।' पाँच घोड़ों की दौड़ में वह चौथे नम्बर पर आया। हम नाले के पास बैठकर घोड़ों को निकलते हुए देखते रहे, उनके निकलने पर उनके खुरों की टाप घड़घड़ाती थी। मैदान और पेड़ों के पार मिलान और पर्वतमालाएँ दिख रही थीं।

''अब मैं बेहतर महसूस कर रही हूँ।'' कैथरीन ने कहा। पसीने से सराबोर घोड़े गेट से अन्दर आ रहे थे। घुड़सवार उन्हें शान्त कर रहे थे और उनसे उतरने के लिए पेड़ों के नीचे तक जा रहे थे।

''क्या एक ड्रिंक चलेगा? एक हम लोग यहीं ले लेते हैं और अपने घोड़े को देखते हैं।''

''मैं लाता हूँ!'' मैंने कहा।

''लड़का ले आएगा।'' कैथरीन ने कहा। उसने अपना हाथ उठाया और अस्तबल की ओर पैडोगा बार से एक लड़का निकल आया। हम लोग लोहे की गोल मेज पर बैठ गए।

''जब हम लोग अकेले होते हैं तो क्या ज्यादा अच्छा नहीं लगता?''

''हाँ।'' मैंने कहा।

''जब सब लोग थे तब मैं बड़ा अकेला महसूस कर रही थी।''

''यहाँ से कितना अच्छा लग रहा है।'' मैंने कहा।

''हाँ, वाकई अच्छा रेसकोर्स है।''

''अच्छा है।''

''मैं तुम्हारा आनन्द खराब तो नहीं कर रही हूँ, डार्लिंग। तुम जब कहोगे मैं वापस चली आऊँगी।''

''नहीं।'' मैंने कहा, ''हम लोग यहीं रुकेंगे और अपना ड्रिंक पिएँगे। फिर नीचे चलेंगे और स्टीपल-चेज प्रतियोगिता में वाटर-जंप देखेंगे।''

"तुम बहुत अच्छे हो।" उसने कहा।

थोड़ी देर अकेले रहने के बाद जब फिर बाकी लोग मिले तो अच्छा लगा, हमने खूब मजे किए।

## अध्याय-21

सितम्बर में न केवल रातें बल्कि दिन भी ठंडे होने लगे। पार्क में पेड़ों की पत्तियों का रंग भी बदलने लगा। हम लोगों ने समझ लिया कि अब गर्मियाँ चली गईं। मोर्चे पर लड़ाई भी बड़ी खराब रही क्योंकि वे सैन गैब्रियल को ले पाने में असफल रहे। बैंसिजा पठार की लड़ाई भी खत्म हो गई और महीने के मध्य तक सैन गैब्रियल की लड़ाई भी लगभग खत्म हो चुकी थी। इटैलियन इसे भी नहीं ले पाए। एटॉरे मोर्चे पर वापस चला गया था। घोड़े रोम लौट गए और अब रेसिंग भी समाप्त हो गई। क्रॉवेल भी रोम चला गया जहाँ से उसे अमेरिका भेजा जाना था। शहर में युद्ध के विरोध में दो बार दंगे हुए। टूरिन में हुए दंगे भयावह थे। क्लब में एक ब्रिटिश मेजर ने मुझे बताया कि बैंसिजा पठार और सैन गैब्रियल में इटली के कम से कम डेढ़ लाख लोग मारे गए हैं। उसने बताया कि इसके अलावा कार्सों में चालीस हजार लोग और मरे हैं। हम लोगों ने ड्रिंक लिया और वह बताता रहा। यहाँ इस वर्ष की लड़ाई समाप्त हो गई है और इटैलियन जितना झेल सकते थे उससे ज्यादा नुकसान उन्हें हो चुका है। फ्लैडर्स के आक्रमण की स्थिति भी खराब है।

इस वसन्त में जिस तरह लोग मारे गए हैं अगर लड़ाई वैसी ही चली तो एक साल में मित्र राष्ट्रों का भुर्ता बन जाएगा। भुर्ता हम लोगों का भी बन रहा है लेकिन तब तक अच्छा है जब तक पता न चले। उसने कहा। हमारा भुर्ता बन चुका था। अब यही था हम यह स्वीकार न करें। जो देश सबसे देर में इस बात को समझेगा वही युद्ध में विजयी होगा। हम लोगों ने एक और ड्रिंक लिया। मैं किसी के स्टाफ में था? नहीं, वह था। चमड़े के एक बड़े सोफे पर बैठे हुए क्लब में हम अकेले ही थे। उसके जूते अच्छे ढंग से पॉलिश किए हुए थे और चमड़ा भी चमक रहा था। जूते बड़े सुन्दर थे। वे सिर्फ डिवीजन और मनुष्य की शक्ति के बारे सोचते थे। वे केवल डिवीजन को लेकर ही गड़बड़ करते थे और जब सैनिक मिल जाते थे तो उन्हें मार देते थे। सबका भुर्ता बन जाता। सारी लड़ाइयाँ जर्मनों ने जीतीं। भगवान कसम वह लोग असली सैनिक थे। बूढ़ा हून भी जबरदस्त सैनिक था। लेकिन उनकी भी हालत खराब हुई। हम सभी की हालत खराब हुई थी। मैंने रूस के बारे में पूछा। उसने बताया कि उनकी भी हालत खराब थी। जल्दी ही मुझे पता चलेगा कि उनका भी

वही हुआ। और ऑस्ट्रियंस का भी भुर्ता बना। अगर उन्हें कुछ हून डिवीजन मिल जाती तो वह भी ऐसा कर पाते। क्या उसे ऐसा लगता था कि इस वसन्त में वह आक्रमण करेंगे? पक्का, यकीनन, इटैलियंस की हालत पतली थी। सब यह जानते थे। हून ट्रेंटिनो की तरफ से नीचे की रेलवे लाइन को विसेंजा से पार करके आएँगे और रेल सम्पर्क काट देंगे। हून इटैलियन कहाँ जाएँगे? उन्होंने 1916 में ऐसी कोशिश की थी। मैंने कहा, लेकिन ऐसा शायद वह न करें। उसने सम्भावना व्यक्त की, यह तो बहुत सामान्य सी बात थी। वह कुछ कठिन करने का प्रयास करेंगे और ठीक से मार खाएँगे। मैं अब चलूँगा। मैंने कहा, मुझे अस्पताल वापस लौटना था। 'गुडबाय' उसने कहा फिर उल्लासपूर्वक बोला, 'गुडलक हर चीज के लिए' उसकी सांसारिक निराशा और व्यक्तिगत प्रसन्नता में भारी विरोधाभास था।

मैं एक नाई की दुकान पर रुका, दाढ़ी बनवाई और वापस अस्पताल आ गया। मेरी टाँग ठीक ही थी क्योंकि अभी इसमें काफी समय लगना था। मैं तीन दिन पहले ही चेकअप कराने ऊपर गया था। मैगियोर अस्पताल में मेरा काम होने से पहले कई लोगों का इलाज होना था इसलिए मैं बगल की गली में लँगड़ाकर न चलने का अभ्यास करता रहा। एक बूढ़ा आदमी मेहराब के अन्दर छायाचित्र बना रहा था। मैं उसे देखने के लिए रुक गया। दो लड़कियाँ पोज दे रही थीं। वह उन्हें देखकर तेजी से हाथ चलाते हुए दोनों के बालों को सजा-सँवारकर एक साथ ही काट रहा था। उसका सिर एक ओर झुका हुआ था। लड़कियाँ ही-ही कर रही थीं। सफेद कागज पर चिपकाने से पहले उसने बाल मुझे दिखाए और लड़कियों को दे दिए।

"दोनों सुन्दर हैं।" उसने कहा, "आपका क्या इरादा है, टैनेंट?"

लड़कियाँ अपने छायाचित्र देखते हुए और हँसते हए वापस चली गईं। दोनों बेहद सुन्दर थीं। उनमें से एक अस्पताल के सामने वाइनशॉप में काम करती थी।

"ठीक है।" मैंने कहा।

"आप अपनी कैप उतारिए।"

"नहीं, इसे लगा रहने दो।"

"फिर उतना अच्छा नहीं बन पाएगा।" बूढ़े आदमी ने कहा, "लेकिन फौजी जैसा बन जाएगा।" उसके चेहरे पर चमक आई।

उसने काले कागज के दो भाग किए, दोनों मोटे हिस्सों को अलग किया, प्रोफाइल को कार्ड पर चिपकाया और मुझे दे दिया।

"कितना?"

"नहीं! नहीं!" उसने हाथ हिलाया," यह आपके लिए ही बनाया था।"

"प्लीज" मैंने कुछ सिक्के बाहर निकाले।

"ऐसे ही रख लो।"

"नहीं, मैंने खुशी से दिया है, आप अपनी दोस्त को दे देना।"

"बहुत-बहुत शुक्रिया, फिर मिलेंगे।"

"अवश्य, गुडबाय।"

मैं अस्पताल पहुँच गया, कुछ चिट्ठियाँ पड़ी थीं, एक सरकारी और कुछ अन्य। मुझे तीन सप्ताह आराम की छुट्टी मिली थी, उसके बाद मुझे मोर्चे पर लौटना था। मैंने उसे ध्यानपूर्वक पढ़ा, यही लिखा था। चिकित्सा अवकाश चार अक्टूबर से प्रारम्भ हो रहा था जब मेरा कोर्स खत्म होना था। तीन सप्ताह का मतलब इक्कीस दिन, यानी कि पच्चीस अक्टूबर। मैंने बोला कि अभी मैं अन्दर नहीं आ रहा हूँ और अस्पताल के ऊपर वाली गली में बने रेस्टोरेंट में खाने के लिए चला गया और वहीं मेज पर अपनी चिट्ठियाँ और 'कैरियर डेला सेरा' पढ़ा। एक चिट्ठी बाबा की थी जिसमें घर की खबरें, देशभक्ति की बातें, दो सौ डॉलर का ड्राफ्ट और कुछ अखबारों की कतरनें थीं। मैस के पादरी का नीरस सा पत्र था। एक चिट्ठी किसी जानने वाले की थी जो फ्रांस में पायलट था और किसी जंगली गैंग से भिड़ गया था। उसी के बारे में उसने लिखा था। एक नोट रिनाल्डी का था जिसमें उसने पूछा था कि मैं मिलानो में कब तक पड़ा रहूँगा और बाकी क्या समाचार है? उसने कुछ रिकार्ड लाने के लिए लिखा था और उसकी लिस्ट भी भेजी थी। मैंने खाने के साथ शियांटी की एक छोटी बोतल पी, बाद में कॉफी के साथ एक कॉन्याक ली, अखबार खत्म किया, चिट्ठियाँ जेब में डालीं, टिप के साथ अखबार मेज पर छोड़ा और बाहर आ गया। अस्पताल के अपने कमरे में मैंने कपड़े उतारे, पाजामा और ड्रेसिंग गाउन पहना, बालकनी की ओर खुलने वाले दरवाजे का परदा खींचा और बिस्तर में बैठकर मिसेज मेयर्स द्वारा अपने बच्चों के लिए छोड़े गए ढेर में से बोस्टन पेपर्स उठाकर पढ़ने लगा।

'शिकागो व्हाइट सॉक्स क्लब' अमेरिकन लीग में जीत रहा था और 'न्यूयार्क जाइंट्स' नेशनल लीग में आगे चल रहे थे। बेब रूथ उस वक्त बोस्टन के लिए खेल रहा था। सारे अखबार नीरस थे, ज्यादातर खबरें स्थानीय और नियमित सी थीं, और युद्ध की सारी खबरें पुरानी थीं। अमेरिका के सारे समाचार ट्रेनिंग कैम्प के बारे में थे। मुझे खुशी थी कि मैं ट्रेनिंग कैम्प में नहीं था। मैंने केवल बेसबॉल से सम्बन्धित समाचार ही पढ़े। हालाँकि इसमें मेरी कतई रुचि नहीं थी। ज्यादा अखबार उपलब्ध हों तो रुचि लेकर पढ़ना बड़ा मुश्किल है। अखबार पुराने थे फिर भी मैं थोड़ी देर पढ़ता रहा। अखबार देखकर नहीं लग रहा था कि अमेरिका भी युद्ध में शामिल है। क्या वह सभी बड़े लीग मैच बन्द कर देंगे? ऐसी उम्मीद नहीं थी। मिलान में अभी भी घुड़दौड़ हो रही थी और युद्ध की स्थिति इससे भला क्या ज्यादा खराब होती। फ्रांस में रेसिंग बंद कर दी गई थी, हमारा जैपलैक वहीं से आया था। नौ बजे तक कैथरीन की ड्यूटी नहीं थी। जब वह ड्यूटी पर आई तो फर्श पर निकलते हुए उसकी आवाज सुनाई दी। एक बार वह हॉल से गुजरते हुए भी दिखी।

''डार्लिंग, देर हो गई।'' उसने कहा, ''बहुत सारा काम था। कैसे हो तुम?''

मैंने उसे अपने पेपर तथा अवकाश के बारे में बताया।

''यह अच्छा है।'' उसने कहा, ''तुम कहाँ जाना चाहते हो?''

''कहीं भी नहीं, मैं यहीं रहना चाहता हूँ।''

''यह तो बेकार बात है, तुम कोई जगह छाँट लो, मैं भी वहीं आ जाऊँगी।''

''लेकिन तुम यह करोगी कैसे?''

''यह तो मैं नहीं जानती, लेकिन मैं आ जाऊँगी।''

''तुम्हारी बात ही कुछ और है।''

''नहीं ऐसा नहीं है, लेकिन जब आपको कुछ खोना न हो तो जिन्दगी को सँभालना मुश्किल काम नहीं है।''

''क्या मतलब?''

''कुछ नहीं, मैं केवल यह सोच रही थी कि जो बाधाएँ कभी बहुत बड़ी जान पड़ती थीं दरअसल कितनी छोटी हैं।''

''तो मुझे यह सोचना चाहिए कि व्यवस्था करना कठिन होगा।''

''नहीं डार्लिंग, नहीं होगा, अगर जरूरी हुआ तो मैं नौकरी छोड़ दूँगी, लेकिन ऐसी स्थिति नहीं आएगी?''

''कहाँ जाएँ हम?''

''मुझे परवाह नहीं, कहीं भी जहाँ तुम चाहो, कहीं भी जहाँ हमें लोग न जानते हों''

''तुम्हें चिन्ता नहीं हम कहीं भी जाएँ?''

''नहीं, मुझे सारे स्थान पसन्द होंगे।'' वह दुखी और तनाव में दिखी।

''क्या बात है, कैथरीन?''

''नहीं, कोई भी बात नहीं है।''

''कुछ बात जरूर हैं।''

''नहीं कुछ नहीं, वास्तव में कोई बात नहीं है।''

'' मुझे पता है कुछ बात है, मुझे बताओ डार्लिंग, तुम मुझे तो बता सकती हो''

''कुछ नहीं है।''

''बताओ।''

''मैं बताना नहीं चाहती, मुझे डर है कि तुम दुखी हो जाओगे या चिन्ता करने लगोगे।''

''नहीं ऐसा नहीं होगा।''

''तुम्हें विश्वास है? मुझे खास चिन्ता नहीं है लेकिन तुम्हारे चिन्तित होने का डर है।''

''जब तुम्हें चिन्ता नहीं हो रही है तो फिर मुझे भी नहीं होगी।''

''मैं बताना नहीं चाहती।''

''बताओ।''

''बताना पड़ेगा?''

''हाँ।''

''डार्लिंग, मैं माँ बनने वाली हूँ, लगभग तीन महीने हो गए हैं, तुम परेशान तो नहीं हो, बोलो?, प्लीज परेशान न हो, प्लीज, तुम बिलकुल चिन्ता मत करो।''

''ठीक है।''

''अब ठीक है।''

''जी हाँ।''

''मैंने कई प्रकार की चीजें खाईं लेकिन कोई असर नहीं हुआ।''

''मैं परेशान नहीं हूँ।''

''मैं इसे रोक नहीं पाई, डार्लिंग, और मैं इसे लेकर परेशान भी नहीं हूँ।

तुम्हें भी चिन्ता नहीं करनी चाहिए और बुरा महसूस नहीं करना चाहिए।

''मुझे केवल तुम्हारी चिन्ता है?''

''यही तो है, यही तुम्हें नहीं करना चाहिए, सबके बच्चे होते हैं, यह तो प्रकृति की देन है।''

''तुम बहुत अच्छी हो।''

''नहीं, मैं नहीं हूँ, लेकिन डार्लिंग तुम ज्यादा मत सोचो। मैं कोशिश करूँगी और तुम्हारी परेशानी नहीं बढ़ाऊँगी, मुझे पता है मैंने तुम्हें पहले भी परेशान किया है। अभी तक मैं खुद को अच्छी लड़की साबित नहीं कर पाई हूँ? तुम्हें पता था क्या? नहीं न!''

''नहीं''

''ऐसा ही रहेगा, तुम बिलकुल फिक्र मत करो, तुम परेशान हो रहे हो, छोड़ो, बस यहीं खत्म करो। एक ड्रिंक लोगे डार्लिंग? मुझे पता है कि ड्रिंक से तुम हमेशा खुश हो जाते हो?''

''नहीं मैं वैसे ही खुश हूँ और तुम तो बहुत अच्छी हो।''

''नहीं मैं अच्छी नहीं हूँ, अगर तुम हम लोगों के जाने के लिए कोई जगह ढूँढ़ लो तो मैं साथ रहने के लिए हर चीज तय कर लूँगी। अक्टूबर में मौसम अच्छा रहना चाहिए। बहुत मजा आएगा डार्लिंग, जब तुम मोर्चे पर होगे तो मैं तुम्हें रोज चिट्ठी लिखूँगी।''

''तुम कहाँ रहोगी?''

''अभी तो नहीं पता, लेकिन कोई शानदार जगह ही होगी। मैं वह सब देख लूँगी।''

कुछ देर हम चुप बैठे रहे और एक दूसरे से कोई बात नहीं की। कैथरीन बिस्तर पर ही बैठी हुई थी और मैं उसे देख रहा था, लेकिन हमने एक दूसरे को स्पर्श नहीं

किया। हम ऐसे अलग थे जैसे कोई कमरे में अचानक आ जाए और लोग स्वचेतन हो जाते हैं। उसने अपना हाथ बढ़ाया और मेरा हाथ अपने हाथों में ले लिया।

''डार्लिंग तुम नाराज तो नहीं हो?''

''नहीं।''

''कहीं तुम्हें यह तो नहीं लगता कि मैंने तुम्हें फँसा दिया?''

''थोड़ा सा, लेकिन तुमने नहीं।''

''मेरा अर्थ स्वयं से नहीं था। बेकार की बातें मत करो, मेरा मतलब कुल मिलाकर फँसने से था।''

''आप हमेशा बायोलॉजिकली ही फँसते हैं।''

वह काफी देर बिना हिले-डुले और अपना हाथ हटाए बैठी रही।

''हमेशा शब्द बहुत सुन्दर नहीं है।''

''आई एम सॉरी।''

''ओके, तुम तो जानते हो कि मेरा कोई बच्चा नहीं है और मैंने किसी और से प्यार भी नहीं किया है, तुमने जैसा चाहा मैंने वैसा ही किया है और अब तुम 'हमेशा' की बात कर रहे हो?''

''नहीं यार, मेरी जीभ कट जाए।'' मैंने कहा।

''ओह डार्लिंग।'' वह जिस दुनिया में खोई हुई थी वहाँ से वापस आई। ''तुम मेरी बात पर ध्यान न दो।''

हम एक बार फिर साथ थे और स्वचेतना की भावना लुप्त हो गई।

''हम दोनों वास्तव में एक हैं और हमें एक दूसरे को गलत नहीं समझना चाहिए''

''अब ऐसा नहीं करेंगे।''

''लेकिन लोग ऐसा ही करते हैं। वे एक-दूसरे से प्यार करते हैं और इसके उद्देश्य पर उनमें गलतफहमी पैदा हो जाती है, वह झगड़ते हैं और फिर अचानक वह वैसे नहीं रह जाते जैसे वह वाकई होते हैं।''

''हम लोग लड़ेंगे नहीं अब।''

''हमें कतई ऐसा नहीं करना चाहिए, क्योंकि इस दुनिया में एक सिर्फ हम दो लोग हैं और दूसरी ओर शेष सब हैं। अगर हम दोनों के ही बीच में कोई दरार आ गई तो हम खत्म हो जाएँगे और वे जीत जाएँगे।''

''वह हमें नहीं झुका पाएँगे'' मैंने कहा, ''क्योंकि तुम बहुत बहादुर हो और बहादुरों को कभी कुछ नहीं होता''

''शहीद जरूर हो जाते हैं।''

''लेकिन केवल एक बार।''

'' मैं नहीं जानती, यह किसने कहा है?''

''कायर हजार मौत मरता है और साहसी केवल एक बार।''

''हाँ वास्तव में, किसने कहा है?''

''मुझे नहीं पता।''

''वह कोई कायर ही होगा।'' वह बोली, ''उसे कायरों के बारे में इतनी बातें पता थीं और साहसियों के बारे में कुछ भी नहीं।''

''साहसी अगर बुद्धिमान है तो वह दो हजार मौत मरता है। वह केवल उसकी चर्चा नहीं करता है।''

''मैं नहीं जानता, किसी साहसी के दिमाग के अन्दर देख पाना बहुत कठिन है।''

''हाँ, इसी तरह तो वे होते हैं।''

''तुम बड़े आधिकारिक रूप से कह रही हो।''

''डार्लिंग, तुम सही कह रहे हो। इस योग्य थी मैं।''

''तुम साहसी हो''

''नहीं।'' वह बोली, ''लेकिन मैं होना चाहती हूँ।''

''मैं तो नहीं हूँ।'' मैंने कहा, ''मैं जानता हूँ मैं कहाँ खड़ा हूँ। यह जानने के लिए मैं बाहर बहुत रहा हूँ। मैं एक खिलाड़ी की तरह हूँ जो दो सौ तीस तक खेलता है और जानता है कि उसकी स्थिति क्या है?''

''यह कौन सा खिलाड़ी है जो दो सौ तीस तक खेलता है? सुनने में तो बड़ा प्रभावशाली लगता है।''

''ऐसा नहीं है, इसका मतलब हुआ 'बेसबाल' का एक निम्नस्तरीय खिलाड़ी।''

''लेकिन फिर भी 'हिटर' तो वह है ही?'' उसने मुझे उकसाया।

''मुझे लगता है हम दोनों ही हाँक रहे हैं।'' मैंने कहा।

''लेकिन तुम बहादुर हो।''

''नहीं, लेकिन मैं होने की उम्मीद करती हूँ।''

''हम दोनों ही साहसी हैं।'' मैंने कहा, ''एक ड्रिंक लेने के बाद मेरी हिम्मत भी बढ़ जाती है।''

''हम बड़े जानदार लोग हैं।'' कैथरीन ने कहा।

वह अलमारी के पास गई और मेरे लिए कॉन्याक और एक गिलास ले आई।

''एक ड्रिंक ले लो डार्लिंग।'' उसने कहा, ''तुम बहुत अच्छे हो।''

''नहीं मेरा मन नहीं है।''

''एक ले लो।''

''ठीक है।'' मैंने गिलास में एक तिहाई कॉन्याक डाली और पी गया।

''बहुत बड़ा था यह तो।'' वह बोली, ''मैं जानती हूँ ब्रांडी बहादुरों के लिए होती है फिर भी तुम्हें ज्यादा नहीं लेनी चाहिए।''

''युद्ध के बाद हम लोग कहाँ रहेंगे?''

'शायद किसी वृद्ध आदमी के घर में।'' उसने कहा, ''तीन साल तक मैं एक छोटे बच्चे की तरह क्रिसमस पर युद्ध समाप्त होने की आशा करती रही, अब मैं आशा करती हूँ कि हमारा बेटा जब तक लैफ्टिनेंट बनेगा तब तक शायद युद्ध समाप्त हो जाए।''

''हो सकता है वह जनरल बन जाए।''

''अगर युद्ध सौ साल चला तो शायद उसे दोनों सेवाएँ करने का मौका मिलेगा।''

''क्या तुम भी एक ड्रिंक लोगी?''

''नहीं डार्लिंग तुम तो इस से प्रसन्न होते हो और मुझे हमेशा चक्कर आते हैं।''

''क्या तुमने कभी ब्रांडी भी नहीं पी?''

'नहीं डार्लिंग, मैं तो बहुत पुराने ख्यालों वाली पत्नी हूँ।''

मैं बोतल के लिए नीचे तल तक गया और दूसरा ड्रिंक डाल लिया।

''मैं तुम्हारे दूसरे साथियों को भी देखकर आती हूँ।'' कैथरीन ने कहा, ''मैं लौटकर आऊँ तब तक तुम अखबार पढ़ लो।''

''तुम्हें जाना ही पड़ेगा क्या?''

''अभी या बाद में।''

''ठीक है, अभी।''

''बाद में आऊँगी मैं।''

''अखबार खत्म करता हूँ तब तक।'' मैंने कहा।

## अध्याय-22

उस रात ठंड हो गई और अगले दिन बारिश होने लगी। मैगियोर अस्पताल से वापस आते वक्त बड़ी तेज बारिश हुई और मैं जब अन्दर आया तो भीगा हुआ था। ऊपर मेरे कमरे की बालकनी में तेज बारिश आ रही थी। हवा के झोंकों से पानी की बूँदें शीशे पर टकरा रही थीं। मैंने कपड़े बदले, थोड़ी ब्रांडी पी लेकिन मजा नहीं आया। रात में मैंने बीमार सा महसूस किया और सबेरे नाश्ते के बाद मुझे उल्टी हो गई।

''शक की कोई गुंजाइश नहीं है।'' हाउस सर्जन ने कहा, ''उसकी आँखों की सफेदी देखिए, मिस...।''

मिस गेज ने देखा, उन्होंने मुझे एक शीशे में देखने के लिए कहा, आँखों का सफेद हिस्सा पीला हो गया था, मुझे जांडिस था। दो सप्ताह तक मुझे जांडिस रहा।

इसी कारण हम लोग स्वास्थ्य लाभ की छुट्टी साथ नहीं बिता पाए। हम लोगों ने मैगियोर झील पर बसे पैलेंजा जाने का कार्यक्रम बनाया था। शरत् में जब पत्तियाँ गिरती हैं तब वहाँ बहुत सुहावना होता है। आप वहाँ आराम से घूम सकते हैं और झील में मछलियाँ पकड़ सकते हैं। यह स्ट्रेसा से भी बेहतर होता क्योंकि पैलेंजा में जनसंख्या भी कम है। मिलान से स्ट्रेसा इतना पास है कि अक्सर वहाँ जान-पहचान के लोग मिल जाते हैं। पैलेंजा में एक अच्छा गाँव भी है और द्वीप तक नाव भी ले जा सकते हैं जहाँ मछुवारे रहते हैं लेकिन हम लोग जा नहीं पाए।

एक दिन जब मैं जांडिस की वजह से बिस्तर पर लेटा हुआ था मिस वैन कैम्पेन कमरे में आईं, अलमारी का दरवाजा खोला और सारी खाली बोतलें वहाँ देखीं। काफी सारी बोतलें मैंने कुली से कहकर नीचे भिजवा दी थीं। मुझे यकीन है कि उन्हीं को बाहर जाते हुए उन्होंने देखा होगा और बाकी को ढूँढ़ने के लिए ही वह ऊपर आई होंगी। ज्यादातर वरमाउथ, सार्सला, कैप्री, कुछ कॉन्याक की बोतलें और शिआंटी के खाली फ्लास्क थे। पोर्टर वरमाउथ की बड़ी-बड़ी बोतलें पहले ले गया था और ब्रांडी की बोतलें आखिर के लिए छोड़ गया था। ब्रांडी की बोतलें और भालू की शक्ल की एक बोतल जिसमें 'कुमैल' थी वही मिस कैम्पेन को मिली। भालू की शक्ल की बोतल से वह विशेषत: नाराज हुईं। उन्होंने इसे उठाया, भालू अपने पंजे उठाए बैठा था, उसके गिलास के ऊपरी भाग पर एक कॉर्क थी और तल पर कुछ चिपकने वाले स्फटिक थे। मुझे हँसी आ गई।

''यह कुमैल है।'' मैंने कहा, ''अच्छी कुमैल इन भालू के आकार की बोतलों में आती है। यह रूस से आती है।''

''वो सारी ब्रांडी की बोतलें हैं न?'' मिस वैन कैम्पेन ने पूछा।

''मुझे सारी तो दिखाई नहीं दे रही, लेकिन शायद हैं वही।'' मैंने कहा।

''यह सब कब से चल रहा है?''

''मैं खरीदकर लाया था और मैं ही इन्हें अन्दर लाया हूँ।'' मैंने कहा, ''मेरे पास अक्सर इटैलियन ऑफिसर आते रहते हैं, उन्हीं को पिलाने के लिए रखी हुई है।''

''तुम स्वयं नहीं पीते रहे हो?'' उन्होंने पूछा।

''मैं भी पीता रहा हूँ।''

''ब्रांडी।'' उन्होंने कहा, ''ग्यारह ब्रांडी की खाली बोतलें और वह भालू वाली।''

''कुमैल।''

''मैं इन्हें यहाँ से हटाने के लिए किसी को भेजती हूँ, तुम्हारे पास इतनी ही खाली बोतलें हैं?''

''फिलहाल इतनी ही हैं।''

''और मुझे तुम पर जांडिस की वजह से दया आ रही थी। तुम से सहानुभूति रखना बेकार है।''

"धन्यवाद।"

"सोचती हूँ, मोर्चे पर वापस न जाने की इच्छा के लिए तुम्हें दोषी नहीं ठहराया जा सकता, लेकिन मेरे हिसाब से शराब पीकर जांडिस की जगह तुम्हें कुछ और चालाकी करनी चाहिए।"

"किस चीज से?"

"शराब पीकर, तुमने सुना नहीं।" मैंने कुछ नहीं बोला। "अगर तुम कुछ और बीमारी नहीं पाल लेते तो जांडिस के ठीक हो जाने पर तुम्हें मोर्चे पर जाना पड़ेगा। मैं नहीं मानती कि खुद बुलाए हुए जांडिस से तुम्हें स्वास्थ्य लाभ की छुट्टी पाने का अधिकार है।"

"आप नहीं मानतीं।"

"मैं नहीं मानती।"

"मिस वैन कैम्पेन, आपको कभी जांडिस हुआ है?"

"नहीं, लेकिन मैंने देखा बहुत है।"

"आपको पता है रोगी को इसमें कितना आनन्द आता है।"

"लेकिन मेरे हिसाब से मोर्चे से तो यह बेहतर ही है।"

"मिस वैन कैम्पेन!" मैंने कहा, "आपने कभी कोई ऐसा आदमी देखा है जो खुद को अपंग करने के लिए अपने ही गुप्तांगों में खुद लात मार ले?"

मिस वैन कैम्पेन ने मूल प्रश्न की उपेक्षा कर दी। वह या तो इसकी उपेक्षा कर सकती थी या कमरे से जा सकती थी। कमरा वह इसलिए नहीं छोड़ना चाहती थी क्योंकि वह बहुत दिनों से मुझ से चिढ़ी हुई थी और आज स्थिति का फायदा उठा रही थी।

"मैं कई लोगों को जानती हूँ जो मोर्चे पर जाने से बचने के लिए खुद को चोट लगा लेते हैं।"

"सवाल यह नहीं था। मैंने भी खुद मारी हुई चोटें देखी हैं। मैंने आपसे पूछा था कि आपने कभी कोई ऐसा आदमी देखा है जिसने अपने गुप्तांगों में लात मारकर खुद को घायल करने की कोशिश की हो, क्योंकि जांडिस जब होता है तो करीब-करीब ऐसा ही महसूस होता है और ऐसा संवेदन, मुझे विश्वास है शायद कुछ ही औरतों ने कभी महसूस किया होगा। इसलिए मैंने आपसे पूछा था कि आपको कभी जांडिस हुआ है। मिस वैन कैम्पेन क्योंकि...मिस कैम्पेन...।"

मिस कैम्पेन कमरे से निकल गई। बाद में मिस गेज अन्दर आई।

"मिस वैन कैम्पेन से तुमने क्या कह दिया, बहुत गुस्से में थीं वह?"

"हम लोग संवेदन की तुलना कर रहे थे। मैं उसे बतानेवाला था कि उसे बच्चे को जन्म देने की अनुभूति कभी नहीं हुई थी।"

"बेवकूफ हो तुम।" गेज ने कहा, "तुम्हारे पीछे पड़ी है वह।"

''ठीक है सिर कटवा दे वह मेरा।'' मैंने कहा, ''छुट्टी उसने मेरी बरबाद कर ही दी अब कोशिश करके मेरा कोर्ट–मार्शल और करा दे, बहुत नीच है।''

''उसने तुम्हें कभी पसन्द नहीं किया।'' गेज बोली, ''आखिर बात क्या है?''

''वह कहती है कि मैंने ज्यादा शराब पीकर खुद को जांडिस कर लिया है, जिससे मुझे मोर्चे पर न जाना पड़े।''

''ओफ्फोह!'' गेज बोली, ''मैं कसम खाकर कह दूँगी कि तुमने कभी नहीं पी। हम सब लोग कसम खाएँगे कि तुमने बिलकुल शराब नहीं पी।''

''उसे सारी बोतलें मिल गईं।''

''मैंने सौ बार तुमसे कहा था कि उन बोतलों को निकाल दो। अब कहाँ हैं वह?''

''अलमारी में।''

''कोई सूटकेस है तुम्हारे पास?''

''नहीं, उन्हें उस पिट्ठू बैग में रख दो।''

मिस गेज ने बोतलें पिट्ठू बैग में पैक कर दीं।

''मैं सारी पोर्टर को दे दूँगी।'' उसने कहा और दरवाजे की तरफ चल दी।

''एक मिनट।'' मिस वैन कैम्पेन ने कहा, ''मैं यह बोतलें लेकर जाऊँगी।'' वह पोर्टर लेकर आई थी।

''उठाओ इन्हें।'' उसने कहा, ''अपनी रिपोर्ट बनाते समय मैं इन्हें डॉक्टर को दिखाना चाहती हूँ।'' वह नीचे चली गई, पोर्टर बोरी उठा ले गया। उसे पता था उसमें क्या था? मुझे छुट्टी न मिलने के सिवा और कुछ नहीं हुआ।

## अध्याय-23

जिस रात मुझे मोर्चे पर लौटना था, मैंने पोर्टर को नीचे भेज दिया जिससे तूरिन से आनेवाली ट्रेन में वह मेरे लिए एक सीट रख ले। ट्रेन आधी रात को छूटती थी। यह तूरिन से बनकर चलती थी और रात साढ़े दस बजे मिलान पहुँचती थी और छूटने के समय तक वहीं खड़ी रहती थी। सीट लेने के लिए आपको वहाँ पहुँचना ही पड़ता था। पोर्टर ने अपने एक दोस्त को भी साथ ले लिया जो छुट्टी आया हुआ था और एक टेलरशॉप में काम करता था। पोर्टर को पूरा विश्वास था कि वे दोनों मिलकर एक सीट रोक पाएँगे। मैंने उन्हें प्लेटफॉर्म टिकट के पैसे और अपना सामान दे दिया जिनमें एक बड़ा पिट्ठू बैग तथा दो बक्से थे।

पाँच बजे मैंने हॉस्पिटल से विदा ली और बाहर आ गया। पोर्टर ने अपने कमरे में मेरा सामान रख लिया और मैंने उसे बता दिया कि मैं आधी रात होने से थोड़ा

पहले स्टेशन पहुँच जाऊँगा। उसकी पत्नी ने मुझे 'सिग्नोरिनो' कहकर पुकारा और रोने लगी। उसने आँसू पोंछे, हाथ हिलाया और फिर रोने लगी। मैंने उसे ढाढ़स बँधाया और वह फिर रो पड़ी। वह मेरी पट्टी आदि करती थी। सुन्दर बालों और खुशमिजाज चेहरे वाली वह छोटी सी शान्त महिला थी। जब वह रोती थी उसका पूरा चेहरा टुकड़े-टुकड़े हो जाता। मैं नीचे कोने की तरफ गया जहाँ शराब की दुकान थी और अन्दर जाकर खिड़की से बाहर ताकते हुए इंतजार करता रहा। बाहर अँधेरा था। मौसम ठंडा था और कोहरा छाया हुआ था। मैंने कॉफी और ग्रापा के पैसे दिए और बाहर प्रकाश में जाते हुए लोगों को खिड़की से देखता रहा। मैंने कैथरीन को जाते हुए देखा और एक खिड़की को खटखटाया। वह रुकी। मुझे देखा और मुस्कुराई। मैं उससे मिलने बाहर निकला। वह गहरा नीला कैप और फैल्ट हैट पहने थी। हम लोग साथ-साथ चलते रहे। साथ की शराब की दुकानों से होकर। हम मार्केट स्क्वेयर से निकलकर गली की पगडंडियों से कैथेड्रल चौक पहुँच गए। वहाँ कार खड़ी करने की जगह थी और उसके पार कैथेड्रल था। कोहरे के कारण थोड़ा गीला और सब सफेद सा था। गाड़ियों के रास्ते को हमने पार किया। बाईं ओर दुकानें थीं और उनके दरीचों में प्रकाश हो रहा था। उधर गली से गैलेरिया का प्रवेश द्वार था। चौक में कोहरा था और जब हम कैथेड्रल के अगले भाग के पास पहुँचे तो देखा कि यह बहुत विशाल था और पत्थर भीगे हुए थे।

"तुम अन्दर जाना चाहोगी?"

कैथरीन ने कहा, "नहीं।" हम चलते रहे। एक सिपाही पत्थर के पुश्ते की छाया में अपनी दोस्त एक लड़की के साथ खड़ा हुआ था। हम उनके पास से गुजरे। पत्थर के सहारे वह दानों मजबूती से खड़े हुए थे और सिपाही ने अपना चोगा उसको ओढ़ा दिया था।

"हमारी तरह ही हैं।" मैंने कहा।

"हमारे जैसा कोई नहीं है।" कैथरीन ने कहा। उसे कोई खुशी नहीं हुई थी।

"काश! उनके पास कहीं जाने की जगह होती।"

"उससे उनका क्या भला हो जाता?"

"मुझे नहीं मालूम, लेकिन सबके पास जाने के लिए कोई न कोई जगह जरूर होनी चाहिए।"

"कैथेड्रल है तो सही।" कैथरीन बोली। अब हम कैथेड्रल से आगे निकल आए थे। हम लोगों ने चौक का दूर वाला कोना पार किया और पलटकर कैथेड्रल की तरफ देखा। कुहासे में यह बड़ा भव्य दिखता था। हम लोग चमड़े की वस्तुओं की दुकान के सामने खड़े थे। राइडिंग बूट, पिट्ठू बैग और स्कीइंग के जूते शोकेस में रखे हुए थे। हर वस्तु को अलग-अलग प्रदर्शित किया गया था। पिट्ठू बैग बीच में, घुड़सवारी के जूते एक तरफ और स्कीइंग के जूते दूसरी तरफ। चमड़ा काला

और प्रयोग की गई काठी की तरह तेल से चिकना करके रखा गया था।

तैलीय चमड़े पर बिजली का प्रकाश पड़ रहा था।

''हम लोग भी कभी स्कीइंग करेंगे?''

''मिरेन में दो महीने में स्कीइंग होगी।'' कैथरीन ने कहा।

''हम लोग वहाँ चलेंगे।''

''ठीक है।'' उसने कहा। हम लोग दूसरी दुकानों के पास से निकलते हुए बगल की एक गली में मुड़ गए।

''इस रास्ते से मैं कभी नहीं निकली।''

''मैं इसी रास्ते से हॉस्पिटल जाता हूँ।'' मैंने बताया। बड़ी पतली गली थी। हम लोग दाहिने हाथ पर चलते रहे। कोहरे में बहुत से लोग गुजर रहे थे। बहुत सी दुकानें खुली हुई थीं और सभी की लाइटें जल रही थीं। एक शोकेस में हमने पनीर का ढेर देखा। मैं एक शस्त्र विक्रेता की दुकान के सामने रुक गया।

''थोड़ा अन्दर आओ, मुझे एक गन खरीदनी है।''

''कैसी गन?''

''पिस्तौल।'' हम अन्दर गए। मैंने अपनी बैल्ट खोली और खाली होल्सटर के साथ काउंटर पर रख दी। काउंटर के पीछे दो महिलाएँ थीं। वे कई पिस्टल निकाल लाईं।

''यह इसमें ठीक आ जाएगी।'' होल्सटर खोलते हुए मैंने कहा। शहर में पहनने के लिए सेकेंड हैंड खरीदा हुआ यह होल्सटर भूरे रंग के चमड़े का बना हुआ था।

''क्या इनके पास अच्छी पिस्टल है?'' कैथरीन ने पूछा।

''सब एक सी ही होती हैं। क्या मैं इसे देख सकता हूँ?'' मैंने महिला से पूछा।

''यहाँ चलाकर देखने की जगह तो नहीं है।'' उसने कहा, ''लेकिन यह बहुत अच्छी है। इससे गलती बहुत कम होती है।''

मैंने उसे पीछे खींचा और उसका पुल बैक एक्शन चेक किया। स्प्रिंग बहुत मोटी थी लेकिन आसानी से चलती थी। मैंने साइटिंग चैक की और फिर खींचकर देखा।

''यह प्रयोग की हुई है।'' महिला ने बताया।

''यह एक ऑफिसर की है जिसका निशाना बहुत अच्छा था।''

''आपने बेची थी उसे।''

''हाँ।''

''आपको वापस कैसे मिली?''

''उसके अर्दली से।''

''हो सकता है मेरी भी आपको मिल जाए।'' मैंने कहा, ''कितने की है?''

''पचास लीरा, बहुत सस्ती है।''

''ठीक है। आप मुझे दो, अतिरिक्त क्लिप और कारतूस का एक डिब्बा दीजिए।''

वह काउंटर के नीचे से सब निकाल लाई।

''आपको तलवार की भी जरूरत है?'' उसने पूछा, ''मेरे पास कुछ पुरानी बहुत सस्ती तलवारें हैं।''

''मैं मोर्चे पर जा रहा हूँ।'' मैंने बताया।

''ओह, हाँ तब आपको आवश्यकता नहीं पड़ेगी।''

मैंने कारतूस और पिस्टल के पैसे दिए, मैगजीन भरी उसे ठीक से लगाया, पिस्टल को होल्सटर में रखा। अतिरिक्त क्लिप में कारतूस भरे, होल्सटर में बनी चमड़े की जगह में उन्हें रखा और फिर बैल्ट बाँध ली। पिस्टल बैल्ट पर भारी सी महसूस हो रही थी। मैं सोच रहा था कि एक रेग्यूलर पिस्टल रखना ठीक था क्योंकि इसके कारतूस आसानी से मिल जाते हैं।

''अब हम लोग पूरी तरह सुसज्जित हैं।'' मैंने कहा, ''यह काम मुझे बहुत दिनों से याद था। अस्पताल जाते समय किसी ने मेरी दूसरी वाली पिस्टल पार कर दी थी।''

''मुझे उम्मीद है यह अच्छी पिस्टल है।'' कैथरीन बोली।

''कुछ और भी चाहिए?'' महिला ने पूछा।

''नहीं और तो कुछ नहीं।''

''पिस्टल की लैनयार्ड भी है।'' वह बोली।

''देखा था मैंने।'' महिला कुछ और बेचना चाहती थी।

''आपको सीटी चाहिए।''

''मुझे नहीं लगता।''

महिला ने नमस्कार किया और हम बाहर निकलकर किनारे वाले रास्ते पर आ गए। कैथरीन ने अन्दर झाँका। महिला ने बाहर देखा और झुककर अभिवादम किया।

''वह लकड़ी में फिट किए हुए छोटे-छोटे शीशे किसलिए हैं?''

''यह चिड़ियों को आकर्षित करने के लिए हैं, उन्हें खेत में घुमाते हैं। लार्क पक्षी इन्हें देखने के लिए बाहर निकलती हैं। और इटैलियन उनका शिकार करते हैं।''

'' कितने भोले हैं यह पक्षी।'' कैथरीन ने कहा, ''तुम अमेरिका में लार्क नहीं मारते हो?''

''नहीं, आमतौर पर नहीं।''

हमने गली पार की और दूसरी ओर ऊपर चलना शुरू कर दिया।

''अब मैं बेहतर महसूस कर रही हूँ।'' कैथरीन ने कहा, ''जब हम चले थे तो बहुत बुरा लग रहा था।''

''जब हम लोग साथ होते हैं तो हमेशा अच्छा लगता है।''

''हम लोग हमेशा साथ ही रहेंगे।''

''हाँ, इसके सिवा कि आज आधी रात को मैं जा रहा हूँ।''

''डार्लिंग, इसके बारे में मत सोचो।''

हम ऊपर के रास्ते की ओर चलते रहे। कोहरे से बत्तियाँ पीली हो गई थीं।

"थक नहीं गए तुम?" कैथरीन ने पूछा।

"तुम अपना बताओ।"

"मैं ठीक हूँ, मुझे घूमने में मजा आता है।"

"लेकिन हमें बहुत देर तक नहीं घूमना चाहिए।"

हम किनारे की गली में मुड़ गए जहाँ बत्तियाँ नहीं थीं और इसी गली में चलने लगे। मैं रुक गया और कैथरीन को चूम लिया। जब मैंने उसे चूमा तो उसका हाथ मुझे अपने कन्धे पर महसूस हुआ। उसने मेरा चोगा अपने ऊपर खींच लिया जिससे हम दोनों रुक गए थे। गली में हम दोनों एक दीवार के सहारे खड़े हुए थे।

"चलो, कहीं चलते हैं।" मैंने कहा।

"ठीक है।" कैथरीन बोली। हम लोग गली में चलते रहे जब तक कि यह नहर के किनारे चौड़ी गली में आकर नहीं मिल गई। दूसरी ओर ईंटों की दीवार और मकान थे। आगे, गली के नीचे मुझे एक टैक्सी पुल पार करते हुए दिखी।

"पुल के ऊपर हमें, कोई टैक्सी मिल सकती है।" मैंने कहा। कोहरे में पुल पर खड़े होकर हम टैक्सी की प्रतीक्षा करने लगे। कई टैक्सियाँ निकलीं जो भरी हुई थीं। लोग अपने घर जा रहे थे। एक गाड़ी पास आई लेकिन उसमें भी कोई बैठा था। कोहरा बरसात में बदलने लगा था।

"हम लोग पैदल चलें या ट्राम ले लें।" कैथरीन ने कहा।

"यहीं मिल जाएगी, यहीं से जाते हैं।" मैंने कहा।

"देखो एक आ रही है।" उसने बताया।

ड्राइवर ने घोड़ा रोका और मीटर का चिह्न नीचे किया। गाड़ी का ऊपरी हिस्सा उठा हुआ था। ड्राइवर के कोट पर पानी की बूँदें गिरी हुई थीं। उसका रंग किया हुआ हैट भीगकर चमक रहा था।

हम दोनों सीट पर साथ-साथ बैठ गए और गाड़ी के ऊपरी तिरपाल से अन्दर अँधेरा हो गया।

"कहाँ चलने के लिए कहा है उससे?"

"स्टेशन, स्टेशन के पास ही एक होटल है, जहाँ हम लोग जा सकते हैं।"

"हम इसी रास्ते से जा सकते हैं? बिना सामान के ही?"

'हाँ।" मैंने कहा।

इस बरसात में गली में ऊपर की ओर स्टेशन की यात्रा बड़ी लम्बी थी।

"हम लोग डिनर नहीं करेंगे क्या?" कैथरीन ने पूछा। "मुझे तो भूख लगेगी।"

"कमरे में ही कर लेंगे।"

"मेरे पास तो पहनने के लिए भी कुछ नहीं है, एक नाइट गाउन तक नहीं है मेरे पास।"

''हम खरीद लेंगे।'' मैंने कहा और ड्राइवर से बोला, ''मैंजोनी से होकर ऊपर से निकाल लो।''

उसने सर हिलाया और अगले कोने से बाएँ मुड़ गया। बड़ी सड़क पर कैथरीन दुकान ढूँढ़ती रही।

''यहाँ एक जगह है।'' उसने कहा। मैंने ड्राइवर को रोका। कैथरीन बाहर निकली, रास्ता पार किया और अन्दर घुस गई। बारिश हो रही थी, गली से बरसात की गन्ध आ रही थी और घोड़ा बरसात में भाप छोड़ रहा था। वह एक पैकेट लेकर वापस आई, अन्दर घुसी और हम लोग चल पड़े।

''डार्लिंग, पैसे कुछ ज्यादा खर्च हो गए हैं, लेकिन नाइटी बहुत अच्छी है।''

होटल पहुँचकर मैंने कैथरीन को गाड़ी में ही रुकने को कहा और मैनेजर से बात करने के लिए अन्दर चला गया। कई कमरे खाली थे। मैं गाड़ी तक गया, ड्राइवर को पैसे दिए और कैथरीन के साथ-साथ अन्दर प्रवेश किया।

''श्रीमान् और श्रीमती कमरे में ही डिनर करेंगे?''

''हाँ, क्या आप जरा मीनू ऊपर भिजवा देंगे?'' मैंने कहा।

''आप डिनर में कुछ स्पेशल लेना पसन्द करेंगे? कोई गेम (पक्षियों के मांस का आइटम) या सॉफेल?''

लिफ्ट तीन तलों से हर बार खट की आवाज करते हुए निकली फिर खट किया और रुक गई।

''गेम में क्या चलेगा?''

''कुछ भी फेजेंट (कौआ) या वुडकॉक (कठफोड़वा)।''

'एक वुडकॉक।'' मैंने कहा। हम कॉरीडोर में गए। कारपेट पुराना था। कई दरवाजे थे। मैनेजर रुका, ताला खोला और दरवाजा खोल दिया।

''यह है आपका कमरा।''

छोटे लड़के ने पैकेट कमरे के बीच में रख दिया। मैंने परदे खोल दिए।

''बाहर कोहरा है।'' उसने कहा।

कमरे को लाल मखमल से सजाया गया था। कमरे में कई शीशे, दो कुर्सियाँ और एक बड़ा बिस्तर था जिस पर साटिन की चादर बिछी हुई थी। एक दरवाजा बाथरूम की तरफ खुलता था।

''मैं मीनू भेज दूँगा।'' मैनेजर ने कहा। उसने झुककर अभिवादन किया और बाहर चला गया।

मैं खिड़की के पास गया, बाहर देखा और परदों की डोर खींच दी जिससे मखमली परदे बन्द हो गए। कैथरीन बिस्तर पर बैठी हुई थी। उसने अपना हैट उतार लिया था। उसके बाल प्रकाश में चमक रहे थे। उसने शीशे में स्वयं को देखा और

अपना हाथ बालों पर फिराया। मैंने शेष तीनों दर्पणों में उसे देखा। वह प्रसन्न नहीं थी। उसने अपना चोगा उतारकर बिस्तर पर रख दिया।

"क्या डार्लिंग, क्या बात है?"

"पहले कभी मैंने खुद को वेश्या जैसा महसूस नहीं किया।" उसने कहा।

मैं खिड़की के पास गया, परदे को एक ओर खींचा और बाहर देखने लगा। मैंने नहीं सोचा था कि ऐसी स्थिति पैदा होगी।

"तुम वेश्या नहीं हो।"

"मैं जानती हूँ, डार्लिंग। लेकिन ऐसा महसूस करना भी अच्छी बात नहीं है।" उसकी आवाज रूखी और सपाट थी।

"यही सबसे अच्छा होटल था जहाँ हम आ सकते थे।" मैंने कहा। मैं खिड़की के बाहर देखता रहा। चौक पार करके स्टेशन की बत्तियाँ थीं। सड़क से गाड़ियाँ निकल रही थीं और मैं पार्क के पेड़ों को देख रहा था। होटल की बत्तियों का प्रकाश भीगे हुए फुटपाथ पर पड़ रहा था।

"क्या बकवास है, क्या यह अब हमारे बहस करने का समय है।" मैंने सोचा।

"यहाँ आओ प्लीज!" कैथरीन ने कहा।

उसकी आवाज की सपाटता लुप्त हो गई।

"इधर आओ। मैं फिर अच्छी लड़की बन गई हूँ।" मैंने बिस्तर की ओर देखा, वह मुस्करा रही थी। मैं गया, बिस्तर पर उसके पास बैठा और उसे चूम लिया।

"तुम मेरी प्यारी सी लड़की हो।"

"हाँ, मैं तुम्हारी ही हूँ।" उसने कहा।

खाना खाने के बाद हम लोगों ने बेहतर महसूस किया। थोड़ी देर बाद हम काफी प्रसन्न थे और अब होटल का कमरा अपने घर जैसा लग रहा था। अस्पताल में जिस तरह मेरा कमरा हम लोगों का घर था उसी तरह यह कमरा भी हमारा घर लग रहा था।

कैथरीन ने खाना खाते समय अपने कन्धों पर मेरी ट्यूनिक डाल ली। हम बहुत भूखे थे और खाना भी अच्छा था। हमने एक कैप्री और एक सैंट ऐस्टैफे की बोतल मँगाई। अधिकांश तो इसमें से मैंने ही पी लेकिन कैथरीन ने भी थोड़ी-सी ली और उसे बहुत मजा आया। डिनर में हमने सॉफेल, आलुओं के साथ एक वुडकॉक, प्यूरीडि मैरोन, सलाद और बाद में जैबिओन ली।

"कमरा बहुत अच्छा है।" कैथरीन ने कहा, "प्यारा कमरा है, जितने दिन हम लोग मिलान में रहे, हमें इसी कमरे में रहना चाहिए था।"

"है तो थोड़ा अजीब सा लेकिन अच्छा है।"

"व्यसन भी बड़ी अजीबो-गरीब चीज है।" कैथरीन ने कहा, "जो लोग इसमें पड़ जाते हैं, उन्हें इसके स्वाद का अच्छा अनुभव होता है। लाल मखमल वाकई अच्छा है। यही असली चीज है। शीशे भी कितने आकर्षक हैं।"

"तुम बहुत प्यारी लड़की हो।"

"मैं नहीं जानती कि सुबह उठने के लिए यह कमरा कैसा रहेगा। लेकिन यह भव्य कमरा है।"

मैंने सैंट ऐस्टैफे का एक और गिलास डाल लिया।

"मैं चाहती हूँ हम लोग सच्चाई में कोई पाप का काम करें।" कैथरीन ने कहा, "हर काम जो हम लोग करते हैं बड़ा निर्दोष सा लगता है। मैं नहीं मानती कि हम लोग कुछ गलत भी करते हैं।"

"तुम महान लड़की हो।"

"मुझे भूख बहुत लगती है, भूख मुझसे सहन नहीं होती।"

"तुम बहुत अच्छी सीधी सी लड़की हो।"

"मैं सीधी-साधी लड़की हूँ, ये बात तुम्हारे सिवा कोई कभी समझ ही नहीं पाया।"

"एक बार जब मैं तुमसे पहली बार मिला था। मैं पूरी दोपहर यही सोचता रहा कि हम लोग 'होटल केवूर' साथ कैसे जाएँ और यह कैसा रहेगा।"

"कितने शैतान थे तुम, यह होटल तो केवूर नहीं है।"

"नहीं, वह लोग हमें अन्दर नहीं घुसने देते।"

"वह दिन आएगा जब वह हमें अन्दर जाने देंगे डार्लिंग, यही तुम्हारे और मेरे सोचने में अन्तर है। मैंने किसी चीज के बारे में कभी नहीं सोचा।"

"कभी भी नहीं, जरा सा भी नहीं।"

"थोड़ा-सा।" उसने कहा।

"ओह! बहुत अच्छी हो तुम।"

मैंने शराब का एक गिलास और डाल लिया।

"मैं सीधी--साधी लड़की हूँ।" कैथरीन ने कहा।

"पहले-पहल मैं ऐसा नहीं मानता था, मैं सोचता था कि तुम बहुत सनकी हो।"

"थोड़ी-सी सनकी तो मैं थी, लेकिन बहुत ज्यादा नहीं, डार्लिंग, तुम्हीं बताओ क्या मैंने कभी तुम्हें दिग्भ्रमित करने की कोशिश की?"

"शराब बड़ी शानदार चीज है।" मैंने कहा, "सारी बुरी चीजें यूँ ही भुला देती है।"

"अच्छी है लेकिन मेरे पिताजी इससे बुरी तरह बीमार हो गए।" कैथरीन ने कहा।

"तुम्हारे पिता हैं?"

"हाँ।" कैथरीन ने कहा, "उन्हें गठिया हो गया है। तुम्हें उनसे कभी मिलना नहीं पड़ेगा, तुम्हारे पिताजी हैं क्या?"

"नहीं, सौतेले पिता हैं।" मैंने उत्तर दिया।

"मुझे पसन्द आएँगे।"

"तुम्हें मिलने की जरूरत नहीं है।"

"हम लोगों का समय कितना अच्छा बीता है।" कैथरीन ने कहा, "अब मैं किसी भी और बात में अधिक रुचि नहीं लेती। मैं तुमसे शादी करके बहुत खुश हूँ।"

वेटर अन्दर आया और सामान ले गया। कुछ देर बाद हम एकदम शान्त हो गए और बारिश की आवाज सुनाई पड़ने लगी। नीचे सड़क पर मोटर का हॉर्न सुनाई पड़ रहा था।

"अपने पीछे हमेशा मैं सुनता रहा हूँ...

पंख लगा समय का रथ तेजी से गुजरता हुआ।"

मैंने दो पक्तियाँ सुनाईं।

"मैं यह कविता जानती हूँ। यह मार्वेल की है, लेकिन यह तो एक ऐसी लड़की के बारे में है कि जो किसी आदमी के साथ रहना ही नहीं चाहती।"

मेरा मस्तिष्क एकदम स्पष्ट और ठंडा था और मैं अब तथ्यों की बात करना चाहता था।

"तुम बच्चे को जन्म कहाँ दोगी?"

"पता नहीं, किसी भी अच्छी जगह, जो मैं ढूँढ़ पाऊँगी।"

"कैसे व्यवस्था करोगी तुम?"

"जैसी भी मैं कर पाऊँगी, तुम परेशान न हो, युद्ध समाप्त होने से पहले हमारे कई बच्चे हो जाएँगे।"

"अब जाने का समय हो रहा है।"

"मुझे पता है, अगर तुम चाहो तो इसका सदुपयोग कर सकते हो।"

"नहीं।"

"फिर चिन्ता करने की कोई बात नहीं है डार्लिंग, अब तक तुम ठीक थे और अब चिन्ता करने लगे।"

"नहीं, ऐसा नहीं है। कितनी बार चिट्ठी लिखोगी मुझे?"

"हर दिन, क्या लोग तुम्हारी चिट्ठियाँ पढ़ते हैं?"

"इतनी इंग्लिश उन्हें आती ही नहीं है कि किसी का कुछ कर पाएँ।"

"मैं उन्हें और भी कन्फ्यूज कर दूँगी।" कैथरीन ने कहा।

"बहुत ज्यादा मत कर देना।"

"बस थोड़ा सा करूँगी।"

"अब हमें चलने की तैयारी करनी चाहिए।"

"ठीक है डार्लिंग।"

"यार, इतना अच्छा अपना घर छोड़ना बहुत बुरा लग रहा है।"

"मुझे भी।"

"लेकिन हमें जाना पड़ेगा।"

"हाँ, लेकिन हम लोग अपने घर में कभी ठीक से सैटिल भी तो नहीं हो पाए।"

"हम जरूर होंगे।"

"तुम वापस आओगे तब तक मैं तुम्हारे लिए एक प्यारा-सा घर बना-कर रखूँगी।"

"हो सकता है मैं बहुत जल्दी लौटूँ।"

"शायद तुम्हें पैर में मामूली सी चोट फिर लग जाए।"

"और पैर वैसे न रहें।"

"पैरों में तो पहले ही लग चुकी है।"

"अब चल पड़ें, डार्लिंग, एकदम!"

"ठीक है, तुम पहले निकलो।"

## अध्याय-24

लिफ्ट के बजाय हम लोग सीढ़ियों से उतरे। सीढ़ियों का कारपेट पुराना था। डिनर के पैसे मैंने ऊपर ही दे दिए थे। जो वेटर खाना लाया था वह दरवाजे के पास एक कुर्सी पर बैठा हुआ था। वह उछलकर खड़ा हो गया और उसने अभिवादन किया। मैं उसके साथ बगल के कमरे में गया जहाँ मैंने कमरे का किराया अदा किया। मैनेजर को मुझसे दोस्ती याद थी इसलिए उसने एडवांस नहीं लिया था लेकिन आराम के लिए जाते समय वह वेटर को दरवाजे पर बिठाना नहीं भूला था जिससे मैं बिना पैसे दिए ही न निकल जाऊँ। शायद उसके किसी दोस्त के साथ ऐसा हुआ होगा। युद्ध में बहुत दोस्त बन जाते हैं।

मैंने वेटर को एक गाड़ी बुलाने के लिए कहा। मेरे और कैथरीन के पास जो पैकेट था उसने ले लिया और छाता लेकर वह चला गया। बाहर शीशे से हमने उसे बारिश में सड़क पार करते हुए देखा। हम लोग बगल के कमरे में खड़े थे और शीशे से बाहर देख रहे थे।

"कैसा लग रहा है, तुमको?"

"नींद आ रही है।"

"मैं बहुत खाली-खाली और भूखा महसूस कर रहा हूँ।"

"कुछ खाने के लिए है तुम्हारे पास?"

"हाँ, मेरी पोटली में है।"

मुझे गाड़ी आते हुए दिखी, गाड़ी आकर रुकी। घोड़े का मुँह बारिश में लटका हुआ था। वेटर बाहर निकला, छाता खोला और होटल की तरफ आ गया। हमें वह

दरवाजे पर मिला। उसके छाते में हम बारिश में गाड़ी तक गए। नाले में पानी तेजी से बह रहा था।

"सीट पर आपका पैकेट रखा है।" वेटर ने कहा। हमारे गाड़ी में घुसने तक वह छाता लिये खड़ा रहा और मैंने उसे टिप दी।

"बहुत-बहुत धन्यवाद, शुभ यात्रा।" उसने कहा।

गाड़ीवान ने लगाम उठाई और घोड़ा चल पड़ा। वेटर छाता लेकर मुड़ गया और होटल की ओर चला गया। हम सड़क से नीचे की ओर चले और बाईं तरफ मुड़ गए और दाहिने से घूमकर स्टेशन के सामने आ गए। दो फौजी प्रकाश के नीचे बारिश से दूर खड़े थे। उनके हैट पर प्रकाश चमक रहा था। स्टेशन के प्रकाश में बरसात साफ और पारदर्शी लग रही थी। स्टेशन की छत के नीचे से एक कुली आया। ठंड से उसके कन्धे उचके हुए थे।

"नहीं, जरूरत नहीं है।" मैंने कहा।

वह रेल छत्ते के नीचे वापस चला गया। मैं कैथरीन की ओर मुड़ा। गाड़ी के वाटर प्रूफ आवरण की छाया उसके चेहरे पर पड़ रही थी।

"यहीं से हम लोग विदा ले लें।"

"मैं अन्दर नहीं जा सकती?"

"नहीं।"

"गुडबाय कैट!"

"उसे अस्पताल तक जाने के लिए कह दोगे?"

"हाँ।"

मैंने गाड़ीवान को जाने की जगह बता दी, वह तैयार हो गया।

"गुडबाय।" मैंने कहा, "अपना और छोटी कैथरीन का ख्याल रखना...।"

"गुडबाय डार्लिंग!"

"गुडबाय।" मैंने कहा। मैं बारिश में बाहर निकला और घोड़ागाड़ी चल पड़ी। कैथरीन बाहर झुकी और प्रकाश में मुझे उसकी सूरत दिखाई दी। वह मुस्कुराई और हाथ हिलाया। घोड़ागाड़ी सड़क पर ऊपर की ओर बढ़ गई। कैथरीन ने गेट की ओर इशारा किया।

मैंने ऊपर देखा वहाँ केवल दो सैनिक और एक द्वार था। मैं समझ गया उसका इशारा बरसात से बचकर अन्दर जाने के लिए था। मैं अन्दर गया और गाड़ी को कोने पर मुड़ते हुए देखा। उसके बाद मैं स्टेशन में घुसा और प्लेटफार्म से ट्रेन की ओर चल पड़ा।

कुली प्लेटफार्म पर मुझे खोज रहा था। भीड़ को पार करते हुए एक दरवाजे से होते हुए मैं उसके पीछे-पीछे गया। खचाखच भरे डिब्बे के एक कोने में सिपाही बैठा हुआ था। मेरा पिट्ठू बैग और सामान ऊपर रखे हुए थे। गलियारे में काफी लोग खड़े

हुए थे। जब हम डिब्बे में आए तो सारे लोग हमारी तरफ देखने लगे। ट्रेन में कतई जगह नहीं थी और सबके सब नाराज थे। सिपाही मेरे बैठने के लिए खड़ा हो गया। किसी ने मेरा कन्धा थपथपाया। मैंने आसपास देखा। फौज का एक लहीम-शहीम कैप्टन था जिसके जबड़े पर चोट का लाल निशान था। कॉरीडोर के शीशे से वह सब देख रहा था और उसके बाद अन्दर आ गया था।

"तुम्हें क्या कहना है?" मैंने पूछा। मैंने चेहरा उसकी तरफ घुमा लिया था। वह मुझसे लम्बा था और टोपी के नीचे उसका चेहरा बहुत पतला मालूम दे रहा था और चोट का निशान ताजा और चमकदार था। डिब्बे के सारे लोग मेरी तरफ देख रहे थे।

"तुम ऐसा नहीं कर सकते।" उसने कहा, "तुम जगह रखने के लिए किसी सोल्जर को नहीं लगा सकते।"

"मैं ऐसा कर चुका हूँ।"

उसने थूक गटक लिया, उसकी कंठमणि ऊपर-नीचे जाते हुए दिखी। सिपाही जगह के सामने खड़ा था। दूसरे लोग शीशे से देख रहे थे। डिब्बे में किसी ने कुछ नहीं कहा।

"तुम्हें यह करने का अधिकार नहीं है, मैं तुम्हारे आने से दो घंटे पहले आया हूँ।"

"क्या चाहते हो तुम?"

"सीट।"

"सीट तो मैं भी चाहता हूँ।"

मैंने उसका चेहरा देखा, पूरा डिब्बा मेरे खिलाफ था। मैं उन्हें क्या दोष देता। वह ठीक ही कह रहा था। लेकिन मुझे सीट की जरूरत थी। फिर भी कोई कुछ नहीं बोला।

ओह! भाड़ में जाए! मैंने सोचा।

"कैप्टन साहब, आप बैठ जाइए।" मैंने कहा। सिपाही रास्ते से हट गया और लम्बा कैप्टन बैठ गया। उसने मेरी ओर देखा। उसके चेहरे पर चोट थी। लेकिन उसे सीट मिल गई थी।

"मेरा सामान ले आओ।" मैंने सिपाही से कहा। हम कॉरीडार में आ गए। पूरी गाड़ी भरी हुई थी और मैं जानता था कि कहीं भी जगह नहीं मिलेगी। मैंने कुली और सिपाही दोनों को दस-दस लीरा दिए। वह नीचे चले गए और प्लेटफार्म पर शीशों से खाली जगह देखने लगे।

"हो सकता है ब्रैसिया पर कुछ लोग उतरें।" कुली ने कहा।

"ब्रैसिया पर काफी लोग उतरेंगे।" सिपाही ने कहा। मैंने उनसे विदा ली और हाथ मिलाया। वे चले गए। उन दोनों को बहुत बुरा लगा। जब ट्रेन चली तो कॉरीडोर में हम सभी लोग खड़े हुए थे। चलते हुए मुझे स्टेशन और यार्ड की बत्तियाँ दिखाई

दीं। बारिश अभी भी हो रही थी। थोड़ी देर में सारे शीशे भीग गए और बाहर देख पाना असम्भव था। बाद में मैं कॉरीडोर के फर्श पर सो गया। सब से पहले मैंने अपनी डायरी, पैसे, कागज शर्ट और पैंट की जेब में सँभाल कर रखे। मैं पूरी रात सोता रहा, हालाँकि ब्रैसिया और वेरीना में नींद खुली जहाँ उतरने के बजाय और ज्यादा लोग ट्रेन में चढ़े, लेकिन मैं जल्दी ही फिर सो गया। एक पोटली के ऊपर मेरा सिर था और दूसरी मेरी बाँह के नीचे थी। मैं उसे महसूस कर सकता था और आने-जाने वाले यात्री बिना मेरे ऊपर पैर रखे निकल सकते थे। पूरे कॉरीडोर में लोग सोए हुए थे। कुछ खिड़कियों के हत्थे पकड़कर खड़े थे और कुछ दरवाजों पर झुके हुए थे। ट्रेन खचाखच भरी हुई थी।

# खंड-3

# अध्याय-25

शरद् में पेड़ों की पत्तियाँ गिर चुकी थीं और सड़क पर कीचड़ थी। यूडीन से गौरिजिया तक मैं ट्रक से गया। रास्ते में कई ट्रक मिले और मैं रास्ते भर देहात के नजारे देखता रहा। शहतूत के पेड़ खाली थे और खेत भूरे हो गए थे। नंगे पेड़ों की कतारों से गिरी हुई सूखी पत्तियाँ सड़क पर पड़ी हुई थीं। पेड़ों के बीच सड़क के किनारे पड़े टूटे हुए पत्थरों के ढेर से लोग पत्थर उठाकर सड़क के गड्ढों में डालकर कूट रहे थे। शहर के ऊपर कोहरे की एक चादर थी जो इसे पहाड़ों से अलग कर रही थी। हमने नदी पार की, मैंने देखा कि नदी बहुत तेज बह रही थी। पहाड़ों में बारिश हो रही थी। कारखानों, घरों और हवेलियों को पार करके हमने शहर में प्रवेश किया तो देखा कि कई घर क्षतिग्रस्त हुए थे। एक पतली गली में एक ब्रिटिश एम्बुलैंस हमारे पास से निकली। ड्राइवर कैप लगाए था। उसका चेहरा पतला और धूप से काला हो गया था। मैं उसे नहीं जानता था। मैं टाउन मेजर के घर के सामने बड़े चौक में ट्रक से उतरा। ड्राइवर ने मेरा पिट्ठू बैग उतारकर मुझे दिया। मैंने उसे पहन लिया और दोनों पोटलियाँ लटकाकर विला की ओर चल दिया। ऐसा नहीं लग रहा था कि मैं घर लौटकर आ रहा हूँ।

पेड़ों के बीच से गीले बजरीदार रास्ते से विला की ओर देखते हुए मैं चल पड़ा। सारी खिड़कियाँ बन्द थीं लेकिन दरवाजा खुला हुआ था। मैं अन्दर गया और देखा कि मेजर खाली कमरे में मेज पर बैठा हुआ था। दीवारों पर नक्शे और टाइप किए हुए कागज चिपके हुए थे।

''हैलो।'' मैंने कहा।

उसने कहा, ''हाउ आर यू ?'' वह अधिक बूढ़ा और थका हुआ दिख रहा था।

''मैं अच्छा हूँ।'' मैंने कहा, ''कैसा है सब कुछ।''

''यहाँ सब कुछ खत्म हो गया है।'' उसने कहा, ''अपना सामान उतार लो और बैठ जाओ।'' मैंने पिट्ठू उतार दिया और दोनों पोटलियाँ फर्श पर रख दीं।

मैंने अपनी टोपी पिट्ठू के ऊपर रख दी। दीवार के पास से मैं दूसरी कुर्सी उठा लाया और मेज के पास बैठ गया।

''यह गरमियाँ बड़ी खराब गुजरी हैं।'' मेजर ने कहा, ''अब तुम स्वस्थ हो ?''

"हाँ।"

"क्या तुम्हें कोई पदक मिला?"

"हाँ, मिल गया, बहुत-बहुत शुक्रिया।"

"दिखाओ।"

मैंने अपना चोगा उतारा जिससे वह दो फीतियाँ देख सकें।

"मैडल के साथ तुम्हें बॉक्स भी मिले?"

"नहीं, सिर्फ कागज।"

"वह बाद में आएँगे, उसमें थोड़ा समय लगता है।"

"अब मुझे क्या करना होगा?"

"कारें सभी चली गई हैं, उनमें से छह कैपोरेटो के उत्तर में गई हैं। कैपोरेटो पता है तुम्हें?"

"हाँ।" मैंने कहा।

घाटी में बसे घंटाघर वाले एक छोटे सफेद कस्बे के रूप में मुझे इसकी याद थी। यह एक साफ-सा छोटा कस्बा था और यहाँ चौक में एक सुन्दर-सा झरना था।

"वे वहीं से काम कर रहे हैं, काफी लोग बीमार हैं, लड़ाई खत्म हो गई है।"

"बाकी कहाँ हैं?"

"दो तो पहाड़ों में हैं और चार अभी भी बैंसिजा में हैं। दो एम्बुलैंस के सैक्शन थर्ड आर्मी के साथ कार्सों में हैं।"

"आप बताइए मुझे अब क्या करना है?"

"अगर तुम पसन्द करो तो बैंसिजा जाकर चारों एम्बुलैंस कारें सँभाल लो। जिनो वहाँ बहुत लम्बे समय से है। तुम ऊपर नहीं गए हो न, गए हो क्या?"

"नहीं।"

"बहुत बुरा हुआ, हमारी तीन कारें नष्ट हो गईं।"

"मैंने सुना था"

"हाँ, रिनाल्डी ने लिखा था।"

"रिनाल्डी कहाँ है?"

"वह अस्पताल में है, वह बीमार हो गया है।"

"वाकई।"

"बहुत बुरा हाल है।" मेजर ने कहा, "तुम्हें यकीन नहीं होगा कि हालात इतने खराब रहे हैं। अक्सर मैं सोचता हूँ कि तुम भाग्यशाली थे जो घायल हो गए।"

"मैं भी जानता हूँ।"

"अगला वर्ष और भी खराब होगा।" मेजर ने कहा, "शायद अब वह आक्रमण करेंगे, लेकिन मैं इसे नहीं मानता। अब देर हो गई है। तुमने नदी देखी थी?"

"हाँ, नदी तो काफी बढ़ चुकी है।"

''चूँकि बारिश हो गई है इसलिए मैं नहीं मानता कि वह अब आक्रमण करेंगे, जल्दी ही बर्फ भी गिरेगी। तुम्हारे देशवासियों की क्या खबर है? क्या तुम्हारे अतिरिक्त और भी अमेरिकन आ रहे हैं?''

''एक करोड़ लोगों को ट्रेनिंग दी जा रही है?''

''मुझे उम्मीद है हमें भी कुछ लोग मिलेंगे। अधिकांश लोगों को फ्रेंच पहले ही ले लेंगे। यहाँ हम लोगों को कोई नहीं मिलेगा। आज रात यहीं रुको और कल छोटी कार लेकर निकल जाओ और वहाँ से जिनो को वापस भेज देना। मैं ऐसे आदमी को तुम्हारे साथ भेज दूँगा जिसे रास्ता पता है। जिनो तुम्हें सब बता देगा। थोड़ी-बहुत बमबारी अभी हो रही है लेकिन खत्म सी ही है। बैंसिजा तुम्हें ठीक लगेगा।''

''मैं खुश हूँ, मेजर साहब, मैं आपके साथ दोबारा आकर खुश हूँ।''

वह मुस्कुराया, ''तुम ऐसा कह रहे हो यह तुम्हारी भलाई है। मैं इस युद्ध से थक गया हूँ। मैं अगर दूर होता मुझे यकीन नहीं है कि मैं वापस लौटकर आता।''

''क्या वाकई स्थिति इतनी खराब है?''

''हाँ, इतनी ही खराब है बल्कि बदतर है। जाओ हल्के हो लो और अपने दोस्त रिनाल्डी से मिल लो।''

मैं बाहर निकला और अपने बैग सीढ़ियों से ऊपर ले गया। रिनाल्डी कमरे में नहीं था लेकिन उसका सामान पड़ा हुआ था। मैं बिस्तर पर बैठ गया। अपनी पट्टियाँ खोलीं और दाहिने पैर का जूता उतार दिया। एक जूता उतारकर बिस्तर पर लेटना अजीब सी बेवकूफी लग रहा था। इसलिए मैं उठा और दूसरे पैर के जूते का फीता खोलकर उसे नीचे गिरा दिया और पुनः कम्बल के ऊपर लेट गया। कमरे में खिड़कियाँ बन्द होने से बहुत घुटन थी लेकिन मैं इतना थका हुआ था कि उठकर खोलने की हिम्मत नहीं बची थी। मैंने देखा कि मेरा सामान कमरे के एक कोने में पड़ा हुआ है। बाहर अँधेरा होता जा रहा है। मैं बिस्तर पर लेटे -लेट कैथरीन के बारे में सोचता रहा और रिनाल्डी के आने की प्रतीक्षा करता रहा। मैं कोशिश कर रहा था कि रात को सोने से पहले मैं कैथरीन के बारे में न सोचूँ। लेकिन थकान बहुत अधिक थी और करने के लिए कुछ था नहीं। इसलिए मैं पड़ा रहा और उसके बारे में सोच रहा था तभी रिनाल्डी अन्दर आया। वह पहले जैसा ही लग रहा था। शायद थोड़ा दुबला हो गया था।

''और, बच्चू।'' उसने कहा। मैं बिस्तर पर बैठ गया। वह पास आया, बैठा और अपनी बाँह मेरे ऊपर रख दी, ''प्यारे बच्चू।'' उसने मुझे धमकाया और मैंने उसके दोनों हाथ पकड़ लिये।

''बच्चे, मुझे अपना घुटना दिखाओ।''

''मुझे अपनी पतलून खोलनी पड़ेगी।''

''उतार लो बेटा, हम लोग तो यहाँ सब दोस्त हैं। मैं देखना चाहता हूँ कि उन लोगों ने कैसा इलाज किया है।'' मैं खड़ा हो गया। पतलून उतारी और नी-कैप भी

हटा दी। रिनाल्डी फर्श पर बैठ गया और उसने घुटने को धीरे से आगे-पीछे किया। चोट के निशान के ऊपर उसने उँगलियाँ फेरीं, दोनों अँगूठों को नी-कैप के ऊपर रखा और घुटने को उँगलियों से धीरे से दबाया।

''क्या तुम्हारा पैर इतना ही हिलता है?''

''हाँ।''

''तुम्हें वापस भेजना अपराध है, हड्डियाँ पूरी तरह से जुड़ जानी चाहिए थीं।''

''पहले से काफी ठीक है। पहले तो लकड़ी की तरह कड़ा था।''

रिनाल्डी ने थोड़ा और झुकाया। मैं उसके हाथ देख रहा था। वह अच्छा सर्जन था। मैंने उसका सिर देखा, उसके बाल चमक रहे थे और अलग-अलग थे। उसने घुटने को और ज्यादा मोड़ दिया।

''आह!'' मैंने कहा।

''तुम्हें अभी इसका इलाज मशीन से करवाना पड़ेगा।'' रिनाल्डी ने कहा।

''अब पहले से ठीक है।''

''यह तो मैं देख रहा हूँ बेटा, इसके बारे में मैं तुमसे ज्यादा जानता हूँ।''

वह खड़ा हो गया और बिस्तर पर बैठ गया।

''घुटना अपने आपमें अच्छा-खासा काम है।'' घुटना उसने देख लिया था। ''बाकी सारी बातें मुझे बताओ।''

''बताने के लिए कुछ भी नहीं है।'' मैंने कहा, ''जिन्दगी खामोशी से निकल रही है।''

''बातें तो तुम शादी-शुदा आदमियों जैसे कर रहे हो, क्या मामला है?''उसने कहा।

''कुछ नहीं।'' मैंने कहा, ''तुम अपनी सुनाओ।''

''इस युद्ध से मैं त्रस्त हूँ।'' उसने हाथ मोड़कर अपने घुटनों पर रख लिये।

''ओह।'' मैंने कहा।

''बात क्या है? क्या मेरे अन्दर मानवीय आवेग भी नहीं हो सकते।''

''नहीं, मैं देख रहा हूँ तुमने बहुत मौज की है, बताओ मुझे।''

''पूरी गर्मी और शरत् में मैंने सिर्फ ऑपरेशन ही किए हैं। सारे वक्त काम करता रहता हूँ। सबका काम मैं ही करता हूँ। सारे कठिन काम मुझ पर डाल देते हैं। बाई गॉड! बेटा मैं बहुत बढ़िया सर्जन बन गया हूँ।''

''यह हुई न कोई बात।''

''मैं सोचता नहीं हूँ। कसम से मैं सोचता नहीं हूँ, केवल ऑपरेशन करता हूँ।''

''लेकिन बेटा, अब नहीं, अब मैं ऑपरेशन नहीं करता और बहुत अझेल लगता है। यह बड़ा वाहियात युद्ध है। अगर मैं कह रहा हूँ तो मेरी बात मानो। अब कुछ खुशी की बात कहो। मेरे फोनोग्राफ रिकार्ड लाए हो?''

''हाँ।''

वह सारे पिट्ठू बैग के अन्दर एक गत्ते के बॉक्स में कागज में लपेटकर रखे हुए थे। मुझमें उन्हें निकालने की ताकत नहीं थी।

''बेटा, क्या तुम अच्छा महसूस नहीं कर रहे हो?''

''नर्क लग रहा है, मुझे।''

''बड़ा भयावह युद्ध है।'' रिनाल्डी ने कहा, ''छोड़ो थोड़ा ड्रिंक लगाते हैं और खुश होते हैं फिर थोड़ी आग जलाएँगे। फिर ठीक लगेगा।''

''मुझे जांडिस रहा है, मैं नहीं पी सकता।'' मैंने कहा।

''क्या बेटा किस हाल में लौटे हो तुम, इतने गंभीर बनकर और लिवर खराब करके। यार यह लड़ाई बहुत बुरी चीज है। आखिर क्यों लड़ें हम लोग?''

''हम लोग एक ड्रिंक लेंगे। मैं ज्यादा नहीं लेना चाहता लेकिन एक ड्रिंक चलेगी।''

रिनाल्डी कमरे से बरतन-स्टैंड तक गया और दो गिलास और एक कॉन्याक की बोतल ले आया।

''आस्ट्रियन कॉन्याक है।'' उसने बताया, ''सेवन स्टार्स, सारी सैन गैब्रियल में पकड़ी है।''

''तुम भी थे वहाँ?''

''नहीं, मैं कहीं नहीं गया, मैं यहीं ऑपरेशन करता रहा। देखो बेटा, यह तुम्हारा टूथब्रश गिलास है, तुम्हारी याद दिलाने के लिए मैंने इसे यहीं रखा है।''

''या इसलिए कि ब्रश करने की याद बनी रहे।''

''नहीं, मेरा अपना भी है, इसे मैंने तुम्हारी याद दिलाने के लिए ही रखा है कि कैसे तुम सुबह 'रोसा विला' की याद को कुल्ला करते समय, कसम खाते हुए। दवाई खाते हुए वेश्याओं को गालियाँ दिया करते थे। जब भी मैं उस गिलास को देखता हूँ मुझे यही याद आता है कि तुम टूथब्रश से अपनी आत्मा को साफ किया करते थे।'' वह बिस्तर के पास आया।

''एक बार मुझे किस करो और बोलो कि तुम सीरियस नहीं हो।''

''मैं तुम्हें 'किस' नहीं करूँगा, लंगूर है तू।''

''पता है, तुम प्यारे अच्छे एंग्लो-सैक्सन बच्चे हो, जानता हूँ। तुम पछतावे की औलाद हो। मैं भी उस दिन का इंतजार कर रहा हूँ जब एक एंग्लो-सैक्सन रंडी-बाजी की याद को टूथब्रश से दूर करेगा।''

''गिलास में थोड़ी कॉन्याक डालो।''

हमने जाम एक दूसरे से टकराया और पी गए। रिनाल्डी मुझ पर हँसता रहा।

''मैं तुम्हें पिला-पिलाकर तुम्हारा लिवर बाहर निकाल दूँगा और किसी इटैलियन का लिवर लगा दूँगा और तुम्हें फिर से आदमी बना दूँगा।''

मैंने थोड़ी कॉन्याक और ली। बाहर अब अँधेरा हो गया था। कॉन्याक का

गिलास थामे हुए मैं खिड़की तक गया और खिड़की खोल दी। बारिश बन्द हो गई थी। बाहर ठंड थी और पेड़ों के बीच कोहरा था।

''कॉन्याक खिड़की से बाहर मत फेंक देना। अगर न पी सको तो मुझे दे देना।'' रिनाल्डी ने कहा।

''जा और उसी में डूब जा।'' मैंने कहा।

रिनाल्डी से मिलकर खुशी हुई। वह दो साल से मुझे तंग करता आ रहा था और मुझे हमेशा मजा आता था। हम एक-दूसरे को अच्छी तरह समझते थे।

''शादी हो गई तुम्हारी?'' उसने बिस्तर से ही पूछा। मैं दीवार के विपरीत खिड़की के पास खड़ा था।

''अभी नहीं।''

''क्या तुम्हें प्यार हो गया है?''

''हाँ।''

''उसी अंग्रेज लड़की से?''

''हाँ।''

''बेचारा बच्चा, तुम्हारे प्रति अच्छी है वो?''

''पक्का।''

''मेरा मतलब है कि वह 'असलियत' में भी अच्छी है।''

''शटअप।''

''चुप तो मैं हो जाऊँगा, तुम जानते हो कि मैं कितनी संजीदगी वाला आदमी हूँ। क्या वह... ?''

''रिनीन, प्लीज बन्द करो, अगर तुम मेरे दोस्त बनना चाहते हो तो प्लीज शटअप!'' मैंने कहा।

''मैं तुम्हारा दोस्त बनना नहीं चाहता बेटा, मैं तुम्हारा दोस्त हूँ।''

''तो फिर चुप हो जाओ।''

''ठीक है।''

मैं बिस्तर तक गया और रिनाल्डी के पास जाकर बैठ गया। वह अपना गिलास थामे था और फर्श की ओर देख रहा था।

''रिनी तुम बात को समझ रहे हो न?''

''ओह, हाँ, पूरी जिन्दगी मुझे पवित्र लोगों से ही वास्ता पड़ा। लेकिन तुम्हारे जैसा शायद ही कोई हो। तुम्हें भी बहुत से मिले होंगे।'' वह फर्श पर देख रहा था।

''तुम्हारा कोई नहीं है।''

''नहीं।''

''कोई भी नहीं।''

''नहीं।''

''लेकिन मैं यह तुम्हारी माँ और बहन के बारे में तो कह सकता हूँ?''

''और तुम्हारी सिस्टर के बारे में भी।'' उसने चतुराई से कहा। हम दोनों हँस पड़े।

''ओल्ड सुपरमैन।'' मैंने कहा।

''हो सकता है, मुझे ईर्ष्या हो।'' रिनाल्डी ने कहा।

''नहीं तुम ईर्ष्यालु नहीं हो।''

''मेरा वह मतलब नहीं है। मेरा मतलब कुछ और है। तुम्हारा कोई शादी-शुदा दोस्त है?''

''हाँ।'' मैंने कहा।

''मेरा कोई नहीं है,'' रिनाल्डी ने कहा। ''सिर्फ प्यार करनेवाले नहीं।''

''क्यों नहीं?''

''मुझे वह पसन्द नहीं करते।''

''क्यों?''

''मैं साँप हूँ। मैं तर्क का साँप हूँ।''

''तुम चीजों का घाल-मेल कर रहे हो, कारण सेब ही था।''

'नहीं साँप था।'' वह प्रफुल्लित था।

''तुम जब गहराई से नहीं सोचते उस समय ज्यादा ठीक रहते हो।'' मैंने कहा।

''बेटा, मैं तुमसे मुहब्बत करता हूँ।'' उसने कहा।

''जब मैं महान इतालवी चिन्तक बन जाता हूँ तुम मेरी हवा निकाल देते हो, लेकिन मैं ऐसी बहुत सी बातें जानता हूँ जो मैं बता नहीं सकता, मैं तुमसे ज्यादा जानता हूँ।''

''हाँ, यह तो है।''

''लेकिन तुम्हारा बेहतर समय आएगा। दुख के साथ भी तुम्हारा वक्त बेहतर कटेगा।''

''मैं ऐसा नहीं मानता।''

''ओह, हाँ यह सच है। अभी भी मैं तभी खुश होता हूँ जब मैं काम कर रहा होता हूँ।'' उसने फिर फर्श की ओर देखा।

''इससे तुम निकल जाओगे।''

''नहीं, मुझे दो और चीजें पसन्द हैं। इसमें से एक मेरे काम के लिए ठीक नहीं है और दूसरी आधे घंटे या पन्द्रह मिनट में खत्म हो जाती है। कभी-कभी उससे भी कम।''

''कभी-कभी उससे भी काफी कम।''

''शायद अब मुझमें सुधार आ गया है। बेटा, तुम्हें नहीं मालूम। लेकिन मेरा काम और दो चीजें ही हैं बस।''

''बाकी चीजें भी तुम्हें मिल जाएँगी।''

''नहीं, हमें कभी कुछ नहीं मिलता, जो है उतना ही लेकर हम पैदा होते हैं और

हम कभी नहीं सीखते। हमें कभी कोई नई चीजें नहीं मिलतीं। पूर्णता से प्रारम्भ करते हैं हम। तुम्हें प्रसन्न होना चाहिए कि तुम लैटिन नहीं हो''

''लैटिन जैसी कोई चीज नहीं होती।''

''लैटिन सोच होती है। तुम्हें अपनी कमियों पर बड़ा गर्व है।'' रिनाल्डी ने मेरी ओर देखा और हँस पड़ा।

''अब बन्द करो, बेटा, इतना सोच-सोचकर मैं थक चुका हूँ।'' वह अन्दर आया था तभी थका हुआ लग रहा था।

''अब खाने का समय हो गया है, मुझे खुशी है कि तुम वापस आ गए हो। तुम मेरे सबसे अच्छे दोस्त और युद्ध भाई हो।''

''तो युद्ध-भाई खाना कब खाएँगे?'' मैंने पूछा।

''इसी वक्त, तुम्हारे लिवर के नाम पर हम लोग एक जाम और पिएँगे।''

''सैंट पॉल की तरह।''

''तुम गलत हो, वह वाइन पेट के लिए थी। थोड़ी सी वाइन अपने पेट की सुरक्षा के लिए और लो।''

''ठीक है जितनी भी तुम्हारी बोतल में शेष बची है।'' मैंने कहा, ''किसी के भी नाम की जो तुम कहो।''

''तुम्हारी दोस्त के नाम।'' रिनाल्डी ने कहा। उसने अपना गिलास उठाया।

''ठीक है।''

''मैं उसके बारे में कोई भी गन्दी बात नहीं कहूँगा।''

''चिन्ता मत करो।''

उसने कॉन्याक उँड़ेल ली।

''मैं शुद्ध हूँ।'' उसने कहा, ''मैं तुम्हारी ही तरह हूँ बेटा, मुझे भी इंग्लिश लड़की मिलेगी। वास्तव में मैं तुम्हारी वाली को पहले से जानता था। लेकिन मेरे लिए वह थोड़ी लम्बी थी। सिस्टर के हिसाब से थोड़ी लम्बी।''

''तुम्हारा दिमाग एकदम शुद्ध है।'' मैंने कहा।

''ऐसा है नहीं क्या? इसलिए सब मुझे पवित्र रिनाल्डी कहते हैं।''

''रिनाल्डी स्पोर्चिसिमो।''

''आओ, नीचे चलकर खाना खाते हैं, तब तक मेरा दिमाग भी शुद्ध है।''

मैंने हाथ धोए, बाल कंघी किए और हम सीढ़ियों से नीचे चले गए। रिनाल्डी को थोड़ी चढ़ गई थी, जिस कमरे में खाना खाते थे, वहाँ खाना अभी पूरी तरह तैयार नहीं था।

''मैं बोतल लेकर आता हूँ।'' रिनाल्डी ने कहा। वह सीढ़ियों से ऊपर गया। मैं मेज पर बैठ गया। वह बोतल लेकर वापस आया और आधा-आधा गिलास कॉन्याक और डाल ली।

''ज्यादा हो गई।'' मैंने कहा और गिलास उठाकर मेज पर रखे लैम्प की रोशनी में देखा।

''पेट खाली पड़ा हो तो कतई ज्यादा नहीं, बड़ी जानदार चीज है। पूरा पेट जलाकर रख देती है। इससे ज्यादा खराब तुम्हारे लिए कुछ भी नहीं है।''

''ठीक है।''

''एक-एक दिन करके आत्म-संहार।'' रिनाल्डी ने कहा, ''यह पेट को बरबाद कर देती है और हाथ हिलने लगते हैं। किसी सर्जन के लिए एकदम उपयुक्त है।''

''क्या तुम इसकी सलाह देते हो?''

''बिलकुल दिल से, मैं कुछ और प्रयोग ही नहीं करता। इसे पी लो बेटा और बीमार होने की तैयारी करो।''

मैंने आधा गिलास पी लिया। मुझे हॉल में अर्दली की आवाज सुनाई पड़ी, ''सूप! सूप! तैयार है।''

मेजर अन्दर आया, हमें इशारा किया और बैठ गया। मेज पर बैठा हुआ वह छोटा-सा लगता था।

''इतने ही लोग हैं?'' उसने पूछा। अर्दली ने सूप की कटोरी नीचे रख दी और उसने चमचे से उसे भर लिया।

''हम लोग इतने ही हैं, अगर पादरी आ जाए तो और बात है। अगर उसे पता चल गया होगा कि फ्रेडरिको यहाँ है तो वह जरूर आ जाएगा।''

''कहाँ है वह?'' मैंने पूछा।

''वह 307 पर है।'' मेजर ने कहा। वह अपना सूप पीने में व्यस्त था। उसने मुँह पोंछा और ऊपर उठी हुई भूरी मूँछों को सावधानी से साफ किया, ''वह आ जाएगा। मैंने सभी को बुलाया था और संदेश भेज दिया था कि तुम आ गए हो।''

''मुझे मैस का शोर याद आता है।'' मैंने कहा।

''हाँ, यहाँ बड़ी खामोशी है।'' मेजर ने कहा।

''मैं शोर करता हूँ।'' रिनाल्डी बोला।

''एनरिको थोड़ी सी वाइन और लो।'' मेजर ने कहा। उसने मेरा गिलास भर दिया। अर्दली मोटी सेवई ले आया और हम खाने में व्यस्त हो गए। हम सेवई खत्म कर ही रहे थे कि तभी पादरी आ गया। वह पहले जैसा ही था, छोटा, भूरा और ठोस सा। मैं उठा और हमने हाथ मिलाया। उसने मेरे कन्धे पर हाथ रखा।

''जैसे ही मुझे पता चला मैं आ गया।'' उसने कहा।

''बैठ जाओ, तुम देर से आए हो।'' मेजर ने कहा।

''गुड इवनिंग पादरी।'' रिनाल्डी ने अंग्रेजी बोलते हुए कहा। यह सबने पादरी को छेड़नेवाले कैप्टन से सीखा था जिसे थोड़ी सी इंग्लिश आती थी।

''गुड इवनिंग रिनाल्डी।'' पादरी ने जवाब दिया। अर्दली उसके लिए सूप लाया लेकिन उसने कहा कि वह स्पैघेटी ही लेगा।

''कैसे हो तुम ?'' उसने मुझसे पूछा।

''अच्छा।'' मैंने कहा। ''और क्या हाल है ?''

''पादरी जी थोड़ी-सी वाइन लीजिए अपने पेट की हिफाजत के लिए। सैंट पॉल है, जानते हैं न आप।'' रिनाल्डी ने कहा।

''हाँ, जानता हूँ।'' पुजारी ने विनम्रता से कहा। रिनाल्डी ने उसका गिलास भर दिया।

''यह सैंट पॉल।'' रिनाल्डी ने कहा। ''यही सभी समस्याओं की जड़ है।'' पुजारी ने मेरी ओर देखा और मुस्कुराया। मैंने देखा कि छेड़ने से अब उसके ऊपर कोई असर नहीं पड़ता था।

''यह सैंट पॉल।'' रिनाल्डी बोला, ''यह खुद बहुत बड़ा ऑल राउंडर और चलता पुर्जा था लेकिन जब उसमें गर्मी नहीं रही तो उसने कहा कि यह अच्छी चीज नहीं है। जब वह स्वयं चुक गया तो उसने हमारे लिए नियम बना दिए जबकि हम में तो अभी भी बहुत कुछ है। फ्रैडरिको, क्या यह सच नहीं है ?''

मेजर मुस्कुराया। हम लोग धीमी आँच में पका मीट खा रहे थे।

''मैं सैंट के बारे में शाम के बाद चर्चा नहीं करता।'' मैंने कहा। पादरी ने मीट से निगाहें उठाईं और मेरी ओर देखकर मुस्कराया।

''देख लो, जाकर मिल गया पादरी से।'' रिनाल्डी ने कहा, ''पादरी को छेड़ने वाले सारे पुराने लोग कहाँ चले गए? बिना किसी सपोर्ट के क्या अकेला मैं ही पादरी को छेड़ता रहूँगा ?''

''पादरी अच्छा आदमी है।'' मेजर ने कहा।

''पादरी तो अच्छा है।'' रिनाल्डी ने कहा, ''लेकिन है तो पादरी ही। मैं तो मैस को पहले जैसा ही बनाना चाहता हूँ। मैं फ्रेडरिको को खुश करना चाहता हूँ। पादरी जाए भाड़ में।''

मैंने देखा मेजर उसे देख रहा था, वह नशे में था। उसका पतला चेहरा सफेद हो गया था। उसके गोरे रंग की तुलना में उसके बालों की रंगत बहुत काली थी।

''कोई बात नहीं, रिनाल्डी, कोई बात नहीं।'' पादरी ने कहा।

''भाड़ में जाओ तुम।'' रिनाल्डी ने कहा, ''सारी बकवास भाड़ में जाए।'' वह अपनी कुर्सी पर झुक गया।

''वह तनाव में है और पका हुआ है।'' मेजर ने मुझसे कहा। उसने मीट खत्म किया और रोटी के टुकड़े से सालन पोंछ दिया।

''मैं परवाह नहीं करता।'' रिनाल्डी ने कहा।

''सब बकवास है।'' उसने मेज के आस-पास देखते हुए अकड़कर कहा। उसकी आँखें सपाट और चेहरा पीला हो गया था।

''ठीक है।'' मैंने कहा, ''सारी दुनिया भाड़ में जाए! नहीं, नहीं।''

रिनाल्डी ने कहा, ''तुम नहीं कह सकते, तुम नहीं कह सकते, तुम एकदम शुष्क और खाली हो और कुछ नहीं। मैं बता रहा हूँ इसके अलावा कुछ नहीं है। कुछ भी नहीं। मैं जानता हूँ मुझे कब काम बन्द करना है।''

पादरी ने अपना सिर हिलाया। अर्दली पका हुआ मांस उठा ले गया।

''तुम गोश्त क्यों खा रहे हो?'' रिनाल्डी ने पादरी की ओर घूमते हुए पूछा, 'तुम्हें पता नहीं आज शुक्रवार है?''

''आज बृहस्पतिवार है?'' पादरी ने कहा।

''यह झूठ है, आज शुक्र है। तुम हमारे स्वामी का शरीर खा रहे हो। यह भगवान का गोश्त है। मैं जानता हूँ यह मृत आस्ट्रियाई है। यही तुम खा रहे हो।''

''सफेद गोश्त आफीसर्स का है।'' पुराने मजाक को पूरा करते हुए मैंने कहा। रिनाल्डी हँसा। उसने अपना गिलास भर लिया।

''मेरी बात का बुरा नहीं मानना।'' उसने कहा, ''मैं थोड़ा सनकी हूँ।''

''तुम्हें थोड़ी छुट्टी लेनी चाहिए।'' पादरी ने कहा।

मेजर ने सिर हिलाकर उसे मना किया। रिनाल्डी ने पादरी की ओर देखा।

''तुम्हें लगता है कि मुझे छुट्टी पर चला जाना चाहिए?''

मेजर ने फिर पादरी की तरफ सिर हिलाया, रिनाल्डी पादरी की ओर देख रहा था।

''जैसा तुम ठीक समझो।'' पादरी ने कहा, ''अगर नहीं चाहते तो नहीं।''

''भाड़ में जाओ तुम।'' रिनाल्डी ने कहा, ''मुझे भगाना चाहते हैं। हर रात सब मुझसे पिंड छुड़ाना चाहते हैं। मैं जूझ रहा हूँ इनसे। मुझे हो गया तो क्या हुआ। सभी को है। पूरी दुनिया को है।'' पहले वह एक प्रवक्ता की शैली में कहता चला गया, ''छोटा सा दाना होता है फिर कन्धों के बीच में निशान दिखाई पड़ते हैं फिर कुछ दिखाई नहीं पड़ता। हम पारे में आस्था करने लगते हैं।''

''या सैलवर्सन।'' मेजर ने धीरे से टोका।

''एक पारे का उत्पाद।'' रिनाल्डी ने कहा। अब वह बहुत उत्साहित था।

''मैं दोनों के बारे में थोड़ा-थोड़ा जानता हूँ, बेचारा पादरी।'' उसने कहा, ''तुम कभी नहीं समझ पाओगे। बच्चा समझ जाएगा। यह एक औद्योगिक दुर्घटना है, एक साधारण औद्योगिक दुर्घटना।''

अर्दली मिठाई और कॉफी लेकर आ गया। मिठाई चटनी लगी हुई पुरानी काली ब्रैड की पुडिंग जैसी थी। लैंप से धुआँ उठ रहा था। धुआँ उठकर चिमनी के अन्दर जा रहा था।

''दो मोमबत्ती ले आओ और यह लैंप यहाँ से ले जाओ।'' मेजर ने कहा। अर्दली दो प्लेटों में जलती हुई मोमबत्तियाँ ले आया और लैंप को बुझाकर बाहर ले

गया। रिनाल्डी अब शान्त था। वह ठीक दिखाई पड़ रहा था। हम बात करते रहे और कॉफी पीने के बाद सब बाहर हॉल में आ गए।

''तुम पादरी से बात करना चाहते हो। मुझे जरा शहर तक जाना है।'' रिनाल्डी ने कहा, ''गुड नाइट पादरी।''

''गुड नाइट रिनाल्डी।'' पादरी ने कहा।

''फ्रैडी, फिर मिलता हूँ तुमसे।'' रिनाल्डी ने कहा।

''हाँ।'' मैंने कहा, ''जल्दी आना।''

उसने शक्ल बनाई और दरवाजे से बाहर चला गया। मेजर हम लोगों के साथ खड़ा था।

''वह बहुत थका हुआ और काम के बोझ से दबा हुआ है।'' उसने कहा, ''उसे लगता है कि उसे सिफलिस हो गई है। मुझे तो विश्वास नहीं है लेकिन हो भी सकती है। वह अपना इलाज करा रहा है। गुड नाइट एनरिको, तुम उजाले से पहले ही निकल जाओगे?''

''हाँ।''

''फिर गुडबाय।'' उसने कहा, ''गुडलक, पेडुजी तुम्हें जगा देगा और तुम्हारे साथ जाएगा।''

''गुडबाय, मेजर साब।''

''गुडबाय, आस्ट्रिया के आक्रमण की लोग बात कर रहे हैं लेकिन मुझे विश्वास नहीं है। मुझे उम्मीद नहीं है और होगा भी तो यहाँ नहीं होगा। जिनो तुम्हें सारी बात बता देगा, अब टेलीफोन ठीक काम करता है।''

''मैं बात करता रहूँगा।''

''हाँ, जरूर, गुडनाइट, रिनाल्डी को ज्यादा ब्रांडी मत पीने देना।''

''मैं कोशिश करूँगा।''

''गुड नाइट पादरी।''

''गुड नाइट मेजर साब।''

वह अपने ऑफिस में चला गया।

## अध्याय-26

मैं दरवाजे तक गया और बाहर देखा। बारिश थम गई थी लेकिन कुहासा था।

''ऊपर चलें हम लोग।'' मैंने पादरी से पूछा।

''मैं थोड़ी देर ही रुकूँगा।''

"आओ, ऊपर आओ।"

हमने सीढ़ियाँ चढ़ीं और कमरे में आ गए। मैं रिनाल्डी के बिस्तर पर लेट गया। पादरी मेरी चारपाई पर बैठ गया जिसे अर्दली ने ठीक कर दिया था। कमरे में अँधेरा था।

"अच्छा, क्या हाल हैं तुम्हारे?" उसने पूछा।

"मैं ठीक हूँ। आज थका हुआ हूँ।"

"थका हुआ मैं भी हूँ लेकिन कोई वजह नहीं है।"

"युद्ध का क्या हाल है?"

"मुझे लगता है जल्दी समाप्त हो जाएगा, यह तो नहीं पता क्यों लेकिन ऐसा लगता है?"

"तुम कैसा महसूस करते हो?"

"तुम जानते हो अपना मेजर कैसा आदमी है? शरीफ? अब अधिकांश लोग ऐसे ही हैं।"

"मैं स्वयं भी ऐसा ही महसूस करता हूँ।" मैंने कहा।

"बड़ी भयावह गर्मियाँ थीं।" पादरी ने कहा। मेरे जाने के समय से वह अपने बारे में अब अधिक आश्वस्त था। "तुम्हें विश्वास नहीं होगा कि कैसे दिन गुजरे हैं। आप स्वयं रहे हों तभी जान सकते हैं कि कैसा था। युद्ध का अहसास लोगों को इन गर्मियों में ही हुआ है। जिन अफसरों के बारे में मैं सोचता था कि इनको कभी अहसास नहीं होगा, अब उनकी समझ में आया।"

"क्या होगा?" मैंने कम्बल को हाथ से हिलाया।

"मुझे नहीं मालूम लेकिन मुझे नहीं लगता कि बहुत लम्बा चल पाएगा।"

"होगा क्या?"

"लड़ाई बन्द कर देंगे।"

"कौन?"

"दोनों पक्ष।"

"मुझे भी लगता है।" मैंने कहा।

"तुम्हें विश्वास नहीं है?"

"मुझे इस बात का विश्वास नहीं है कि दोनों पक्ष एक साथ युद्ध बन्द कर देंगे।"

"मैं भी नहीं मानता, यह बहुत बड़ी अपेक्षा होगी लेकिन जिस तरह लोगों में परिवर्तन हो रहा है उससे लगता है कि अब यह लम्बा नहीं चल पाएगा।"

"इस गर्मी में कोई लड़ाई जीती?"

"कोई नहीं।"

"आस्ट्रियन जीते", मैंने कहा, "उन्होंने सैन गैब्रियल नहीं लेने दिया। वही जीते हैं। वह युद्ध बन्द नहीं करेंगे।"

''जैसा हम महसूस कर रहे है अगर वह भी ऐसा ही कर रहे हैं तो बन्द कर देंगे। वह भी इसी प्रक्रिया से गुजर रहे हैं।''

''जो जीत रहा होता है वह कभी लड़ाई बन्द नहीं करता।''

''तुम मुझे निरुत्साहित कर रहे हो।''

''मैं जो सोच रहा हूँ वही कह रहा हूँ।''

''तो तुम सोच रहे हो कि यह ऐसे ही चलता रहेगा? कभी कुछ नहीं होगा?''

''मैं नहीं जानता। मैं सिर्फ सोच रहा हूँ कि अगर आस्ट्रियन जीत रहे हैं तो वह युद्ध बन्द नहीं करेंगे। जब हम हार रहे होते हैं तभी क्रिश्चियन बनते हैं।''

''ऑस्ट्रियन क्रिश्चियन ही हैं—बोस्नियावासियों के अलावा।''

''क्रिश्चियन से मेरा मतलब तकनीकी रूप से नहीं। मेरा मतलब था भगवान जैसे।''

उसने कुछ नहीं कहा।

''हम लोग अब अधिक शरीफ बन रहे हैं क्योंकि हम हार रहे हैं। अगर पीटर ने हमारे लॉर्ड को बाग में बचा लिया होता तो भगवान का क्या रवैया होता?''

''ठीक पहले जैसा ही।''

''मैं ऐसा नहीं सोचता।'' मैंने कहा।

''तुम मुझे हतोत्साहित कर रहे हो।'' उसने कहा, ''मेरा विश्वास है और मैं प्रार्थना करता हूँ कि कुछ न कुछ अवश्य होगा। मैंने बहुत नजदीक से महसूस किया है।''

''कुछ हो सकता है।'' मैंने कहा, ''लेकिन ये सिर्फ हमें ही होगा। अगर वह वैसा ही सोचते जैसा हम सोच रहे हैं तब ठीक था। लेकिन वह हमें हरा चुके हैं। इसलिए वह दूसरी तरह सोचते हैं।''

''बहुत से सिपाही भी ऐसा ही सोच रहे हैं जबकि ऐसा नहीं है कि वह हार गए हों। वह शुरू में ही हार गए थे। तभी जब उन्हें खेतों से उठाकर फौज में भर्ती कर दिया गया था। इसीलिए किसान में सद्‌बुद्धि आ गई है क्योंकि वह पहले ही हार चुका है। उसे थोड़ी सी सत्ता दे दो और फिर देखो वह कितना बुद्धिमान है।''

वह कुछ नहीं बोला, वह कुछ सोच रहा था।

''अब मैं स्वयं निराश हूँ।'' मैंने कहा, ''इसलिए मैं इन सब बातों के बारे में नहीं सोचता, मैं सोचता नहीं हूँ और जब बात करने लगता हूँ तो बिना सोचे जो भी दिमाग में आता है, कहता चला जाता हूँ।''

''मुझे थोड़ी उम्मीद थी।''

''हार की।''

''नहीं कुछ ज्यादा।''

''और ज्यादा कुछ भी नहीं है, सिवाय जीत के। इससे बदतर ही हो सकता है।''

''बहुत दिनों तक मैं जीत की उम्मीद करता रहा।''

''मैं भी।''

''अब मैं नहीं जानता।''

''दोनों में से एक तो होता ही है।''

''मेरा अब जीत में यकीन नहीं है।''

''मेरा भी नहीं, लेकिन मैं हार में विश्वास नहीं रखता, भले यह बेहतर हो।''

''तुम किस में विश्वास करते हो ?''

''नींद में।'' मैंने कहा। वह खड़ा हो गया।

''ज्यादा देर रुकने के लिए मैं शर्मिंदा हूँ। लेकिन तुमसे बात करने में मजा आता है।''

''फिर से बात करके अच्छा लगा, मैंने सोने के लिए कहा था यानी और कुछ नहीं।''

हम खड़े हो गए और अँधेरे में ही हाथ मिलाया।

''मैं 307 पर सोता हूँ।'' उसने कहा।

''मैं सुबह जल्दी पोस्ट के लिए निकल जाऊँगा।''

''तुम लौटकर आओगे तो मिलूँगा।''

''हम साथ घूमेंगे और बात करेंगे।'' मैं उसके साथ दरवाजे तक गया।

''नीचे मत आओ।'' उसने कहा, ''तुम वापस आ गए बहुत अच्छा रहा, हालाँकि तुम्हारे लिए ठीक नहीं है।'' उसने अपना हाथ मेरे कन्धे पर रख दिया।

''नहीं मेरे लिए भी ठीक है।'' मैंने कहा ''गुड नाइट।''

''गुड नाइट, सियाऊ!''

''सियाऊ!'' मैंने कहा। मुझे जोर से नींद आ रही थी।

## अध्याय-27

रिनाल्डी जब अन्दर आया तो मैं जाग गया लेकिन उसने बात नहीं की और मैं फिर से सो गया। सुबह मैं ड्रैस लगाकर तैयार था और उजाला होने से पहले ही चला गया। जब मैं निकला तो रिनाल्डी नहीं जागा।

मैंने बैंसिजा पहले नहीं देखा था और उस ढलान पर जाना थोड़ा अजीब सा लग रहा था जहाँ पहले ऑस्ट्रियाई थे। यह नदी पर उस जगह से आगे था जहाँ मैं घायल हुआ था। एक तेज ढलान वाली सड़क पर बहुत से ट्रक थे। सड़क जब समतल हुई तो कुहासे में मुझे जंगल और खड़ी चट्टानें दिखाई दीं। वहाँ जंगल था जिस पर तेजी से कब्जा कर लिया गया था जो नष्ट नहीं हुआ था। आगे जहाँ सड़क पहाड़ियों से नहीं घिरी थी, वहाँ किनारों पर चटाइयाँ लगाई गई थीं। सड़क एक ध्वस्त गाँव में

जाकर खत्म हो गई, सीमा थोड़ी आगे थी। आस-पास काफी तोपखाने थे, घर बुरी तरह ध्वस्त हो चुके थे लेकिन चीजें व्यवस्थित करने की कोशिश की गई थी। हर जगह साइनबोर्ड लगे हुए थे। हमें जिनो मिल गया और उसने कॉफी की व्यवस्था की। बाद में मैं उसके साथ गया। शेष लोगों से मिला और चौकियाँ देखीं। जिनो ने बताया कि ब्रिटिश कारें बैंसिजा से और नीचे रावने से काम कर रही थीं। ब्रितानियों के प्रति उसमें भारी प्रशंसा का भाव था। उसने बताया कि थोड़ी-थोड़ी बमबारी अभी भी हो रही थी लेकिन अधिक लोग घायल नहीं हो रहे थे। चूँकि बारिश शुरू हो गई थी इसलिए बहुत से लोग बीमार होंगे। आस्ट्रियंस के आक्रमण करने की सम्भावना थी लेकिन उसे विश्वास नहीं था। आक्रमण हमें भी करना था लेकिन नई टुकड़ियाँ नहीं आई थीं इसलिए उसका ख्याल था कि ऐसा नहीं होगा। खाने की कमी थी और गौरिजिया में पेट भर खाना मिलने से उसे खुशी होगी। मेरा रात का खाना कैसा था? मैंने उसे बताया तो उसने कहा कि फिर तो बहुत मजा आएगा। 'डोल्से' नाम के व्यंजन से वह ज्यादा प्रभावित हुआ। मैंने इसके बारे में विस्तार से नहीं बताया सिर्फ इतना ही कहा कि 'डोल्से' थी और मुझे लगता है कि उसे विश्वास हो गया कि यह ब्रैड पुडिंग से कहीं अधिक अच्छी चीज थी।

उसने पूछा कि उसे कहाँ जाना होगा? मुझे पता नहीं था लेकिन कुछ कारें कैपोरेटो में थीं। उसे आशा थी कि वह वहीं जाएगा। यह एक छोटी सी अच्छी जगह थी और दूर ऊँचे-ऊँचे पहाड़ उसे पसन्द थे। वह अच्छा लड़का था और ऐसा लगता था कि सब उसे पसन्द करते थे। उसने बताया कि सैन गैब्रियल में नारकीय स्थिति थी और लोम का आक्रमण और भी खराब था। यहाँ और आगे टैरनोवा पहाड़ी के जंगलों में आस्ट्रियंस के पास बहुत बड़ा तोपखाना था और वह रात में सड़क पर भारी बमबारी करते थे। नौसैनिक तोपों की एक टुकड़ी थी जिसके नाम से वह भयाक्रान्त था। मैं उनकी सपाट टैजेक्ट्री के कारण उन्हें पहचान सकता था। उसकी रिपोर्ट सुन ही रहा था कि कि एकदम से धमाके शुरू हो गए। वह एक साथ दो तोपें चलाते थे, एक के बाद एक और विस्फोट से निकली किरचें भयानक होती थीं। उसने मुझे एक फुट लम्बा धातु का काँटेदार टुकड़ा दिखाया। यह कॉपर, जिंक और टिन को मिलाकर बनाई गई धातु थी।

"मैं नहीं मानता कि यह बहुत असरदार है।" जिनो ने कहा, "लेकिन इनसे मुझे बहुत डर लगता है। उनकी आवाज से ऐसा लगता है जैसे हमारे ही सिर के ऊपर बम फटा हो। पहले गूँज होती है फिर चीख और उसके बाद विस्फोट। हम घायल ही तो नहीं हुए वरना मौत तो हमारे सामने से गुजर जाती है।"

उसने बताया कि सीमा पर हमारे सामने कुछ क्रोएशियन और माग्यार हैं। हमारी सेनाओं के पास अभी भी आक्रमण होने की स्थिति में बात करने के लिए कोई वायरलेस नहीं था और पीछे हटने के लिए भी कोई जगह नहीं थी। पठार से निकल

कर आने वाले निचले पर्वतों के साथ सुरक्षित स्थान थे लेकिन सुरक्षा के लिए उन्हें व्यवस्थित करने की कोई कोशिश नहीं की गई थी। बहरहाल, बैंसिजा के बारे में मैं क्या सोचता था?

मैं उम्मीद करता था कि यह थोड़ा सपाट होगा, पठार की तरह। मुझे यह अंदाजा नहीं था कि इतना ऊबड़-खाबड़ होगा।

''एल्टो पियानो'', जिनो ने कहा, ''लेकिन कोई पियानो नहीं।''

जिस घर के तहखाने में वह रहता था वहाँ हम वापस गए। मैंने कहा कि मेरे हिसाब से छोटे पर्वतों की शृंखला को सुरक्षित रख पाने से किसी ऐसी चोटी को जो सपाट हो और जिसमें थोड़ी गहराई हो उसे नियंत्रण में रख पाना अधिक आसान और व्यवहारिक होगा। समतल की अपेक्षा ऊँचे पहाड़ पर आक्रमण करना आसान नहीं होता, मैंने तर्क किया।

''यह पहाड़ किस तरह के हैं इस पर निर्भर करता है।'' उसने कहा, ''सैन गैब्रियल को ही देख लो।''

''हाँ।'' मैंने कहा, ''लेकिन चोटी पर जहाँ समतल था वहीं समस्या हुई थी। वह आसानी से ऊपर पहुँच गए।''

''इतनी आसानी से नहीं।'' उसने कहा।

''हाँ।'' मैंने कहा, ''लेकिन यह तो एक असाधारण स्थिति थी क्योंकि पहाड़ों की अपेक्षा यह एक किला था। ऑस्ट्रियाई कई वर्षों से इसे किले का रूप दे रहे थे।'' रणनीतिक दृष्टि से कहा जाए तो मेरे हिसाब से पर्वतों की क्रमिक शृंखला को सीमा मानकर चलना बेकार था क्योंकि उन्हें घुमाना बहुत आसान था। आपके पास गतिशीलता की सम्भावना होनी चाहिए और पर्वतों में यह सम्भव नहीं है। पहाड़ से नीचे की ओर लोगों का निशाना हमेशा दूर ही लगता है। अगर एक हिस्से को घुमा दिया जाए तो सबसे बेहतरीन आदमी सबसे ऊँचे पहाड़ पर छूट जाएँगे। पहाड़ों के युद्ध में मेरा यकीन नहीं था। मैंने इस पर काफी सोचा था। मैंने कहा, ''एक पहाड़ आप चटकाइए तो दूसरा वह चटका देंगे। और जब असली चीज शुरू होगी तो हर एक को पहाड़ों से नीचे उतरना पड़ेगा।''

''अगर तुम्हारा मोर्चा पहाड़ी होता तब तुम क्या करते?'' उसने पूछा।

''उसके बारे में मैंने अभी नहीं सोचा।'' हम दोनों हँस पड़े। मैंने कहा, ''पुराने दिनों में वैरोना के पास चौकोर मैदान में आस्ट्रियन हमेशा धुने गए हैं। पहले उन्हें वहाँ मैदान तक आने दिया फिर उसके बाद धुनकर रख दिया।''

''हाँ।'' जिनो ने कहा, ''लेकिन वह फ्रैंच थे और सैन्य समस्याओं का निदान आप आसानी से निकाल सकते हैं अगर आप दूसरे देश में लड़ रहे हों।''

''हाँ।'' मैंने सहमति जताई, ''अगर आपका अपना देश है तो आप उसे वैज्ञानिक रूप से प्रयोग नहीं कर सकते।''

''रूसियों ने किया था, नैपोलियन को फँसाने के लिए।''

''हाँ, लेकिन उनके पास विशाल देश था। अगर इटली में आप नैपोलियन को फँसाने के लिए पीछे हटेंगे तो ब्रिंडसी पहुँच जाएँगे।''

''बहुत घटिया जगह है।'' जिनो ने कहा, ''तुम कभी गए हो वहाँ?''

''रुकने के लिए नहीं।''

''मैं बहुत बड़ा देशभक्त हूँ लेकिन ब्रिंडसी और टैरेंटो मुझे कभी अच्छे नहीं लगे।'' जिनो ने कहा।

''तुम्हें बैंसिजा अच्छा लगता है?'' मैंने पूछा।

''मिट्टी बहुत अच्छी है।'' उसने कहा, ''लेकिन मेरी इच्छा थी कि इसमें आलू और ज्यादा पैदा होते, तुम्हें पता है जब हम लोग यहाँ आए थे तो यहाँ ऑस्ट्रियाइयों के लगाए हुए आलू के खेत थे...।''

''क्या वास्तव में खाने की कमी हो गई थी?''

''स्वयं मुझे अधिक खाने को नहीं मिला है, लेकिन मैं ज्यादा खाता हूँ और भूख से नहीं मरा हूँ। मैस साधारण सा है। जो टुकड़ियाँ मोर्चे की सुरक्षा में हैं उन्हें काफी अच्छा खाना मिलता है लेकिन जो सहयोगी हैं उन्हें उतना नहीं मिलता। कहीं न कहीं कुछ गड़बड़ है। खाना तो पर्याप्त मात्रा में होना ही चाहिए।''

''डौग फिश कहीं और बेची जा रही है?''

''हाँ, मोर्चे की सेनाओं को वह अधिक से अधिक दे रहे हैं लेकिन पीछे वालों के पास काफी कमी है। वह ऑस्ट्रियाइयों के सारे आलू और जंगली अखरोट खा गए हैं। उन लोगों को भी बेहतर खाना मिलना चाहिए। हम लोग अधिक खाने वाले हैं। मुझे विश्वास है खाद्य सामग्री पर्याप्त है, जवानों के पास खाने की कमी होना बहुत बुरी बात है। तुमने कभी ध्यान दिया है कि इससे हमारे सोचने के ढंग पर कितना फर्क पड़ता है?''

''हाँ।'' मैंने कहा, ''इससे लड़ाई भले ही जीती न जाए लेकिन हार अवश्य सकते हैं।''

''हारने की बात हम लोग नहीं करेंगे। हारने की बात बहुत हो रही है। इस बार गर्मी में जितना काम हुआ है वह व्यर्थ नहीं जा सकता।''

मैंने कुछ नहीं कहा। मैं पवित्रता, गौरव, बलिदान और आत्मोत्सर्ग जैसे शब्दों को सहन नहीं कर पाता था। हम इन्हें बहुत अधिक सुन चुके थे। अक्सर बारिश में इतनी दूर खड़े हुए कि कुछ भी सुनाई न पड़े और केवल जोर से बोले गए शब्द ही सुनाई पड़ते थे। इश्तहारों के ऊपर चिपकाए गए इश्तहारों की घोषणाओं में हम कई बार यह सब पढ़ चुके थे। बहुत दिन हो चुके थे और मुझे कुछ भी पवित्र दिखाई नहीं दिया था। जो चीजें गौरवशाली थीं उनमें कोई गौरव नहीं था और सारे बलिदान शिकागो के बाड़े की तरह थे जहाँ गोश्त को जमीन में गाढ़ने के अलावा कुछ नहीं

किया जाता था। बहुत से शब्द ऐसे थे जिन्हें सुनना भी मुश्किल था और आखिरकार केवल स्थानों के नामों में ही गरिमा शेष रह गई थी। कुछ संख्याएँ वैसे ही थीं और इनके साथ कुछ तारीखें और स्थानों के नाम ही ऐसे थे जिनके बारे में कुछ अर्थ शेष था। यश, सम्मान, साहस या श्रद्धा जैसे अमूर्त शब्द गाँवों के नामों, सड़कों की संख्याओं, नदियों के नामों, तारीखों और रेजीमेंटों की संख्या के साथ अश्लील से प्रतीत होते थे। जिनो चूँकि देशभक्त था इसलिए कभी-कभी वह ऐसी बातें कहता था जो हममें फर्क करती थीं लेकिन वह अच्छा लड़का था और मैं उसकी देशभक्ति की भावना समझता था। वह उसकी मातृभूमि थी। वह पेडुजी के साथ कार में बैठकर गौरिजिया चला गया।

पूरे दिन तूफान चलता रहा। हवा के साथ तेज बारिश आई और कीचड़ और पानी भर गया। टूटे हुए घरों का पलस्तर भूरा और भीगा हुआ था। ढलती दोपहर में बारिश रुक गई और दो नंबर चौकी से मैंने शरद् काल में भीगे हुए अनावृत् क्षेत्र के साथ मेघ आच्छादित पर्वतमालाओं को देखा। सड़कों को ढकता हुआ पुआल भीग गया था और टपक रहा था। डूबने से पहले सूरज एक बार बाहर निकला और पहाड़ी के पार नंगे जंगलों पर एक बार चमका। उस पहाड़ी के जंगलों में कई ऑस्ट्रियाई तोपें थीं। लेकिन उनसे बमबारी कम ही होती थी। सीमा के पास एक टूटे हुए घर के ऊपर किरच जैसे धुएँ के गोले उठते हुए मैंने देखे। झोंके के साथ उसके केन्द्र में पीली सफेद चमक भी थी। पहले चमक दिखाई दी, फिर धमाका हुआ और उसके बाद धुएँ का गोला हवा में विरल होता हुआ और बिगड़ता हुआ दिखाई दिया। घरों के मलबे में और टूटे हुए घर के पास जहाँ चौकी थी उस सड़क पर बहुत सी किरची वाले छर्रे पड़े हुए थे। लेकिन उस दोपहर पोस्ट के पास बम नहीं गिरे। हमने दो गाड़ियाँ भरीं और सड़क से नीचे चल पड़े। सड़क को भीगी हुई चटाइयों से ढक दिया गया था। डूबते हुए सूरज की किरणें चटाइयों की लटकी हुई पट्टियों के बीच से झाँकती हुई दिखाई पड़ती थीं। पहाड़ी के पीछे साफ सड़क पर जब तक हम निकले सूरज डूब चुका था। सड़क से हम नीचे चले गए और वैसे ही एक खुले किनारे पर घूमकर चौकोर घुमाववाली चटाइयों की सुरंग से घुसे। बारिश फिर शुरू हो गई।

रात में हवा तेज हो गई और बारिश चटाइयों में घुसने लगी। तीन बजे बमबारी शुरू हो गई। क्रोएशियाई जंगल के छोटे टुकड़ों और पर्वतीय घास के मैदानों को पार करके मोर्चे तक आ गए। बरसात और अँधेरे में लड़ाई हुई और दूसरी सुरक्षा पंक्ति के भयभीत सैनिकों ने प्रत्याक्रमण करके उन्हें पीछे हटाया। काफी बमबारी हुई और बारिश में कई रॉकेट भी छोड़े गए। मशीन-गन और राइफलों से पूरी सीमा पर गोलियाँ चलती रहीं। वह दोबारा नहीं आए और अब शान्ति थी लेकिन हवा और बारिश के झोंकों के बीच सुदूर उत्तर में भारी बमबारी की आवाजें सुनाई देती रहीं।

घायल सैनिक चौकी पर आ रहे थे। कुछ स्ट्रैचर पर, कुछ पैदल चलकर और कुछ मैदान के पास से आदमियों की पीठ पर भी बैठकर आ रहे थे। सभी बुरी तरह भीगे हुए थे और भयभीत थे। हमने दो कारों को चौकी के तहखाने से निकली स्ट्रैचर से भर लिया, जैसे ही मैंने दूसरी कार का दरवाजा बन्द किया मैंने महसूस किया कि मेरे चेहरे पर गिरी हुई बारिश बर्फ में बदल गई थी। बरसात में बर्फ की भारी पपड़ियाँ तेजी से आ रही थीं।

सुबह की रोशनी आ गई लेकिन तूफान अभी भी चल रहा था। हालाँकि बर्फबारी रुक गई थी। गीली जमीन पर गिरकर बर्फ पिघल गई थी और अब बारिश हो रही थी। सुबह के प्रकाश के बाद एक और आक्रमण हुआ लेकिन यह असफल रहा। पूरे दिन हमें आक्रमण की आशंका रही लेकिन दिन छिपने के पहले तक ऐसा नहीं हुआ। लम्बी वन आच्छादित पहाड़ी के दक्षिण में बमबारी शुरू हो गई, जहाँ ऑस्ट्रियाई तोपें जमा थीं। हमें भी बमबारी की शंका थी लेकिन ऐसा नहीं हुआ। अँधेरा होता जा रहा था। गाँव के पीछे वाले मैदान से तोपें चल रहीं थीं और बम दूर गिर रहे थे जिससे हल्की आवाज ही सुनाई पड़ रही थी।

हमें पता चला कि दक्षिण का आक्रमण भी असफल रहा। उस रात उन्होंने आक्रमण नहीं किया लेकिन सुनने में आया कि उत्तर में उन्हें घेरा तोड़ने में सफलता मिल गई है। रात में खबर आई कि हमें पीछे हटने के लिए तैयार रहना है। चौकी के कैप्टन ने मुझे यह बात बताई। उसे यह सूचना ब्रिगेड से मिली थी। थोड़ी देर बाद वह फोन पर बात करके लौटा और बोला यह झूठी खबर थी। ब्रिगेड को आदेश मिला था कि बैंसिजा की सीमा को किसी भी परिस्थिति में सुरक्षित रखना था। मैंने सम्भावित सफलता के बारे में पूछा तो उसने बताया कि ब्रिगेड में ही उसने सुना है कि कैपेरिटो की ओर ऑस्ट्रियाइयों ने 27 कॉर्प्स को भेद दिया था। उत्तरी भाग में पूरे दिन भीषण युद्ध हुआ था।

"अगर उन हरामियों ने उन्हें अन्दर आने दिया तो हमारा भुरता बन जाएगा।" उसने कहा।

"यह जर्मन हैं, जो आक्रमण कर रहे हैं।" चिकित्सा अधिकारी ने कहा। जर्मन शब्द कुछ भयभीत सा करनेवाला था। हम जर्मनों से कोई वास्ता नहीं रखना चाहते थे।

"वहाँ जर्मन फौज की पन्द्रह डिवीजन हैं।" चिकित्सा अधिकारी ने कहा, "वह आगे बढ़ गए हैं और हम लोगों की रसद कट जाएगी।"

"ब्रिगेड से उन्होंने कहा है कि इस मोर्चे को सुरक्षित रखना है। उधर से वह मोर्चे को बहुत बुरी तरह से अभी नहीं भेद पाए हैं और पहाड़ों के पार मैगियोर पर्वत से मोर्चा सँभालकर रखेंगे।"

"यह कहाँ से पता चला?"

"डिवीजन से।"

"यह खबर कि हमें पीछे हटना है डिवीजन से आई थी।"

"हम आर्मी कॉर्प्स के नीचे काम कर रहे हैं।" मैंने कहा, "लेकिन यहाँ मैं तुम्हारे अधीन हूँ, स्वाभाविक है जब भी जाने के लिए कहोगे मैं जाऊँगा, लेकिन आदेश स्पष्ट होने चाहिए।"

"आदेश यही है कि हमें यहाँ रुकना है। तुम घायलों को यहाँ से हटाकर नीचे स्टेशन पर ले जाओ।"

"कभी-कभी हम नीचे वाले स्टेशन से फील्ड अस्पताल में भी ले जाते हैं।" मैंने कहा, "मुझे बताओ, मुझे पलायन का अनुभव नहीं है। अगर पीछे हटना है तो फिर सभी घायल कैसे निकाले जाएँगे?"

"नहीं निकालेंगे, जितने ले आए जा सकते हैं उतने ले आएँगे बाकी को छोड़ देंगे।"

"कारों में मैं क्या ले जाऊँ?"

"अस्पताल उपकरण!"

"ठीक है।" मैंने कहा।

अगली रात पलायन प्रारम्भ हो गया। हमने सुना कि जर्मन और ऑस्ट्रियाई उत्तर में आगे बढ़ चुके थे और पहाड़ी के रास्ते से होकर सिविडेल और यूडीन की ओर बढ़ रहे थे। पलायन की प्रक्रिया व्यवस्थित, आर्द्र और विषण्ण थी। रात में भीड़ भरी सड़क पर जाते हुए रास्ते में बारिश में मार्च करती हुई सेनाएँ, तोपें, घोड़े, गाड़ियाँ, खच्चर, ट्रक सभी मोर्चे से दूर जाते हुए मिले। आगे बढ़ने की अपेक्षा अव्यवस्था थोड़ी कम ही थी।

उस रात हमने युद्धभूमि के हॉस्पिटल जो पठार के सबसे कम क्षतिग्रस्त गाँवों में बसाए गए थे उन्हें खाली करने में मदद की और घायलों को नदी तट पर बसे प्लावा कस्बे में ले गए। अगले पूरे दिन बरसात में हम लोग अस्पताल और प्लावा का क्लीयरिंग स्टेशन खाली करने के लिए ढुलाई करते रहे। बारिश लगातार होती रही और बैंसिजा की फौजें अक्टूबर की बारिश में नदी के पार पठार से नीचे उतरती रहीं, जहाँ वर्ष की बसन्त ऋतु में महान जीतें हासिल हुई थीं। अगले दिन मध्यान्ह् हम लोग गौरिजिया पहुँच गए। बारिश थम गई थी और शहर लगभग खाली था। जैसे ही हम सड़क पर ऊपर आए तो देखा कि सैनिकों के वेश्यालय से लड़कियों को ट्रक में बिठाया जा रहा था। सात लड़कियाँ थीं जो अपने हैट और कोट पहने हुए थीं और सूटकेस लिये हुए थीं। उनमें से दो रो रही थीं। शेष में से एक हमें देखकर मुस्कुराई और उसने अपनी जीभ बाहर निकालकर ऊपर-नीचे की। उसके होंठ मोटे और आँखें काली थीं।

मैंने कार रोकी और जाकर मैट्रन से बात की। उसने बताया कि ऑफिसर हाउस की लड़कियाँ सबेरे जल्दी निकल गई थीं। वे कहाँ जा रही थीं? कॉगलियानो, उसने

बताया। ट्रक चल पड़ा। मोटे होंठ वाली लड़की ने फिर अपनी जीभ हम लोगों की ओर निकाल दी। मैट्रन ने हाथ हिलाया, दो लड़कियाँ रोती रहीं। दूसरी बड़े शौक से कस्बे को देख रही थी। मैं वापस कार में आ गया।

''हमें उनके साथ ही जाना चाहिए।'' बोनैलो ने कहा ''यात्रा बड़ी मजेदार रहेगी।''

''हमें मजा आएगा।'' मैंने कहा।

''खाक मजा आएगा।''

''मेरा भी यही मतलब था।'' मैंने कहा। विला तक पहुँचने के लिए हम ऊपर आए।

''मैं उस वक्त वहाँ रहना पसन्द करूँगा जब कुछ फौजी उनकी बजा रहे हों।''

''तुम सोचते हो वे ऐसा करेंगे?''

''जरूर, सैकिंड आर्मी का हर आदमी मैट्रन के बारे में जानता है।'' अब हम विला के बाहर थे।

''वह लोग उसे 'मदर सुपीरियर' कहते हैं।'' बोनैलो ने कहा, ''लड़कियाँ तो नई हैं लेकिन उसे सभी जानते हैं, पीछे हटने के ठीक पहले ही वह उन्हें ऊपर लाए होंगे।''

''उनके मजे रहेंगे।''

''मैं कहता हूँ, उनका वक्त अच्छा रहेगा। मैं एक बार यूँ ही बिना पैसे के उनका संसर्ग चाहता हूँ। वहाँ ये लोग बहुत ज्यादा पैसे लेती हैं। सरकार हम लोगों का तेल निकाल रही है।''

''कार बाहर निकालो और मैकेनिक को बोलो इसे चेक करेगा।'' मैंने कहा, ''आयल बदल दो और डिफरेंशियल भी देख लो। तेल भर लो और थोड़ा सो लो।''

''हाँ, सिग्नोर टैनेंट।''

विला खाली पड़ा था। हॉस्पिटल स्थानान्तरित हुआ तो रिनाल्डी भी साथ चला गया था। मेजर अस्पताल के कर्मचारियों को सरकारी कार में लेकर निकल गया था। खिड़की पर मेरे लिए सूचना लगी थी कि हॉल में पड़े हुए सामान को मैं कारों में भरकर पौर्डेनीन के लिए चल पड़ूँ। मैकेनिक पहले ही जा चुके थे। मैं वापस गैरेज में गया। जब मैं वहाँ था तभी बाकी दो कारें भी अन्दर आ गईं। उनके ड्राइवर नीचे उतरे। बारिश फिर शुरू होने वाली थी।

''मुझे इतनी नींद आ रही है कि प्लावा से यहाँ तक आने में मैं तीन बार सो गया था।'' पियानी बोला, ''सर, अब हमें क्या करना चाहिए?''

''हम लोग ऑयल बदलेंगे, ग्रीज लगाएँगे, तेल डालेंगे तब सामने जो कबाड़ा वह छोड़ गए हैं उसे भर लेंगे।''

''तो फिर चलें।''

''नहीं, हम लोग तीन घंटा सोएँगे।''

''हे भगवान, मैं जाकर सोना चाहता हूँ।'' बोनैलो ने कहा, ''मेरे लिए जागकर गाड़ी चलाना मुश्किल होगा।''

''आयमो! तुम्हारी कार कैसी है?'' मैंने पूछा।

''ठीक है।''

''मेरे लिए मंकी सूट ले आओ। मैं ऑयल बदलने में तुम्हारी मदद कर दूँगा।''

''आप परेशान न हों सर।'' आयमो ने कहा, ''कोई बड़ा काम नहीं है, पर आप जाइए और अपना सामान पैक कर लीजिए।''

''मेरा सामान पहले से ही तैयार है।'' मैंने कहा, ''मैं जाकर वह सामान बाहर निकालता हूँ जो वह लोग छोड़ गए हैं। कारें तैयार होते ही उधर लेकर आ जाना।''

ड्राइवर कारें लेकर विला के सामने आ गए और हमने हॉल के रास्ते में एकत्रित अस्पताल के उपकरण उनमें भर दिए। पूरा भर जाने के बाद तीनों कारें बारिश में पेड़ों के नीचे रास्ते पर पंक्तिबद्ध होकर खड़ी हो गईं। हम अन्दर चले गए।

''किचन में आग जला लो और अपना सामान सुखा लो।'' मैंने कहा।

''मुझे सूखे कपड़ों की चिन्ता नहीं है, मैं सोना चाहता हूँ।'' पियानी ने कहा।

''मैं मेजर के बिस्तर पर सो रहा हूँ।'' बोनैलो बोला।

''मैं कहीं भी सोऊँ कोई फर्क नहीं पड़ता।'' पियानी ने कहा।

''यहाँ दो बिस्तर हैं।'' मैंने दरवाजा खोला।

''मुझे कभी पता ही नहीं चला कि इस कमरे में क्या था।'' बोनैलो ने कहा।

''यह मछली जैसी शक्ल वाले का कमरा था।'' पियानी ने कहा।

''तुम दोनों वहाँ सो जाओ।'' मैंने कहा। ''मैं तुम्हें जगा दूँगा।''

''अगर आप ज्यादा देर तक सोते रह गए तो फिर ऑस्ट्रियाई हमें जगाएँगे सर!'' बोनैलो ने कहा।

''नहीं भाई, मैं उतना नहीं सोऊँगा। आयमो कहाँ है?''

''वह बाहर किचन में चला गया है।''

''अब सो जाओ।'' मैंने कहा।

''मैं सोता हूँ।'' पियानी ने कहा, ''आज मैं पूरा दिन बैठे-बैठे सोता रहा हूँ। मेरा पूरा सिर लुढ़क-लुढ़ककर मेरी आँखों के ऊपर आता रहा।''

''अपने जूते उतार लो।'' बोनैलो ने कहा, ''यह मछली जैसे चेहरे वाले बुड्ढे का बिस्तर है।''

''मछली जैसे चेहरे से मुझे क्या।'' पियानी बिस्तर पर पड़ा हुआ था। उसके कीचड़ भरे जूते सीधे पड़े थे और सर बाँह के ऊपर रखा था। मैं बाहर किचन में गया। आयमो ने स्टोव में आग जला रखी थी और उस पर केतली रखी थी।

''मैंने सोचा कि कुछ 'पास्ता' तैयार कर लूँ।'' उसने कहा, ''जब उठेंगे तो भूख लगेगी।''

"तुम्हें नींद नहीं आ रही, बारतोलोमियो?"

"उतनी नहीं, पानी उबल जाएगा तो छोड़ दूँगा। आग धीरे-धीरे कम हो जाएगी।"

"तुम थोड़ा सो लो तो ठीक रहेगा।" मैंने कहा, "हम लोग थोड़ा चीज और बंदर का गोश्त खा लेंगे।"

"यह बेहतर है।" उसने कहा, "उन दोनों अराजकतावादियों के लिए कुछ गरम अच्छा रहेगा सर, आप सोइए।"

"मेजर के कमरे में एक बिस्तर है।"

"आप वहाँ सो जाइए।"

"नहीं, मैं अपने पुराने कमरे में जा रहा हूँ। तुम एक ड्रिंक लोगे बारतोलोमिया?"

"सर, हम कब चलेंगे। अब दारू से मुझे कुछ नहीं होनेवाला है।"

"अगर तुम तीन घंटे में उठ जाओ और मैं तुम्हें आवाज न दूँ तो तुम मुझे जगा देना, उठा दोगे न?"

"सर, मेरे पास घड़ी नहीं है।"

"मेजर के कमरे में एक दीवार खड़ी है।"

"ठीक है।"

मैं बाहर गया और डाइनिंग रूम व हॉल से होकर संगमरमर की सीढ़ियों से उस कमरे तक गया जहाँ मैं रिनाल्डी के साथ रहता था। बाहर बारिश हो रही थी। मैं खिड़की तक गया और बाहर झाँका। अँधेरा हो रहा था और पेड़ों के नीचे तीनों कारें एक कतार में खड़ी थीं। बारिश में पेड़ टपक रहे थे। ठंड थी और बूँदें डालियों पर लटक रही थीं। मैं रिनाल्डी के बिस्तर पर वापस गया और लेट गया और नींद ने मुझे घेर लिया।

चलने से पहले हमने किचन में कुछ खाया। आयमो के पास प्याज के साथ स्पेघैटी का प्याला था जिसमें टीन के डिब्बे में रखा हुआ गोश्त छोटा-छोटा करके डाल दिया था। हम मेज पर बैठ गए और विला के तहखाने में जो दो शराब की बोतलें रखी हुई थीं, वह पी डालीं। बाहर अँधेरा था और अभी भी बारिश हो रही थी। पियानी मेज पर बैठे-बैठे ऊँघ रहा था।

"आगे बढ़ने से मुझे पीछे हटना ज्यादा अच्छा लगता है।" बोनैलो ने कहा, "पीछे लौटते समय बारबरा पीने को मिलती है।"

"आज मिल रही है, हो सकता है कल बरसात का पानी पीना पड़े।" आयमो ने कहा।

"कल हम यूडीन में होंगे और हम लोग शैम्पेन पिएँगे?"

"वहाँ सारे आलसी रहते हैं, पियानी उठो! कल हम लोग यूडीन में शैम्पेन पिएँगे।"

"मैं जागा हुआ हूँ।" पियानी ने कहा। उसने अपनी प्लेट गोश्त और स्पेघैटी से भर ली, "'बार्टो' क्या तुम्हें टमाटर की सॉस नहीं मिली?"

''कहीं थी नहीं।'' आयमो ने कहा।

''हम लोग यूडीन में शैम्पेन पिएँगे।'' बोनैलो बोला। उसने अपना गिलास लाल बारबरा से पूरा भर लिया।

''हम यूडीन से पहले भी पी सकते हैं।'' पियानी बोला।

''आपने ठीक से खा लिया सर?'' आयमो ने पूछा।

''मेरे पास बहुत है। मुझे जरा बोतल दो, बारतोलोमियो।''

''कार में ले जाने को सबके लिए मेरे पास एक-एक बोतल है।'' आयमो ने बताया।

''क्या तुम थोड़ा-बहुत सोए?''

''मुझे ज्यादा नींद की जरूरत नहीं है, मैं थोड़ा सा सोया था।''

''कल तो हम राजा के बिस्तर पर सोएँगे।'' बोनैलो ने कहा। उसे बहुत अच्छा लग रहा था।

''मैं रानी के साथ सोऊँगा।'' बोनैलो बोला। यह देखने के लिए कि मैंने इस मजाक को किस तरह लिया है। उसने मेरी ओर देखा।

''तुम सोओगे...'' पियानी नींद में बड़बड़ाया।

''यह तो गद्दारी है कैनेंट, नहीं है क्या?''

''शट-अप।'' मैंने कहा, ''थोड़ी-सी दारू पीकर तुम्हारा दिमाग खराब हो जाता है।'' बाहर तेज बारिश हो रही थी। मैंने अपनी घड़ी देखी साढ़े नौ बजे थे।

''चलने का समय हो गया है।'' मैंने कहा और खड़ा हो गया।

''आप किसके साथ चल रहे हैं, सर?'' बोनैलो ने पूछा।

''आयमो के साथ, उसके बाद तुम रहो, फिर पियानी। हम लोग सड़क से कोरमोंस के लिए चलेंगे।''

''मैं डर रहा हूँ कि मुझे नींद न आ जाए।'' पियानी ने कहा।

''ठीक है, मैं तुम्हारे साथ चलूँगा, फिर बोनैलो उसके बाद आयमो।''

''यही सबसे अच्छा है।'' पियानी ने कहा, ''क्योंकि मुझे बहुत नींद आ रही है।''

''मैं चलाऊँगा और तुम थोड़ी देर सो लेना।''

''नहीं, मैं चला सकता हूँ, लेकिन मुझे यह पता होना चाहिए कि मुझे नींद आने पर कोई जगा देगा।''

''मैं तुम्हें जगा दूँगा, बत्तियाँ बन्द कर दो, बार्तो।''

''तुम चाहो तो ऐसी ही छोड़ दो।'' बोनैलो ने कहा, ''इस जगह की अब हमें कोई जरूरत नहीं है।''

''मेरे कमरे में एक छोटा लॉकर बॉक्स है।'' मैंने कहा, 'पियानी क्या तुम इसे नीचे लाने में मेरी मदद करोगे?''

''हम लोग उठा लेंगे।'' पियानी ने कहा, ''आल्डो, आओ।'' वह बोनैलो के साथ हॉल में गया। मुझे उनके सीढ़ियों पर जाने की आवाज सुनाई दी।

''यह जगह बहुत अच्छी थी।'' बारतोलोमियो आयमो ने कहा। उसने अपने पिट्ठू बैग में दो शराब की बोतलें और आधा चीज रख लिया, ''ऐसी जगह दोबारा नहीं मिलेगी। हम पीछे लौटकर कहाँ जाएँगे, सर?''

''कहते हैं, टैगलियामेंटो के पार। हॉस्पिटल और सेक्टर पॉर्डेनोन में होंगे।''

''यह कस्बा पोर्डेनोन से बेहतर है।''

''पोर्डेनोन के बारे में मुझे पता नहीं है।'' मैंने कहा, ''मैं सिर्फ वहाँ से गुजरा हूँ।''

''बहुत बेकार जगह है।'' आयमो ने कहा।

## अध्याय-28

जैसे-जैसे हम कस्बे से बाहर निकले तो बारिश में देखा कि कस्बा खाली हो गया था। सेना की टुकड़ियाँ और तोपें जिस मुख्य मार्ग से गुजर रही थीं उसे छोड़कर सब जगह अँधेरा था। बहुत से ट्रक और गाड़ियाँ भी दूसरी गलियों में घूम रहे थे और मुख्य मार्ग पर आकर मिल रहे थे। जब हम चमड़े के कारखानों को पार करके मुख्य सड़क पर आए तो सेना के ट्रक, घोड़ागाड़ियाँ, तोपें सभी धीमे-धीमे एक वृहत दस्ते के रूप में चल रहे थे। हम बारिश में धीरे-धीरे लेकिन लगातार चलते रहे। हमारी कार की रेडियेटर कैप एक बहुत भरे हुए ट्रक के ठीक पास थी। ट्रक का सामान भीगे कैनवस से ढका हुआ था। ट्रक खड़ा हो गया। पूरे कॉलम को रुकना पड़ा। ट्रक फिर से चला और हम लोग थोड़ा आगे बढ़े और रुक गए। मैं बाहर निकला और ट्रकों, गाड़ियों और घोड़ों की भीगी हुई गरदनों के बीच से होता हुआ आगे गया। जाम काफी आगे तक था। मैंने सड़क छोड़कर लकड़ी के फट्टे पर से खन्दक पार की और खन्दक के पार खेत के साथ-साथ आगे गया। जैसे-जैसे मैं खेत से आगे गया मुझे पेड़ों के बीच बरसात में सेना के थमे हुए दस्ते दिखाई दे रहे थे। मैं लगभग एक मील तक गया। ट्रैफिक बिलकुल नहीं चल पा रहा था। यद्यपि रुके हुए वाहनों के उस पार मुझे पैदल टुकड़ियाँ आगे बढ़ती दिखाई पड़ रही थीं। मैं वापस कारों तक आया। यह जाम यूडीन तक भी हो सकता था। पियानी स्टीयरिंग पर सो रहा था। मैं भी उसके साथ जा बैठा और सो गया। कई घंटे बाद मुझे अपने अगले वाले ट्रक के गीयर बदलने की आवाज सुनाई पड़ी।

मैंने पियानी को जगाया और हम चल पड़े, थोड़ा चलने के बाद हम फिर रुके और फिर चल पड़े। बारिश अभी भी हो रही थी।

सेना का काफिला रात में फिर रुक गया और आगे नहीं चल सका। मैं नीचे उतरा और आयमो और बोनैलो को देखने लगा। बोनैलो ने अपनी कार की सीट पर इंजीनियर्स रेजीमेंट के दो सार्जेंट बिठा रखे थे। मेरे आने पर वह सावधान हो गए।

''किसी पुल पर काम करने के लिए इन्हें छोड़ दिया गया था।'' बोनैलो ने कहा, ''यह लोग अपनी यूनिट से नहीं मिल पाए इसलिए मैंने इन्हें बिठा लिया था।''

''लैफ्टिनेंट साब की परमीशन से।''

''परमीशन से।'' मैंने कहा।

''लैफ्टिनेंट साब अमेरिका के हैं।'' बोनैलो ने कहा, ''वह किसी को भी लिफ्ट दे सकते हैं।''

एक सार्जेंट मुस्कराया। दूसरे ने बोनैलो से पूछा कि मैं उत्तरी या दक्षिणी अमेरिका का इटैलियन हूँ?

''यह इटैलियन नहीं हैं, यह उत्तरी अमेरिका के अंग्रेज हैं।''

सार्जेंट विनम्र थे लेकिन उन्हें विश्वास नहीं हुआ। उन्हें छोड़कर मैं वापस आयमो के पास गया। उसके साथ सीट पर दो लड़कियाँ थीं और वह कोने में बैठकर सिगरेट पी रहा था।

''बार्तो, बार्तो।'' मैंने कहा। वह हँसा।

''सर, इनसे बात कीजिए।'' उसने कहा, ''मैं इनकी बात नहीं समझ पा रहा।''

उसने अपना हाथ लड़की की जाँघ पर रख दिया और उसे धीरे से दबा दिया। लड़की ने अपनी शॉल कसकर अपने चारों और खींच ली और उसका हाथ दूर हटा दिया।

''हे!'' उसने कहा, ''सर को अपना नाम बताओ और बताओ तुम यहाँ क्या कर रही हो?''

लड़की ने मुझे घूरकर देखा। दूसरी लड़की अपनी निगाहें झुकाए रही। जो लड़की मेरी ओर देख रही थी उसने किसी स्थानीय भाषा में कुछ कहा जिसमें से मैं एक शब्द भी नहीं समझ पाया। वह मोटी और काली थी और लगभग सोलह साल की लगती थी।

''सोरैला?'' मैंने पूछा और दूसरी लड़की की तरफ इशारा किया।

उसने अपना सिर हिलाया और मुस्कुराई।

''ठीक है।'' मैंने कहा और उसका घुटना थपथपाया। मैंने महसूस किया कि मेरे छूने पर वह थोड़ी सी सख्त हो गई थी। उसकी बहन ऊपर नहीं देख रही थी। वह एक साल छोटी लग रही थी। आयमो ने बड़ी लड़की की जाँघ पर हाथ रखना चाहा और उसने हाथ हटा दिया। वह उस पर हँस पड़ा।

''गुड मैन।'' उसने अपनी तरफ इंगित किया। ''गुड मैन'', फिर उसने मेरी तरफ संकेत कर कहा, ''डोन्ट वरी।'' लड़की गुस्से से उसे घूर रही थी। दोनों लड़कियों का जोड़ा जंगली चिड़ियों जैसा लग रहा था।

"अगर मैं इसे अच्छा नहीं लगता तो मेरे साथ बैठकर क्यों जा रही है?" आयमो ने पूछा। जैसे ही मैंने इशारा किया दोनों कार के अन्दर घुस गईं। वह लड़की की ओर घूमा "डोन्ट वरी।" उसने कहा, "कोई खतरा नहीं है।"

'कोई खतरा नहीं' का अश्लील शब्द प्रयोग करते हुए उसने कहा, "जगह की कमी...के लिए।" मैंने देखा कि वह उस शब्द का अर्थ समझ गई थी। वह भयाक्रांत आँखों से उसे देख रही थी। उसने शॉल को और कस लिया। "पूरी कार भरी है।" आयमो ने कहा, "...कोई खतरा नहीं है,...के लिए जगह ही नहीं।" जितनी बार भी उसने यह शब्द प्रयोग किया लड़की अकड़ सी जाती थी। उसी तरह अकड़कर बैठे और उसकी ओर देखते हुए वह रोने लगी। मैंने उसके कँपकँपाते होंठ देखे और फिर उसके मोटे गालों पर आँसू ढलक पड़े। उसकी बहन ने नीचे निगाहें किए हुए ही उसका हाथ थाम लिया और दोनों वहीं साथ-साथ बैठी रहीं। बड़ी वाली जो बहुत आक्रामक लग रही थी, सिसकियाँ भरने लगी।

"लगता है मैंने इसे डाँट दिया।" आयमो ने कहा, "मेरा डराने का इरादा नहीं था।"

बार्तोलोमियो अपना झोला उठाकर लाया और पनीर के दो टुकड़े काटे। "लो, अब रोना बन्द करो।" उसने कहा।

बड़ी लड़की ने सिर हिलाया फिर भी रोती रही, लेकिन छोटी वाली ने पनीर ले लिया और खाना प्रारम्भ किया। थोड़ी देर बाद छोटी लड़की ने 'पनीर' का दूसरा टुकड़ा अपनी बहन को दे दिया और दोनों खाने लगीं। बड़ी बहन अभी भी थोड़ा-थोड़ा सिसक रही थी।

"अभी थोड़ी देर में ठीक हो जाएगी।" आयमो ने कहा।

उसे एक विचार सूझा, "अक्षतयोनि?" उसने अपने पासवाली लड़की से पूछा। लड़की ने जोर से सिर हिलाया। "वह भी अक्षतयोनि?" उसने दूसरी बहन की ओर इशारा किया। दोनों लड़कियों ने अपने सिर हिलाए और बड़ी बहन ने अपनी बोली में कुछ कहा।

"ठीक है, ठीक है।" बार्तोलोमियो ने कहा। दोनों लड़कियाँ खुश दिखाई दीं।

मैं कोने में बैठे हुए आयमो के साथ उन्हें छोड़कर पियानी की कार के पास आ गया। वाहनों का काफिला आगे नहीं बढ़ सका लेकिन सेनाएँ आगे बढ़ती रहीं। अभी भी तेज बारिश हो रही थी। मैंने सोचा कि वाहनों के कॉलम के चलने में बाधा कारों की भीगी हुई वायरिंग के कारण आ रही थी या अधिक सम्भावना इस बात की थी कि घोड़ों या लोगों के सो जाने से बाधा आ रही थी। फिर भी शहर में यातायात व्यवस्थित हो सकता था अगर सभी जागे हुए हों। घोड़ों और मोटरगाड़ियों दोनों के कारण ऐसा था। दोनों को एक दूसरे से कोई सहायता नहीं मिल रही थी। किसानों की गाड़ियों से भी कोई सहायता नहीं मिल पा रही थी। बार्तो के पास दोनों लड़कियाँ

बड़ी अच्छी थीं। दोनों अक्षतयौवनाओं के लिए इस पलायन में कोई जगह नहीं थी। वास्तविक अक्षतयोनि, सम्भवतः बहुत धार्मिक भी। अगर युद्ध न चल रहा होता तो शायद हम सभी बिस्तरों में होते, बिस्तर में मैं सर झुकाए लेटा हुआ था। बिस्तर में तख्ते की तरह सख्त। कैथरीन दो चादरों में लिपटी हुई लेटी थी, एक चादर ऊपर और एक नीचे। वह किस तरफ सो रही थी? शायद वह सोई नहीं थी, शायद वह लेटे-लेटे मेरे बारे में सोच रही थी। पछुवा पवन बहो, और बहो। खैर, हवा खूब चली और हल्की-फुल्की नहीं बल्कि घनघोर बारिश हुई। पूरी रात बारिश होती रही। हे क्राइस्ट! मेरा प्यार मेरी बाँहों में था और मैं फिर से बिस्तर में था। मेरा प्यार, मेरी कैथरीन। उस बरसात में मेरी प्यारी कैथरीन! हवा उसे फिर से मेरे पास ले आई। हम सब उसी में थे। सब उसी से घिर गए थे और बारिश थमती नहीं थी।

''गुड नाइट कैथरीन।'' मैंने जोर से कहा, ''तुम ठीक से सो रही हो। डार्लिंग, अगर बहुत परेशानी है तो दूसरी तरफ सो जाओ।'' मैंने कहा, ''मैं तुम्हारे लिए थोड़ा ठंडा पानी ले आऊँगा। थोड़ी देर में सुबह हो जाएगी और फिर इतना खराब नहीं रहेगा। मुझे दुख है तुम्हें इतनी परेशानी हो रही है, कोशिश करो और सो जाओ।''

मैं सारे वक्त सोता रहा। उसने कहा, ''तुम नींद में बड़बड़ा रहे थे, तबीयत ठीक है तुम्हारी?''

''क्या तुम वहाँ हो?''

''हाँ, मैं यही हूँ, मैं दूर नहीं जाऊँगी, इससे हम दोनों के बीच कोई अन्तर नहीं है।''

''तुम कितनी प्यारी और अच्छी हो, तुम रात को जाओगी तो नहीं, बोलो?''

''हाँ, हाँ, मैं नहीं जाऊँगी। मैं हमेशा यही हूँ। जब भी तुम मुझे चाहते हो, मैं आ जाती हूँ।''

'' ...'' पियानी ने कहा, ''वे फिर चल पड़े हैं।''

''मैं नींद में था।'' मैंने कहा। मैंने घड़ी देखी, सुबह के तीन बज रहे थे। बारबरा की बोतल उठाने के लिए मैं सीट के पीछे गया।

''आप बहुत जोर से बोल रहे थे।'' पियानी बोला।

''मैं अंग्रेजी में सपना देख रहा था।'' मैंने कहा।

वर्षा धीमी पड़ रही थी और हम लोग आगे बढ़ रहे थे। सुबह होने से पहले हमें एक बार फिर रुकना पड़ा और जब उजाला हुआ तो देखा कि हम एक ऊँचे मैदान में थे। मैंने वापसी के रास्ते को दूर तक फैला हुआ देखा। पैदल सेना की गतिविधियों के अतिरिक्त सब कुछ स्थिर था। हमने फिर चलना शुरू किया लेकिन प्रकाश में भी आगे बढ़ने की गति देखते हुए मैं समझ रहा था कि हमें यूडीन पहुँचने के लिए मुख्य मार्ग को छोड़कर देहात के रास्ते से निकलना पड़ेगा।

रात में सड़क के आस-पास के गाँवों के बहुत से किसान दस्ते में आकर मिल गए थे। काफिले में अब घरेलू सामान से भरी हुई गाड़ियाँ थीं। चटाइयों के बीच शीशे झाँक रहे थे और मुर्गियों के बच्चे और बतखें गाड़ियों पर बँधी हुई थीं। बरसात में हमसे आगे वाली गाड़ी पर एक सिलाई मशीन थी। सभी ने कीमती सामान को बचाकर रखा था। कुछ गाड़ियों पर औरतें बरसात में सिकुड़कर बैठी हुई थीं और दूसरी जितना सम्भव था उतना गाड़ियों के पास पैदल चल रही थीं। काफिले में कुत्ते भी थे जो गाड़ियों के नीचे साथ-साथ चल रहे थे। सड़क पर कीचड़ थी और सड़क के किनारे की खन्दकों में पानी भरा हुआ था। सड़क के किनारे के पेड़ों के पार खेत एकदम तरबतर और दलदल थे। मैं कार से उतरा और सड़क पर कोई ऐसी जगह देखने के लिए आगे बढ़ा जहाँ किनारे की किसी सड़क से हम देहात पार कर जाएँ। मुझे कोई रास्ता याद नहीं आ रहा था क्योंकि हम हमेशा मुख्य सड़क से कार से निकल जाते थे और सभी रास्ते एक से दिखाई पड़ते थे। अब मैं समझ रहा था कि अगर हमें निकलना है तो कोई रास्ता ढूँढ़ना ही होगा। किसी को यह पता नहीं था कि इस समय ऑस्ट्रियाई सेनाएँ कहाँ थीं और क्या हालात थे लेकिन मुझे यह निश्चित पता था कि अगर बरसात रुक गई और हवाई जहाज ऊपर आ गए और काफिले के ऊपर कार्यवाही कर दी तो सबकुछ समाप्त हो जाएगा। सड़क पर यातायात को पूरी तरह रोकने के लिए केवल इस बात की जरूरत थी कि कुछ लोग अपने ट्रक छोड़ दें या दो-चार घोड़े मार दिए जाएँ।

बारिश अब उतनी तेज नहीं थी और मुझे लगा कि अब शायद मौसम खुल जाए। सड़क के किनारे-किनारे मैं आगे गया और जब दो खेतों के बीच दोनों ओर पेड़ों की कतारों के बीच से उत्तर को जाती एक छोटी सड़क दिखी तो मैंने सोचा कि इस रास्ते को पकड़ना बेहतर रहेगा। मैं जल्दी से कारों के पास लौटा। मैंने पियानी को गाड़ी घुमाने के लिए कहा तथा बोनैलो और आयमो को बताने के लिए वापस चला गया।

''इनका क्या करें?'' बोनैलो ने पूछा।

उसके दोनों सार्जेंट पीछे सीट पर बैठे हुए थे। उन्होंने दाढ़ी नहीं बनाई थी फिर भी सुबह-सुबह सैनिक जैसे दिख रहे थे।

''धक्का लगाने के लिए ये लोग ठीक रहेंगे'' मैंने कहा। मैं आयमो के पास वापस गया और उसे बताया कि हम लोग देहात से निकलने की कोशिश करेंगे।

''मेरे अक्षतयोनि परिवार का क्या होगा?'' आयमो ने पूछा। दोनों लड़कियाँ सोई हुई थीं।

''इनसे कोई फायदा नहीं होगा।'' मैंने कहा, ''कोई ऐसा पकड़ो जो धक्का लगा सके।''

''कार में वापस जा सकती हैं।'' आयमो ने कहा ''कार में जगह है।''

''ठीक है, अगर तुम ले जाना चाहते हो।'' मैंने कहा, ''किसी ऐसे को धक्का लगाने के लिए पकड़ो जिसकी पिछाड़ी चौड़ी हो।''

''बरसाग्लियरी।'' आयमो मुस्कराया, ''उनकी पिछाड़ी सब से चौड़ी होती है। वह नापते भी हैं। सर, आप कैसा महसूस कर रहे हैं?''

''अच्छा, तुम कैसे हो?''

''अच्छा, लेकिन भूख बहुत तेज लगी है।''

''उस सड़क पर आगे कुछ होना चाहिए। वहीं हम रुकेंगे और खाएँगे।''

''आपकी टाँग का क्या हाल है, सर?''

''बढ़िया,'' मैंने कहा। पायदान पर खड़े होकर आगे देखने पर मुझे पियानी की कार छोटी सड़क पर निकलती हुई दिखी। उसकी कार बिना पत्तियों की हैज से दिखती थी। बोनैलो ने भी गाड़ी घुमाई और उसके पीछे हो लिया। पियानी ने अपना रास्ता बनाया और हम हैज के बीच सँकरी सड़क से आगे वाली दोनों एम्बुलैंस के साथ चल पड़े। यह सड़क एक फार्महाउस तक जाती थी। पियानी और बोनैलो खेत के यार्ड में रुक गए। घर छोटा और लम्बा था तथा घर के द्वार के ऊपर अंगूर की बेल की जाली बिछी हुई थी। आँगन में एक कुआँ था और पियानी रेडियेटर में डालने के लिए पानी निकाल रहा था। निचले गीयर में बहुत ज्यादा चलने से रेडिएटर उबल रहा था। फार्महाउस खाली पड़ा हुआ था। मैंने पीछे मुड़कर सड़क के नीचे देखा। फार्महाउस समतल से थोड़ी ऊपर उठी हुई जगह में बनाया गया था। यहाँ से हम लोगों को देहात, सड़क, हैज, खेत और मुख्य मार्ग पर पेड़ों की कतारें जहाँ से सेनाएँ लौट रही थीं सब दिखाई पड़ रहा था। दोनों सार्जेंट घर के अन्दर देख रहे थे। दोनों लड़कियाँ जगी हुई थीं और आँगन, घर के सामने खड़ी दोनों एम्बुलैंसों और तीनों ड्राइवरों को कुएँ के पास देख रही थीं। एक सार्जेंट अपने हाथों में एक घड़ी लिये बाहर आया।

''इसे वहीं रख दो।'' मैंने कहा। उसने मेरी ओर देखा, घर के अन्दर गया और और बिना घड़ी के वापस आ गया।

''तुम्हारा साथी कहाँ है?'' मैंने पूछा।

''वह शौच करने गया है।'' वह एम्बुलैंस की सीट से उठ खड़ा हुआ। उसे डर था कि हम लोग उन्हें छोड़ जाएँगे।

''सर, नाश्ते में क्या करना है?'' बोनैलो ने पूछा। ''हम लोग कुछ खा लें, ज्यादा समय नहीं लगेगा।''

''तुम्हें लगता है कि दूसरी ओर जानेवाली यह सड़क कहीं पहुँचेगी भी या नहीं।''

''पक्का।''

''ठीक है, चलो खाते हैं।'' पियानी और बोनैलो घर के अन्दर गए।

''आ जाओ।'' आयमो ने लड़कियों से कहा। उसने सहायता करने के लिए अपना हाथ बढ़ाया। बड़ी बहन ने सिर हिलाकर मना किया। वह उजड़े हुए घर में नहीं जाना चाहती थी। उन्होंने हमारी ओर देखा।

''बहुत कठोर है।'' आयमो ने कहा। हम साथ-साथ फार्महाउस के अन्दर गए। वह अन्दर से काफी बड़ा था और वहाँ अँधेरा था। यहाँ बड़ा बेगाना सा महसूस हो रहा था। बोनैलो और पियानी रसोईघर में घुस गए।

''यहाँ कुछ ज्यादा खाने को है नहीं।'' पियानी ने कहा, ''सारा साफ कर गए हैं।''

बोनैलो ने रसोईघर की भारी सी मेज पर सफेद पनीर का बड़ा टुकड़ा फैलाया।

''पनीर कहाँ था?''

''तहखाने में।''

पियानी ने शराब और सेब भी ढूँढ़ लिए।

''अब तो नाश्ता अच्छा हो गया।'' पियानी खपचियों से ढके हुए शराब के जग से लकड़ी का कार्क बाहर निकाल रहा था। उसने इसे खींचा और सारा बर्तन भर लिया।

''खुशबू तो ठीक आ रही है।'' उसने कहा।

''बार्तो, कुछ गिलास भी ढूँढ़ो।''

दोनों सार्जेंट अन्दर आ गए।

''सार्जेंट थोड़ा पनीर खाओ।'' बोनैलो ने कहा।

''हमें चलना चाहिए।'' एक सार्जेंट ने अपना पनीर खाते हुए और शराब पीते हुए कहा।

''चलेंगे, चिन्ता मत करो।'' बोनैलो बोला।

''फौज भी भरे पेट से ही चलती है।'' मैंने कहा।

''क्या?'' सार्जेंट ने पूछा।

''खा लेना बेहतर है।''

''हाँ, लेकिन वक्त भी कीमती है।''

''मुझे लगता है हरामियों ने पहले ही खा लिया है।'' पियानी ने कहा।

सार्जेंट उसकी ओर देख रहे थे। उन्हें हमसे घृणा हो रही थी।

''आपको रास्ता पता है?'' उनमें से एक ने पूछा।

''नहीं,'' मैंने कहा और दोनों ने एक दूसरे को देखा।

''सबसे अच्छा यही है कि हम चल पड़ें।'' पहले वाले ने कहा।

''बस चल रहे हैं।'' मैंने कहा। मैंने शराब का एक गिलास पिया। सेब खाकर शराब बड़ी स्वादिष्ट लग रही थी।

''पनीर ले लो।'' मैंने कहा और बाहर आ गया। बोनैलो शराब का बड़ा जग लेकर आया।

''यह तो बहुत बड़ा है।'' मैंने कहा, उसने दुखी होकर जग की ओर देखा।

''हाँ, है तो।'' उसने कहा, ''छोटी कट्टियाँ हो तो भरने के लिए दे दो।''

उसने कट्टियाँ भर लीं और थोड़ी सी शराब का जग उठाकर दरवाजे के ठीक पास रख दिया।

''ऑस्ट्रियाइयों को बिना दरवाजा तोड़े ही मिल जाएगी।'' उसने कहा।

''हम चलेंगे।'' मैंने कहा, ''पियानी और मैं आगे चलेंगे।'' दोनों इंजीनियर बोनैलो की पिछली सीट पर पहले ही बैठे थे। लड़कियाँ पनीर और सेब खा रही थीं। आयमो सिगरेट पी रहा था। हम लोग सँकरी सड़क से नीचे चल पड़े। मैंने मुड़कर दोनों कारों और फार्महाउस को देखा। यह बहुत अच्छा, छोटा, ठोस पत्थर का घर था और कुएँ में लोहे का काम बहुत उम्दा था। आगे की सड़क कीचड़ भरी हुई और सँकरी थी। कारें बिलकुल धीरे-धीरे पीछे से आ रही थीं।

## अध्याय-29

हमारे अनुमान से यूडीन से लगभग दस किलोमीटर पहले दोपहर में हम लोग कीचड़ भरी सड़क पर फँस गए। दोपहर से पहले वर्षा थम गई थी और तीन बार हमने लड़ाकू वायुयानों की आवाज सुनी। हमने उन्हें अपने सर के ऊपर से निकलकर बाईं ओर जाते हुए देखा और मुख्य सड़क पर बमबारी की आवाजें सुनाई पड़ीं। हम लोग छोटी-छोटी सड़कों के जाल से निकल रहे थे और कई बार ऐसे रास्ते पकड़ रहे थे जो एकदम अँधे थे लेकिन खोजते-खोजते हम यूडीन के निकट पहुँच रहे थे। ऐसी ही एक अनिश्चित सड़क से निकलते हुए आयमो की कार किनारे की गीली मिट्टी में धँस गई और पहिए घूमते-घूमते तब तक अन्दर धँसते चले गए जब तक गाड़ी अपने डिफरेंशियल पर जाकर नहीं टिक गई।

अब जरूरत यह थी कि पहियों के सामने खुदाई की जाए और झाड़ियाँ डाल दी जाएँ जिससे जंजीर की पकड़ बन जाए और तब तक धक्का दिया जाए जब तक कि कार सड़क पर न आ जाए। हम सब नीचे सड़क पर कार के आस-पास खड़े हो गए। दोनों सार्जेंटों ने कार को देखा और पहियों की जाँच की। तभी वह दोनों बिना एक शब्द भी बोले सड़क से नीचे चल दिए। मैं उनके पीछे गया।

''आओ, कुछ झाड़ियाँ काटें।'' मैंने कहा।

''हमें जाना है।'' एक बोला।

''काम करो और झाड़ियाँ काटो।'' मैंने कहा।

''हमें जाना है।'' एक ने कहा। दूसरा कुछ नहीं बोला। वह खिसकने की जल्दी में थे। उन्होंने मेरी तरफ देखा भी नहीं।

''मैं तुम्हें कार के पास लौटने और झाड़ियाँ काटने का आदेश देता हूँ।'' मैंने कहा।

एक सार्जेंट मुड़ा, ''हमें जाना है। थोड़ी देर में तुम काट डाले जाओगे। तुम हमें आदेश नहीं दे सकते, तुम हमारे अधिकारी नहीं हो।''

''मैं तुम्हें झाड़ियाँ काटने का आदेश देता हूँ।'' मैंने कहा।

वे मुड़े और सड़क के नीचे जाने लगे।

''रुको।'' मैंने कहा, दोनों तरफ वाली कीचड़ भरी सड़क पर वह चलते रहे। ''मैं तुम्हें रुकने का आदेश देता हूँ।'' मैं चिल्लाया। वह और तेज चलने लगे। मैंने अपना होल्सटर खोला, पिस्टल निकाली, जो सबसे ज्यादा बोल रहा था, उस पर निशाना साधा और फायर कर दिया। मेरा निशाना चूक गया और वह दोनों भागने लगे। मैंने तीन गोलियाँ चलाईं और एक को गिरा दिया। दूसरा हैज से निकलकर भाग गया और निगाह से ओझल हो गया। जब वह खेत से भागता दिखा तो मैंने झाड़ी के बीच से फिर फायर किया। पिस्तौल खाली होने की आवाज आई और मैंने दूसरी मैगजीन डाल ली। निशाना लगाने के हिसाब से दूसरा सार्जेंट काफी दूर निकल चुका था। वह सिर झुकाए हुए खेत से भाग रहा था। मैंने खाली मैगजीन को फिर से भरना प्रारम्भ कर दिया तब तक बोनैलो आ गया।

''उसे निपटाने के लिए मुझे जाने दो।'' उसने कहा। मैंने उसे पिस्तौल दे दी और जहाँ सार्जेंट सड़क पड़ा हुआ था वह उधर चल दिया। बोनैलो ने झुककर पिस्तौल सार्जेंट के सर पर लगाई और ट्रिगर दबा दिया लेकिन पिस्तौल से फायर नहीं हुआ।

''पहले कॉक करना पड़ेगा।'' मैंने कहा। उसने पिस्तौल कॉक की और दो बार गोली चलाई। उसने सार्जेंट की टाँगें पकड़कर खींचा और उसे सड़क के किनारे डाल दिया जिससे वह हैज के साथ पड़ा रहे। वह वापस आया और पिस्तौल मुझे दे दी।

''कुतिया का पिल्ला।'' उसने कहा। उसने सार्जेंट की ओर देखा। ''सर आपने मुझे गोली चलाते हुए देखा?''

''हमें जल्दी-जल्दी झाड़ियाँ इकट्‌ठी करनी हैं।'' मैंने कहा, ''क्या दूसरे वाले को भी लगी है?''

''मुझे नहीं लगता। पिस्तौल से निशाना लगाने के हिसाब से वह बहुत दूर था।'' आयमो ने कहा।

''हरामी, साला।'' पियानी बोला। हम सब टहनियाँ और झाड़ियाँ काटने में लगे थे। कार के अन्दर से सारा सामान बाहर निकाल दिया था। बोनैलो पहियों के आगे

खुदाई कर रहा था। जब हम लोग तैयार हो गए तो आयमो ने कार स्टार्ट करके गीयर में डाल दी। पहियों ने घूमते ही झाड़ियाँ और कीचड़ फेंक डाली। बोनैलो और मैं तब तक धक्का लगाते रहे जब तक हमारे जोड़ें नहीं हिल गए। लेकिन कार बिलकुल आगे नहीं बढ़ी।

''बार्तो आगे-पीछे करो।'' मैंने कहा।

उसने इंजन रिवर्स में डाला और फिर आगे किया। पहिए और नीचे धँस गए। कार एक बार फिर डिफरेंशियल पर जाकर रुक गई। जो गड्ढे हो गए थे पहिए उनमें आराम से घूम रहे थे। मैं सीधा खड़ा हो गया।

''हम लोग रस्सी से कोशिश करते हैं।'' मैंने कहा।

''मुझे नहीं लगता इसका कोई फायदा होगा, सर! क्योंकि ठीक सीधी खिंचाई नहीं मिलेगी।''

''हमें कोशिश तो करनी पड़ेगी।'' मैंने कहा।

''इसके निकलने का कोई और रास्ता भी नहीं है।'' पियानी और बोनैलो की कारें सीधी सड़क के नीचे ही बढ़ सकती थीं। हमने दोनों को रस्से से बाँधा और इस कार को खींचने की कोशिश की। पहिए केवल किनारे की ओर रगड़ खाते रहे।

''कोई फायदा नहीं है, बन्द करो।'' मैं चिल्लाया।

पियानो और बोनैलो अपनी कारों से उतरकर वापस आ गए। आयमो भी उतर गया। लड़कियाँ चालीस गज दूर सड़क पर पत्थर की दीवार पर बैठी थीं।

''क्या करें सर?'' बोनैलो ने पूछा।

''हम लोग खुदाई करेंगे और एक बार फिर झाड़ियों के साथ कोशिश करेंगे।'' मैंने कहा।

मैंने सड़क की ओर देखा। मेरी गलती थी, मैं ही उन्हें यहाँ लाया था। सूरज बादलों के पार से निकल आया था और सार्जेंट की लाश हैज के पास पड़ी थी।

''उसका कोट और लबादा नीचे लगा देंगे।'' मैंने कहा।

बोनैलो लेने चला गया। मैंने झाड़ियाँ काटीं और आयमो और पियानी पहियों के आगे और बीच में खोदने लगे। मैंने सार्जेंट की वर्दी काटी, उसको दो हिस्सों में फाड़ा और कीचड़ में पहिए के नीचे लगा दिया और फिर पहियों की पकड़ के लिए झाड़ियों का ढेर लगा दिया। हम चलने को तैयार हो गए और आयमो ने सीट पर बैठकर कार स्टार्ट कर दी। पहिए घूमे और हम धक्के पर धक्का मारते रहे लेकिन कोई फायदा नहीं हुआ।

''सब बेकार है।'' मैंने कहा, ''बार्तो तुम कार से कुछ लेना चाहते हो?''

आयमो बोनैलो के साथ पनीर, शराब की दो बोतलें और अपना कोट लिये ऊपर चढ़ा। बोनैलो ने पहिए के पीछे बैठकर सार्जेंट के कोट की जेबें टटोलीं।

‘‘बेहतर यही है कि कोट फेंक दो।’’ मैंने कहा, ‘‘बार्तो की इन कुमारियों का क्या होगा?’’

‘‘वे पीछे बैठ सकती हैं।’’ पियानो ने कहा, ‘‘मुझे नहीं लगता हम लोगों को बहुत दूर जाना है।’’

मैंने एम्बुलैंस का पिछला दरवाजा खोल दिया।

‘‘आओ, अन्दर घुसो।’’ मैंने कहा। दोनों लड़कियाँ अन्दर घुसीं और कोने में बैठ गईं। ऐसा लगता था जैसे गोली चलने का उन्हें पता ही न चला हो। मैंने वापस सड़क को देखा, सार्जेंट गन्दा लम्बा सा पाजामा पहने पड़ा था। मैं पियानी के साथ बैठकर चल पड़ा। हम लोग खेत पार करने की कोशिश कर रहे थे। जब खेत सड़क में जाकर मिला तो मैं नीचे उतरा और आगे चला। अगर यहाँ से हम लोग निकल जाते तो दूसरी तरफ एक सड़क थी। हम लोग पार नहीं हो पाए। कारों के निकलने के लिए बहुत गीला और कीचड़ थी। जब निकलना बिलकुल असम्भव हो गया और कारें पूरी तरह फँस गईं और पहिए जमीन में धँस गए तो हम उन्हें खेत में ही छोड़कर पैदल ही यूडीन की ओर चल पड़े।

जब हम लोग मुख्य मार्ग की ओर जाने वाली सड़क तक आए तो मैंने दोनों लड़कियों को रास्ते की तरफ संकेत किया।

‘‘उधर चली जाओ।’’ मैंने कहा, ‘‘वहाँ लोग मिल जाएँगे।’’

उन्होंने मेरी ओर देखा। मैंने अपना पर्स निकाला और दोनों को दस-दस लीरा का एक नोट दिया।

‘‘उधर चली जाओ।’’ मैंने इशारा किया। ‘‘दोस्त! परिवार!’’

उनकी कुछ समझ में नहीं आया लेकिन पैसे उन्होंने कसकर पकड़ रखे थे और वह सड़क पर चल पड़ीं। उन्होंने पीछे मुड़कर देखा। वह ऐसे डरी हुई थीं जैसे कहीं मैं पैसे वापस न ले लूँ। तीनों ड्राइवर हँस रहे थे।

‘‘उस दिशा में जाने के लिए मुझे आप कितना देंगे सर?’’ बोनैलो ने पूछा।

‘‘अकेले पकड़े जाने से लोगों के साथ पकड़े जाना इनके लिए बेहतर है।’’ मैंने कहा।

‘‘मुझे दो सौ लीरा दे दीजिए, मैं सीधा ऑस्ट्रिया वापस चला जाऊँगा।’’ बोनैलो ने कहा।

‘‘छीन लेंगे वह तुमसे।’’ पियानी बोला।

‘‘हो सकता है लड़ाई समाप्त हो जाए।’’ आयमो ने कहा। हम जितना तेज हो सकता था, सड़क पर ऊपर चल रहे थे। पेड़ों के बीच से मुझे खेत में फँसी अपनी गाड़ियाँ दिखाई पड़ रही थीं। पियानी ने मुड़कर देखा।

‘‘वहाँ से गाड़ियाँ निकालने के लिए सड़क बनानी पड़ेगी।’’ उसने कहा।

‘‘काश! हमारे पास साइकिलें होतीं।’’ बोनैलो बोला।

''क्या अमेरिका में भी लोग साइकिल चलाते हैं?'' आयमो ने पूछा।

''चलाया करते थे।''

''यहाँ तो यह बड़ी चीज है।'' आयमो ने कहा, ''साइकिल बड़ी शानदार चीज है।''

''हे भगवान, काश! हमारे पास साइकिल होती।'' आयमो ने कहा, ''मैं चलने में बहुत कमजोर हूँ।''

''क्या फायरिंग हो रही है?'' मैंने पूछा। मुझे लगा जैसे कहीं दूर फायरिंग हो रही है।

''पता नहीं।'' आयमो ने कहा। उसने सुनने की कोशिश की।

''मुझे लगता है।'' मैंने कहा।

''पहली चीज जो दिखाई पड़ेगी वह घुड़सवार सेना होगी।'' पियानी बोला।

''मैं नहीं समझता, उनके पास कोई घुड़सवार सेना है।''

''मैं भी भगवान से यही दुआ करता हूँ।'' बोनैलो ने कहा, ''मैं किसी घुड़सवार द्वारा भाले पर लटकाया जाना नहीं चाहता।''

''सर, आपने उस सार्जेंट को पक्का मार दिया न?'' पियानी ने कहा।

हम लोग तेज चल रहे थे।

''मैंने मार दिया उसे।'' बोनैलो बोला, ''इस लड़ाई में मैंने किसी को भी नहीं मारा था और जिन्दगी में किसी सार्जेंट को मारने की बड़ी तमन्ना थी।''

''तुमने उसे बैठे हुए मार दिया।'' पियानी ने कहा, ''जब तुमने उसे मारा तब वह तेज दौड़ नहीं रहा था।''

''क्या फर्क पड़ता है, यह ऐसी बात है जिसे मैं हमेशा याद रखूँगा कि मैंने भी एक सार्जेंट को मारा था।''

''आप आत्मस्वीकारोक्ति में क्या कहोगे?'' आयमो ने पूछा।

''मैं कहूँगा, फादर मुझे आशीर्वाद दीजिए, मैंने एक सार्जेंट को मारा था।'' वह सब हँस पड़े।

''यह पूरा अराजकतावादी है।'' पियानी ने कहा, ''यह चर्च भी नहीं जाता।''

''पियानी भी तो अराजकतावादी है।'' बोनैलो ने कहा।

''क्या तुम लोग वाकई अराजकतावादी हो?'' मैंने पूछा।

''नहीं सर, हम लोग सोशलिस्ट हैं। हम लोग इमोला के हैं।''

''क्या आप कभी वहाँ नहीं गए?''

''नहीं।''

''जीसस की कसम सर। यह बड़ी अच्छी जगह है। आप वहाँ युद्ध के बाद आइए तो आपको कुछ दिखाया जाएगा।''

''क्या तुम सभी सोशलिस्ट हो?''

''सभी।''

''क्या ये अच्छा शहर है?''

''आश्चर्यजनक! आपने ऐसा शहर देखा नहीं होगा।''

''तुम लोग सोशलिस्ट कैसे बन गए?''

''हम सभी सोशलिस्ट हैं, हर कोई सोशलिस्ट है। हम हमेशा से ही सोशलिस्ट रहे हैं।''

''आप आइए सर, हम आपको भी सोशलिस्ट बना देंगे।''

आगे सड़क बाईं ओर मुड़ गई। उधर एक छोटी-सी पहाड़ी थी तथा पत्थर की दीवार के पार सेब के फलों का बाग था। जैसे सड़क पर चढ़ाई आई उन लोगों ने बातचीत बन्द कर दी। हम लोग एक साथ वक्त से मुकाबला करते हुए तेज चल रहे थे।

## अध्याय-30

बाद में हम ऐसी सड़क पर आ गए जो एक नदी तक जाती थी। पुल के पास तक जाने वाली सड़क पर छोड़े हुए ट्रकों और गाड़ियों की लाइन लगी हुई थी। वहाँ कोई दिखाई नहीं दे रहा था। नदी उफान पर थी और पुल बीच में उड़ा हुआ था। पत्थर की मेहराब नदी में गिरी हुई थी और पानी उस पर से बह रहा था। किनारे-किनारे हम ऐसी जगह तक गए जहाँ से नदी पार कर सकें। आगे एक रेल का पुल था। मुझे पता था कि वहाँ से हम लोग नदी पार करने में सफल हो सकते थे। रास्ता गीला और कीचड़ भरा हुआ था। फौज हमें कहीं दिखाई नहीं दी, सिर्फ छोड़े हुए ट्रक और सामान पड़ा हुआ था। नदी के किनारे गीली झाड़ियों और कीचड़ भरी जमीन के अतिरिक्त कुछ भी नहीं था। हम किनारे तक गए और आखिरकार रेलवे पुल दिखाई पड़ गया।

''क्या शानदार पुल है।'' आयमो बोला। यह आमतौर पर सूखी रहनेवाली नदी के ऊपर बना हुआ एक लम्बा साधारण पुल था।

''इससे पहले कि वह इसे उड़ा दें हमें जल्दी से इसे पार कर लेना चाहिए।'' मैंने कहा।

''इसे उड़ाने वाला यहाँ कोई नहीं है।'' पियानी ने कहा, ''सब जा चुके हैं।''

''शायद इसमें बारूदी सुरंग लगी है।'' बोनैलो ने कहा, ''सर आप पहले पार करें।''

‘‘अराजकतावादी की बात सुनो।’’ आयमो बोला, ‘‘उसी को पहले जाने दो।’’

‘‘मैं जाऊँगा।’’ मैंने कहा, ‘‘एक आदमी को उड़ाने के लिए बारूदी सुरंग नहीं लगाई होगी।’’

‘‘देखो, यह हुई दिमाग की बात। एनार्किस्ट, तुम्हारे अन्दर दिमाग क्यों नहीं है?’’ पियानी ने कहा।

‘‘अगर दिमाग होता तो मैं यहाँ नहीं होता।’’ बोनैलो ने कहा।

‘‘यह तो बहुत अच्छा है सर।’’ आयमो ने कहा।

‘‘यह तो अच्छा ही है।’’ मैंने कहा। अब हम पुल के पास थे। आकाश में बादल फिर घिर आए थे। थोड़ी-थोड़ी बारिश हो रही थी। पुल लम्बा और मजबूत दिखाई पड़ रहा था। हम तटबंध तक चढ़ गए।

‘‘एक बार में एक आओ।’’ मैंने कहा और पुल पार करने लगा। मैंने विस्फोटक पदार्थ के चिह्न या ठोकर-तार ढूँढ़ने के लिए जोड़ों और पटरियों को देखा लेकिन कुछ दिखा नहीं। जोड़ों के बीच की जगह से नदी कीचड़ लिये तेजी से बह रही थी। आगे भीगे हुए देहात क्षेत्र के पार बरसात में यूडीन शहर दिखाई पड़ रहा था। पुल पार करके मैंने पीछे देखा। नदी पर थोड़ा आगे एक और पुल था। अचानक मैंने देखा कि एक पीली मिट्टी के रंग की गाड़ी उस पर गुजरी, पुल के किनारे ऊँचे थे और कार की बॉडी एक बार ही दिखी लेकिन मैंने ड्राइवर, उसके साथ वाली सीट पर बैठे आदमी और पिछली सीट पर बैठे हुए दोनों आदमियों के हैलमेट देख लिए। वह सभी जर्मन हैलमेट पहने थे। पुल पार करने के बाद कार पेड़ों और छूटे हुए वाहनों के पीछे अदृश्य हो गई। मैंने आयमो की ओर हाथ हिलाया जो पुल पार कर रहा था और दूसरों को आने का इशारा किया। मैं नीचे उतर गया और रेल पटरी के बंध के सहारे झुक गया। आयमो मेरे साथ आ गया।

‘‘क्या तुमने कार देखी?’’ मैंने पूछा।

‘‘नहीं, हम आपको देख रहे थे।’’

‘‘एक जर्मन कार ऊपर वाले पुल से निकली है।’’

‘‘स्टाफ कार?’’

‘‘हाँ।’’

‘‘होली मेरी...’’

बाकी लोग भी आ गए और हम लोग पुल पर रेल की पटरियों, पेड़ों की कतारों, खन्दक और सड़क की ओर देखते हुए तटबंध की मिट्टी के सहारे लेट गए।

‘‘सर, आपको नहीं लगता कि हम लोग अलग-थलग पड़ गए हैं।’’

‘‘मुझे नहीं पता, मैं सिर्फ इतना जानता हूँ कि एक जर्मन कार ऊपर से गुजरी है।’’

''आपको कुछ अजीब-सा नहीं लग रहा है सर? अजीब किस्म की भावनाएँ आपके दिमाग में नहीं आ रही हैं?''

''बोनैलो, बेकार की बातें मत करो।''

''एक ड्रिंक चलेगा?'' पियानी ने पूछा, ''अब अलग-थलग पड़ गए हैं तो कम से कम एक ड्रिंक ही पी लें।'' उसने छोटा कनस्तर खोला और उसकी कॉर्क निकाल दी।

''देखो-देखो।'' आयमो ने कहा और सड़क की ओर संकेत किया। पत्थर के पुल की ऊँचाई के साथ जर्मन हैलमेट चलते दिख रहे थे। वे आगे झुक हुए थे और निर्बाध चल रहे थे। अलौकिक रूप से एक साथ जैसे ही वह पुल से निकले हमने उन्हें देखा। वह साइकिल सेना थी। मुझे पहले दो के चेहरे दिखाई दिए। वह मजबूत और स्वस्थ थे। उनके हैलमेट उनके माथे पर नीचे और किनारों पर झुक रहे थे, उनकी कारबाईनें साइकिल के फ्रेम पर लटकी थीं और स्टिक बम उनकी बेल्ट पर लटके हुए थे। पहले वहाँ दो थे, फिर चार, फिर दो, फिर लगभग बारह और आखिर में एक। वह बात नहीं कर रहे थे और नदी के शोर में शायद हमें सुनाई भी नहीं दिया था। वे सड़क पर निगाह से ओझल हो गए।

''होली मेरी!'' आयमो ने कहा।

''जर्मन थे, ऑस्ट्रियन नहीं थे।'' पियानी बोला।

''इन्हें यहाँ रोकने के लिए कोई क्यों नहीं है?'' मैंने कहा, ''इस पुल को क्यों नहीं उड़ाया? इस बाँध के साथ मशीनगन क्यों नहीं लगाई गई?''

''आप हमें बताएँ सर।'' बोनैलो ने कहा।

मैं गुस्से में था, ''साली अजीब बकवास है, नीचे छोटे-छोटे पुल भी उड़ा दिए और यहाँ मुख्य मार्ग पर पुल छोड़ दिया गया है। कोई है कहीं? क्या उन्हें रोकने की कोशिश की जा रही है?''

''आप हमें बताएँ सर।'' बोनैलो ने कहा। मैं चुप रहा। यह मेरा काम नहीं था। मुझे केवल तीन एम्बुलैंस लेकर पोर्डेनेन तक पहुँचना था। मैं ऐसा कर पाने में असफल रहा। अब मुझे सिर्फ यही करना था कि पोर्डेनेन पहुँचा जाए। सम्भवत: अब मैं यूडीन भी नहीं पहुँच रहा था।

''अब यही था कि शान्त रहा जाए, मारे न जाएँ या पकड़े न जाएँ। क्या खुली हुई कनस्तर नहीं थी?'' मैंने पियानी से पूछा। उसने मेरी तरफ बढ़ा दी। मैंने लम्बा घूँट लिया।

''हम लोग अभी ही चल पड़ें।'' मैंने कहा, ''हालाँकि कोई जल्दी नहीं है, तुम लोग कुछ खाना चाहते हो?''

''रुकने के लिए जगह ठीक नहीं है।'' बोनैलो ने कहा।

''ठीक है, हम लोग चलेंगे।''

"क्या हम लोग इसी ओर रहें–छिपकर?"

"ऊपर चलेंगे तो ठीक रहेंगे, वे इस पुल पर भी आ सकते हैं। हम नहीं चाहते कि हमें दिखाई पड़ने से पहले वे हमसे ऊँचाई पर हों।"

हम लोग रेल की पटरी के सहारे चलते रहे, हमारे दोनों ओर गीला समतल फैला हुआ था। इस मैदान के पार यूडीन की पहाड़ी थी। पहाड़ी पर बने भवन की छतें उड़ गई थीं। घंटाघर की इमारत दिखाई दे रही थी। खेतों में शहतूत के बहुत से पेड़ थे। आगे मैंने एक जगह देखी जहाँ पटरी उखड़ी हुई थी। जोड़ भी खोदकर बाँध के नीचे फेंक दिए गए थे।

"नीचे! नीचे!" आयमो चिल्लाया। हम बाँध के सहारे झुक गए। साइकिल सवारों का एक और समूह सड़क से गुजर रहा था। मैंने किनारे के ऊपर से देखा वे जा रहे थे।

"उन्होंने हमें देख लिया लेकिन वे चले गए।" आयमो ने कहा।

"हम लोग यहीं मारे जाएँगे सर।" बोनैलो बोला।

"उन्हें हमारी जरूरत नहीं है।" मैंने कहा, "वह किसी और चीज की तलाश में हैं। अगर वह अचानक हमारे ऊपर आ गए तब ज्यादा खतरा है।"

"मैं इधर निगाह से बचकर चलूँगा।" बोनैलो ने कहा।

"ठीक है, हम लोग पटरी के साथ चलेंगे।"

"आपको लगता है कि हम लोग निकल जाएँगे।"

"पक्का, अभी वह लोग बहुत ज्यादा नहीं हैं, हम लोग अँधेरे में निकल जाएँगे।"

"वह स्टाफ कार क्या कर रही थी?"

"क्राइस्ट ही जानता है।" मैंने कहा। हम लोग पटरी पर चलते रहे। बोनैलो बाँध की कीचड़ में चलते–चलते थक गया और हम लोगों के साथ ही आ गया। रेल की पटरी मुख्य सड़क से अब दक्षिण की तरफ मुड़ गई और अब हम लोग यह नहीं देख सकते थे कि सड़क से कौन निकल रहा है। एक छोटी सी नहर के ऊपर का पुल उड़ा दिया गया था लेकिन जो बचा था हम उसी से पार हो गए, आगे हमें फायरिंग की आवाज सुनाई पड़ी।

नहर के पार हम रेल की पटरी पर आ गए। निचले खेतों से होकर यह सीधी शहर को जाती थी। हमारे आगे एक और रेलवे लाइन दिखाई पड़ रही थी। उत्तर में मुख्य सड़क थी जिसके दोनों ओर मोटे दरख्त थे, मैंने सोचा कि कैम्फोफोरमियो और ताग्लियामेंटो की मुख्य सड़क तक जाने के लिए दक्षिण को पकड़कर शहर के पास से खेतों से होकर जाना बेहतर रहेगा। यूडीन के पार पलायन के मुख्य मार्ग को छोड़कर छोटी सड़कों से निकलना ठीक रहेगा। मैं जानता था कि मैदान से कई छोटी–छोटी सड़कें हैं। मैं बाँध से नीचे उतर गया।

"आओ।" मैंने कहा, "हम लोग किनारे की सड़क लेंगे और शहर के दक्षिण की ओर चलेंगे।" हम सभी बाँध के नीचे आ गए। बगल की सड़क से हमारे ऊपर एक फायर हुआ। गोली बाँध की कीचड़ में जाकर घुस गई।

"वापस जाओ।" मैं चिल्लाया। मैं बाँध की ओर चलने लगा और कीचड़ में रपट गया। ड्राइवर मुझसे आगे थे। घनी झाड़ी से दो और गोलियाँ आईं और आयमो जैसे ही रास्ता पार कर रहा था, झटका खाकर लड़खड़ाते हुए औंधे मुँह गिर पड़ा। हमने उसे दूसरी ओर खींच लिया और ऊपर को पलट दिया।

"उसका सिर ऊपर की ओर रहना चाहिए।" मैंने कहा। पियानी ने उसे थोड़ा घुमाया। वह मिट्टी में बाँध के किनारे पड़ा हुआ था। पैर नीचे की ओर झुके हुए और नाक से खून बह रहा था। हम तीनों बारिश में उसके इर्द-गिर्द बैठे हुए थे। उसकी गर्दन में पीछे नीचे की तरफ गोली लगी थी और गोली ऊपर की ओर जाकर दाहिनी आँख के नीचे आ गई थी। मैं दोनों छिद्रों को बन्द करने की कोशिश कर रहा था तभी उसकी मृत्यु हो गई। पियानी ने उसका सर नीचे रख दिया। पट्टी से उसका चेहरा पोंछा और फिर अकेला छोड़ दिया।

"हरामजादे।" उसने कहा।

"जर्मन नहीं थे वे।" मैंने कहा, "यहाँ कोई जर्मन हो ही नहीं सकता।"

"इटैलियन।" पियानी ने उपनाम लेते हुए कहा, "इटैलियानी!"

बोनैलो कुछ नहीं बोला। वह आयमो के पास बैठा था लेकिन उसकी ओर देख नहीं रहा था। पियानी ने आयमो की कैप उठाई जो बाँध के नीचे लुढ़क गई थी और उसके मुँह पर रख दी। उसने अपनी बोतल निकाल ली। "तुम भी एक घूँट लोगे?" पियानी ने बोतल बोनैलो की ओर बढ़ा दी।

"नहीं।" बोनैलो बोला। वह मेरी ओर मुड़ा, "रेल की पटरी पर यह हमारे साथ कभी भी हो सकता था।"

"नहीं।" मैंने कहा, "ऐसा इसलिए हुआ क्योंकि हम खेतों से निकल रहे थे।"

बोनैलो ने अपना सिर हिलाया, "आयमो मर गया।" उसने कहा।

"सर, अब किसकी बारी है, अब हम कहाँ जाएँ?"

"यह इटैलियन थे जिन्होंने गोली चलाई।" मैंने कहा, "वे जर्मन नहीं थे।"

"मेरा मानना है कि अगर वह जर्मन होते तो हम सभी को मार देते।"

"हम लोगों को जर्मनों से ज्यादा इटैलियनों से खतरा है।" मैंने कहा।

"पिछली सुरक्षा पंक्ति हर चीज से डरी हुई है। जर्मनों को पता है कि उन्हें क्या करना है।"

"सर, आप तर्क ढूँढ़ते रहें।" बोनैलो ने कहा।

"अब हम कहाँ जाएँ?" पियानी ने पूछा।

''अँधेरा होने तक हम लोग कहीं पड़े रहें, अगर हम दक्षिण की ओर निकल सकें तो ठीक रहेगा।''

''पहली बार वह ठीक थे यह सिद्ध करने के लिए उन्हें हम सभी को गोली मारनी पड़ेगी।'' बोनैलो ने कहा, ''मैं उनकी परीक्षा नहीं लेनेवाला।''

''जहाँ तक सम्भव होगा, यूडीन के पास पड़े रहने के लिए हम स्थान ढूँढ़ लेंगे और जब अँधेरा होगा तब निकल जाएँगे।''

''तो फिर चलें।'' बोनैलो बोला। हम तटबंध के उत्तर की ओर नीचे चले गए। आयमो तटबंध के साथ कीचड़ में पड़ा हुआ था। वह छोटा सा था, उसकी बाँहें शरीर के साथ थीं। पट्टी लिपटी हुई टाँगें और जूते साथ-साथ थे और कैप चेहरे के ऊपर पड़ी हुई थी। वह एकदम मृत दिखता था। बारिश हो रही थी। मैं जितने भी लोगों को जानता था उनमें से उसे बहुत पसन्द करता था। मैंने उसके कागज जेब में रख लिए ताकि उसके परिवार को सूचना दे सकूँ।

आगे खेतों के पार एक फार्महाउस था। इसके आसपास पेड़ थे और खेत की इमारतें मकान के विपरीत बनी हुई थीं। दूसरे तल पर एक बालकनी थी, जिसमें स्तम्भ लगे थे।

''बेहतर होगा हम थोड़ा दूर चलें।'' मैंने कहा, ''मैं आगे चलूँगा।''

मैं फार्महाउस की ओर बढ़ गया। खेत से होकर एक रास्ता था।

खेत पार करते हुए मैं नहीं जानता था कि फार्महाउस के पास वाले पेड़ों या फार्महाउस से ही कोई हम पर फायर करेगा। मैं एकदम स्पष्ट देखते हुए इसकी ओर बढ़ रहा था। दूसरी मंजिल की बालकनी भूसाघर से जाकर मिल गई थी और स्तम्भों के बीच से सूखी घास बाहर निकल रही थी। आँगन शिलाखंडों से बनाया हुआ था। सारे पेड़ों से पानी टपक रहा था। एक बड़ी दोपहिया गाड़ी खाली खड़ी थी जिसकी शाफ्ट बारिश में ऊपर की ओर उठी हुई थी। मैं आँगन में घुसा, आँगन पार किया और बालकनी के नीचे खड़ा हो गया। घर का दरवाजा खुला हुआ था। मैं अन्दर घुस गया। बोनैलो और पियानी मेरे बाद अन्दर आए। अन्दर अँधेरा था। मैं वापस रसोईघर की ओर गया, खुली पड़ी हुई बड़ी अँगीठी की राख में चिंगारियाँ थीं।

बरतन राख के ऊपर लटके हुए थे लेकिन वे खाली थे। मैंने चारों ओर देखा लेकिन खाने के लिए कुछ भी नहीं मिला।

''हमें भूसाघर में पड़े रहना चाहिए।'' मैंने कहा, ''पियानी तुम कुछ खाने के लिए ढूँढ़ो और उसे वहीं ले आओ?''

''मैं खोजता हूँ।'' पियानी बोला।

''मैं भी ढूँढ़ता हूँ।'' बोनैलो ने कहा।

'ठीक है।'' मैंने कहा, ''मैं ऊपर जाकर भूसाघर को देखता हूँ।'' मुझे पत्थर की सीढ़ियाँ मिल गईं जो नीचे के अस्तबल से ऊपर जाती थीं। अस्तबल सूखा था

और उसमें अच्छी सी सुगन्ध उठ रही थी। सारे जानवर चले गए थे या शायद घर छोड़ने से पहले हाँक दिए गए थे। भूसाघर आधा घास से भरा हुआ था। छत पर दो खिड़कियाँ थीं, एक तख्तों से बन्द की हुई और दूसरी उत्तर दिशा में बाहर जाने की। एक पनाला था जिससे जानवरों को नीचे घास गिराई जा सके। नीचे मुख्य तल पर बीम लगी हुई थीं, जहाँ भूसा गाड़ियाँ भूसा इकट्ठा करने के लिए आया करती थीं। मुझे छत पर बारिश की आवाज सुनाई पड़ी और भूसे की गन्ध भी आई। जब मैं नीचे गया तो सूखे गोबर की तेज गन्ध अस्तबल से उठी। तख्ते को थोड़ा सा उचकाकर हम दक्षिणी खिड़की से आँगन में नीचे देख सकते थे। दूसरी खिड़की से छत पर और नीचे जा सकते थे और अगर सीढ़ियों से सम्भव न हो तो घास के पनाले से नीचे जा सकते थे। भूसाघर काफी बड़ा था और किसी की आवाज सुनाई पड़ने पर हम इसमें छिप सकते थे। यह ठीक सी जगह लगती थी। मुझे विश्वास था कि अगर हमारे ऊपर फायर न हुआ होता तो हम अब तक दक्षिण की ओर निकल गए होते। वहाँ जर्मनों का होना असम्भव था। वह उत्तर और नीचे सिवाडेल की सड़क की ओर से आ रहे थे। वह दक्षिण की ओर से नहीं आ सकते थे। इटैलियनों से और भी ज्यादा खतरा था। वह बहुत भयभीत थे और जो कोई भी दिखाई पड़ रहा था उस पर फायर कर रहे थे। पिछली रात में हमने सुना कि उत्तर में बहुत से जर्मन सिपाही इटैलियन यूनीफार्म पहनकर पलायन में शामिल हो गए थे। मुझे इस पर विश्वास नहीं हुआ। इस तरह की बातें युद्ध में अक्सर सुनाई पड़ती थीं। दुश्मन इस तरह की बातें फैलाया करता था। आप स्वयं ऐसे किसी आदमी को नहीं जानते होंगे जो जर्मन यूनीफार्म पहनकर दिग्भ्रमित करने गया हो। हो सकता है उन्होंने किया भी हो लेकिन यह बहुत कठिन लगता था। मुझे विश्वास नहीं था कि जर्मनों ने ऐसा किया है। मुझे विश्वास नहीं था कि उन्हें इसकी जरूरत है। पलायन के बारे में भ्रमित होने की आवश्यकता नहीं थी। सेना के आकार और सड़कों की कमी के कारण ऐसा हुआ था। कोई आदेश नहीं दे रहा था। जर्मनों को तो छोड़ ही दें। तब भी वह हमें जर्मन समझकर गोलियाँ चला रहे थे। आयमो को उन्होंने मार दिया। घास की गन्ध ठीक लग रही थी और भूसाघर में पड़े हुए ऐसा लगा जैसे बीते हुए सारे वर्ष गुजरे ही न हों।

हम लोग भूसाघर में लेटे बातें करते रहे और भूसाघर की दीवार में उठे हुए त्रिकोण में आकर बैठने वाली गौरैया को एयरगन से मार लेते थे। भूसाघर में कुछ खास था नहीं। एक साल तक वह विषगर्जर की लकड़ी काटते रहे और अब केवल ढूँढ़, सूखे पेड़, टहनियाँ और आग से जले घास-पात ही जंगल में शेष थे। आप वापस नहीं जा सकते थे। अगर आगे नहीं गए तो क्या होगा ? मिलान ना पाना सम्भव नहीं था। और अगर मिलान पहुँच भी गए तो क्या हुआ ? उत्तर में यूडीन की ओर मुझे फायरिंग की आवाज सुनाई दी। मशीनगन की फायरिंग मुझे सुनाई पड़ रही थी।

बमबारी नहीं हो रही थी। कुछ और था। सड़क के साथ उन्होंने अवश्य ही कुछ सेनाएँ लगाई होंगी। भूसाघर के आधे-अधूरे उजाले में नीचे मैंने पियानी को सूखे फर्श पर खड़े देखा। उसके पास लम्बा कबाब, किसी चीज का जार और बाँह के नीचे शराब की दो बोतलें थीं।

''ऊपर आओ।'' मैंने कहा, ''वहाँ सीढ़ी है।'' मुझे महसूस हुआ कि मुझे सामान लाने में उसकी मदद करनी चाहिए और मैं नीचे चला गया। भूसे में पड़े-पड़े मेरा दिमाग चकरा गया था। मैं लगभग सोया हुआ था।

''बोनैलो कहाँ है?'' मैंने कहा।

''मैं बताता हूँ।'' पियानी ने कहा।

हम सीढ़ियों से ऊपर चढ़ गए। ऊपर घास पर हमने सामान रख दिया। पियानी ने अपना चाकू और कार्क स्क्रू निकाला और शराब की बोतल की कार्क निकाल दी।

''इसके ऊपर सीलिंग वैक्स लगी है।'' उसने कहा, ''यह अच्छी होनी चाहिए।'' वह मुस्कराया।

''बोनैलो कहाँ है?'' मैंने पूछा। पियानी ने मेरी ओर देखा।

''वह चला गया सर!'' उसने कहा, ''वह कैदी बनना चाहता था।'' मैंने कुछ नहीं कहा।

''उसे भय था कि हम लोग मारे जाएँगे'' मैंने शराब की बोतल पकड़ी और कुछ नहीं कहा।

''सर, देखिए हम लोगों की युद्ध में कोई आस्था नहीं है।''

''तुम क्यों नहीं गए?'' मैंने पूछा।

''मैं आपको छोड़ना नहीं चाहता था।''

''वह कहाँ गया?''

''मैं नहीं जानता सर, लेकिन वह चला गया।''

''ठीक है, तुम सौसेज काटो।'' मैंने कहा। पियानी ने हलकी रोशनी में मुझे देखा।

''हम लोग बात कर रहे थे तभी मैंने सौसेज काट दिया।'' उसने कहा।

हम घास में बैठे रहे, सौसेज खाया और शराब पी। यह शराब उन्होंने शादी के लिए बचाकर रखी होगी। यह इतनी पुरानी हो गई थी कि रंग ही खत्म हो रहा था।

''लुइगी, तुम इस खिड़की से देखो और मैं दूसरी खिड़की से देखता हूँ।'' मैंने कहा।

हम लोग एक ही बोतल से शराब पी रहे थे। अब मैंने अपनी बोतल अपने साथ ली और घास पर सीधा लेट गया और बाहर भीगे हुए इलाके को देखने लगा। मैं नहीं जानता कि मैं बाहर क्या देखना चाहता था। खेतों, शहतूत के खाली पेड़ों और बारिश के सिवाय मुझे कुछ नहीं दिखा। मैंने शराब पी लेकिन अच्छा महसूस

नहीं हुआ। यह बहुत दिनों की रखी हुई थी जिससे बेकार हो गई थी और इसका रंग और गुण समाप्त हो गए थे। मुझे बाहर अँधेरा होते दिखा। अँधेरा तेजी से फैल गया। बारिश वाली काली रात होगी। अँधेरा होने के बाद बाहर देखने का कोई लाभ नहीं था इसलिए मैं पियानी के पास चला गया। वह सो गया था। मैंने उसे नहीं जगाया लेकिन थोड़ी देर उसके पास बैठा रहा। वह लम्बा चौड़ा आदमी था और जोर से सोता था। थोड़ी देर बाद मैंने उसे उठा दिया और हम चल पड़े।

बड़ी अजीब रात थी वह, मैं नहीं जानता मैं क्या आशा कर रहा था–शायद मौत, अँधेरे में गोली का चलना, भागना लेकिन कुछ भी नहीं हुआ। मुख्य सड़क की खाई के पार हम सीधे लेटकर इंतजार करते रहे। उस समय एक जर्मन बटालियन वहाँ से गुजर रही थी। जब वह निकल गए तो हमने सड़क पार की और उत्तर की ओर चले गए। बरसात में दो बार हम जर्मनों के एकदम निकट आ गए थे लेकिन वह हमें देख नहीं पाए। हम लोग बिना किसी इटैलियन को मिले शहर से उत्तर की ओर निकल गए। थोड़ी देर बाद सेनाओं की वापसी के मुख्य दल से हम मिल गए और पूरी रात तागलियामेंटो की ओर चलते रहे। अब तक मुझे अनुभव नहीं हुआ था कि पलायन कितना वृहद था, सेना के अलावा पूरा देश चल रहा था। पूरी रात हम चलते रहे और हमारी गति वाहनों से तेज थी। मेरी टाँग में दर्द था और मैं थका भी था फिर भी हम काफी तेज चले। बोनैलो का कैदी बनने का निर्णय मूर्खतापूर्ण प्रतीत हो रहा था। हम लोग दो सेनाओं के बीच से बिना किसी घटना के निकल आए थे। अगर आयमो की हत्या न हुई होती तो किसी खतरे का आभास न हुआ होता। रेलवे लाइन के पास खेतों में जब हम साफ दिखाई दे रहे थे किसी ने हमें परेशान नहीं किया। मृत्यु अचानक और अकारण हुई। मुझे आश्चर्य था कि बोनैलो कहाँ होगा।

''कैसा लग रहा है, सर?'' पियानी ने पूछा। सेना और वाहनों से खचाखच भरी सड़क के किनारे पर हम लोग चल रहे थे।

''ठीक।''

''मैं चलते-चलते थक गया हूँ।''

''हाँ, लेकिन अब हमें धीरे-धीरे ही चलना है। अब चिन्ता की कोई बात नहीं है।''

''बोनैलो मूर्ख निकला।''

''वह वाकई मूर्ख था।''

''आप उसका क्या करेंगे, सर?''

''पता नहीं।''

''क्या आप उसके बारे में यह नहीं लिख सकते कि वह गिरफ्तार हो गया?''

''पता नहीं।''

''देखिए अगर युद्ध चलता रहा तो वह उसके परिवार को बहुत परेशान करेंगे।''

''लड़ाई अब नहीं चलेगी।'' एक सिपाही ने कहा, ''हम लोग घर जा रहे हैं, युद्ध समाप्त हो गया।

''हर कोई घर जा रहा है।''

''हम सभी घर जा रहे हैं।''

''आइए सर।'' पियानी ने कहा। वह उनसे आगे निकलना चाहता था।

''सर! सर कौन है यहाँ? कोई ऑफिसर? ऑफिसर हाय! हाय!''

पियानी ने मेरी बाँह पकड़कर खींचा।

''बेहतर होगा मैं आपको नाम से बुलाऊँ।'' उसने कहा।

''हो सकता है, ये लोग कुछ परेशानी खड़ी करने की कोशिश करें। कुछ अधिकारियों को उन्होंने गोली मार दी है।'' हम लोग तेजी से आगे बढ़े।

''मैं ऐसी कोई रिपोर्ट नहीं लिखूँगा जिससे बोनैलो के परिवार को कोई परेशानी हो।'' मैं उससे बातचीत करता रहा।

''अगर युद्ध समाप्त हो गया तब तो कोई फर्क नहीं पड़ता।'' पियानी ने कहा, ''लेकिन मुझे विश्वास नहीं होता कि युद्ध समाप्त हो गया है। यह बहुत अच्छी बात है कि युद्ध समाप्त हो गया।''

''बहुत जल्द हम लोगों को पता चल जाएगा।'' मैंने कहा।

''मैं नहीं मानता कि युद्ध खत्म हो गया। सब सोच रहे हैं कि युद्ध खत्म हो गया लेकिन मुझे विश्वास नहीं है।''

''लांग लिव पीस।'' एक सिपाही चिल्लाया, ''हम घर लौट रहे हैं।''

''कितना अच्छा होगा कि हम लोग घर जा सकें।'' पियानी ने कहा, ''क्या आप घर जाना पसन्द नहीं करेंगे?''

''हाँ।''

''हम कभी नहीं जा सकेंगे, मुझे नहीं लगता कि युद्ध समाप्त हो गया।''

''एंडियामो आकासा!'' एक सिपाही चिल्लाया।

''वे लोग अपनी राइफलें फेंक देते हैं।'' पियानी ने कहा, ''वह पहले राइफल उतार लेते हैं और मार्च करते समय नीचे गिरा देते हैं। उसके बाद चिल्लाते हैं।''

''उन्हें राइफलें अपने पास रखनी चाहिए!''

''वह सोचते हैं कि जब वह राइफलें ही फेंक देंगे तब उन्हें लड़ने के लिए कोई मजबूर नहीं कर सकता।''

अँधेरे में और बरसात में सड़क के किनारे अपना रास्ता बनाते हुए मैं देख सकता था कि बहुत सी फौजों के पास अभी भी अपनी राइफलें थीं। वह वर्दी के ऊपर कसी हुई थीं।

''तुम कौन सी ब्रिगेड के हो?'' एक ऑफिसर चिल्लाया।

"शान्ति ब्रिगेड।" कोई चीखा, "शान्ति ब्रिगेड।" ऑफिसर ने कुछ नहीं कहा।

"क्या कह रहा है वह? ऑफिसर ने क्या कहा?"

"ऑफिसर मुर्दाबाद! शान्ति! शान्ति!"

"आइए।" पियानी ने कहा। वाहनों के झुंड में छोड़ी हुई दो ब्रिटिश एम्बुलैंसों को हमने पार किया।

"गॉरिजिया की है।" पियानी ने कहा, "मैं कारों को पहचानता हूँ।"

"यह हमसे काफी आगे निकल गईं।"

"वे पहले चल पड़ी थीं।"

"आश्चर्य है, ड्राइवर कहाँ है?"

"शायद काफी आगे।"

"जर्मन यूडीन के बाहर रुक गए हैं।" मैंने कहा, "ये सभी लोग नदी पार क़र जाएँगे।"

"हाँ, इसलिए मुझे लगता है कि युद्ध समाप्त नहीं होगा।"

"जर्मन आ सकते थे।" मैंने कहा, "मुझे आश्चर्य है कि वे क्यों नहीं आ रहे हैं?"

"मैं नहीं जानता, इस तरह के युद्ध के बारे में मैं कुछ नहीं जानता।"

"लगता है कि वे अपने ट्रांसपोर्ट का इंतजार कर रहे हैं।"

"मुझे नहीं मालूम।" पियानी ने कहा। अकेले में वह बहुत सौम्य था। जब वह दूसरों के साथ होता था तो बहुत रूखी बात करता था।

"लुईग, क्या तुम विवाहित हो?"

"आप तो जानते हो, मैं शादी-शुदा हूँ।"

"क्या इसलिए तुम कैदी नहीं बनना चाहते थे?"

"यह भी एक वजह है। क्या आप शादी-शुदा हैं, सर?"

"नहीं।"

"बोनैलो भी नहीं है।"

"किसी आदमी के विवाहित होने या न होने से आप कोई खास बात नहीं बता सकते लेकिन मैं इतना कह सकता हूँ कि शादी-शुदा आदमी अपनी पत्नी के पास वापस जाना चाहेगा।" मैंने कहा, "पत्नियों के बारे में बात करके मुझे खुशी होगी।"

"हाँ।"

"आपके पैर कैसे हैं?"

"काफी तकलीफ है।"

सबेरा होने से पहले हम ताग्लियामेंटो के किनारे पहुँच गए और बाढ़ से उफनती नदी के साथ-साथ उस पुल तक पहुँच गए जहाँ से पूरा ट्रैफिक पार हो रहा था।

‘‘उन्हें दुश्मन को इस नदी पर रोकने में सफलता मिलनी चाहिए।’’ पियानी ने कहा। अँधेरे में बाढ़ बहुत तेज लग रही थी। पानी में ऊँची लहर उठती थी और पानी का बहाव काफी चौड़ाई लिये था। लकड़ी का पुल पौन मील लम्बा था और नदी जो आमतौर से पुल से काफी नीचे पथरीली पर पतली धाराओं में बहती थी, इस वक्त लकड़ी के पुल के तख्तों को छू रही थी। हमने किनारे-किनारे पुल को पार करती भीड़ में अपना रास्ता बनाया। बारिश में धीरे-धीरे बाढ़ के पानी से कुछ फीट ऊपर, भीड़ में दबे हुए और सामने गोला बारूद के बॉक्स के साथ निकलते हुए मैंने बगल में निगाह डाली और नदी की ओर देखा। अब चूँकि हम अपनी रफ्तार से नहीं चल पा रहे थे इसलिए मुझे बहुत थकान हो रही थी। पुल पार कर लेने में कोई विशेष उल्लास नहीं था। मुझे आश्चर्य हो रहा था कि अगर दिन में कोई हवाई जहाज आक्रमण कर दे तो क्या होगा?

‘‘पियानी।’’ मैंने बुलाया।

‘‘यहाँ हूँ सर, मैं।’’ वह भीड़ में थोड़ा आगे था। कोई किसी से बात नहीं कर रहा था। सब जितनी जल्दी हो सके पुल पार करने की कोशिश में थे और उसी बारे में सोच रहे थे। हम लगभग पार निकल गए थे। पुल के दूसरे छोर पर कुछ अधिकारी और कारबाइनरी दोनों ओर खड़े थे और लाइटें मार रहे थे। क्षितिज के विपरीत उनके छायाचित्र मुझे स्पष्ट दिख रहे थे। जैसे ही हम उनके निकट आए मैंने एक ऑफिसर को दस्ते में एक आदमी की ओर संकेत करते देखा। एक कारबाइनरी उसके पीछे गया और बाँह पकड़कर खींच लाया। हम ठीक उनके विपरीत आ गए। अधिकारी दस्ते में सभी की जाँच कर रहे थे। कभी-कभी आपस में बात करते थे आगे जाते थे और किसी के चेहरे को टार्च से देखते थे। हमारे सामने आने से ठीक पहले उन्होंने एक को बाहर निकाला, मैंने आदमी को देखा वह एक लैफ्टिनेंट-कर्नल था। जब उन्होंने उस पर रोशनी डाली तो मैंने उसके कन्धे पर लगे हुए स्टार देखे। उसके बाल भूरे थे और वह नाटा और मोटा था। जैसे ही हम सामने आए वैसे ही मैंने उनमें से एक को अपनी ओर देखते हुए देखा, तब एक ने मेरी ओर इशारा किया और कारबाइनरी को बोला। मैंने कारबाइनरी को अपनी ओर आते देखा। दस्ते के किनारे से वह मेरी ओर आया और तब मैंने महसूस किया कि वह मेरा कॉलर पकड़े हुए था।

‘‘क्या बात है?’’ मैंने पूछा और उसके मुँह पर एक घूँसा जमा दिया। मैंने हैट के अन्दर उसका चेहरा, ऊपर को उठी हुईं मूँछें और उसके गाल से निकलता हुआ खून देखा। दूसरा एक और मेरी ओर दौड़ा।

‘‘क्या बात है?’’ मैंने कहा। उसने जवाब नहीं दिया। वह मुझे पकड़ने का मौका देख रहा था। मैंने अपनी पिस्टल निकालने के लिए हाथ पीछे किया।

‘‘क्या तुम नहीं जानते कि तुम एक अधिकारी को छू नहीं सकते?’’

दूसरे ने मुझे पीछे से पकड़ लिया और जोड़ पर मेरी बाँह मरोड़ डाली। मैं उसके साथ घूम गया और दूसरे ने मेरी गर्दन पकड़ ली। मैंने उसकी तिल्लियों में लात मारी और बाएँ घुटने से गुप्तांगों पर प्रहार किया।

''अगर नहीं मानता तो साले को गोली मार दो।'' मैंने किसी को कहते हुए सुना।

''इसका क्या मतलब है?'' मैंने चिल्लाने की कोशिश की लेकिन मेरी आवाज बहुत तेज नहीं थी।

''वापस लाओ उसे।''

''कौन हो तुम?''

''अभी पता चल जाएगा।''

''कौन हो तुम?''

''सेना पुलिस।'' दूसरे अधिकारी ने कहा।

''इन लोगों से खिंचवाने के बजाय आप मुझसे बाहर आने के लिए क्यों नहीं कहते?''

उन्होंने उत्तर नहीं दिया, उन्हें उत्तर देने की जरूरत भी नहीं थी। वे तो सेना पुलिस थे।

''इसे भी दूसरों के साथ पीछे ले जाओ।'' पहले अधिकारी ने कहा।

''देख रहे हो, इटैलियन अटक-अटक बोल रहा है साला।''

''हरामजादे तू भी ऐसे ही बोल रहा है।'' मैंने कहा।

''ले जाओ पीछे, बाकियों के साथ।'' पहले अधिकारी ने कहा।

सड़क के नीचे खड़े अधिकारियों के पीछे नदी के किनारे के खेत में खड़े लोगों का एक समूह था जहाँ वे मुझे ले गए। जब हम उनकी ओर जा रहे थे, गोलियों की आवाज आ रही थी। मुझे राइफलों की चमक दिखाई दी और रिपोर्ट सुनाई पड़ी। हम समूह के पास आ गए। चार अधिकारी साथ-साथ खड़े थे और हर एक के सामने एक आदमी था जिसके दोनों ओर एक-एक कारबाइनरी था। आदमियों के एक समूह को कारबाइनरी घेरे खड़े थे। चार और कारबाइनरी प्रश्न करने वाले अधिकारियों के साथ अपनी कारबाइन पर झुके हुए खड़े थे। जिस आदमी से अधिकारी सवाल कर रहे थे, मैंने उसे देखा। वह भूरे बालों वाला नाटा, लेफ्टिनेंट कर्नल था जिसे उन्होंने दस्ते से निकाला था। प्रश्न करने वालों के पास पूरी दक्षता, तटस्थता और इटैलियन के ऊपर गोली चलाने का पूरा अधिकार था और स्वयं उनके ऊपर गोलियाँ नहीं चल रही थीं।

''तुम्हारी ब्रिगेड?''

उसने बताया।

''रेजीमेंट।'' उसने बता दिया।

‘‘तुम अपनी रेजीमेंट के साथ क्यों नहीं हो?’’ उसने कहा।

‘‘क्या तुम नहीं जानते कि एक ऑफिसर को अपने जवानों के साथ होना चाहिए?’’

वह जानता था।

बस इतना ही, दूसरा अधिकारी बोला।

‘‘तुम और तुम्हारे जैसे लोगों के कारण ही वे बर्बर लोग इस पितृभूमि की पवित्र मिट्‌टी पर घुस आए हैं।’’

‘‘अगर आप इजाजत दें तो कुछ कहना चाहता हूँ।’’ लेफ्टिनेंट कर्नल ने कहा।

‘‘तुम्हारे जैसे गद्दारों के कारण हमें विजय श्री से वंचित होना पड़ा है।’’

‘‘मैं माफी चाहता हूँ।’’ लेफ्टिनेंट कर्नल ने कहा।

‘‘क्या आप कभी पलायन में रहे हैं?’’ लेफ्टिनेंट कर्नल ने पूछा।

‘‘इटैलियन को कभी पलायन नहीं करना चाहिए।’’ हम बारिश में खड़े थे और यह सब सुन रहे थे। अधिकारी हमारे सामने थे, कुछ बन्दी सामने थे और कुछ दूसरी ओर खड़े थे।

‘‘अगर तुम लोग मुझे गोली मारने वाले हो तो बिना सवाल पूछे मार दो।’’ लेफ्टिनेंट कर्नल ने कहा, ‘‘सवाल पूछना व्यर्थ है।’’

उसने हाथ से क्रास का निशान बनाया। अधिकारी एक साथ बोले। एक ने कागज के पैड पर कुछ लिखा।

‘‘अपनी सेनाएँ छोड़ दीं, गोली मारने का आदेश दिया।’’ उसने कहा।

दो कारबाइनरी लेफ्टिनेंट-कर्नल को नदी की ओर ले गए। बूढ़ा आदमी अपना हैट उतारे बरसात में चला जा रहा था, एक-एक कारबाइनरी उसके दोनों ओर थे। मैंने उन्हें गोली मारते हुए तो नहीं देखा लेकिन गोलियों की आवाज सुनी। अब वह किसी और से पूछताछ कर रहे थे। यह ऑफिसर भी अपने जवानों से अलग हो गया था। उसे स्पष्टीकरण देने की अनुमति भी नहीं मिली। जब उन्होंने कागज के पैड से दंड पढ़कर सुनाया तो वह रो पड़ा और ले जाए जाते हुए भी रोता रहा। उसे गोली से मारने के बाद अब वह दूसरे से प्रश्न कर रहे थे। वह इस बात पर पूरी तरह से अड़े हुए थे कि अगले आदमी से तभी पूछताछ होगी जब पहले वाले को गोली मारी जा रही होती थी। इस तरह स्पष्टत: वह इस बारे में कुछ भी करने की स्थिति में नहीं थे। मेरी समझ में नहीं आ रहा था कि प्रश्न किए जाने की प्रतीक्षा करूँ या भाग लूँ। उनके लिए मैं साफ तौर पर इटैलियन यूनिफार्म पहने हुए जर्मन था। मैं देख रहा था कि उनका दिमाग कैसे काम कर रहा था या दिमाग उनके पास था भी जो उससे काम करते। वह सब युवा थे और अपने देश की रक्षा कर रहे थे। तागलियामेंटो के पार सेकंड आर्मी संगठित की जा रही थी। वह मेजर और उससे ऊपर की रैंक के ऑफिसर थे जो अपनी फौज से अलग हो गए थे। इटैलियन वर्दी पहने जर्मन

आंदोलनकारियों से भी वह आनन-फानन में निबट रहे थे। वह स्टील हैलमेट पहने हुए थे। केवल हम दो ही स्टील हैलमेट पहने हुए थे। कुछ कारबाइनरी भी पहने थे, दूसरे कारबाइनरी चौड़ा हैट पहने हुए थे। हम उन्हें हवाई-जहाज कहते थे। हम बरसात में खड़े थे और एक बार में एक को सवाल-जवाब के लिए बाहर निकाल कर गोली मारी जा रही थी। प्रश्न करने वाले एकदम तटस्थ और न्याय के प्रति समर्पित होकर अपने ऊपर मौत के संकट के बिना मौत का सौदा कर रहे थे। वह एक रेजीमेंट के फुल कर्नल से प्रश्न कर रहे थे। तीन और ऑफिसर हमारे साथ अभी-अभी लाए गए थे।

"उसकी रेजीमेंट कहाँ थी ?"

मैंने कारबाइनरी की ओर देखा, वह नए आने वालों को देख रहे थे, बाकी कर्नल को देख रहे थे। मैं नीचे झुका, दो आदमियों को धक्का दिया और सर झुकाए हुए नदी की ओर दौड़ा। मैंने किनारे से छलाँग लगाई और झटके के साथ अन्दर चला गया। पानी बहुत ठंडा था और मैं जितनी देर हो सका, अन्दर ही रहा। मुझे आभास था कि धारा मुझे बहाकर ले जा रही थी। मैं तब तक अन्दर बना रहा, जब तक मुझे नहीं लगा कि मैं डूब जाऊँगा। जैसे ही मैं ऊपर आया मैंने साँस ली और फिर अन्दर चला गया। इतने कपड़े और जूते पहनकर अन्दर रहना आसान नहीं था। जब मैं दोबारा ऊपर आया तो मैंने अपने आगे एक लकड़ी का टुकड़ा देखा, मैंने उस तक पहुँचकर एक हाथ से उसे पकड़ लिया। मैंने अपना सर उसके पीछे रखा और उसके ऊपर देखा तक नहीं। मैं किनारे की तरफ देखना तक नहीं चाहता था। मैं जब भागा था उस समय और जब पहली बार ऊपर आया था तब गोलियाँ चली थीं। मैं जब लगभग पानी के ऊपर था तब उनकी आवाज सुनी थी। अब गोलियाँ नहीं चल रही थीं, लकड़ी का टुकड़ा पानी में हिल रहा था और मैंने उसे एक हाथ से पकड़ रखा था। मैंने किनारे की ओर देखा, किनारा तेजी से छूटता हुआ प्रतीत हो रहा था। नदी में काफी लकड़ियाँ थीं, पानी बहुत ठंडा था। पानी के ऊपर मैं एक टापू की झाड़ियों से गुजरा। मैं दोनों हाथों से लकड़ी को पकड़े रहा और इसी के सहारे तैरता रहा। किनारा अब निगाह से दूर था।

## अध्याय-31

बहाव अगर तेज हो तो यह अनुमान लगाना मुश्किल हो जाता है कि आप नदी में कितनी देर से हैं। समय बहुत ज्यादा भी लगता है और बहुत कम भी। पानी बहुत ठंडा था और बाढ़ में नदी के उठने से किनारों से बहकर बहुत सी चीजें आ गई

थीं। मेरा सौभाग्य था कि मुझे पकड़ने के लिए एक मोटी लकड़ी मिल गई थी। मैं दोनों हाथों से जितना सम्भव था उतनी मजबूती से उस लकड़ी को पकड़े हुए था और बर्फीले पानी में अपनी ठोड़ी लकड़ी से सटाए हुए था। मुझे नसों के खिंचने का डर था। मैं आशा कर रहा था कि जल्दी से जल्दी किनारे की तरफ बढ़ सकूँ। एक लम्बे घुमाव से मैं नदी के नीचे की ओर गया। उजाला होने लगा था जिससे किनारों की ओर की झाड़ियों का टापू दिख रहा था और नदी का बहाव तट की ओर हो गया था। मैं समझ नहीं पा रहा था कि अपने जूते और कपड़े उतार लूँ और किनारे की ओर तैरने की कोशिश करूँ। आखिर मैंने ऐसा न करने का फैसला किया। मैंने सिवाय इसके कि मैं किसी न किसी तरह किनारे तक पहुँच ही जाऊँगा कुछ और नहीं सोचा था और यह कि अगर मैं नंगे पैर पहुँचा तो हालत खराब हो जाएगी। मुझे किसी न किसी तरह मेस्ट्रे पहुँचना था।

मैंने किनारे को नजदीक आते देखा फिर दूर बह गया और फिर पास आया। मैं धीरे-धीरे पानी पर तैर रहा था। अब किनारा काफी पास था। मैं पेड़ों की झाड़ीदार टहनियाँ देख सकता था। लकड़ी धीरे-धीरे हिल रही थी जिससे किनारा मेरे पीछे था और मुझे पता चल गया कि मैं भँवर में था। मैं धीरे-धीरे घूमा, जैसे ही मैंने देखा कि किनारा पास ही है, मैंने एक हाथ से लकड़ी पकड़े हुए दूसरे हाथ से तैरते हुए और लकड़ी को ठेलते हुए किनारे की ओर आने की कोशिश की लेकिन मैं उसे नजदीक नहीं ला पाया। मुझे डर था कि मैं इस भँवर से निकलूँगा भी या नहीं। एक हाथ से पकड़े-पकड़े मैंने अपने पैरों को खींचा जिससे वह लकड़ी की साइड की ओर हो गए फिर मैंने किनारे आने के लिए बड़ा जोर लगाया। मुझे झाड़ी दिखाई पड़ रही थी लेकिन मेरी गति और तेज करने की कोशिश के बाद भी धारा मुझे दूर लिये जा रही थी। मैंने सोचा कि मैं अपने जूतों की वजह से डूब जाऊँगा। लेकिन मैंने झपाटा मारा और पानी से संघर्ष करता रहा और जब ऊपर की ओर देखा तो किनारा मेरे निकट आ रहा था। मैं भारी पैरों के भय के बावजूद हाथ-पैर मारता रहा और जब तक किनारे तक नहीं पहुँच गया, तैरता रहा। मैं पेड़ की टहनी पकड़कर लटक गया। अब मुझमें खुद को ऊपर खींचने की हिम्मत नहीं बची थी लेकिन मुझे इतना पता था कि अब मैं नहीं डूबूँगा। लकड़ी पर मुझे भी नहीं लगा था कि मैं डूब सकता हूँ। इतनी मेहनत करने से छाती और पेट में खाली और बीमार सा लग रहा था इसलिए मैं टहनियाँ पकड़े रहा और इंतजार करता रहा। जब कमजोरी का एहसास खत्म हुआ तो मैंने झाड़ियाँ पकड़कर स्वयं को ऊपर खींचा और फिर ठहर गया। मेरी बाँहें झाड़ी के चारों ओर थीं और हाथ मजबूती से झाड़ी को पकड़े हुए थे। उसके बाद मैं रेंगता हुआ आगे बढ़ा, झाड़ियों को पीछे हटाया और किनारे तक आ गया। दोपहर थी लेकिन मुझे कोई दिखा नहीं। मैं किनारे पर सीधा लेट गया और नदी और बरसात की आवाज सुनता रहा।

थोड़ी देर बाद मैं उठा और नदी किनारे चल पड़ा। मुझे पता था कि लैटिसाना तक नदी पर कोई पुल नहीं था। मुझे लगा कि शायद मैं सैनविटो के विपरीत हूँ। मैं सोचने लगा कि अब क्या करना चाहिए। आगे एक खाई नदी की ओर जा रही थी। अभी तक मैंने किसी को नहीं देखा था। मैं खाई के किनारे कुछ झाड़ियों के पास बैठ गया, अपने जूते उतार लिए और उनका पानी निकाल दिया। मैंने अपना कोट उतारा, अन्दर की जेब में भीगे हुए अपने कागजों और पैसों के साथ अपना पर्स निकाला और फिर कोट को निचोड़ दिया। उसके बाद मैंने अपना पैंट, शर्ट और अंडरवियर भी उतारकर निचोड़ दिया। मैंने अपने आपको थपथपाया, थोड़ा रगड़ा और फिर से कपड़े पहन लिए। मेरी कैप खो गई थी।

कोट पहनने से पहले मैंने अपने बाजुओं पर लगे कपड़े के स्टार काट दिए और उन्हें पैसों के साथ अन्दर वाली जेब में रख लिया। मेरा पैसा भीग गया था लेकिन सुरक्षित था। मैंने गिनती की, तीन हजार लीरा से ऊपर कुछ थे। मेरे कपड़े भीगे और चिपचिपे थे और मैं रक्त को गतिशील बनाए रखने के लिए अपनी बाँहें थपथपा रहा था। मेरा अंडरवियर कसा हुआ था और मुझे लग रहा था कि मैं चलता रहूँगा तो मुझे ठंड नहीं लगेगी। उन्होंने मेरी पिस्टल सड़क पर ही ले ली थी। मैंने अपना होल्सटर कोट के अन्दर रख लिया।

मेरे पास ओवर कोट नहीं था और बरसात की वजह से काफी ठंड हो गई थी। मैं नहर के किनारे चलता रहा। दिन का उजाला फैला हुआ था और पूरा इलाका भीगा हुआ, उथला और विषण्ण सा था। खेत खाली और भीगे हुए थे। बहुत दूर मुझे मैदान में एक घंटाघर दिखाई दे रहा था। मैं एक सड़क पर आ गया, आगे मुझे सड़क पर कुछ फौज आती हुई दिखी।

मैं सड़क के किनारे लँगड़ाते हुए चलता रहा, वे मेरे पास से गुजर गए और उन्होंने मेरी तरफ कोई ध्यान नहीं दिया। यह मशीनगन की टुकड़ी थी जो नदी की ओर जा रही थी। मैं सड़क से नीचे की ओर चलता रहा।

उसी दिन मैंने वेनेशियन मैदान को पार किया, यह निचले इलाके का क्षेत्र है और बरसात में यह और भी समतल हो जाता है। समुद्र की ओर खारी झाड़ियाँ हैं और सड़क बहुत कम है। सभी सड़कें नदी मुहाने के साथ समुद्र तक जाती हैं और आपको इस इलाके को पार करने के लिए नहरों के साथ बने रास्तों से ही जाना पड़ेगा। मैं खेतों में उत्तर से दक्षिण की ओर निकल रहा था तथा दो रेलवे लाइनें और कई सड़कें पार कर चुका था। अन्ततः मैं एक झाड़ी के पीछे से जाने वाली रेलवे लाइन पर पहुँच गया जहाँ रास्ता खत्म हो जाता था। यह वेनिस से ट्रीस्ट जाने वाली मुख्य लाइन थी। इसके बंध मजबूत थे और मजबूत जमीन पर बनी हुई दोहरी पटरियाँ थीं। पटरी से नीचे एक रास्ते पर फ्लैग स्टेशन था जहाँ सिपाही पहरा देते हुए मुझे दिखाई दे रहे थे। रेलवे लाइन पर आगे एक पुल था जहाँ एक छोटा नाला

झाड़ियों की ओर बह रहा था। मुझे पुल के ऊपर भी सिपाही पहरा देते हुए दिखाई दिए। उत्तर की ओर खेत पार करते समय मैंने इस पटरी पर एक रेल को जाते हुए देखा था जो सपाट मैदान में दूर से दिखाई पड़ती थी। मैंने सोचा कि शायद पोर्टोगुआरो की ओर से कोई ट्रेन आ जाए। मैंने सिपाहियों को देखा और बंध के सहारे लेट गया जिससे मैं पटरी के दोनों ओर देख सकूँ। पुल वाला सिपाही जिधर मैं लेटा हुआ था उधर थोड़ी दूर तक आया, फिर मुड़ा और वापस पुल की ओर चला गया। मैं पड़ा रहा, मैं भूखा भी था। पड़े-पड़े मैं ट्रेन का इंतजार करता रहा। जिस ट्रेन को मैंने पहले आते हुए देखा था वह बहुत लम्बी थी और उसका इंजन बहुत धीमे-धीमे चल रहा था। मुझे विश्वास था कि मैं उसमें चढ़ सकता था। किसी ट्रेन के आने की उम्मीद छोड़ देने के बाद आखिरकार मुझे एक ट्रेन आती हुई दिखी। सीधे आता हुआ इंजन धीरे-धीरे बड़ा हो गया। मैंने पुल वाले सिपाही की ओर देखा। इंजन झक-झक कर रहा था। मुझे बहुत से डिब्बे दिख रहे थे। मुझे पता था कि ट्रेन में भी पहरेदार होंगे, अत: मैंने यह देखने की कोशिश की कि वे कहाँ थे लेकिन बिना सामने आए मैं ऐसा नहीं कर सकता था।

जहाँ मैं लेटा था, इंजन ठीक वहीं आ गया। जब इंजन भारी-भरकम साँसें खींचता हुआ मेरे सामने आया और मैंने इंजीनियर को निकलते हुए देख लिया तो मैं खड़ा हो गया। अगर गार्ड देख भी रहे थे तो भी मैं पटरी के पास खड़े होने से बहुत संदेहास्पद व्यक्ति नहीं था। कई माल के डिब्बे निकल गए तभी मुझे कैनवस से ढँका हुआ एक नीचा खुला डिब्बा आता दिखाई दिया जिसे वह लोग गोंडोला कहते हैं। उसके लगभग निकल जाने तक मैं खड़ा रहा और फिर कूदकर आगे का हत्था पकड़ा और खुद को ऊपर खींच लिया। गोंडोला और पीछे वाले माल के डिब्बे के बीच में रेंगता हुआ मैं घुसा। मुझे नहीं लगा कि किसी ने मुझे देखा था। मैं हत्था पकड़े हुए था और थोड़ा झुका हुआ था। मेरा पैर जोड़ पर था, हम लगभग पुल के सामने थे। मुझे गार्ड की याद थी। ज्यों-ज्यों मैं वहाँ से गुजरा उसने मुझे देखा, वह नौजवान था और उसका हैट उसके हिसाब से काफी बड़ा था। मैंने उसे तिरस्कार भरी नजरों से देखा और उसने निगाह फेर ली। उसने समझा होगा कि मैं ट्रेन में कोई काम कर रहा था।

वहाँ से मैं निकल गया। मैंने देखा कि गार्ड अभी भी परेशान सा बाकी गुजरते हुए डिब्बों को देख रहा था। मैं देखने लगा कि कैनवस को कैसे बाँधा गया था। इसमें छोटे सुराख थे जिनसे रस्सी निकाली गई थी और रस्सी को किनारों से बाँध दिया गया था। मैंने अपना चाकू निकाला, रस्सी काट दी और अपनी बाँह नीचे लगा दी। कैनवस के नीचे कठोर उभार थे जो बारिश में कड़े हो गए थे। मैंने ऊपर और आगे देखा। आगे मालगाड़ी के डिब्बे पर एक गार्ड था लेकिन वह आगे की ओर देख रहा था। मैंने हाथ की पकड़ छोड़ दी और कैनवस के नीचे झुक गया। उसके बाद मैं

घूमा और कैनवस कस दिया। मेरा माथा किसी चीज से टकराया और मुझे तेज झटका लगा। मुझे महसूस हुआ कि मेरे चेहरे पर खून आ गया था लेकिन मैं रेंगकर अन्दर घुस गया और सीधा लेट गया।

मैं कैनवस के नीचे तोपों के साथ था। उनमें से ग्रीज और तेल की गन्ध आ रही थी। मैं पड़ा रहा और कैनवस के ऊपर बरसात की तथा पटरियों के ऊपर डिब्बे की आवाज सुनता रहा। थोड़ी सी रोशनी अन्दर आ रही थी और मैं बर्थ पर पड़े हुए तोपों की ओर देख रहा था। उनके ऊपर कैनवस की जैकेट चढ़ी हुई थीं। मैंने सोचा कि इन्हें जरूर थर्ड आर्मी ने आगे भेजा होगा। मेरे माथे का गुमड़ा सूज आया था। मैंने शान्त लेटे रहकर और थक्का जमाकर खून बन्द किया। बाद में मैंने चोट के अलावा बाकी जगह से सूखा खून छुड़ाकर फेंक दिया। मेरे पास रूमाल नहीं था लेकिन अपनी उँगलियों से महसूस करते हुए जहाँ-जहाँ सूखा हुआ खून था उसे कैनवस से टपकते हुए बारिश के पानी से मैंने धो दिया और कोट की बाँह से उसे पोंछकर साफ कर दिया। मैं किसी को दिखाई नहीं देना चाहता था। मैं जानता था कि मैस्ट्रे से पहले मुझे बाहर निकलना पड़ेगा क्योंकि तोपें लेने वह जरूर आएँगे। यह तोपें उनके पास रखने या भूलने के लिए नहीं थीं। मुझे जबर्दस्त भूख लग रही थी।

## अध्याय-32

कैनवस के नीचे डिब्बे के समतल फर्श पर तोपों के पास मैं भीगा हुआ, ठंडा और भूखा लेटा रहा। अन्ततः मैं घूम गया और पेट के बल लेट गया और सर बाँहों के ऊपर रख लिया। मेरा घुटना सख्त था लेकिन फिर भी तकलीफ नहीं दे रहा था। वैलेंटिनी ने बहुत अच्छा काम किया था। मैंने पलायन आधा पैदल ही तय किया था और तागलियामेंटो का काफी हिस्सा उसी घुटने से तैरकर पार किया था। यह घुटना बिलकुल वैलेंटिनी का ही था, दूसरा घुटना मेरा था। डॉक्टरों ने अगर काम कर दिया तो फिर यह शरीर आपका नहीं रहा। मस्तिष्क और पेट मेरा था। वहाँ बड़ी भूख थी। मैं उसे उठते हुए महसूस कर सकता था। मस्तिष्क मेरा था लेकिन प्रयोग करने को नहीं, सोचने के लिए नहीं, केवल याद रखने के लिए और बहुत अधिक याद रखने के लिए भी नहीं।

मैं कैथरीन को याद कर सकता था लेकिन मैं जानता था कि अगर उसके बारे में सोचूँगा तो पागल हो जाऊँगा क्योंकि अभी तक यह स्थिति स्पष्ट नहीं थी कि उससे मिल भी पाऊँगा या नहीं। इसलिए उसके बारे में नहीं सोचूँगा। थोड़ा सा उसके बारे में, धीरे-धीरे चलता हुआ आवाज करता डिब्बा, सिर्फ उसी के बारे में, कैनवस

से थोड़ा सा प्रकाश और मैं डिब्बे के फर्श पर कैथरीन के साथ लेटा हूँ। लेटने के लिए डिब्बे का कठोर फर्श सोचते हुए नहीं केवल महसूस करते हुए, इतने दिन दूर रहते हुए, भीगे हुए कपड़े, हर बार थोड़ा सा हिलता हुआ फर्श, अन्दर अकेला, भीगे कपड़ों में अकेला और पत्नी के लिए कठोर फर्श।

रेल के डिब्बे का फर्श कभी अच्छा नहीं लगता, न कैनवस की जैकिट पहने तोपें, न ग्रीज लगी धातु की महक या कैनवस जिससे बारिश टपक रही हो। यद्यपि कैनवस के नीचे तोपों के साथ खुशगवार लगता है क्योंकि आप किसी को प्यार करते हैं हालाँकि जिसके बारे में आपको पता है कि आप उसके यहाँ होने का बहाना भी नहीं कर सकते और अब आप साफ-साफ और ठंडे से, ठंडेपन से भी नहीं जितना कि साफ और खालीपन से पेट के बल पड़े हुए, खाली-खाली महसूस करते हैं। एक आर्मी पीछे हटती हुई और दूसरी आगे आती हुई। आपकी गाड़ियाँ और जवान ऐसे समाप्त हो गए जैसे बड़ी दुकान के किसी सेल्स मैनेजर का सामान आग में जल गया हो और तो और यहाँ कोई बीमा भी नहीं था। आप इससे निकल चुके थे। अब आपके ऊपर कोई उत्तरदायित्व नहीं था। अगर दुकान में आग लगने के बाद आप उनको गोली मार दें क्योंकि उनका उच्चारण का तरीका अलग था। तब निश्चित ही आपको दोबारा दुकान खुलने पर उनके लौटकर आने की आशा नहीं रहेगी। वह कहीं और नौकरी ढूँढ़ लेंगे, अगर कहीं और नौकरी मिली तो या पुलिस उन्हें नहीं ढूँढ़ पाई तो।

गुस्सा पुरानी जिम्मेदारियों के साथ नदी के पानी में बह गया था। यद्यपि वह तभी खत्म हो गया था जब कारबाइनरी ने मेरा कॉलर पकड़ा था। मैं यूनीफार्म उतार लेना चाहता था, हालाँकि बाहरी दिखावे की मैं अधिक चिन्ता नहीं करता। मैंने स्टार निकाल दिए थे लेकिन वह सुविधा के लिए था। इसमें सम्मान की कोई बात नहीं थी। मैं उनके विरुद्ध भी नहीं था। मैं इस सबसे ऊपर उठ चुका था। मैंने उन्हें शुभकामनाएँ दीं। इनमें से अच्छे भी थे, बहादुर भी थे, शान्त भी थे, अक्लमन्द भी थे और वे इनके पात्र थे। लेकिन अब मेरा इससे कोई वास्ता नहीं था और मैं चाह रहा था कि यह साली ट्रेन जल्दी मैस्ट्रे पहुँचे और मैं कुछ खा सकूँ और सोचना बन्द करूँ। मुझे बन्द करना ही पड़ेगा।

पियानी लोगों को बता देगा कि मुझे गोली मार दी गई। वे जिसे गोली मारते थे उसकी जेबें टटोलते थे और उसके पेपर्स निकाल लेते थे। उनके पास मेरे पेपर्स नहीं होंगे। हो सकता है वह मुझे डूबा हुआ घोषित कर दें। मुझे आश्चर्य था कि अमेरिका में लोग क्या सुनेंगे। घाव और दूसरे कारणों से मृत्यु हुई है। क्राइस्ट, बहुत भूख लगी थी। पता नहीं मैस में पादरी का क्या हुआ होगा और रिनाल्डी वह शायद पोर्डेनोन में था। अगर वह दोबारा वापस न गए हों तो अब वह मुझे कभी नहीं मिलेगा। जिन्दगी खत्म हो गई। मुझे नहीं लगता उसे सिफलिस थी। लोग कहते थे कि अगर समय

रहते पता चल जाए तो यह कोई गंभीर बीमारी नहीं है लेकिन वह परेशान रहता था। अगर मुझे हो गई होती तो मैं भी परेशान रहता, हर कोई परेशान रहता।

सोचना मेरा काम नहीं था। मुझे खाना खाना था, हे भगवान! हाँ, खाया जाए, पिया जाए और कैथरीन के साथ सोया जाए, हो सके तो आज ही, नहीं यह तो असम्भव था। लेकिन कल रात, अच्छा खाना, अच्छी चादरें और साथ के अलावा इस बात का आश्वासन कि कभी अकेले दूर न जाना पड़े। शायद मुझे जल्दी चलना पड़े। वह चली जाएगी। मैं जानता था कि वह चली जाएगी। मैं कब पहुँचूँगा? यह सोचने की बात थी। अँधेरा हो रहा था, मैं पड़ा रहा और यह सोचता रहा कि हम दोनों कहाँ जाएँगे? बहुत सी जगहें थीं।

# खंड-4

# अध्याय-33

मिलान में सबेरा होने से पहले स्टेशन पर जैसे ही गाड़ी धीमी हुई मैं उतर गया। मैंने पटरी पार की और कुछ इमारतों के बीच सड़क पर आ गया। एक शराब की दुकान खुली हुई थी, मैं कॉफी पीने अन्दर चला गया। दुकान से सुबह की सफाई की धूल की गन्ध आ रही थी। चम्मचें कॉफी के गिलासों में पड़ी थीं और शराब के गिलासों के गोले मेज पर बने हुए थे। मालिक बार के पीछे था, दो सिपाही एक टेबल पर बैठे थे। मैं बार काउंटर पर खड़ा हो गया, कॉफी पी और थोड़ी ब्रेड खाई। कॉफी दूध के कारण भूरी-सी थी। मैंने ब्रेड के टुकड़े से ऊपर के दूध के झाग को हिलाया। मालिक मेरी ओर देख रहा था।

"एक गिलास ग्रापा लेंगे आप?"

"नहीं, धन्यवाद!"

"मेरी ओर से।" उसने कहा और एक छोटे गिलास में निकालकर मेरी ओर बढ़ा दिया।

"मोर्चे पर क्या हो रहा है?"

"मुझे नहीं मालूम।"

"वह तो पिए हुए हैं।" उसने दोनों सिपाहियों की ओर हाथ हिलाते हुए कहा। मुझे उसकी बात पर विश्वास हुआ। वे पिए हुए दिख रहे थे।

"मुझे बताइए, मोर्चे पर क्या हो रहा है?" उसने पूछा।

"मुझे मोर्चे के बारे में मालूम नहीं है।"

"मैंने तुम्हें दीवार कूदते देखा है, तुम ट्रेन से उतरे हो।"

"भारी पलायन हुआ है।"

"मैं अखबार पढ़ रहा हूँ, देखें क्या होता है? क्या युद्ध समाप्त हो गया है?"

"मुझे नहीं लगता।"

उसने छोटी बोतल से ग्रापा निकालकर गिलास भर दिया।

"अगर आप परेशानी में हैं तो मैं आपको रख सकता हूँ।" उसने कहा।

"मैं परेशानी में नहीं हूँ।"

"अगर परेशानी में हो तो यहीं मेरे साथ रहो।"

"रहने के लिए जगह कहाँ है?"

"बिल्डिंग में, बहुत से लोग यहाँ रुकते हैं। कोई भी जो मुसीबत में होता है, यहाँ ठहरता है।"

"क्या बहुत से लोग मुसीबत में हैं?"

"यह मुसीबत पर निर्भर करता है, तुम साउथ अमेरिकन हो?"

"नहीं।"

"स्पेनिश जानते हो?"

"थोड़ी सी।"

उसने बार साफ किया।

"अब देश छोड़ पाना कठिन है लेकिन असम्भव नहीं।"

"मेरा छोड़ने का कोई इरादा नहीं है।"

"तुम जब तक चाहो यहाँ रह सकते हो, तुम जान जाओगे कि मैं किस तरह का आदमी हूँ।"

"आज सुबह तो मुझे जाना है लेकिन मैं वापस आने के लिए आपका पता याद रखूँगा।"

"अगर ऐसी बात करोगे तो तुम वापस नहीं आओगे। मुझे लगा कि तुम वाकई मुसीबत में हो।"

"मैं मुसीबत में नहीं हूँ, लेकिन मैं एक दोस्त के पते को महत्त्व देता हूँ।"

मैंने दस लीरा का एक नोट कॉफी के पैसे देने के लिए बार पर रख दिया।

"मेरे साथ एक ग्रापा लीजिए।" मैंने कहा।

"यह जरूरी नहीं है।"

"एक लीजिए।" उसने दो गिलास ढाल लिए।

"याद रखना।" उसने कहा, "यहीं आना, दूसरों लोगों के साथ मत रहना। यहाँ तुम सुरक्षित हो।"

"मुझे विश्वास है।"

"विश्वास है तुम्हें?"

"हाँ।"

वह गंभीर था, "तब मैं तुम्हें एक बात और बताता हूँ, बाहर यह कोट पहनकर मत जाओ।"

"क्यों?"

"बाजू पर यह साफ दिखाई पड़ रहा है कि स्टार कहाँ से काट दिए गए हैं। कपड़े का रंग दूसरा है।"

मैंने कुछ नहीं कहा।

“अगर तुम्हारे पास पेपर्स नहीं हैं तो मैं पेपर्स भी दे सकता हूँ।”

“कैसे पेपर्स?”

“छुट्टी के पेपर्स।”

“मुझे पेपर्स की जरूरत नहीं है, पेपर्स मेरे पास हैं।”

“ठीक है।” उसने कहा, “लेकिन अगर तुम्हें पेपर्स की आवश्यकता हो तो जो भी तुम चाहो मैं दिला सकता हूँ।”

“इन पेपर्स के कितने पैसे लगते हैं?”

“इस पर निर्भर करता है कि किस चीज के पेपर्स हैं। दाम उचित ही है।”

“अभी मुझे नहीं चाहिए।”

उसने कन्धे उचकाए।

“मैं ठीक हूँ।” मैंने कहा।

जब मैं बाहर गया तो उसने कहा, “मत भूलना कि मैं तुम्हारा दोस्त हूँ।”

“नहीं।”

“मैं फिर मिलूँगा तुमसे?” उसने कहा।

“अच्छा।” मैंने भी कहा।

बाहर मैं स्टेशन से थोड़ा दूर ही रहा जहाँ मिलिट्री पुलिस थी और छोटे पार्क के कोने से एक टैक्सी पकड़ ली। मैंने ड्राइवर को हॉस्पिटल का पता दे दिया। हॉस्पिटल में मैं पोर्टर के घर की ओर गया। उसकी पत्नी ने मुझे गले लगा लिया। उसने मुझसे हाथ मिलाया।

“तुम वापस आ गए, तुम सुरक्षित हो?”

“हाँ।”

“तुमने नाश्ता कर लिया?”

“हाँ।”

“कैसे हैं सर? कैसे हैं आप?” उसकी पत्नी ने पूछा।

“अच्छा हूँ।”

“आप हमारे साथ नाश्ता नहीं करेंगे?”

“नहीं, थैंक्यू। यह बताएँ कि क्या कैथरीन अभी हॉस्पिटल में है?”

“मिस बर्कले?”

“अंग्रेज नर्स।”

“इसकी दोस्त।” पत्नी ने कहा। उसने मेरी बाँह थपथपाई और मुस्कराई।

“नहीं।” पोर्टर ने कहा, “वह चली गई।”

मेरा दिल बैठ गया। “तुम्हें पक्का पता है? मेरा मतलब था लम्बी सुनहरे बालों वाली अंग्रेज लड़की।”

“मुझे पता है, वह स्ट्रेसा चली गई।”

''कब गई वह?''

''दो दिन पहले, दूसरी अंग्रेज लड़की के साथ।''

''अच्छा।'' मैंने कहा, ''तुम मेरा एक काम करना, किसी को यह मत बताना कि तुमने मुझे देखा है, यह बहुत जरूरी है।''

''मैं किसी को नहीं बताऊँगा।'' पोर्टर ने कहा। मैंने उसे दस लीरा का नोट दिया, उसने वापस कर दिया।

''मैं वादा करता हूँ, मैं किसी को नहीं बताऊँगा।'' उसने कहा, ''पैसा नहीं चाहिए।''

''सर हम आपके लिए और क्या कर सकते हैं?'' उसकी पत्नी ने कहा।

''बस इतना ही।'' मैंने कहा।

''हम तो गूँगे हैं।'' पोर्टर ने कहा, ''कोई और काम हो तो बताइए जो मैं आपके लिए कर सकता हूँ।''

''हाँ।'' मैंने कहा, ''गुडबाय, मैं फिर मिलूँगा तुमसे।''

वह दरवाजे पर खड़े मुझे देखते रहे। मैं टैक्सी में बैठ गया और एक जानने वाले व्यक्ति साइमंस का पता ड्राइवर को दे दिया। साइमंस संगीत की शिक्षा ले रहा था। साइमंस शहर में बहुत दूर पोर्टमैंजेंटा की तरफ रहता था। मैं जब पहुँचा वह बिस्तर में ही था और नींद में था।

''तुम बहुत जल्दी उठ जाते हो हेनरी?'' वह बोला।

''मैं सबेरे की गाड़ी से आया हूँ।''

''यह क्या वापसी हो रही है? तुम तो मोर्चे पर थे? तुम सिगरेट पियोगे? मेज पर पड़े बॉक्स में है।'' काफी बड़ा कमरा था जिसमें दीवार के साथ एक बेड, दूसरी ओर दूर एक पियानो, एक ड्रेसर और एक मेज रखी थी। मैं बेड के पास एक कुर्सी पर बैठा था। साइमंस तकियों का सहारा लिए सिगरेट पी रहा था।

''सिम, मैं थोड़ी कठिनाई में हूँ।'' मैंने कहा।

''मैं भी हूँ।'' उसने कहा, ''मैं तो हमेशा कठिनाई में ही हूँ, तुम सिगरेट नहीं पियोगे?''

''नहीं।'' मैंने कहा, ''स्विटजरलैंड जाने का क्या तरीका है?''

''तुम्हारे लिए? इटैलियन कभी भी तुम्हें देश से बाहर नहीं जाने देंगे?''

''हाँ, मैं जानता हूँ, लेकिन स्विस क्या करेंगे?''

''वह जेल में डाल देंगे।''

''मैं जानता हूँ, लेकिन इसका तरीका क्या है?''

''कुछ नहीं, बहुत साधारण है, तुम कहीं भी जा सकते हो, तुम्हें सिर्फ रिपोर्ट करना है, क्यों? क्या तुम सेना से भाग रहे हो?''

''अभी पक्का नहीं है।''

"अगर नहीं जाना चाहते तो फिर मुझे मत जताओ। लेकिन यह रोचक बात है, यहाँ कुछ नहीं होता। मैं पियासैंजा में बुरी तरह असफल रहा।"

"मुझे बहुत अफसोस है।"

"ओह, हाँ, बहुत बेकार गया, मैंने ठीक गाया भी, मैं यहाँ लिरिको में एक बार फिर कोशिश कर रहा हूँ।"

"मैं चाहूँगा मैं भी वहाँ रहूँ।"

"तुम बहुत विनम्र हो, तुम ज्यादा परेशानी में तो नहीं हो, बोलो।"

"मुझे खुद नहीं मालूम।"

"अगर नहीं बताना चाहते हो तो रहने दो, तुम मोर्चे से दूर यहाँ कैसे आ पहुँचे?"

"मुझे लगता है मेरा काम खत्म हो गया।"

"गुडबाय, मुझे पता था कि तुम अक्लमन्द हो। बोलो, मैं किस तरह तुम्हारी मदद कर सकता हूँ?"

"तुम तो बहुत व्यस्त हो।"

"नहीं हेनरी, बिलकुल नहीं, बिलकुल भी नहीं, कुछ करने से मुझे खुशी होगी।"

"तुम्हारा और मेरा नाप बराबर है, क्या तुम मेरे लिए कुछ सादे कपड़े खरीद लाओगे? मेरे पास कपड़े हैं लेकिन रोम में हैं।"

"तुम वहाँ रह रहे हो न, क्यों? घटिया जगह है, तुम वहाँ कैसे रहे?"

"मैं आर्किटेक्ट बनना चाहता था।"

"उसके लिए वह तो कोई जगह नहीं, कपड़े मत खरीदो। तुम्हें जो भी कपड़े चाहिए मैं दे दूँगा, मैं एकदम फिट कर दूँगा और तुम छा जाओगे। उस ड्रेसिंग रूम में जाओ। उसमें एक अलमारी है, जो भी चाहो ले लो मेरे दोस्त, तुम कपड़े खरीदना तो नहीं चाहते।"

"सिम मैं खरीद लूँ तो बेहतर होगा।"

"दोस्त, मेरे लिए बाहर से खरीदकर ले आने की अपेक्षा यहाँ से दे देना आसान होगा। तुम्हारे पास पासपोर्ट है? बिना पासपोर्ट के तुम बहुत दूर नहीं जा पाओगे।"

"हाँ, पासपोर्ट तो अभी भी मेरे पास है।"

"फिर कपड़े पहनो दोस्त और हैल्वेशियर को चल पड़ो।"

"इतना सरल नहीं है, पहले मुझे स्ट्रेसा तक जाना है।"

"अच्छा, दोस्त, तुम एक नाव पकड़ लो। अगर मुझे गाने का काम न होता तो मैं भी तुम्हारे साथ चलता। फिर भी मैं चलूँगा।"

"तुम अपना बाजा साथ ले लो।"

"दोस्त, बाजा तो मैं लूँगा ही, यद्यपि मैं गा सकता हूँ, यह बड़ी अजीब दास्तान है।"

''मैं शर्त लगा सकता हूँ कि तुम गा सकोगे।''

वह बिस्तर में पड़े-पड़े सिगरेट पीता रहा।

''बहुत शर्त मत लगाओ, हालाँकि मैं वैसे भी गा सकता हूँ। बहुत अजीब लगता है लेकिन फिर भी। मुझे गाना पसन्द है। सुनो!'' उसने 'अफ्रीकाना' शुरू कर दिया, उसकी गर्दन फूल गई और नसें उभर आईं।

''मैं गा सकता हूँ।'' उसने कहा, ''वह पसन्द करें या न करें।'' मैंने खिड़की से बाहर देखा।

''मैं नीचे जाकर टैक्सी छोड़ देता हूँ।''

''फिर वापस आओ दोस्त, हम लोग नाश्ता करेंगे।'' वह बिस्तर से उठा, सीधा खड़ा हुआ, गहरी साँस खींची और झुकनेवाली कसरत करने लगा। मैं नीचे गया और टैक्सी वाले को पैसे दिए।

## अध्याय-34

सादे कपड़े पहनकर मैं बहुरूपिया सा महसूस कर रहा था। बहुत दिनों से मैं यूनीफार्म पहने था इसलिए सादे कपड़े पहनने का अहसास खत्म हो गया था। पैंट ढीला-ढाला लग रहा था। मिलान में मैंने स्ट्रेसा की एक टिकट खरीद ली थी। मैंने एक नया हैट भी खरीदा था। मैं सिम का हैट नहीं पहन सका लेकिन उसके कपड़े अच्छे थे। उनसे तम्बाकू की गन्ध आ रही थी। जब मैं डिब्बे में बैठा और खिड़की पर बैठकर देखा तो लगा कि हैट बहुत नया है और कपड़े बहुत पुराने। खिड़की से बाहर दिखाई पड़ रहे लोम्बार्ड क्षेत्र की तरह मैं भी उदास था। डिब्बे में कुछ वायुसैनिक थे जिन्होंने मेरी ओर ध्यान नहीं दिया।

वे मेरी ओर देखने से बच रहे थे और मेरी उम्र के गैर-सैनिक को देखकर उन्हें घृणा सी हो रही थी। मैंने अपमानित महसूस नहीं किया। पुराने दिन होते तो मैं उन्हें अब तक अपमानित कर झगड़ा मोल ले चुका होता। वे गैलारेट में उतर गए और स्वयं को अकेला पाकर मैं प्रसन्न हुआ। मेरे पास अखबार था लेकिन मैं युद्ध के बारे में जानना नहीं चाहता था इसलिए मैंने इसे नहीं पढ़ा। मैं युद्ध को भूल जाना चाहता था। मैंने अपने लिए अलग से शान्ति की दुनिया स्थापित कर ली थी। मैं घोर अकेला महसूस कर रहा था और जब स्ट्रेसा पहुँचा तो बड़ी खुशी हुई।

स्टेशन पर मुझे नजदीक के होटलों के कुलियों के होने की उम्मीद थी लेकिन वहाँ कोई नहीं था। सीजन बहुत पहले खत्म हो गया था और ट्रेन पर कोई नहीं मिला। मैं अपना बैग लेकर ट्रेन से उतर गया। यह सिम का बैग था, एकदम हलका,

दो शर्टों के सिवाय एकदम खाली। ट्रेन चली गई और मैं बरसात में स्टेशन की छत के नीचे खड़ा हो गया। स्टेशन पर मुझे एक आदमी मिल गया। उससे मैंने पूछा कौन-कौन से होटल खुले हुए हैं। ग्राँड होटल बोरोमीज खुला था और भी बहुत से छोटे-छोटे होटल थे जो पूरी साल खुले रहते हैं। मैं बैग लेकर बोरोमीज होटल की ओर चल पड़ा। सड़क से नीचे एक गाड़ी आती हुई दिखाई दी। मैंने ड्राइवर को इशारा किया। गाड़ी से पहुँचना ठीक था। बड़े होटल के द्वार तक गाड़ी गई। सामान उठानेवाला लड़का छाता लगाए हुए बड़ी विनम्रता से आया।

मैंने एक अच्छा कमरा ले लिया। यह काफी बड़ा था। मैंने बाहर झील की ओर देखा। झील के ऊपर बादल छाए हुए थे लेकिन सूर्य के प्रकाश में यह बहुत सुन्दर दिखती होगी। मैंने बताया कि मैं अपनी पत्नी की प्रतीक्षा कर रहा है। वहाँ एक बड़ा डबल-बेड था जिस पर मलमल की चादर बिछी हुई थी। होटल बहुत राजसी ठाठ-बाट वाला था। मैं लम्बे हॉल से निकला, सीढ़ियों से नीचे गया और कमरे से होकर बार में पहुँचा। मैं बारमैन को जानता था। मैं ऊँचे स्टूल पर बैठ गया और नमकीन, बादाम और आलू के चिप्स खाए, मार्टिनी ठंडी और साफ लग रही थी।

''तुम यहाँ बोरोमीज में क्या कर रहे हो ?'' बारमैन ने मार्टिनी का दूसरा गिलास तैयार करने के बाद पूछा।

''मैं छुट्टी पर हूँ, मेडिकल लीव पर।''

''यहाँ कोई नहीं है, पता नहीं क्यों उन्होंने होटल खोल रखा है।''

''क्या तुमने मछलियाँ पकड़ीं ?''

''हाँ मैंने कुछ खूबसूरत सी पकड़ी हैं। साल के इन दिनों में पकड़ने से कुछ अच्छे पीस मिल जाते हैं।''

''जो तम्बाकू मैंने भेजी थी वह मिली ?''

''हाँ, तुम्हें मेरा कार्ड नहीं मिला ?''

मैं हँसा, मुझे तम्बाकू नहीं मिल पाई थी। वह अमेरिकन पाइप-टुबैको चाहता था लेकिन मेरे रिश्तेदारों ने भेजना बन्द कर दिया था या यह कहीं रोक ली गई थी। खैर तम्बाकू कभी नहीं पहुँची।

''मैं थोड़ी सी कहीं से जुगाड़ कर दूँगा।'' मैंने कहा, ''यह बताओ क्या तुमने शहर में दो इंग्लिश लड़कियाँ देखी हैं? वह यहाँ परसों आई हैं।''

''इस होटल में नहीं हैं।''

''वह नर्सें हैं।''

''मैंने दो नर्सों को देखा है, एक मिनट रुको, मैं पता करता हूँ कि वे कहाँ हैं ?''

''उनमें से एक मेरी पत्नी है।'' मैंने कहा, ''मैं यहाँ उसी से मिलने आया हूँ।''

''दूसरी मेरी पत्नी है।''

''मैं मजाक नहीं कर रहा हूँ।''

''मेरे भद्दे मजाक के लिए माफ करिए।'' उसने कहा, ''मैं समझा नहीं।''

वह दूर चला गया और काफी देर तक नहीं लौटा। मैंने जैतून, नमकीन, बादाम और आलू के चिप्स खाए और सादे कपड़ों में स्वयं को बार के पीछे वाले शीशे में देखा। बारमैन वापस आ गया।

''वह स्टेशन के पास छोटे होटल में हैं।'' उसने बताया।

''कुछ सैंडविच चलेगा?''

''मैं फोन कर दूँगा, तुम जानते हो यहाँ तो कुछ है नहीं। अब लोग ही नहीं हैं।''

''क्या वास्तव में कोई भी नहीं है?''

''हाँ, कुछ लोग हैं।''

सैंडविच आ गए, मैंने तीन खाए और एक-दो मार्टिनी और पी। इतनी ठंडी और साफ चीज मैंने अभी तक नहीं चखी थी। उन्होंने मुझे सभ्य होने का अहसास कराया। मैं अब तक बहुत सी लाल शराब, ब्रैड, पनीर, खराब कॉफी और ग्रापा ले चुका था। मैं खूबसूरत महोगनी, ब्रास और शीशे के पास ऊँचे स्टूल पर बैठ गया और सोचना बिलकुल बन्द कर दिया। बारमैन मुझसे पूछने लगा, ''युद्ध के बारे में बात मत करो।'' मैंने कहा। युद्ध अब बहुत पीछे छूट गया था। हो सकता है कोई युद्ध हुआ ही न हो। यहाँ कोई युद्ध नहीं था। तब मुझे आभास हुआ कि यह मेरे लिए ही तो खत्म हुआ था। लेकिन यह अनुभूति नहीं हो रही थी कि युद्ध वाकई समाप्त हो गया था। मैं उस बच्चे की तरह सोच रहा था जो स्कूल से गायब होकर यह सोचता रहता है कि अब स्कूल में क्या हो रहा होगा।

जब मैं उनके होटल में पहुँचा तो कैथरीन और फर्ग्युसन खाना खा रही थीं। कैथरीन का चेहरा मेरी ओर नहीं था। मैंने उसके वक्ष, कपोल, सुन्दर ग्रीवा और कन्धों को देखा। फर्ग्युसन बात कर रही थी। मैं अन्दर आया तो वह रुक गई।

''माई गॉड।'' उसने कहा।

''हैलोऽऽ!'' मैंने कहा।

''अरे तुम कैसे?'' कैथरीन बोली। उसके चेहरे पर चमक आ गई। वह इतनी प्रसन्न थी कि उसे विश्वास ही नहीं हो रहा था। मैंने उसे चूम लिया। कैथरीन शरमा गई और मैं टेबल पर बैठ गया।

''तुम बहुत बेकार आदमी हो।'' फर्ग्युसन ने कहा, ''तुम यहाँ क्या कर रहे हो? कुछ खाया तुमने?''

''नहीं।'' जो लड़की खाना परस रही थी वह अन्दर आई और मैंने अपने लिए एक प्लेट लाने को कहा। कैथरीन लगातार मेरी ओर देखती रही। उसकी आँखों में खुशी की चमक थी।

''इन सादे कपड़ों में तुम क्या कर रहे हो?'' फर्ग्युसन ने पूछा।

''मैं मंत्रिमंडल में हूँ।''

''तुम किसी बवाल में हो।''

''खुश होओ, फर्गी, थोड़ा-सा खुश होओ।''

''मैं तुम्हें देखकर खुश नहीं हूँ। मैं जानती हूँ कि तुमने इस लड़की को किस मुश्किल में डाल दिया है। तुम्हें देखना मेरे लिए प्रसन्नता की बात नहीं है।''

कैथरीन मुझे देखकर मुस्कुराई और टेबल के नीचे पैर से मुझे छुआ।

''मुझे किसी ने मुश्किल में नहीं डाला, फर्गी, मैं अपनी मुश्किलों में खुद पड़ गई हूँ।''

''मैं इसे नहीं झेल सकती।'' फर्ग्युसन ने कहा, ''उसने और कुछ नहीं किया। बस अपनी चतुर इटैलियन चालों से तुम्हें बरबाद कर दिया है। अमेरिकन तो इटैलियंस से भी बुरे होते हैं।''

''स्कॉच तो बड़े नैतिक लोग होते हैं।'' कैथरीन ने कहा।

''मेरा वह मतलब नहीं है, मेरा अर्थ है इटैलियन चतुराई से।''

''क्या मैं चालाक हूँ, फर्गी ?''

''हाँ, तुम हो, तुम चालाक से भी बुरे हो। तुम साँप की तरह हो। इटैलियन वर्दी पहने एक साँप और गर्दन के चारों ओर एक लबादा ओढ़े।''

''अब मेरे पास इटैलियन यूनीफार्म नहीं है।''

''यह भी तुम्हारी चालाकी का एक उदाहरण है। पूरी गर्मी इस लड़की का और तुम्हारा इश्क चलता रहा और यह लड़की गर्भवती हो गई और अब मुझे लगता है तुम यहाँ से खिसक जाओगे।''

मैं कैथरीन की ओर देखकर मुस्कुराया और वह मेरी ओर देखकर।

''हम दोनों खिसक जाएँगे।'' उसने कहा।

''तुम दोनों एक से हो।'' फर्ग्युसन ने कहा, ''कैथरीन बर्कले मुझे शर्म आती है तुम पर। तुम्हें न बिलकुल लज्जा है और न आत्म सम्मान। तुम भी उतनी ही चालाक हो जितना वह।''

''नहीं फर्गी।'' कैथरीन ने कहा और उसका हाथ थपथपाया, ''मुझ पर दोषारोपण मत करो। तुम जानती हो हम एक दूसरे को पसन्द करते हैं।''

''अपना हाथ हटा लो।'' फर्ग्युसन बोली। उसका चेहरा लाल था, ''तुम्हें शर्म होती तो अलग बात थी, बच्चे को कितने महीने हो गए यह तुम्हें पता है और तुम्हें लगता है कि यह मजाक है। तुम खुश हो रही हो क्योंकि तुम्हारा आशिक वापस आ गया है। तुम्हें बिलकुल शर्म नहीं है और भावनाएँ मर गई है।'' वह रोने लगी। कैथरीन उसके पास तक गई और उसे अपनी बाँहों में लिया। लेकिन मैं उसके शरीर में कोई बदलाव नहीं देख पाया।

''मुझे चिन्ता नहीं।'' फर्ग्युसन ने सिसकी ली, ''मुझे लगता है, यह भयावह बात है।''

"मैं रो नहीं रही हूँ सिवाय इसके कि तुम किसी भयानक चीज में फँस गई हो।" उसने मेरी ओर देखा।

"आई हेट यू।" उसने कहा, "वह मुझे तुमसे घृणा करने से नहीं रोक सकती। तुम गन्दे चालाक अमेरिकन इटैलियन।" रोते-रोते उसकी आँखें और नाक लाल हो गई थीं। कैथरीन मेरी ओर देखकर मुस्कुराई।

"क्या तुम मेरे ऊपर बाँह रखकर उसकी तरफ मुस्कुरा नहीं रही हो।"

"फर्गी, तुम नासमझी कर रही हो।"

"मैं जानती हूँ।" फर्ग्युसन सुबकी, "तुम मेरी बात का बुरा मत मानो, तुम में से कोई भी। मैं बहुत परेशान हूँ, मेरा दिमाग काम नहीं कर रहा है, मैं जानती हूँ। मैं चाहती हूँ तुम दोनों खुश रहो।"

"हम खुश हैं।" कैथरीन ने कहा, "फर्गी तुम बहुत अच्छी हो।"

फर्ग्युसन फिर रो पड़ी, "तुम जिस तरह खुश हो मैं तुम्हें वैसे खुश नहीं देखना चाहती। तुम लोग शादी क्यों नहीं कर लेते? तुम्हारी कोई दूसरी बीवी नहीं है न?"

"नहीं।" मैंने कहा। कैथरीन हँस पड़ी।

"इसमें हँसने की कोई बात नहीं है।" फर्ग्युसन ने कहा, "बहुत हैं जिनकी दूसरी पत्नियाँ हैं।"

"फर्गी, हम लोग शादी कर लेंगे।" कैथरीन ने कहा, "अगर तुम्हें खुशी होगी तो।"

"मुझे खुश करने के लिए नहीं, तुम्हारी स्वयं शादी की इच्छा होनी चाहिए।"

"हम लोग बहुत व्यस्त रहे हैं।"

"हाँ, मैं जानती हूँ, बच्चे पैदा करने में व्यस्त थे।" मुझे लगा कि वह फिर रोएगी। लेकिन वह फिर कड़वाहट उगलने लगी, "मुझे लगता है तुम आज रात को उसके साथ जाओगी?"

"हाँ।" कैथरीन ने कहा, "अगर वह मुझसे कहेगा तो?"

"और मेरे बारे में?"

"क्या तुम्हें यहाँ अकेले रहने में डर लगता है?"

"हाँ।"

"तब मैं तुम्हारे पास रुकूँगी।"

"नहीं, जाओ उसके साथ, अभी चली जाओ उसके साथ। मैं तुम दोनों को देखकर दुखी हूँ।"

"पहले हम लोग डिनर खत्म करेंगे।"

"नहीं अभी जाओ।"

"फर्गी, समझदारी से काम लो।"

"मैं कहती हूँ अभी निकल जाओ, दोनों जाओ यहाँ से।"

"चलो फिर।" मैंने कहा। मैं फर्गी से तंग आ चुका था।

"तुम जाना ही चाहती हो। तुम मुझे डिनर भी अकेले खाने के लिए छोड़ देना चाहती हो। मैं हमेशा इटैलियन झीलों के पास जाना चाहती हूँ और ऐसा होता है, ओह, हो।" वह सिसकियाँ ले रही थी। फिर उसने कैथरीन को देखा और उसका गला रुँध आया।

"हम लोग डिनर के बाद भी रुकेंगे।" कैथरीन ने कहा, "अगर तुम चाहती हो कि मैं रुकूँ तो मैं तुम्हें अकेला नहीं छोड़ूँगी, फर्गी।"

"नहीं, नहीं, मैं चाहती हूँ तुम जाओ।" उसने अपनी आँखें पोंछीं, "मेरे अन्दर बिलकुल अक्ल नहीं है, मेरी बात का बुरा मत मानना।"

जो लड़की खाना परोस रही थी वह भी इस रोने-धोने से परेशान थी। अबकी बार जब वह खाना लेकर आई तो कुछ निश्चिंत हुई क्योंकि अब स्थिति थोड़ी सुधर गई थी।

उस रात मैं होटल में अपने कमरे में रहा जिसके बाहर खाली हॉल था। जूते कमरे के बाहर रखे थे, कमरे के फर्श पर मोटा कालीन बिछा हुआ था। खिड़की से बाहर बारिश हो रही थी। कमरे में मनभावन प्रकाश, आरामदायक बिस्तर, लाइट बन्द होने पर उत्तेजक लगती चिकनी चादरें, हम महसूस कर रहे थे जैसे घर वापस आ गए हैं। अकेलेपन का अब कोई एहसास नहीं, रात में जागे तो दूसरा दूर नहीं बल्कि पास दिखाई दे, ऐसा लगता था जैसे शेष सारी दुनिया अवास्तविक है। जब हम थक गए तो सो गए। अगर हममें से एक जागता तो दूसरा भी उठ जाता था जिससे अकेलेपन का आभास नहीं हो रहा था। अक्सर आदमी अकेला होना चाहता है और स्त्री भी अकेले होना चाहती है और अगर वे एक दूसरे से प्यार करते हैं तो दोनों को एक दूसरें से ईर्ष्या भी होती है लेकिन मैं ईमानदारी से कह सकता हूँ कि हम दोनों ने कभी ऐसा महसूस नहीं किया। हम साथ रहकर भी अकेलेपन का एहसास कर सकते थे, दूसरों के बरक्स अकेले होकर। ऐसा मेरे साथ केवल एक बार हुआ है। जब मैं कई लड़कियों के साथ था तब अकेलापन लगता था और यही तरीका है जिस तरह आप सर्वाधिक अकेले हो सकते हैं। लेकिन हम दोनों को कभी अकेलेपन की अनुभूति नहीं हुई और न हमने कभी साथ होने पर स्वयं को भयभीत अनुभव किया। मैं जानता हूँ कि रात दिन के समान नहीं होती और सभी चीजें भिन्न होती हैं और यह कि रात की बातों की दिन में व्याख्या नहीं की जा सकती क्योंकि तब वह अस्तित्व में नहीं होतीं और यह कि अगर अकेलापन शुरू हो जाए तो अकेले लोगों के लिए रात बड़ी भयानक होती है। लेकिन कैथरीन के साथ रात में भी कोई अन्तर नहीं था सिवाय इसके कि यह और बेहतरीन समय था। इस दुनिया में अगर साहसी लोग होते हैं तो दुनिया उन्हें झुकाने के लिए समाप्त कर देती है। दुनिया सब तोड़ डालती है और उसके बाद कुछ ऐसे भी होते हैं जो टूटने वाली जगहों पर भी अधिक मजबूत हो जाते हैं। लेकिन जो टूटते नहीं उन्हें यह मार डालती है। अच्छे,

सभ्य, साहसी सभी को यह बिना भेदभाव के समाप्त कर देती है। अगर आप इनमें से कोई भी नहीं हैं तो इतना निश्चिंत रहिए कि समाप्त आपको भी करेगी लेकिन विशेष जल्दी में नहीं।

मुझे उस सुबह का जागना याद है। कैथरीन सोई हुई थी और सूरज की रोशनी खिड़की से झाँक रही थी। बारिश बन्द हो गई थी। मैं बिस्तर से निकला और फर्श पार करके खिड़की तक आ गया। नीचे बगीचे थे, अभी खाली लेकिन खूबसूरती से तराशे हुए, बजरीदार रास्ते, पेड़, झील के किनारे पत्थर की दीवार, सूरज की रोशनी में झील और झील के उस पार पहाड़। मैं खिड़की पर खड़े-खड़े बाहर देख रहा था। जब मैं घूमा तो मैंने पाया कि कैथरीन जाग रही थी और मुझे देख रही थी।

''कैसे हो डार्लिंग?'' उसने पूछा, ''कितना अच्छा दिन है न?''

''नाश्ता करोगी?''

वह नाश्ता करना चाहती थी और मैं भी इसलिए हमने वहीं बिस्तर पर ही नाश्ता किया। नवम्बर के सूर्य की रोशनी अन्दर आ रही थी और नाश्ते की ट्रे मेरी गोद में रखी थी।

''तुम्हें अखबार नहीं पढ़ना है? हॉस्पिटल में तुम हमेशा अखबार माँगते रहते थे।''

''नहीं।'' मैंने कहा, ''अब मुझे अखबार नहीं चाहिए।''

''क्या युद्ध इतना भयानक था कि तुम उसके बारे में पढ़ना भी नहीं चाहते।''

''मैं इस बारे में पढ़ना नहीं चाहता।''

''मैं सोचती हूँ मैं भी तुम्हारे साथ होती तो मैं भी युद्ध के बारे में जान पाती।''

''अगर मेरा दिमाग ठीक-ठाक रहा तो मैं सब बता दूँगा।''

''लेकिन क्या तुम्हें बिना यूनीफार्म में होने की वजह से वे गिरफ्तार नहीं कर लेंगे?''

''सम्भवत: वह मुझे गोली मार देंगे।''

''तब हम यहाँ नहीं रुकेंगे, हम लोग इस देश से निकल जाएँगे।''

''मैंने भी ऐसा ही सोचा था।''

''हम लोग बाहर चले जाएँगे, डार्लिंग तुम ऐसा खतरा मत उठाओ। यह बताओ तुम मैस्ट्रे से मिलान कैसे पहुँचे?''

''मैं ट्रेन से आया था और उस समय मैं यूनीफार्म में था।''

''खतरा नहीं था तब तुम्हें?''

''ज्यादा नहीं, मेरे पास एक पुराना मूवमेंट आर्डर था। मैंने मैस्ट्रे में उसकी तारीखें बदल दी थीं।''

''डार्लिंग तुम यहाँ कभी भी गिरफ्तार किए जा सकते हो, मैं क्या करूँ। ऐसा करना तो बेवकूफी है। अगर तुम्हें पकड़ ले गए तो मेरा क्या होगा?''

''इस बारे में मत सोचो, मैं सोच-सोचकर थक गया हूँ।''

''अगर वह तुम्हें पकड़ने आते हैं तो तुम क्या करोगे?''

''गोली मार दूँगा?''

''कितने बेवकूफ हो तुम। जब तक हम यहाँ से नहीं जाते मैं तुम्हें होटल से बाहर नहीं जाने दूँगी''

''हम जाएँगे कहाँ?''

''प्लीज ऐसे मत बोलो, डार्लिंग। तुम जहाँ कहोगे हम वहीं चले जाएँगे। लेकिन प्लीज, अभी जाने के लिए कोई जगह ढूँढ़ो।''

''स्विटरजरलैंड, झील के उस पार, हम वहाँ जा सकते हैं।''

''यह अच्छा रहेगा।''

बाहर बादल इकट्ठे हो रहे थे और झील अंधकारमय होती जा रही थी।

''मैं चाहता हूँ कि हम लोगों को हमेशा अपराधियों की तरह जिन्दगी न बितानी पड़े।'' मैंने कहा।

''डार्लिंग, ऐसे मत सोचो। तुम अपराधी की जिन्दगी बहुत दिनों से तो नहीं जी रहे हो। हम लोग कभी अपराधियों जैसा जीवन नहीं बिताएँगे। हम लोगों के बहुत अच्छे दिन आने वाले हैं।''

''मैं अपराधी महसूस करता हूँ, मैं फौज छोड़कर भागा हूँ।''

''डार्लिंग, प्लीज थोड़ा दिमाग से काम लो। यह फौज से भागना नहीं है। यह केवल इटैलियन आर्मी छोड़ना है।''

मैं हँसा, ''तुम बड़ी अच्छी लड़की हो। हम दोनों को फिर त्रिस्तर में घुस जाना चाहिए। मुझे बिस्तर में ही अच्छा लगता है।''

थोड़ी देर बाद कैथरीन ने पूछा, ''तुम अपराधी महसूस तो नहीं करते न?''

''नहीं।'' मैंने कहा, ''जब तुम्हारे साथ होता हूँ तब नहीं।''

''कितने भोले बच्चे हो तुम।'' उसने कहा, ''लेकिन मैं तुम्हारी देखभाल करूँगी। देखो, डार्लिंग कितनी अच्छी बात है कि सबेरे उठकर भी मुझे सुबह का आलस नहीं चढ़ रहा है।''

''यह तो बहुत अच्छा है।''

''तुम्हें इस बात का अहसास नहीं है कि तुम्हें कितनी अच्छी पत्नी मिली है। लेकिन मैं चिन्ता नहीं करती। मैं तुम्हें किसी ऐसी जगह ले जाऊँगी जहाँ वह तुम्हें गिरफ्तार न कर पाएँ और तब हम लोग खूब मजे करेंगे।''

''सीधे वहीं चल पड़े?''

''चलेंगे, डार्लिंग, मैं किसी भी वक्त, कहीं भी जहाँ तुम चाहोगे चलूँगी।''

''छोड़ो, अब कुछ भी मत सोचो।''

''ठीक।''

# अध्याय-35

कैथरीन झील के किनारे-किनारे फर्ग्युसन से मिलने दूसरे होटल गई और मैं बार में बैठकर अखबार पढ़ता रहा। बार में बड़ी आरामदायक लैदर की कुर्सियाँ थीं और मैं एक पर तब तक बैठा रहा जब तक बारमैन अन्दर नहीं आ गया। सेना तागलियामेंटो में भी टिक नहीं पाई थी और अब वे पाइवे लौट रहे थे। पाइवे मुझे याद था। मोर्चे की ओर जाते समय सैनडोना के पास रेलवे लाइन इसे पार करती थी। उधर काफी गहरा, धीमा और सँकरा रास्ता था। थोड़ा और नीचे की ओर नहरें और मच्छरवाली झाड़ियाँ थीं। वहाँ कुछ खूबसूरत बँगले भी थे। एक बार लड़ाई से पहले, कोर्टिनाडीएम्पिजो जाते समय मैं पहाड़ियों में कई घंटों उधर घूमा था। ऊपर की ओर एक ट्राउट मछलियों वाली एक उथली धारा चट्टानों की छाया में बहती दिखती थी। कैडोर से यहाँ के लिए सड़क खत्म हो जाती थी। मुझे आश्चर्य हो रहा था कि ऊपर जो सेना थी वह नीचे कैसे आएगी? बारमैन अन्दर आ गया।

"काउंट ग्रैफी आपके बारे में पूछ रहे थे।" उसने कहा।

"कौन?"

"काउंट ग्रैफी, वही बूढ़े आदमी जब आप यहाँ पहले आए थे तो मिले थे।"

"क्या वह यहाँ हैं?"

"हाँ, यहाँ वह अपनी भतीजी के साथ हैं। मैंने उन्हें बताया कि आप आए हैं। वह आपके साथ बिलियर्ड खेलना चाहता है।"

"कहाँ हैं वह?"

"वे टहल रहे हैं।"

"कहाँ हैं वह?"

"पहले से ज्यादा जवान, डिनर से पहले कल रात उन्होंने शैम्पेन की तीन कॉक्टेल पी हैं।"

"उनका बिलियर्ड कैसा चल रहा है?"

"अच्छा, उन्होंने मुझे हरा दिया। जब मैंने बताया कि आप यहाँ हो तो वह बहुत खुश हुए। यहाँ उनके साथ खेलने वाला कोई आदमी नहीं है।"

काउंट ग्रैफी चौरानवे वर्षीय वृद्ध थे। वह मैटरनिख के समकालीन थे। सफेद मूँछों और बाल वाले वह बड़े शालीन किस्म के इन्सान थे। वह आस्ट्रिया और इटली दोनों की राजनयिक सेवा में रहे थे और उनके जन्मदिन की पार्टियाँ मिलान की बड़ी सामाजिक घटना हुआ करती थीं। वह सौ वर्ष तक जीवित रहना चाहते थे और अपनी चौरानवे वर्ष की आयु के विपरीत शानदार बिलियर्ड्स खेलते थे। एक बार जब पहले मैं स्ट्रेसा आया था तो उनसे मिला था और बिलियर्ड्स खेलते समय हम

लोगों ने शैम्पेन पी थी। मैंने सोचा कि यह अच्छा रिवाज था और उन्होंने मुझे सौ में से सिर्फ 15 अंक दिए थे और मुझे हरा दिया था।

''तुमने मुझे बताया क्यों नहीं कि वह यहाँ हैं?''

''मैं भूल गया था।''

''और ऐसा कोई नहीं है जिसे आप जानते हों। कुल मिलाकर छह लोग हैं।''

''अभी तुम क्या कर रहे हो?''

''चलो मछली पकड़ते हैं।''

''मैं एक घंटे के लिए चल सकता हूँ।''

''आओ, काँटा ले आओ।''

बारमैन ने कोट पहना और हम नीचे चले गए। नीचे जाकर हमें एक नाव मिल गई। मैं नाव खेता रहा और बारमैन तनकर बैठा रहा।

हम किनारे-किनारे नाव चलाते रहे, बारमैन काँटे का तार अपने हाथ में पकड़े था और बीच-बीच में उसे झटके दे रहा था। झील से स्ट्रेसा उजड़ा हुआ दिख रहा था। खाली पेड़ों की कतारों के साथ बड़े होटल और बन्द कोठियाँ दिखाई पड़ रही थीं। मैंने आइसोला बैला से नाव निकाली और दीवारों के पास पहुँच गया जहाँ पानी एकदम गहरा हो जाता था। यहाँ से आप पत्थर की दीवार को झुकी हुई, आगे फिर से उठी हुई और मछुआरों के टापू तक जाती हुई देख सकते थे। सूरज बादल के टुकड़े के पीछे छिपा था और पानी चिकना काला और बहुत ठंडा था। अभी तक हम एक भी मछली नहीं मार पाए थे यद्यपि पानी में उठती हुई मछलियों के चक्र बनते दिखाई पड़े थे।

मैं मछुआरों के टापू के विपरीत नाव ले गया जहाँ नावें खड़ी थीं और मछुआरे अपने जाल ठीक कर रहे थे।

''एक-एक ड्रिंक ले लें।''

''ठीक है।''

मैं नाव को पत्थर के घाट तक लाया। बारमैन ने डोरी खींचकर नाव के तल पर लपेटकर डाल दी और काँटा ऊपरी पट्टी के किनारे पर लटका दिया। मैं बाहर निकला और नाव बाँध दी। हम एक छोटे से कैफे में गए, लकड़ी की एक खाली टेबल पर बैठे और वरमाउथ का ऑर्डर दे दिया।

''क्या आप चलाते-चलाते थक गए हैं?''

''नहीं।''

''मैं वापस चलाकर ले जाऊँगा।'' उसने कहा।

''मुझे चलाने में अच्छा लगता है।''

''हो सकता है काँटा आपके हाथ में रहे तो किस्मत साथ दे जाए।''

''ठीक है।''

''मुझे बताइए युद्ध कैसा चल रहा है?''

''सड़ा हुआ।''

''मुझे तो नहीं जाना पड़ेगा, काउंट ग्रैफी की तरह मैं भी काफी उम्रदराज हूँ।''

''हो सकता है, तुम्हें भी जाना पड़े।''

''अगले वर्ष वह मेरी श्रेणी के लोगों को बुलाएँगे लेकिन मैं जाऊँगा नहीं।''

''क्या करोगे तुम?''

''देश से निकल जाऊँगा, मैं लड़ने नहीं जाऊँगा। मैं एक बार अबीसिनिया के युद्ध में था। आप क्यों आ गए?''

''मुझे नहीं मालूम, मैं बेवकूफ था।''

''एक और वरमाउथ ले लीजिए।''

''ठीक है।''

वापसी में बारमैन नाव चलाकर लाया। हम स्ट्रेसा के पार तक मछली पकड़ते रहे और फिर थोड़ा नीचे गए लेकिन किनारे से ज्यादा दूर नहीं। मैं उजड़े हुए तट और झील में नवम्बर के पानी को देखते हुए काँटे की डोर पकड़े रहा, काँटे में थोड़ा सा हिलने डुलने का आभास मुझे हुआ। बारमैन लम्बे-लम्बे झटके दे रहा था नाव के आगे बढ़ने से काँटे की डोर हिल जाती थी। एक बार मछली फँस गई। अचानक डोर कड़ी हो गई, मैंने खींचा और ट्राउट मछली का वजन महसूस किया लेकिन डोर एक बार फिर हिल गई। मुझसे मछली निकल गई थी।

''क्या काफी बड़ी लग रही थी?''

''बहुत बड़ी।''

''एक बार जब मैं अकेला मछली पकड़ रहा था तो डोर मेरे मुँह में थी और मछली फँस गई लेकिन उसने ऐसा झटका दिया कि मेरा मुँह ही निकाल ले गई होती।''

''सबसे अच्छा तरीका यह है कि इसे अपनी टाँग के ऊपर रखो।'' मैंने कहा, ''फिर आप महसूस भी कर लेंगे और दाँत भी बचा रहेगा।'' मैंने हाथ झील के पानी में डाला। बहुत ठंडा था, अब हम लगभग होटल के सामने थे।

''मुझे अब अन्दर जाना है।'' बारमैन ने कहा, ''ग्यारह बजे तक रहना होगा। कॉकटेल के लिए धन्यवाद।''

''ठीक है।''

मैंने डोर खींच ली और हर कोने पर बँधी डंडी से उसे लपेट दिया। बारमैन ने नाव पत्थर की दीवार के सहारे लगा दी और चेन से बाँधकर ताला लगा दिया।

''जब भी आपको चाहिए ले जाइए, मैं आपको चाबी दे दूँगा।''

''धन्यवाद।''

हम होटल में बार तक गए, मैं इतनी सुबह और ड्रिंक नहीं लेना चाहता था इसलिए अपने कमरे में चला गया। नौकरानी ने अभी-अभी कमरा ठीक किया था

और कैथरीन अभी तक लौटी नहीं थी। मैं बिस्तर पर लेट गया और सोचने से बचने की कोशिश करता रहा।

जब कैथरीन लौट आई तो फिर सब ठीक हो गया। उसने बताया कि फर्ग्युसन नीचे थी वह लंच पर आएगी।

''मैं जानती थी तुम बुरा नहीं मानोगे।'' कैथरीन ने कहा।

''नहीं।'' मैंने कहा।

''क्या बात है डार्लिंग?''

''पता नहीं।''

''मैं जानती हूँ, तुम्हारे पास करने को कुछ नहीं था। मैं ही एक काम थी और मैं भी चली गई।''

''यह तो सच है।''

''आई एम वेरी सॉरी, डार्लिंग। मैं जानती हूँ एकदम से खाली हो जाना कितना अजीब लगता है।''

''मेरी जिन्दगी में सब कुछ था।'' मैंने कहा, ''अब अगर तुम भी मेरे साथ नहीं होगी तो मेरे पास दुनिया में कुछ भी नहीं होगा।''

''लेकिन मैं तुम्हारे साथ रहूँगी, मैं केवल दो घंटे के लिए गई थी। इस बीच तुमने कुछ भी नहीं किया?''

''मैं बारमैन के साथ मछली पकड़ने चला गया था।''

''मजा नहीं आया?''

''हाँ।''

''मैं यहाँ न हूँ तो मेरे बारे में मत सोचा करो।''

''मोर्चे पर तो मैं यही करता था। लेकिन वहाँ करने के लिए कुछ तो था।''

''अब औथेलो की नौकरी चली गई।'' उसने छेड़ा।

''औथेलो तो हब्शी था।'' मैंने कहा, ''और दूसरी बात यह है कि मैं ईर्ष्यालु नहीं हूँ। मैं तुमसे इतना ज्यादा प्यार करता हूँ कि उसके अलावा और कुछ है ही नहीं।''

''अच्छे बच्चे तुम फर्ग्युसन से ठीक से बात करोगे?''

''मैं हमेशा फर्ग्युसन से ठीक से ही बात करता हूँ। जब तक कि वह मुझे न कोसे।''

''नहीं, उसे माफ कर दो। सोचो हम लोगों के पास कितना है और उसके पास कुछ भी नहीं है।''

''मैं नहीं समझता कि जो हमारे पास है वह उसे चाहती है।''

''डार्लिंग, तुम समझदार होते हुए भी बहुत सी बातें नहीं जानते।''

''मैं उससे ठीक से बात करूँगा।''

''मैं जानती हूँ तुम्हें, तुम बहुत अच्छे हो।''

"उसके बाद तो वह नहीं रुकेगी?"

"नहीं, मैं उससे छुट्टी पा लूँगी।"

"और फिर हम लोग ऊपर यहाँ आ जाएँगे।"

"और क्या, तुम क्या समझते हो मैं कुछ और करना चाहती हूँ?"

हम फर्ग्युसन के साथ लंच करने नीचे गए। वह होटल और डाइनिंग-हॉल की भव्यता देखकर चकाचौंध थी। व्हाइट काप्री के साथ हमने अच्छा सा लंच किया। काउंट ग्रैफी डाइनिंग रूम में आ गए और हमें अभिवादन किया। उनकी भतीजी भी साथ थी, जिसकी शक्ल थोड़ी-थोड़ी मेरी दादी से मिलती थी। मैंने कैथरीन और फर्ग्युसन को उनके बारे में बताया जिससे फर्ग्युसन बहुत प्रभावित हुई। होटल बहुत बड़ा और भव्य था लेकिन खाली था फिर भी खाना बहुत अच्छा था। शराब भी काफी अच्छी थी और आखिरकार शराब लेने के कारण हम सब बहुत अच्छा महसूस कर रहे थे। कैथरीन को इससे और बेहतर क्या लगता। वह बहुत खुश थी। फर्ग्युसन भी उल्लसित थी। मुझे स्वयं बहुत अच्छा लग रहा था। लंच के बाद फर्ग्युसन वापस अपने होटल चली गई। उसने बताया कि लंच के बाद वह थोड़ी देर लेटना चाहती थी।

दोपहर काफी देर बाद किसी ने हमारे कमरे का दरवाजा खटखटाया।

"कौन है?"

"काउंट ग्रैफी जानना चाहते हैं कि क्या आप उनके साथ बिलियर्ड्स खेलेंगे?"

मैंने अपनी घड़ी देखी, घड़ी मैंने उतारकर तकिए के नीचे रख दी थी।

"डार्लिंग, क्या तुम्हें जाना पड़ेगा?" कैथरीन ने फुसफुसाकर पूछा।

"चला जाऊँगा तो ठीक रहेगा।" घड़ी में सवा चार बज रहे थे।

"काउंट ग्रैफी को बताइए कि मैं पाँच बजे बिलियर्ड्स रूम में पहुँच जाऊँगा।"

पौने पाँच बजे मैंने कैथरीन को चूमकर विदा ली और बाथरूम में कपड़े पहनने चला गया। शीशे में टाई की गाँठ लगाते हुए सादे कपड़ों में मैं स्वयं को अजनबी महसूस कर रहा था। मुझे अभी कुछ और कमीजें और मोजे खरीदने थे।

"क्या बहुत देर लग जाएगी?" कैथरीन ने पूछा। बिस्तर में वह बहुत प्यारी लग रही थी।

"क्या ब्रश उठा दोगे?" मैंने उसे बाल सँवारते हुए देखा। वह सर ऐसे पकड़े थी कि बालों का वजन एक ओर आ गया था। बाहर अँधेरा था और बिस्तर के ऊपर लगी लाइट उसके बालों, गरदन और कन्धों पर चमक रही थी। प्रेम के अतिरेक में मुझे मूर्च्छा सी होने लगी।

"मैं तुमसे दूर नहीं जाना चाहता।"

"मैं भी नहीं चाहती कि तुम दूर जाओ।"

"फिर मैं नहीं जाता।"

''हाँ, जाओ, अभी थोड़ी देर के लिए ही तो तुम जा रहे हो। उसके बाद तुम वापस आ जाओगे।''

''डिनर हम लोग यहीं ऊपर ही करेंगे।''

''जल्दी करो और जल्दी वापस आना।''

काउंट ग्रैफी मुझे बिलियड्र्स रूम में मिल गए। वह स्ट्रोक लगाने की प्रैक्टिस कर रहे थे। बिलियड्र्स टेबल के ऊपर से आती हुई रोशनी में वह बहुत कमजोर दिख रहे थे। प्रकाश से दूर एक छोटी मेज पर चाँदी की बर्फ की बाल्टी रखी थी जिसमें शैम्पेन की दो बोतलों की गरदनें और कॉर्क चमक रही थीं।

जब मैं टेबल की ओर आया तो काउंट ग्रैफी सीधे खड़े हो गए और मेरी ओर आए। उन्होंने अपना हाथ बढ़ाया, ''कितनी खुशी की बात है कि आप यहाँ आए हुए हैं, यह आपकी मेहरबानी है कि आप मेरे साथ खेलने आए हैं।''

''यह तो आपका बड़प्पन है कि आपने मुझे खेलने के लिए पूछा।''

''आप बिलकुल ठीक हैं? इन लोगों ने बताया कि आप इसोंजो में घायल हो गए थे। उम्मीद है अब बिलकुल ठीक हैं।''

''मैं तो बिलकुल ठीक हूँ। आप ठीक हैं न?''

''ओह, मैं तो हमेशा अच्छा रहता हूँ लेकिन मैं बूढ़ा हो रहा हूँ। उम्र बढ़ने के चिह्न अब मुझे दिखने लगे हैं।''

''मुझे यकीन नहीं होता।''

''हाँ, एक बात जानना चाहते हो? मेरे लिए इटैलियन में बात करना आसान है। मैं स्वयं को अनुशासित करने की कोशिश करता हूँ लेकिन पाता हूँ कि थकान होने पर इटैलियन में ही बात करना आसान है। इससे मुझे लगता है कि मैं बूढ़ा हो रहा हूँ।''

''हम लोग इटैलियन में बात कर सकते हैं, मैं भी थोड़ा थका हुआ हूँ।''

''ओह, लेकिन अगर तुम थके हुए हो तो तुम्हारे लिए इंग्लिश में बात करना आसान होगा।''

''अमेरिकन में।''

''हाँ, अमेरिकन, तुम अमेरिकन में ही बात करो। बहुत ही आनन्ददायक भाषा है।''

''मुझे कोई अमेरिकन मिलता ही नहीं है।''

''तुम्हें उनकी कमी जरूर महसूस होती होगी। आदमी को अपने देशवासियों की याद आती ही है और खास तौर पर महिला देशवासियों की। मुझे इसका तजुर्बा है। खेलें या तुम थके हुए हो?''

''वास्तव में मैं थका हुआ नहीं हूँ। मैंने मजाक में बोला था, आप मुझे कितना हैंडीकैप देंगे?''

''क्या इस बीच खूब खेलते रहे हो?''

''नहीं, बिलकुल भी नहीं।''

''तुम अच्छा खेलते हो, सौ में से दस प्वाइंट?''

''आप मुझे चढ़ा रहे हैं।''

''पन्द्रह प्वाइंट।''

''यह ठीक है लेकिन आप मुझे हरा देंगे।''

''कोई शर्त लगाई जाए? तुम हमेशा शर्त लगाकर खेलना चाहते थे।''

''मैं समझता हूँ ठीक रहेगा।''

''ठीक है, मैं तुम्हें 18 प्वाइंट देता हूँ। और एक प्वाइंट पर एक फ्रैंक रखते हैं।''

वह बहुत शानदार बिलियर्ड्स खेलते थे और हैंडीकैप के बावजूद पचास अंकों तक मैं केवल चार अंक से आगे था। काउंट ग्रैफी ने बारमैन को बुलाने के लिए दीवार पर लगा बटन दबाया।

''एक बोतल खोलिए, प्लीज।'' उन्होंने कहा फिर मुझसे बोले—''थोड़ी सी जोशीली चीजें लेते हैं।'' शराब बर्फ जैसी ठंडी, सूखी और बहुत अच्छी थी।

''क्या हम लोग इटैलियन में बात करें? तुम्हें एतराज तो नहीं होगा? यह अब मेरी कमजोरी बन चुकी है?''

शॉट खेलने के बीच हम लोग शराब के घूँट लेते रहे। हम इटैलियन में बात कर रहे थे लेकिन बहुत कम क्योंकि ध्यान खेल पर केन्द्रित था। काउंट ग्रैफी ने 100 अंक पूरे किए और मैं हैंडीकैप के बाद भी चौरानवे पर पहुँच सका। वह मुस्कुराए और मेरा कन्धा थपथपाया।

''अब हम लोग दूसरी बोतल पिएँगे और तुम मुझे युद्ध के बारे में बताना।'' उन्होंने मेरे बैठने का इंतजार किया।

''कुछ और बात करें।'' मैंने कहा।

''तुम इस बारे में बात नहीं करना चाहते, ठीक है। क्या पढ़ा है इधर?''

''कुछ नहीं,'' मैंने कहा, ''लगता है मैं बहुत सुस्त हो गया हूँ।''

''नहीं, लेकिन तुम्हें पढ़ना जरूर चाहिए।''

''युद्ध के समय में कुछ लिखा जाता है क्या?''

''एक फ्रेंच लेखक बारब्यूज की किताब है, 'ले फ्यू'। इसके अलावा एक और किताब है, 'मि. ब्रिटलिंग सीज थ्रू इट'।''

''नहीं, वह नहीं देख पा रहा।''

''क्या?''

''वह कुछ नहीं देख पाता है। यह किताबें हॉस्पिटल में थीं।''

''इसका मतलब तुमने पढ़ी है?''

''हाँ, लेकिन बहुत अच्छा कुछ नहीं।''

—

''मुझे लगा कि 'मि. ब्रिटलिंग' में मध्यवर्गीय इंग्लिश समाज की आत्मा का अच्छा अध्ययन है।''

''आत्मा के बारे में मुझे पता नहीं।''

''बेचारा, आत्मा के बारे में हममें से कोई नहीं जानता। तुम क्या 'क्रोयेंट' हो?''

''रात में।''

काउंट ग्रैफी मुस्कुराए और अपनी उँगलियों से गिलास घुमाया।

''मुझे आशा थी कि उम्र बढ़ने के साथ-साथ मैं अधिक धर्मपरायण हो जाऊँगा लेकिन मैं हो नहीं पाया।'' उन्होंने कहा, ''यह बड़ी खराब बात है।''

''आप मृत्यु के बाद भी जीवित रहना चाहेंगे?'' मैंने पूछा और एकदम मुझे मृत्यु का जिक्र करके अपनी मूर्खता का अहसास हुआ। लेकिन उन्होंने शब्द का बुरा नहीं माना।

''यह जिन्दगी पर निर्भर करेगा, वैसे यह जिन्दगी बड़ी खुशगवार है। मैं हमेशा जीवित रहना चाहूँगा।'' वह मुस्कुराए, ''मैं लगभग रह लिया हूँ।''

चमड़े की गहरी कुर्सियों पर हम बैठे थे, शैम्पेन बर्फ की बाल्टी में पड़ी थी और हमारे गिलास मेज पर हमारे बीच रखे थे।

''अगर तुम मेरी उम्र तक रहे तो तुम्हें बहुत सी चीजें अजीब लगेंगी।''

''आप तो वृद्ध लगते ही नहीं।''

''शरीर है जो बूढ़ा हो जाता है। मुझे कभी-कभी लगता है कि मेरी उँगलियाँ ऐसे टूट जाएँगी जैसे चॉक टूट जाता है। लेकिन आत्मा बूढ़ी नहीं होती और अधिक बुद्धिमान भी नहीं होती।''

''आप बुद्धिमान हैं।''

''यह बड़ी बेमानी बुद्धिमत्ता है। तुम सबसे ज्यादा महत्त्व किसे देते हो?''

''जिसे मैं प्यार करता हूँ।''

''मेरे साथ भी यही बात है, यह बुद्धिमत्ता नहीं है। तुम जीवन को महत्त्व देते हो?''

''हाँ।''

''मैं भी देता हूँ, क्योंकि यही तो मेरे पास है और इसके अलावा जन्मदिन की पार्टियाँ देने को भी।'' वह हँसे, ''तुम शायद मुझसे ज्यादा बुद्धिमान हो, तुम जन्मदिन की पार्टियाँ नहीं देते।''

हम दोनों शराब पीते रहे।

''आप युद्ध के बारे में वास्तव में क्या सोचते हैं?'' मैंने पूछा।

''मैं सोचता हूँ यह मूर्खता है।''

''कौन जीतेगा इसमें?''

''इटली।''

"क्यों?"

"यह युवा राष्ट्र है।"

"क्या युवा राष्ट्र सदैव युद्ध जीतते हैं?"

"कुछ समय तक उनमें क्षमता रहती है।"

"उसके बाद क्या होता है?"

"उसके बाद वह बूढ़े देश हो जाते हैं।"

"आप तो कह रहे थे आप बुद्धिमान नहीं हैं।"

"प्यारे बच्चे, यह बुद्धिमत्ता नहीं है, यह व्यंग है।"

"मुझे तो इसमें बुद्धिमानी दिखाई पड़ती है।"

"ठीक ऐसा नहीं है, मैं तुम्हें दूसरे पक्ष के उदाहरण भी उद्धरित कर सकता था लेकिन यह बुरा नहीं है। क्या शैम्पेन खत्म हो गई है?"

"लगभग।"

"थोड़ी और पियें? फिर मैं तैयारी करूँ।"

"अब और न ही लें तो बेहतर होगा।"

"पक्का, तुम नहीं लेना चाहते?"

"हाँ।"

वह खड़े हो गए।

"मैं दुआ करता हूँ तुम भाग्यवान, प्रसन्न और स्वस्थ रहो।"

"धन्यवाद ! मैं दुआ करूँगा कि आप हमेशा जिएँ।"

"थैंक्यू, अगर तुम कभी धर्मपरायण हो जाओ तो मेरी मृत्यु होने पर मेरे लिए प्रार्थना करना। मैं अपने बहुत से दोस्तों से ऐसा करने के लिए कह रहा हूँ। मैं स्वयं अपने धर्मपरायण होने की कामना करता था लेकिन ऐसा नहीं हुआ।"

मुझे लगा कि वह दुख से मुस्कुराए लेकिन मैं यह कह नहीं सकता था। वह इतने ज्यादा वृद्ध थे और चेहरे पर इतनी ज्यादा झुर्रियाँ थीं कि मुस्कुराहट से बननेवाली रेखाओं में विभेद करना कठिन था।

"हो सकता है मैं धर्मपरायण हो जाऊँ।" मैंने कहा, "मैं आपके लिए प्रार्थना करूँगा। मैंने हमेशा धर्मपरायण होने की कामना की। मेरे सभी परिवारीजन बड़े धार्मिक प्रवृत्ति के थे लेकिन ऐसा हो नहीं पाया।"

"अभी बहुत वक्त है।"

"हो सकता है बहुत देर हो चुकी हो, शायद मेरी धार्मिक भावनाएँ मर चुकी हैं।"

"मेरी भी रात में ही जागती हैं।"

"फिर भी तुम प्यार तो करते हो, मत भूलो यह भी एक धार्मिक भावना है।"

"आप ऐसा मानते हैं?"

"बिलकुल।" उन्होंने टेबल की ओर एक कदम बढ़ाया, "खेलने के लिए बहुत-बहुत शुक्रिया।"

"मजा आ गया।"

"हम लोग सीढ़ियों पर साथ-साथ चलेंगे।"

## अध्याय-36

उस रात तेज तूफान आया और जागने पर मुझे खिड़की के शीशों पर बारिश की चोटें सुनाई पड़ीं। खुली खिड़की से बारिश अन्दर आ रही थी। किसी ने दरवाजे पर दस्तक दी। मैं चुपके से दरवाजे तक गया जिससे कैथरीन न जागे और दरवाजा खोल दिया। बारमैन बाहर खड़ा था। वह अपना ओवर कोट पहने था।

"सर, मैं आपसे बात करना चाहता हूँ।"

"क्या बहुत गंभीर मामला है।"

मैंने आसपास देखा। कमरे में अँधेरा था। मैंने खिड़की से आया हुआ पानी फर्श पर देखा, "अन्दर आओ।" मैंने कहा। मैं उसे बाँह पकड़कर बाथरूम में ले गया, दरवाजा बन्द किया और लाइट जला दी। मैं नहानेवाले टब के किनारे बैठ गया।

"एमिलियो क्या बात है? तुम किसी परेशानी में हो?"

"नहीं, आप हैं सर।"

"हाँ?"

"वह तुम्हें सुबह गिरफ्तार करनेवाले हैं। मैं आपको बताने आया था। मैं शहर गया था, मैंने वहाँ कैफे में उन्हें बात करते हुए सुना।"

"मैं समझ गया।"

भीगा हुआ कोट पहने और अपना भीगा हैट पकड़े वह चुप खड़ा हुआ था।

"मुझे क्यों गिरफ्तार कर रहे हैं?"

"युद्ध के बारे में कुछ है।"

"तुम्हें, पता है क्या है?"

"नहीं, लेकिन मैं जानता हूँ कि उन्हें यह मालूम है कि पहले तुम यहाँ ऑफिसर थे और अब सादे कपड़ों में घूम रहे हो। इस 'वापसी' के बाद वह सभी को पकड़ रहे हैं।"

मैं एक मिनट तक सोचता रहा।

"मुझे पकड़ने के लिए वह किस वक्त आएँगे?"

"सुबह, समय का मुझे पता नहीं।"

"तुम बताओ मैं क्या करूँ?"

उसने अपना हैट वॉश-बेसिन में रख दिया। हैट काफी भीगा हुआ था और उसमें से बूँदें फर्श पर टपक रही थीं।

"अगर तुम डरते नहीं हो तो फिर गिरफ्तारी से कुछ भी नहीं होगा। लेकिन गिरफ्तार होना बुरा तो है ही, वह भी ऐसे हालात में।"

"मैं गिरफ्तार होना नहीं चाहता।"

"तो फिर स्विटजरलैंड चले जाइए।"

"कैसे?"

"मेरी बोट में।"

"लेकिन तूफान आ रहा है।" मैंने कहा।

"तूफान खत्म हो गया है, मौसम खराब है लेकिन आपको परेशानी नहीं होगी।"

"हम कब जाएँ?"

"अभी, वह आपको पकड़ने के लिए सुबह जल्दी आ सकते हैं।"

"हमारे सामान का क्या होगा?"

"पैक कर लीजिए, मैडम को तैयार होने को कहिए। सामान मैं देख लूँगा।

"तुम कहाँ मिलोगे?"

"मैं यहीं इंतजार करूँगा, मैं यह नहीं चाहता कि कोई मुझे बाहर हॉल में देख ले।"

मैंने दरवाजा खोला, बन्द किया और बेडरूम में चला गया। कैथरीन जाग रही थी।

"क्या बात है, डार्लिंग?"

"सब ठीक है, कैट।" मैंने कहा, "क्या तुम अभी कपड़े पहनकर बोट से स्विटजरलैंड चलोगी?"

"तुम चलोगे?"

"नहीं, मैं तो फिर सोना चाहता हूँ।"

"बात क्या है?"

"बारमैन कह रहा है कि सुबह वह मुझे गिरफ्तार करनेवाले हैं।"

"क्या बारमैन पागल है?"

"नहीं।"

"तो फिर जल्दी करो, डार्लिंग। कपड़े पहन लो जिससे हम निकल सकें।"

वह बिस्तर के कोने पर बैठ गई, उसे अभी भी नींद आ रही थी।

"क्या बारमैन बाथरूम में है?"

"हाँ।"

''फिर मैं हाथ-मुँह नहीं धोऊँगी। डार्लिंग, तुम थोड़ा उधर देखो, मैं एक मिनट में कपड़े पहन लूँ।''

जब उसने अपना नाइट-गाउन उतारा तो मैंने उसकी गोरी सी पीठ की झलक देख ही ली और फिर दूसरी ओर देखने लगा क्योंकि वह ऐसा चाहती थी। बच्चे के कारण उसका वजन थोड़ा बढ़ रहा था और वह नहीं चाहती थी कि मैं उसकी ओर देखूँ। खिड़की पर बारिश की आवाज सुनते हुए मैंने कपड़े पहने। बैग में रखने के लिए मेरे पास कुछ खास नहीं था।

''मेरे बैग में काफी जगह है, कैट, अगर तुम्हें कुछ रखना हो तो।''

''मैंने सारा रख लिया है।'' उसने कहा, ''डार्लिंग, मैं तो एकदम बेवकूफ हूँ, लेकिन यह बारमैन बाथरूम के अन्दर क्यों है?''

''शश...वह हम लोगों के बैग नीचे ले जाएगा।''

''बहुत अच्छा है वह।''

''पुराना दोस्त है वह।'' मैंने कहा, ''मैंने एक बार उसे थोड़ी सी तम्बाकू लगभग भेज ही दी थी।''

मैंने खुली हुई खिड़की से अँधेरी रात को देखा। मुझे झील दिखाई नहीं पड़ी, सिर्फ अँधेरा और बारिश। लेकिन हवा शान्त थी।

''मैं तैयार हूँ, डार्लिंग।'' कैथरीन ने कहा।

''ठीक है।'' मैं बाथरूम के दरवाजे तक गया।

''एमिलियो, बैग यहाँ हैं।'' मैंने कहा।

बारमैन ने दोनों बैग ले लिये।

''तुम बहुत अच्छे हो जो हमारी मदद कर रहे हो।'' कैथरीन बोली।

''कोई बात नहीं मैडम।'' बारमैन बोला, ''मैं अपने आपको मुसीबत से बचाने के लिए आप लोगों की मदद कर रहा हूँ, सुनो। मैं यह बैग नौकरों वाली सीढ़ियों से नाव तक ले जाऊँगा। आप दोनों ऐसे बाहर निकलिए जैसे घूमने के लिए जा रहे हैं।''

''घूमने के लिए कितनी अच्छी रात है।'' कैथरीन ने कहा।

''कितनी बेकार रात है।''

''मेरे पास एक छाता है।'' कैथरीन ने कहा।

हम हॉल से निकले। मोटी कालीन पड़ी हुई सीढ़ियों के पास दरबान अपनी मेज के पीछे बैठा था। हमें देखकर वह आश्चर्य में पड़ गया।

''आप बाहर तो नहीं जा रहे हैं, सर?'' उसने पूछा।

''हाँ।'' मैंने कहा, ''हम झील के पास तूफान देखने जा रहे हैं।''

''सर, आपके पास छाता नहीं है।''

''नहीं, इस कोट से पानी रुक जाता है।''

उसने संशय की दृष्टि से कोट की ओर देखा।

"सर, मैं आपके लिए छाता लाता हूँ।" उसने कहा। वह गया और एक बड़ा छाता ले आया।

"थोड़ा बड़ा है, सर।" उसने कहा। मैंने उसे दस लीरा का एक नोट दिया।

"आप बहुत अच्छे हैं सर, थैंक्यू वेरी मच।" उसने दरवाजा खोला और हम बारिश में बाहर आ गए। वह कैथरीन की ओर मुस्कुराया तो वह भी उसकी ओर देखकर मुस्कुराई।

"तूफान में बाहर मत रहिएगा।" उसने कहा, "सर, आप और मैडम भीग जाएँगे।" वह दूसरा दरबान था और उसकी अंग्रेजी बिलकुल अनूदित थी।

"हम लौट आएँगे।" मैंने कहा। बड़ा छाता लगाए हुए हम रास्ते से नीचे आए और पानी भरे हुए बाग से सड़क पर आ गए। फिर हम सड़क पार करके झील के साथ वाले जालीदार रास्ते पर पहुँच गए। हवा अब तट से दूर की ओर चल रही थी। नवम्बर की बरसात की हवा थी और बहुत ठंड थी। मुझे पता था कि पहाड़ों में बर्फ गिर रही थी। साँकल बँधी हुई नावों के पास से हम घाट पर चलते गए जहाँ बारमैन की नाव के होने की सम्भावना थी। पत्थर के घाट के पास पानी काला सा था। पेड़ों की कतारों के पीछे से बारमैन बाहर आ गया।

"बैग नाव में रखे हैं।" उसने बताया।

"मैं नाव के लिए पैसे देना चाहता हूँ।" मैंने कहा।

"कितना पैसा है आपके पास?"

"बहुत ज्यादा नहीं।"

"आप पैसा बाद में भेज दीजिएगा, वह ठीक रहेगा।"

"कितना?"

"जो आप चाहो।"

"बताओ कितना?"

"अगर आप पार पहुँच जाएँ तो पाँच सौ फ्रेंक भेज दीजिएगा। अगर आप पार पहुँच गए तो इतना देने में आपको कोई दिक्कत तो नहीं होगी?"

"ठीक है।"

"यह सैंडविच है।" उसने एक पैकेट मुझे दिया, "सब बार में था। यह सारा यहाँ है। यह एक ब्रांडी की बोतल है और यह शराब की।"

मैंने सब रख लिया, "इनके पैसे ले लो।"

"ठीक है, आप पचास लीरा दे दीजिए।"

मैंने पैसे उसे दे दिए।

"ब्रांडी बहुत अच्छी है।" उसने कहा, "इसे मैडम को देने में भी कोई डरने की बात नहीं है। बेहतर है कि मैडम नाव में बैठ जाएँ।" उसने नाव पकड़ी, नाव पत्थर

की दीवार के बरखिलाफ उठी और गिरी और मैंने कैथरीन को अन्दर घुसाया। वह तनकर बैठ गई और अपना कोट लपेट लिया।

"आपको पता है किधर जाना है?"

"झील के ऊपर की ओर।"

"कितनी दूर?"

"लुइनो पार करना है।"

"लुइनो, कैनेरो, ट्रेजानो पार करके जब तक ब्रिसेगौ नहीं आ जाता आप स्विटजरलैंड नहीं पहुँचोगे। आपको मोंटे टैमेरा भी पार करना पड़ेगा।"

"अभी क्या टाइम है?" कैथरीन ने पूछा।

"अभी केवल ग्यारह बजे हैं।" मैंने बताया।

"अगर आप पूरी रात चलते रहेंगे तो सबेरे सात बजे तक वहाँ पहुँच जाएँगे।"

"क्या इतनी दूर है?"

"पैंतीस किलोमीटर।"

"कैसे जाना चाहिए? बारिश में कंपास की जरूरत पड़ सकती है।"

"नहीं, पहले आइसोला बैला पहुँचिए। फिर आइसोला के दूसरी ओर हवा के साथ चलिए। हवा आपको पैलेंजा तक ले जाएगी। वहाँ आपको बत्तियाँ दिखेंगी तब आप किनारे पर चले जाइए।"

"हो सकता है हवा का रुख बदल जाए।"

"नहीं।" उसने कहा। "यह हवा तीन दिन तक ऐसे ही चलेगी। यह मोटेरोन से सीधी नीचे आती है। पानी निकालने के लिए एक डिब्बा भी है।"

"मैं नाव के लिए कुछ पैसे दे दूँ।"

"नहीं मैं चांस ले रहा हूँ, अगर आप पार हो जाएँ तो जितना भी आप दे सकते हैं मुझे दे दीजिएगा।"

"ठीक है।"

"मुझे नहीं लगता कि आप लोग डूबेंगे।"

"यह अच्छी बात है।"

"झील में ऊपर की ओर हवा के साथ जाइए।"

"ठीक है।" मैंने नाव पर पैर रखा।

"क्या आपने होटल का पैसा छोड़ दिया है?"

"हाँ, कमरे में एक लिफाफे में।"

"ठीक है, गुडलक, सर।"

"गुडलक, तुम्हारा बहुत-बहुत शुक्रिया।"

"अगर डूब गए तो शुक्रिया नहीं कहेंगे मुझे।"

"क्या कह रहा है?"

"गुडलक कह रहा है।"

"गुडलक।" कैथरीन ने कहा "थैंक यू वेरी मच।"

"तैयार हो तुम?"

"हाँ।"

वह झुका और नाव को धक्का दिया। मैंने चप्पू से पानी में जगह बनाई और फिर एक हाथ हिलाकर अभिवादन किया। बारमैन ने जवाब में हाथ हिलाया। मैंने होटल की लाइटें देखीं और चल पड़ा और तब तक नाव चलाता रहा जब तक कि वे अदृश्य नहीं हो गईं। पानी का बहाव तेज था लेकिन हम हवा के रुख के साथ चल रहे थे।

## अध्याय-37

हवा को सामने रखकर मैं नाव चलाता रहा। बारिश बन्द हो गई थी लेकिन कभी-कभी हवा के झोंकों के साथ आती थी। अँधेरा था और हवा बड़ी ठंडी थी। कैथरीन को तने हुए मैं देख सकता था लेकिन पानी जिसमें चप्पू डूब रहे थे दिखाई नहीं पड़ रहा था। चप्पू लम्बे थे लेकिन फिसलन को रोकने के लिए उसमें चमड़ा नहीं लगा था। मैं खींचकर, उठाकर, आगे झुककर, पानी तक जाकर जितनी आसानी से हो सकता था नाव चलाता रहा। मैंने चप्पुओं से गहराई नापने की कोशिश नहीं की क्योंकि हवा हमारे साथ थी। मैं जानता था मेरे हाथों में छाले पड़ जाएँगे इसलिए मैं कोशिश कर रहा था कि जितना हो सके इसे टाल सकूँ। नाव हल्की थी और आसानी से चलती थी। मैं अँधेरे पानी में इसे लगातार खींचता रहा। मुझे कुछ दिखाई नहीं पड़ रहा था और यही उम्मीद लगी थी कि हम जल्दी ही पैलेंजा के सामने पहुँच जाएँगे। पैलेंजा हमें कहीं नहीं दिखा। हवा झील के ऊपर की ओर बह रही थी। हम उस स्थान से आगे निकल गए जहाँ से पैलेंजा अँधेरे में छिप जाता था और बत्तियाँ कहीं नहीं दिखीं। आखिरकार झील में बहुत आगे किनारे के पास बत्तियाँ दिखीं। यह इंट्रा था लेकिन बहुत देर तक हमें कोई लाईट नहीं दिखी, न किनारा दिखाई दिया और हम लहरों के साथ लगातार चलते रहे। अँधेरे में कभी-कभी चप्पुओं से पानी हट जाता था लेकिन मैं लगातार चलाता रहा कि अचानक हम एक चट्टान के किनारे के पास आ गए जो कि हमारे पीछे थी। लहरें इससे आकर टकराती थीं, ऊपर को ऊँची उठती थीं और वापस गिरती थीं। मैंने दाहिने चप्पू को तेजी से खींचा और दूसरे से पानी को धकेला और हम वापस झील में आ गए। वह दृश्य निगाह से ओझल हो गया और हम झील के ऊपर की ओर बढ़ रहे थे।

"हम झील पार कर चुके हैं।" मैंने कैथरीन से कहा।

"क्या पैलेंजा हम लोगों को नहीं मिलेगा?"

"वह हम लोगों से छूट गया।"

"डार्लिंग, तुम कैसे हो?"

"मैं ठीक हूँ।"

"मैं थोड़ी देर चप्पू चलाऊँ?"

"नहीं, मैं ठीक हूँ।"

"बेचारी फर्ग्युसन।" कैथरीन ने कहा, "सबेरा होने पर वह होटल आएगी और पाएगी कि हम चले गए हैं।"

"मैं उसके बारे इतना परेशान नहीं हूँ।" मैंने कहा, "जितना कि इस बात को लेकर कि सुबह होने से पहले हम झील के स्विटजरलैंड वाले हिस्से में कस्टम गार्ड्स के देखने से पहले पहुँच जाएँ।"

"क्या यह अभी काफी दूर है?"

"यहाँ से कोई तीस-एक किलोमीटर है।"

मैं पूरी रात चप्पू चलाता रहा। आखिरकार हाथों में इतना दर्द हो गया कि चप्पुओं को पकड़ना भी कठिन था। कई बार किनारे से टकराते-टकराते हम बचे। मैं किनारे के काफी पास चल रहा था क्योंकि मुझे झील में भटक जाने और वक्त बरबाद होने का डर था। कई बार हम किनारे के इतने पास आ जाते थे कि किनारे के साथ पेड़ों की कतारें, सड़क और पीछे के पहाड़ दिखने लगते थे। बारिश थम गई और हवा बादलों को उड़ा ले गई जिससे चाँद बाहर निकल आया था। पीछे मुड़ने से कैस्टानोला का काला स्थान और सफेद-टोपियाँ लगाए झील और उसके भी पीछे हिम-आच्छादित पर्वतों पर चाँद दिखाई पड़ता था। बादल एक बार फिर चाँद पर आ गए और पर्वत और झील अब नहीं दिख रहे थे। लेकिन अब पहले से अधिक रोशनी थी और हमें किनारा दिखाई पड़ रहा था। मुझे तट स्पष्ट दिख रहा था और इसीलिए मैंने नाव को ऐसी जगह खींचा कि अगर पैलेंजा रोड पर कस्टम गार्ड हों तो हमें न देख सकें। चाँद जब फिर से निकला तो पहाड़ियों की ढलान पर निर्मित धवल इमारतें और पेड़ों के बीच से जाती हुई सफेद सड़क दिखाई पड़ी। मैं लगातार नाव चलाता रहा।

झील चौड़ी हो गई और दूसरी ओर पहाड़ों के नीचे किनारे पर हमें कुछ बत्तियाँ दिखाई पड़ीं, यह जगह शायद लुइनो थी। मुझे दूसरे किनारे पर पहाड़ों के बीच दरार जैसी दिखाई दी और लगा कि यह जरूर लुइनो होगा। अगर हम लुइनो पहुँच गए थे तो हमारी गति बहुत अच्छी थी। मैंने चप्पू खींचे और पीछे सीट पर लेट गया। मैं नाव चलाते-चलाते बहुत थक गया था। मेरी बाँहों, कन्धों और पीठ में दर्द हो रहा था और हाथों में छाले पड़ गए थे।

“मैं छाता पकड़ लूँगी।” कैथरीन ने कहा, “हवा के साथ हम छाते से आगे बढ़ सकते हैं।”

“तुम चला सकती हो?”

“शायद।”

“तुम यह चप्पू ले लो और इसे नाव के किनारे के पास अपनी बाँह के नीचे लगा लो और आगे को चलाओ और मैं छाता पकडूँगा।” मैं पिछले हिस्से की ओर वापस गया और कैथरीन को बताया कि चप्पू कैसे पकड़ते हैं। पोर्टर ने जो बड़ा छाता दिया था मैंने उसे खोल दिया। वह एक आवाज के साथ तड़ से खुल गया। इसे पकड़कर मैं सीट पर फँसाए हुए हैंडल के दोनों ओर टाँगें फैलाकर बैठ गया। पूरे छाते में हवा भर गई और मुझे लगा कि नाव आगे को झुक गई है जबकि मैं दोनों छोरों को जितना सम्भव था उतनी मजबूती से पकड़े था। खींचना काफी कठिन था। नाव तेज चल रही थी।

“हम लोग बहुत सही चल रहे हैं।” कैथरीन ने कहा।

मुझे केवल छाते की तानें दिखाई दे रही थीं। छाता तन गया था और खिंचने लगा। मैंने महसूस किया कि हम उसके साथ चल रहे थे। मैंने पैर मिलाए और छाते पर कस दिए लेकिन अचानक छाता झुक गया और तान की चोट माथे पर लगी। ऊपर का हिस्सा जो हवा के साथ मुड़ रहा था मैंने उसे पकड़ने की कोशिश की। तभी सारा का सारा छाता झुक गया और ऊपर-नीचे भी हो गया। मैं हवा में नाव के पाल को खींच रहा था।

मैंने हैंडल को सीट से अलग किया, छाते को नीचे झुका दिया और चप्पू लेने वापस कैथरीन के पास गया। वह हँस रही थी। उसने मेरा हाथ पकड़ लिया और हँसती रही।

“क्या बात है?” मैंने चप्पू ले लिया।

“तुम उसे पकड़े हुए बड़े अजीब लग रहे थे।”

“हो सकता है।”

“गुस्सा मत होओ, डार्लिंग, बहुत अजीब लग रहे थे। छाते के किनारे पकड़े हुए तुम बीस फुट चौड़े और बहुत प्यारे लग रहे थे।” उसका गला रुँध गया।

“मैं चलाऊँगा।”

“थोड़ा आराम कर लो और ड्रिंक ले लो। कितनी शानदार रात है और हम काफी आगे भी निकल आए हैं।”

“मुझे नाव को, लहरों की गर्त से बचाकर रखना है।”

“मैं तुम्हारे लिए ड्रिंक लाती हूँ, डार्लिंग, फिर थोड़ा सा आराम कर लेना।”

मैंने चप्पू ऊँचे पकड़े और हम आगे बढ़ते रहे। कैथरीन बैग खोल रही थी। उसने मुझे ब्रांडी की बोतल निकाल कर दी। मैंने अपने जेबी चाकू से कार्क निकाली और एक लम्बा घूँट लिया।

ब्रांडी बड़ी अच्छी और गरम थी। गर्मी मेरे अन्दर तक समा गई और मैंने प्रफुल्लित अनुभव किया।

''बहुत अच्छी ब्रांडी है ये।'' मैंने कहा।

चाँद एक बार फिर निकल आया था और किनारा दिखाई पड़ने लगा। झील में काफी दूर आगे एक और स्थान दिखाई पड़ रहा था।

''कैट, तुम्हें ठंड तो नहीं लग रही है?''

''मैं मस्त हूँ, थोड़ी अकड़न है बस।''

''वह पानी निकाल दो और अपने पैर नीचे रख लो।''

मैं नाव चलाता रहा और सीट के नीचे रखे पानी निकालने वाले डिब्बे की खड़-खड़ाहट और चप्पू-कुंडे की आवाज सुनता रहा।

''मुझे वह डिब्बा दोगी?'' मैंने पूछा, ''मैं थोड़ा पानी पीना चाहता हूँ।''

''यह तो बहुत गन्दा है।''

''ठीक ही है, मैं रगड़ लूँगा।''

मुझे कैथरीन के डिब्बा के माँजने की आवाज सुनाई पड़ी, फिर उसने डिब्बा पानी से भरकर मुझे दे दिया। ब्रांडी पीने के बाद मुझे प्यास लगी थी लेकिन पानी बर्फ जैसा ठंडा था, इतना ठंडा कि मेरे दाँत में दर्द हो गया। मैंने किनारे की ओर देखा। हम अब दूर वाले स्थान के निकट थे। आगे मकानों में बत्तियाँ जल रही थीं।

''थैंक्स।'' कहकर मैंने डिब्बा वापस दे दिया।

''आपका सदैव स्वागत है श्रीमान।'' कैथरीन ने कहा, ''आपको चाहिए तो और भी बहुत कुछ है।''

''तुम कुछ खाना नहीं चाहतीं क्या?''

''नहीं, मुझे थोड़ी देर बाद भूख लगेगी, तब तक बचाकर रखते हैं।''

''ठीक है।''

आगे जो स्थान दिखाई पड़ रहा था वह ऊँचा लम्बा था। मैं इसे पार करने के लिए झील में और आगे तक गया। झील अब और सँकरी हो गई थी। चाँद फिर निकल आया था और कस्टम गार्ड अगर ड्यूटी पर थे तो हमारी नाव को देख सकते थे।

''तुम कैसी हो, कैट?'' मैंने पूछा।

''मैं ठीक हूँ, हम लोग कहाँ हैं?''

''मुझे नहीं लगता कि अब हमें आठ मील से ज्यादा चलना है।''

''वह तो नाव चलाने के लिए बहुत ज्यादा है, तुम्हारी हालत तो बहुत खस्ता है?''

''नहीं, मैं ठीक हूँ, सिर्फ हाथों में दर्द हो रहा है।''

हम झील में ऊपर की ओर बढ़ते गए। दाहिने किनारे की ओर पर्वत शृंखला में अन्तर था। नीची तट रेखा के साथ समतल हिस्सा था जो मेरे हिसाब से कैनीबियो होना चाहिए था। मैंने काफी देर प्रतीक्षा की क्योंकि अब यहीं से हमें किसी न किसी गार्ड के मिलने का सबसे ज्यादा खतरा था। आगे दूसरे किनारे पर ऊँचा गुम्बदनुमा पहाड़ था। मैं थक गया था। नाव चलाने के लिए बहुत लम्बी दूरी नहीं थी लेकिन जब आप थके हुए हों तो इतना ही बहुत अधिक था। मुझे पता था कि स्विटजरलैंड की जल सीमा में प्रवेश करने के लिए इस पहाड़ को पार करके कम से कम पाँच मील आगे जाना था। चाँद अब काफी नीचे था लेकिन उसके डूबने से पहले बादल एक बार फिर घिर आए और अँधेरा हो गया। मैं झील में थोड़ी-थोड़ी देर तक नाव चलाता रहा और आराम करता रहा। मैं चप्पुओं को पकड़े रहा जिससे हवा ब्लेड्स पर लगती रहे।

''थोड़ी देर के लिए मुझे चलाने दो।'' कैथरीन ने कहा।

''मेरा मानना है कि तुम्हें नहीं चलाना चाहिए।''

''बेकार की बात है, मेरे लिए ठीक रहेगा। मैं अकड़न से बच जाऊँगी।''

''नहीं, कैट तुम्हें नहीं चलाना चाहिए।''

''फालतू बात है, गर्भवती महिला के लिए धीरे-धीरे चलाना बहुत अच्छा रहता है।''

''ठीक है, तुम बहुत धीरे-धीरे चलाओ, मैं पीछे जाता हूँ, फिर तुम आ जाना। ऊपर आओ तो दोनों ऊपर की पट्टियों को पकड़कर आना।''

मैं कोट पहनकर और उसका कॉलर ऊपर को खड़ा करके पीछे बैठ गया और कैथरीन को नाव चलाते देखता रहा। वह बहुत अच्छी तरह चला रही थी लेकिन चप्पू बहुत लम्बे थे जिससे उसे दिक्कत हो रही थी। मैंने बैग खोला, कुछ सैंडविच खाए और ब्रांडी का एक ड्रिंक लिया। इससे मजा आ गया और मैंने एक और ड्रिंक लिया।

''थक जाओ तो मुझे बता देना।'' मैंने कहा। फिर थोड़ी देर बाद, ''देखो ध्यान रखना, चप्पू कहीं तुम्हारे पेट से तो नहीं टकरा रहा।''

''टकरा जाए तो।'' कैथरीन ने चलाते हुए कहा, ''शायद जिन्दगी थोड़ी आसान हो जाए।''

मैंने ब्रांडी का एक और घूँट लिया।

''कैसा लग रहा है तुम्हें?''

''ठीक है।''

''तुम रुकना चाहो तो मुझे बता देना।''

''ठीक है।''

मैंने ब्रांडी का एक और घूँट लिया, नाव की ऊपर की पट्टियों को पकड़ा और आगे आ गया।

"नहीं, मैं बहुत सही चला रही हूँ।"

"तुम पीछे वापस जाओ, मैंने बहुत आराम कर लिया है।"

थोड़ी देर तक ब्रांडी के कारण मैं आराम से तेज नाव चलाता रहा फिर मुझे चुभन होने लगी और ब्रांडी पीकर अचानक तेज नाव चलाने के कारण हाथ में छोटा सा छाला पड़ गया था और मैं केवल किसी तरह खींचे जा रहा था।

"मुझे थोड़ा सा पानी दे दोगी?" मैंने कहा।

"हाँ, हाँ, इसमें क्या है?" कैथरीन ने कहा।

सुबह होने से पहले बूँदाबाँदी शुरू हो गई। हवा कम थी या झील के बनाए हुए घुमाव को पहाड़ों का घेरा बचा रहा था। जब मुझे लगा कि सुबह होने वाली है, मैं जमकर बैठ गया और तेज नाव चलाने लगा। मुझे नहीं मालूम था कि हम कहाँ थे लेकिन मैं चाहता था कि हम झील के स्विटजरलैंड वाले हिस्से में प्रवेश कर जाएँ। सुबह की रोशनी जब आई तो हम किनारे के काफी पास थे। चट्टानी किनारा और पेड़ मुझे दिखाई दे रहे थे।

"वह क्या है?" कैथरीन ने कहा। मैंने चप्पुओं का सहारा लिया और सुनने लगा। एक मोटर बोट झील में घूम रही थी। मैं किनारे के निकट आ गया और हम चुपचाप पड़े रहे। घरघराने की आवाज नजदीक आ गई और तभी हमें बारिश में थोड़ा पीछे मोटर बोट दिखाई पड़ी। उसमें पीछे चार कस्टम गार्ड बैठे थे। उनके एल्पिनी हैट नीचे झुके हुए थे, कोट के कॉलर ऊपर उठे हुए थे और कारबाइन कन्धे पर लटकी थी। सुबह-सुबह वह मुस्तैद से दिख रहे थे। मुझे उनके हैट और कोट पर पीले चिह्न दिखाई पड़ रहे थे। मोटर बोट चलती रही और बारिश में अदृश्य हो गई।

मैं नाव झील के अन्दर ले गया। अगर हम किनारे के इतने पास थे तो मैं नहीं चाहता था कि सड़क वाला सन्तरी मुझे पकड़ ले। मैं ऐसी जगह रुक गया जहाँ से किनारा साफ दिखाई पड़ रहा था और पौने घंटे तक बारिश में नाव चलाता रहा। एक बार फिर हमें मोटर बोट की आवाज सुनाई पड़ी और जब तक इंजन की आवाज झील पार करके दूर नहीं चली गई, मैं शान्त रहा।

"कैट, मुझे लगता है कि हम स्विटजरलैंड में आ गए हैं।" मैंने कहा।

"सच?"

"जब तक स्विस सेनाएँ दिखाई न पड़ जाएँ जानने का कोई और तरीका नहीं है।"

"या स्विस नेवी।"

"स्विस नेवी को झेलना आसान नहीं है हमारे लिए। पिछली मोटर-बोट जिसकी आवाज सुनाई पड़ी थी शायद स्विस नेवी की ही थी।

"अगर हम लोग स्विटजरलैंड में हैं तो हमें ठीक से नाश्ता करना चाहिए। स्विटजरलैंड में बहुत अच्छे रोल और बटर जाम मिलते हैं।"

दिन पूरी तरह निकल आया था और तेज बारिश हो रही थी। झील के ऊपर की ओर अभी भी हवा चल रही थी। हमें झील के ऊपर की ओर हिम-आच्छादित चोटियाँ दूर जाती हुई दिख रही थीं। मुझे विश्वास था कि हम स्विटजरलैंड में आ गए थे। किनारे के पीछे वाले पेड़ों में कई घर थे। किनारे के ऊपर पत्थर के मकानों वाले गाँव के लिए एक रास्ता था। पहाड़ी पर कुछ कोठियाँ थीं। एक चर्च था। किनारे से निकल जाने वाली सड़क पर मैं गार्ड को देख रहा था लेकिन कोई दिखा नहीं। सड़क अब झील के काफी पास आ गई थी। सड़क पर एक कैफे से एक सिपाही मुझे बाहर आता दिखाई दिया। वह भूरी-हरी यूनीफार्म और जर्मनों जैसा हैलमेट पहने था। वह मोटा-ताजा आदमी था और उसकी टूथब्रश के बालों जैसी छोटी-छोटी मूँछें थीं, उसने हमारी ओर देखा।

''उसे हाथ हिलाकर अभिवादन करो।'' मैंने कैथरीन से कहा। उसने हाथ हिलाया तो सिपाही मजबूरी में मुस्कुराया और उसने भी हाथ हिलाया। मैंने नाव की रफ्तार कम कर दी। हम गाँव के तटीय भाग से गुजर रहे थे।

''हम लोग अब निश्चित ही सीमा के अन्दर हैं।'' मैंने कहा।

''हमें पक्का पता कर लेना चाहिए, डार्लिंग। हम नहीं चाहते कि फिर से मोर्चे पर वापस भेज दिए जाएँ।''

''मोर्चा तो अब बहुत पीछे है, मुझे लगता है यह कस्टम का शहर है। पक्के तौर पर यह ब्रिसैगो है।''

''यहाँ इटैलियन नहीं होंगे ? सीमा-शुल्क वाले शहर में तो दोनों पक्षों के लोग रहते हैं।''

''युद्ध के समय में नहीं, मुझे नहीं लगता उन्होंने इटैलियंस को सीमा पार करने दी होगी।''

यह अच्छा सा दिखनेवाला एक छोटा सा कस्बा था। घाट के पास कई मछली पकड़नेवाली नावें लगी हुई थीं और जाल फैले हुए थे। नवम्बर की तेज बारिश हो रही थी फिर भी बारिश में भी कस्बा खुशगवार और साफ लग रहा था।

''रुक जाएँ और फिर नाश्ता करें ?''

''ठीक है।''

मैंने बाएँ चप्पू को जोर से खींचा और नजदीक आया, और जब हम घाट के पास आ गए तो मैंने नाव को सीधा करके घाट के साथ लगा दिया। मैंने चप्पू अन्दर खींचे, लोहे की एक जंजीर पकड़ी, भीगे हुए पत्थर पर पैर रखा और अब मैं स्विटजरलैंड में था। मैंने नाव बाँध दी और अपना हाथ कैथरीन की ओर बढ़ा दिया।

''ऊपर आओ, कैट। कितना शानदार एहसास है।''

''बैग का क्या करें ?''

''नाव में ही छोड़ दो।''

कैथरीन ने कदम बढ़ाए और हम दोनों साथ-साथ स्विटजरलैंड में प्रवेश कर गए।

''ओह कितना प्यारा देश है?'' वह बोली।

''कितना भव्य है न?''

''चलो चलकर नाश्ता करते हैं।''

''कितना भव्य देश है न? मेरे पैरों को यहाँ चलकर जो अनुभूति हो रही है वह कितनी सुखद है।''

''मेरा शरीर तो इतना अकड़ गया है कि मैं ठीक से महसूस नहीं कर पा रहा। लेकिन बहुत भव्य देश है यह ऐसा आभास होता है। डार्लिंग, क्या तुम्हें अहसास हो रहा है कि हम लोग उस घटिया जगह से निकल आए हैं।''

''बिलकुल, मुझे बिलकुल महसूस हो रहा है। इससे पहले कभी मुझे कोई अहसास नहीं हुआ।''

''मकानों को देखो, कितना अच्छा चौक है न? उधर एक जगह है जहाँ हमें ब्रेकफास्ट मिल जाएगा।''

''बारिश भी अच्छी है न? ऐसी बारिश कभी इटली में होती है। कितनी खुशगवार बारिश है।''

''और डार्लिंग, हम लोग यहाँ आ गए! तुम्हें अहसास हो रहा है कि हम लोग यहाँ आ गए हैं?''

हम लोग कैफे के अन्दर घुसे और लकड़ी की एक साफ सी मेज पर जाकर बैठ गए। हम लोग बहुत ज्यादा उत्साहित थे। एक सुन्दर सी, साफ सी महिला एप्रन पहने हमारे पास आई और पूछा कि हम लोगों को क्या चाहिए।

''रोल्स, और जैम काफी।'' कैथरीन ने कहा।

''सॉरी, युद्ध के समय में हम रोल्स नहीं रखते।''

''फिर ब्रैड।''

''मैं आपके लिए कुछ टोस्ट बना सकती हूँ।''

''ठीक है।''

''मुझे कुछ अंडाफ्राई भी चाहिए।''

''श्रीमान के लिए कितने अंडे?''

''तीन।''

''डार्लिंग, चार ले लो।''

''चार अंडे।''

महिला चली गई। मैंने कैथरीन को चूम लिया और उसका हाथ कसकर थाम लिया। हमने एक दूसरे को देखा और फिर कैफे को देखा।

''डार्लिंग, कितना अच्छा है न, डार्लिंग?''

''जबरदस्त है।'' मैंने कहा।

''रोल्स नहीं हैं तो कोई बात नहीं।'' कैथरीन ने कहा, ''मैं पूरी रात उनके बारे में सोचती रही लेकिन कोई बात नहीं, कोई बात नहीं।''

''मुझे लगता है बहुत जल्दी वह लोग हमें गिरफ्तार कर लेंगे।''

''चिन्ता मत करो, डार्लिंग। पहले हम लोग ब्रेकफास्ट करेंगे। ब्रेकफास्ट के बाद गिरफ्तार होने पर भी कोई परेशानी नहीं। उसके बाद वह हमारा क्या कर लेंगे। हम लोग अच्छी स्थिति वाले ब्रिटिश और अमेरिकन नागरिक हैं।''

''तुम्हारे पास पासपोर्ट है, है ना?''

''हाँ बिलकुल। छोड़ो इसकी बात मत करो। हमें खुश होना चाहिए।''

''मैं इससे ज्यादा खुश नहीं हो सकता'' मैंने कहा। एक मोटी भूखी बिल्ली जिसकी पूँछ पंख की तरह उठी हुई थी फर्श पार करके हमारी मेज के नीचे आ गई और मेरी टाँग का घेरा बनाकर बैठ गई। जब भी वह रगड़ती थी तो खुरखुराहट होती थी। कैथरीन मुझे देखकर खुशी से मुस्कुरा रही थी।

''लो कॉफी आ गई।'' उसने कहा।

उन्होंने हमें ब्रेकफास्ट के बाद गिरफ्तार कर लिया। हम थोड़ा सा गाँव के अन्दर घूमे और फिर घाट से अपने बैग लेने चले गए। एक सिपाही नाव की चौकसी कर रहा था।

''यह तुम्हारी नाव है?''

''हाँ।''

''कहाँ से आ रहे हो तुम?''

''झील से।''

''तब तुम्हें मेरे साथ आना पड़ेगा।''

''बैग का क्या करें।''

''बैग लेकर चल सकते हो।''

मैंने बैग उठा लिये और कैथरीन मेरे पीछे चल पड़ी। सिपाही हम लोगों के पीछे-पीछे पुराने कस्टम-हाउस की ओर चल दिए। कस्टम-हाउस में सेना के एक दुबले-पतले लेफ्टिनेंट ने हमसे सवाल-जवाब किए।

''नेशनलिटी क्या है तुम्हारी?''

''अमेरिकन और ब्रिटिश।''

''अपने पासपोर्ट दिखाओ मुझे।''

मैंने अपना पासपोर्ट दे दिया और कैथरीन ने अपना हैंड-बैग से निकाल लिया। वह काफी देर तक उनकी जाँच-पड़ताल करता रहा।

''तुम इस तरह नाव से स्विटजरलैंड में क्यों घुसे?''

''मैं एक स्पोर्ट्र्समैन हूँ।'' मैंने कहा, ''नौकायन मेरा प्रिय खेल है। जब भी मुझे मौका मिलता है मैं नौकायन करता हूँ।''

''तुम यहाँ क्यों आए?''

''शीतकालीन खेलों के लिए। हम लोग पर्यटक हैं और शीतकालीन खेलों में भाग लेना चाहते हैं।''

''यह शीतकालीन खेलों की जगह नहीं है।''

''हमें पता है, हम वहीं जाना चाहते हैं, जहाँ शीतकालीन खेल होते हैं।''

''तुम इटली में क्या कर रहे थे?''

''मैं वहाँ वास्तुकला की पढ़ाई कर रहा हूँ। मेरा चचेरा भाई कला का छात्र है।''

''वहाँ से क्यों छोड़कर आए?''

''हम लोग शीतकालीन खेलों में भाग लेने आए हैं। जब युद्ध चल रहा हो तो वास्तुकला का अध्ययन कर पाना तो मुश्किल है।''

''तुम लोग थोड़ी देर यहीं रुके रहो।'' लेफ्टिनेंट ने कहा। हमारे पासपोर्ट लेकर वह बिल्डिंग के अन्दर चला गया।

''तुम तो ऊँची चीज हो, डार्लिंग।'' कैथरीन ने कहा, ''इसी लाइन पर चलते रहो कि तुम शीतकालीन खेलों में भाग लेने आए हो।''

''तुम कुछ आर्ट के बारे में जानती हो?''

''रूबेन्स।'' कैथरीन ने कहा।

''बड़ी और मोटी।'' मैंने कहा।

''टाइशियन।'' कैथरीन ने कहा।

''टाइशियन-केस विन्यास।'' मैंने कहा, ''और मैन्टेना?''

''इतने कठिन प्रश्न मत पूछो।'' कैथरीन ने कहा, ''हालाँकि मैं उसके बारे में जानती हूँ-बहुत ही कम।''

''बहुत ही कम।'' मैंने कहा, ''ढेर सारे कीलों के छेद।''

''देखो मैं बहुत अच्छी बीवी बनूँगी।'' कैथरीन ने कहा, ''मैं तुम्हारे ग्राहकों से आर्ट के बारे में बात कर सकती हूँ।''

''आ रहा है।'' मैंने कहा। हमारे पासपोर्ट पकड़े हुए दुबला-सा लेफ्टिनेंट कस्टम-हाउस से निकलकर आया।

''मुझे तुम्हें लोकार्नो भेजना पड़ेगा।'' उसने कहा, ''तुम्हें एक गाड़ी मिल जाएगी और एक सिपाही उसमें तुम्हारे साथ जाएगा।''

''ठीक है।'' मैंने कहा, ''और नाव का क्या होगा?''

''नाव जब्त कर ली गई है। तुम लोगों के बैग में क्या है?''

उसने दोनों बैग की तलाशी ली और ब्रांडी की बोतल निकाल ली।

''क्या आप ड्रिंक में मेरा साथ देंगे?'' मैंने पूछा।

"नहीं थैंक्यू।" वह तन गया। "पैसा कितना है तुम्हारे पास?"

"ढाई हजार लीरा।"

वह थोड़ा प्रभावित हुआ।

"तुम्हारी कजिन के पास कितना है?"

कैथरीन के पास बारह सौ लीरा से कुछ ऊपर थे। लेफ्टिनेंट थोड़ा प्रसन्न हुआ। हमारे प्रति उसके व्यवहार में थोड़ी नरमी आ गई।

"अगर तुम लोगों को शीतकालीन खेलों के लिए जाना है तो वैन्जेन ठीक है। वहाँ मेरे पिताजी का अच्छा सा होटल है। यह हमेशा खुला रहता है।"

"यह तो बहुत अच्छा है।" मैंने कहा, "क्या आप उसका नाम बता सकते हैं?"

"मैं कार्ड पर लिख दूँगा।" उसने विनम्रता से कार्ड मुझे दे दिया।

"सिपाही तुम्हें लोकार्नो ले जाएँगे। तुम्हारे पासपोर्ट उसी के पास रहेंगे। मुझे अफसोस है लेकिन यह जरूरी है। मुझे पूरी आशा है कि लोकार्नो में तुम्हें वीजा या पुलिस परमिट मिल जाएगा।"

उसने दोनों पासपोर्ट सिपाही को दे दिए और हम बैग उठाकर गाड़ी ढूँढ़ने के लिए गाँव में घुस गए। लेफ्टिनेंट ने सिपाही को बुलाया। उसने जर्मन बोली में उससे कुछ कहा। सिपाही ने अपनी राइफल पीछे लटकाई और बैग उठा लिये।

"बहुत महान देश है, यह।" मैंने कैथरीन से कहा।

"वास्तविकता में भी ऐसा है।"

"थैंक्यू वेरी मच।" मैंने लेफ्टिनेंट ने कहा। उसने हाथ हिलाया।

"कोई और सेवा।" उसने कहा। हम सिपाही के पीछे-पीछे गाँव में चले गए।

लोकार्नो तक हम लोग घोड़ा-गाड़ी में गए। सिपाही ड्राइवर के साथ अगली सीट पर बैठा था। लोकार्नो में अधिक परेशानी नहीं हुई। उन्होंने हमसे पूछताछ की लेकिन हमारे पास पासपोर्ट और पैसा होने के कारण उनका व्यवहार विनम्र था। मुझे नहीं लगता कि उन्हें हमारी कहानी के एक भी शब्द पर विश्वास था। यह थी भी मूर्खतापूर्ण पर यह सब अदालत जैसा था, जहाँ तार्किकता की आवश्यकता नहीं होती बल्कि कुछ तकनीकी बात होनी चाहिए और फिर उसी पर आप बिना किसी स्पष्टीकरण के अड़े रहिए। हमारे पास पासपोर्ट थे और हम लोग पैसा खर्च करने को तैयार थे। इसलिए उन्होंने हमें अस्थाई वीजा दे दिया। यह वीजा किसी भी समय समाप्त किया जा सकता था। कहीं भी हम जाएँ तो हमें पुलिस को सूचित करना था।

"क्या हम जहाँ चाहे वहाँ जा सकते थे?"

"हाँ। हम कहाँ जाना चाहते थे?"

"कैट, बोलो तुम कहाँ जाना चाहती हो?"

''मोंट्रैक्स।''

''बहुत अच्छी जगह है।'' सरकारी कर्मचारी ने बताया, ''मुझे उम्मीद है आपको जगह पसन्द आएगी।''

''यहाँ लोकार्नो भी अच्छी जगह है।'' दूसरे कर्मचारी ने कहा, ''मुझे यकीन है आपको यहाँ लोकार्नो में भी अच्छा लगेगा। लोकार्नो बहुत आकर्षक जगह है।''

''हम लोग किसी ऐसी जगह जाना चाहते हैं जहाँ शीतकालीन खेल होते हों।''

''मोंट्रैक्स में कोई शीतकालीन खेल नहीं होता।''

''माफ कीजिए।'' दूसरे कर्मचारी ने कहा ''मैं मोंट्रैक्स का रहने वाला हूँ। मोंट्रैक्स के ओबरलैंड रेलवे पर सदैव शीतकालीन खेल होते हैं। आपका इस बात से इनकार करना बिलकुल गलत है।''

''मैं इनकार नहीं करता, मैंने तो सीधी सी बात कही थी कि मोंट्रैक्स में शीतकालीन खेल नहीं होते।''

''मुझे इस पर आपत्ति है।'' दूसरे कर्मचारी ने कहा, ''मुझे इस वक्तव्य पर एतराज है।''

''मैं अपनी इस बात पर अडिग हूँ।''

''मुझे आपकी इस बात पर एतराज है। मैंने खुद मोंट्रैक्स की गलियों में लागिंग की है। मैं एक बार नहीं बल्कि कई बार कहूँगा कि 'लागिंग' भी शीतकालीन खेल है।''

दूसरा कर्मचारी मेरी ओर मुड़ा।

''सर, क्या लागिंग को आप भी शीतकालीन खेल मानते हैं ? मैं आपको बताता हूँ आप यहाँ लोकार्नो में बड़े आराम से रहेंगे। आपको यहाँ की जलवायु स्वस्थ और वातावरण बहुत पसन्द आएगा।''

''महाशय ने स्वयं मोंट्रैक्स जाने की इच्छा व्यक्त की है।''

''लागिंग क्या होती है ?'' मैंने पूछा।

दूसरे अधिकारी के लिए यह बहुत महत्त्वपूर्ण बात थी। वह यह सुनकर बड़ा प्रसन्न हुआ।

''लागिंग बर्फगाड़ी खींचना होती है।''

''माफ कीजिए, मेरा मत भिन्न है।'' दूसरा कर्मचारी बोला, ''मैं आपकी बात से सहमत नहीं हूँ। बर्फगाड़ी 'लग' से बिलकुल अलग है। रोबोगॉन कनाडा में समतल पट्टी से बनाई जाती है। 'लग' तो एक साधारण स्लेज है जिसे लोग खींचते हैं। एक्युरेसी का भी महत्त्व होता है।''

''क्या हम टोबोगॉन नहीं कर सकते ?'' मैंने पूछा।

''हाँ, हाँ आप जरूर टोबोगॉन कर सकते हैं।'' पहले कर्मचारी ने कहा।

''आप बहुत अच्छी तरह से टोबोगॉन कर सकते हैं।''

''मोंट्रैक्स में कनाडा की बनी हुई बहुत अच्छी टोबोगॉन बिकती हैं। औक्स ब्रदर्स टोबोगॉन बेचते हैं। वह स्वयं टोबोगॉन आयात भी करते हैं।''

दूसरा कर्मचारी मुड़ा, ''टोबोगॉनिंग के लिए खास पिच की जरूरत होती है। मोंट्रैक्स की गलियों में आप 'टोबोगॉनिंग' नहीं कर पाएँगे। यहाँ आप कहाँ रुके हैं?''

''हमें पता नहीं है।'' मैंने कहा, ''हम लोग ब्रिसैगो से अभी आए हैं। गाड़ी बाहर खड़ी है।''

''मोंट्रैक्स जाकर आप कोई गलती नहीं करेंगे।'' पहले कर्मचारी ने कहा।

''वहाँ आपको प्रफुल्लित करनेवाली सुन्दर जलवायु मिलेगी, शीतकालीन खेलों के लिए भी आपको ज्यादा दूर नहीं जाना पड़ेगा।''

''अगर आप वाकई शीतकालीन खेलों के लिए जाना चाहते हैं तो आपको इनैडिन या माइरेन जाना चाहिए।'' दूसरे कर्मचारी ने बताया।

''मैं शीतकालीन खेलों के लिए आपके मौंट्रैक्स जाने की सलाह का विरोध करता हूँ।''

''मोंट्रैक्स के आगे लॉ एवरेस्ट में हर प्रकार के शीतकालीन खेल होते हैं।'' मोंट्रैक्स की वकालत करनेवाले ने अपने साथी की ओर देखा।

''महोदय!'' मैंने कहा, ''मुझे लगता है कि अब मुझे जाना चाहिए, मेरी कजिन बहुत थकी हुई है। फिलहाल हम मोंट्रैक्स ही जाते हैं।''

''पुलिस से कोई दिक्कत नहीं होगी।'' पहले कर्मचारी ने आश्वासन दिया।

''आपको वहाँ के लोग बड़े विनम्र और मित्रवत् मिलेंगे।''

''आप दोनों का बहुत-बहुत शुक्रिया।'' मैंने कहा, ''आपकी राय हमारे लिए बहुत महत्त्वपूर्ण है।''

''गुडबाय।'' कैथरीन ने कहा, ''थैंक्यू वेरी मच।''

वह दोनों हमें दरवाजे तक छोड़ने आए, लोकार्नो का समर्थक थोड़ा बुझ गया था। हम सीढ़ियों से नीचे उतरे और गाड़ी में आ गए।

''माई गॉड, डार्लिंग।'' कैथरीन ने कहा ''क्या थोड़ा और जल्दी नहीं निकल सकते थे?''

एक कर्मचारी ने जिस होटल का नाम दिया था वह मैंने कोचवान को दे दिया, उसने रास उठा ली।

''तुम सेना को तो भूल ही गए।'' कैथरीन ने कहा।

सिपाही गाड़ी के पास खड़ा था। मैंने उसे दस लीरा का एक नोट दिया।

''मेरे पास अभी स्विस मुद्रा नहीं है।'' मैंने कहा। उसने मुझे धन्यवाद दिया, सेल्यूट किया और चला गया। गाड़ी चल दी और हम होटल चल दिए।

''तुमने मौंट्रक्स का चुनाव किस हिसाब से किया?'' मैंने कैथरीन से पूछा, ''क्या तुम वाकई वहाँ जाना चाहती हो?''

''मेरे दिमाग में सबसे पहले यही आया।'' उसने कहा, ''बुरी जगह नहीं है। ऊपर पहाड़ों में हमें कोई जगह मिल सकती है।''

''तुम्हें नींद आ रही है?''

''मैं अभी सो जाऊँगी।''

''चलो आराम से सोएँगे, बेचारी कैट, तुम्हें रात में बहुत परेशानी हुई न।''

''मुझे बहुत मजा आया।'' कैथरीन ने कहा, ''खासतौर पर तब जब तुम छाता पकड़कर नाव चला रहे थे।''

''तुम्हें लग रहा है कि हम स्विटजरलैंड में हैं?''

''नहीं, मुझे भय है कि जब मैं जागूँगी तो यह सच नहीं होगा।''

''मैं भी डरा हुआ हूँ।''

''यह सच है न, डार्लिंग? मैं कहीं मिलान में तुम्हें स्टेशन तक छोड़ने तो नहीं जा रही हूँ।''

''शायद नहीं''

''ऐसा मत कहो, मुझे डर लगता है, हो सकता है हम वहीं जा रहे हैं।''

''मैं तो इतना झूम रहा हूँ कि मुझे कुछ पता नहीं है।'' मैंने कहा।

कैथरीन बोली, ''मुझे अपने हाथ दिखाओ।''

मैंने अपने हाथ बढ़ा दिए। दोनों हाथों पर बड़े-बड़े छाले थे।

''कोई छेद पार नहीं हुआ है।'' मैंने कहा।

''ऐसी बातें मत करो।''

मैं बहुत थका हुआ था और मेरा दिमाग चकरा रहा था। उल्लास की भावना समाप्त हो गई थी। गाड़ी सड़क पर चली जा रही थी।

''बेचारे हाथ।'' कैथरीन ने कहा।

''उन्हें छूना मत।'' मैंने कहा, ''भगवान कसम मुझे पता नहीं, हम लोग कहाँ हैं? ड्राइवर, हम कहाँ जा रहे हैं?'' गाड़ीवान ने घोड़ा रोक दिया।

''होटल मेट्रोपोल, क्या आप वहाँ नहीं जाना चाहते?''

''हाँ।'' मैंने कहा, ''सब ठीक है कैट?''

''ठीक है डार्लिंग, परेशान मत हो। हम लोग अच्छी सी नींद लेंगे और कल तुम लड़खड़ाहट महसूस नहीं करोगे।''

''मैं झूमने लगता हूँ।'' मैंने कहा, ''आज तो हास्य नाटक जैसा बन गया। हो सकता है, मुझे भूख लगी हो।''

''तुम सिर्फ थके हुए हो, डार्लिंग, तुम ठीक हो जाओगे।'' गाड़ी होटल के सामने आकर रुक गई। कोई हमारे बैग लेने आ गया।

"मैं ठीक हूँ।" मैंने कहा। नीचे वाले रास्ते से हम होटल में जा रहे थे।

"मुझे पता है, तुम ठीक हो जाओगे। तुम थक गए हो, तुमने बहुत देर काम किया है।"

"बहरहाल, हम यहाँ आ गए।"

"हाँ, हम वाकई, यहाँ आ गए।"

बैग उठानेवाले लड़के के पीछे-पीछे हम होटल में प्रवेश कर गए।

# खंड-5

# अध्याय-38

उस शरद् ऋतु में बर्फ बहुत देर से गिरी। पहाड़ के किनारे पर देवदार के पेड़ों के बीच एक बादामी रंग की लकड़ी के मकान में हम रह रहे थे। रात को तुषार पड़ता था जिससे आले पर रखे हुए दोनों घड़ों में पानी के ऊपर बर्फ की पतली तह जम जाती थी। मिसेज गटिंगन खिड़कियाँ बन्द करने के लिए सुबह जल्दी आ गईं और उन्होंने चीनी-मिट्टी के लम्बे से स्टोव में आग जला दी। चीड़ की लकड़ी चटकने और चमकने लगी और स्टोव में आग काफी तेज हो गई। अगली बार जब मिसेज गटिंगन कमरे में आईं तो आग जलाने के लिए लकड़ी के गट्ठे और गर्म पानी का घड़ा ले आईं। जब कमरा गरम हो गया तो वह ब्रेकफास्ट ले आईं। बिस्तर में बैठकर नाश्ता करते हुए हमें झील और झील के उस पार फ्रांस की ओर के पहाड़ दिखाई पड़ते थे। पर्वतों की चोटियों पर बर्फ थी और झील नीली दिखाई देती थी।

बाहर लकड़ी के बँगले के सामने से एक सड़क पहाड़ पर जाती थी। तुषार से पहियों की लीक और निशान लोहे जैसे कठोर हो गए थे। सड़क सीधी जंगल से होकर पहाड़ के चारों ओर घूमती हुई घास के मैदानों और मैदान के किनारों पर घाटी को देखने के लिए बने स्थानों तक जाती थी। घाटी गहरी थी और नीचे एक धारा बहती थी जो झील में जाती थी जब घाटी में हवा चलती थी तो उसकी गूँज पहाड़ियों में सुनाई पड़ती थी।

कभी-कभी हम सड़क छोड़कर देवदार के जंगल में पहाड़ियों पर आ जाते थे। जंगल का धरातल चलने के लिहाज से मुलायम था, सड़क की तरह यह तुषार से कठोर नहीं हुआ था। सड़क की कठोरता का हमारे ऊपर कोई असर नहीं था क्योंकि हमारे जूतों के तलवों और एड़ियों में कीलें लगी हुई थीं, यह कीलें जमी हुई लीक पर धँस जाती थीं और नुकीले जूतों से सड़क पर चलने में मजा आता था। लेकिन जंगल में घूमने पर और भी मजा आता था।

हम जिस घर में रहते थे उसके सामने वाला पहाड़ झील के साथ वाले छोटे से मैदान की तरफ सीधा खड़ा चला जाता था। धूप में घर की ड्योढ़ी पर बैठकर हम पहाड़ की तरफ सड़क के मोड़ों और निचले पहाड़ पर सीढ़ीदार अंगूर के बाग देखा करते थे। जाड़े में अंगूर की बेलें मर गई थीं। खेत पत्थर की मेंड़ों से बँटे हुए थे।

अंगूर के बागों के नीचे झील के किनारे वाले छोटे से मैदान में कुछ मकान बने हुए थे। झील में एक टापू था जिस पर दो पेड़ थे। यह दोनों मछली मारनेवाली नाव के पाल जैसे प्रतीत होते थे। झील के दूसरी ओर के पहाड़ बहुत ऊँचे और तीव्र ढलान वाले थे। झील के अन्त में दोनों पर्वतमालाओं के बीच रौन घाटी का समतल मैदान था। घाटी के ऊपर जहाँ पर्वत इसे अलग करते थे वहाँ 'डैंट द मीडी' नाम का एक ऊँचा बर्फीला पहाड़ था जो घाटी के ऊपर था लेकिन यह इतना दूर था कि इसकी छाया नहीं पड़ती थी।

धूप जब तेज होती थी तो हम ड्योढ़ी पर खाना खाते थे और बाकी समय हम ऊपर सादी लकड़ी की दीवारों वाले कमरे में जहाँ कोने में स्टोव रखा था वहीं खाना खाते थे। हमने शहर से किताबें और मैगजीन खरीद ली थीं, 'होयल' की एक प्रति ले ली थी और ताश के दो आदमियों वाले कई खेल सीख लिए थे। स्टोव वाला छोटा कमरा हमारी बैठक थी। वहाँ दो आराम कुर्सियाँ और किताबों और पत्रिकाओं के लिए एक मेज थी। डाइनिंग-टेबल के साफ होने के बाद हम उस पर ताश खेला करते थे। श्रीमती और श्री गटिंगन नीचे रहते थे। कभी-कभी शाम को उनकी बातचीत सुनाई पड़ती थी। वह दोनों साथ-साथ काफी प्रसन्न थे। गटिंगन हैड वेटर था और उसकी पत्नी उसी होटल में नौकरानी का काम करती थी। पैसा बचाकर दोनों ने यह जगह खरीदी थी। उनका एक बेटा था जो ज्यूरिख में हैड वेटर बनने की ट्रेनिंग ले रहा था। जहाँ बीयर और शराब बिकती थी वहाँ कभी-कभी शाम को सड़क पर गाड़ियों के खड़े होने की आवाजें सुनाई पड़ती थीं और लोग पार्लर में शराब पीने के लिए सीढ़ियों से ऊपर आते थे।

बैठक के बाहर हॉल में लकड़ी का एक बॉक्स था। मैंने इस बॉक्स को आग से दूर रखा था। लेकिन हम रात को देर तक नहीं जागे। अँधेरा होने पर हम बड़े बेडरूम में चले गए। कपड़े उतारने के बाद मैंने खिड़कियाँ खोल दीं और खिड़की के नीचे रात को आकाश में ठंड से सिमटे हुए तारों को और देवदार के पेड़ों को देखा, फिर मैं जल्दी से बिस्तर में घुस गया। इतनी ठंडी साफ हवा में और खिड़की के बाहर की अँधेरी रात में बिस्तर में ही अच्छा लग रहा था। हम लोग आराम से सोए। अगर रात में मेरी नींद खुलती भी थी तो मैं जानता था कि उसकी एक ही वजह थी, मैं उठकर बहुत धीरे से यह ध्यान रखते हुए कि कहीं कैथरीन की नींद न खुल जाए और फिर से पतली हलकी चादरों की गर्मी में सो जाता। युद्ध अब बहुत दूर की बात लगता था ऐसे ही जैसे कि किसी दूसरे के कॉलेज का फुटबाल मैच हो। लेकिन अखबारों से मुझे पता चलता था कि बर्फ न गिरने के कारण अभी भी पहाड़ों में लड़ाई हो रही थी।

कभी-कभी हम लोग पहाड़ के नीचे मोंट्रैक्स में घूमने जाते थे। पहाड़ के नीचे एक रास्ता था लेकिन वह बहुत ढलवाँ था इसलिए हम अक्सर सड़क से जाया करते

थे। हम खेतों के बीच चौड़ी सड़क से होकर या फिर अंगूर के बागों की पत्थर की दीवारों से और फिर सड़क के साथ गाँव में बने हुए घरों के बीच से जाया करते थे। वहाँ तीन गाँव थे चैरनैक्स, फोंटानीवैंट और तीसरा मैं भूल गया। सड़क के साथ हम प्राचीन पत्थरों से निर्मित आयताकार भवनों के किनारे से पहाड़ों की तरफ जाते। प्रत्येक अंगूर की बेल लम्बे काल से टहनियों को पकड़े हुए सूखी और भूरी मानो मिट्टी जैसे बर्फ की प्रतीक्षा कर रही हो। नीचे झील एकदम समतल और स्टील जैसी भूरी थी। गढ़ी के कई अंश नीचे तक पथरीली सड़क जाती थी और दाहिने मुड़कर मोंट्रैक्स तक तेज ढलान थी।

मोंट्रैक्स में हम किसी को नहीं जानते थे। हम झील के किनारे घूमा करते थे और हंसों तथा समुद्री चिड़ियों की विभिन्न प्रजातियों को देखा करते थे जो नजदीक आने पर उड़ जाया करती थीं। झील पर छोटी-छोटी काली पनडुब्बियाँ भी थीं जिनके चलने पर पीछे लीक छूट जाया करती थी। कस्बे में हम मुख्य मार्ग पर घूमते थे और दुकानों की खिड़कियाँ देखा करते थे। कई बड़े होटल थे जो बन्द थे लेकिन अधिकांश दुकानें खुली हुई थीं। लोग हम से मिलकर बहुत खुश होते थे। वहाँ एक अच्छी हेयर ड्रेसर की दुकान थी जिसमें कैथरीन ने अपने बाल ठीक कराए। इसे चलाने वाली महिला बड़ी ख़ुशमिजाज थी। वही अकेली थी जिसे मोंट्रैक्स में हम जानते थे। कैथरीन जब वहाँ थी तो मैं बीयर की दुकान में चला गया। मैंने म्यूनिख बीयर पी और अखबार पढ़े। मैंने 'कूरियर डैला सेरा' और पेरिस से निकलने वाले इंग्लिश और अमेरिकन अखबार पढ़े। सारे विज्ञापन बन्द कर दिए गए थे ताकि शत्रुओं से कोई संवाद न हो। अखबार पढ़ना भी कष्टप्रद था। हर जगह बुरी बातें ही हो रही थीं। बीयर का बड़ा-सा मग लिये हुए और चमकीले पैकेट में रखी नमकीन स्वाद वाली बिस्किट खाते हुए जिससे बीयर का स्वाद अच्छा हो जाता था, मैं विनाश की खबरें पढ़ता रहा। मैंने सोचा था कि कैथरीन आ जाएगी लेकिन वह नहीं आई। मैंने अखबार वापस रैक पर लटका दिया, बीयर के पैसे दिए और गली में उसे ढूँढ़ने चल दिया। दिन ठंडा, अँधेरा और शुष्क था। घरों के पत्थर भी ठंडे दिखाई पड़ रहे थे। कैथरीन अभी हेयर-ड्रेसर की दुकान में थी। महिला उसके बाल लहरा रही थी। मैं छोटे से बूथ पर बैठ गया और देखने लगा। यह उत्तेजक दृश्य था, कैथरीन मुस्कुरा रही थी। चिमटी की खनकने की आवाज अच्छी लग रही थी। कैथरीन को मैं तीन शीशों में देख सकता था। बूथ में गर्मी थी और बहुत मजा आ रहा था। महिला ने कैथरीन के बाल ठीक किए। कैथरीन ने शीशे में देखा। थोड़ा सा परिवर्तन किया, पिनें निकालकर लगाईं और खड़ी हो गई।

"सॉरी मैंने बहुत वक्त लगा दिया।"

"श्रीमान् जी तो बहुत आनन्द ले रहे थे, क्यों श्रीमान् ऐसा नहीं था?" महिला मुस्कुराई।

''हाँ।'' मैंने कहा।

हम बाहर निकले और सड़क पर चल दिए, ठंड बहुत थी और जाड़ा बढ़ रहा था। हवा भी तेज चल रही थी।

''ओह डार्लिंग, मैं तुम्हें बहुत प्यार करता हूँ।'' मैंने कहा।

''हमारे दिन अच्छे निकल रहे हैं ना?'' कैथरीन बोली, ''देखो कहीं चलकर चाय के बजाय बीयर पीते हैं, छोटी कैथरीन के लिए बहुत ठीक है। यह उसे छोटा बनाए रखती है।''

''छोटी कैथरीन।'' मैंने कहा, ''वह बदमाश।''

''कितनी अच्छी है सर।'' कैथरीन ने कहा, ''मुझे बहुत कम परेशान करती है। डॉक्टर का कहना है कि बीयर मेरे लिए भी ठीक है और उसे भी छोटा रखेगी।''

''अगर तुम उसे छोटा बनाए रखोगी और वह लड़का हुआ तो सम्भव है वह घुड़सवार बन जाए।''

''मैं सोचती हूँ कि हम अगर इस बच्चे को वाकई जन्म देना चाहते हैं तो हमें शादी कर लेनी चाहिए।'' कैथरीन ने कहा। बार में हम कोने की मेज पर बैठे थे। बाहर अँधेरा हो रहा था, दिन अभी काफी था फिर भी अँधेरा सा था और जल्दी झुटपुटा हो रहा था।

''हमें अब शादी कर लेनी चाहिए।'' मैंने कहा।

''नहीं।'' कैथरीन बोली, ''अब तो बहुत अजीब लगता है। मैं एकदम से गर्भवती दिखाई पड़ती हूँ। इस स्थिति में शादी करने के लिए मैं किसी के सामने नहीं जाऊँगी।''

''मैं चाहता हूँ हम लोग शादी कर लें।''

''मैं भी मानती हूँ कि ठीक रहेगा, लेकिन कब कर पाएँगे, डार्लिंग?''

''मुझे नहीं मालूम।''

''मैं एक बात जानती हूँ, मैं मातृत्व की इस अवस्था में शादी करनेवाली नहीं हूँ।''

''तुम ऐसा क्यों कहती हो?''

''हाँ, ऐसा ही है, डार्लिंग। हेयर-ड्रेसर पूछ रही थी कि यह हमारा पहला बच्चा है। मैंने झूठ बोला और कह दिया कि हमारे दो लड़के और दो लड़कियाँ हैं।''

''हम कब शादी करेंगे?''

''कभी भी जब मैं फिर से दुबली-पतली हो जाऊँ। हम लोग शानदार ढंग से शादी करें। तब हर आदमी यह कहेगा कि कितनी मनोहर जोड़ी है।''

''और तुम्हें कोई चिन्ता नहीं है?''

''डार्लिंग, मैं चिन्ता क्यों करूँ। सिर्फ एक बार मिलान में मुझे बुरा लगा था जब मैंने वेश्या जैसा महसूस किया था और यह भावना भी केवल सात मिनट तक रही।

इसके अलावा कमरे की सजावट का असर भी था। क्या मैं अच्छी बीवी साबित नहीं हो रही हूँ?''

''तुम बहुत प्यारी पत्नी हो।''

''तो फिर इतनी टेक्नीकल बातें मत करो। मैं पतली होते ही तुमसे शादी कर लूँगी।''

''ठीक है।''

''तुम्हें लगता है कि मुझे एक बीयर और लेनी चाहिए? डॉक्टर का कहना था कि मेरे कूल्हे बहुत सँकरे हैं इसलिए छोटी कैथरीन को छोटा रखना ही ठीक है।''

''और क्या बताया उसने?'' मुझे चिन्ता हुई।

''कुछ नहीं, मेरा बी.पी. एकदम ठीक है, डार्लिंग। वह मेरे ब्लड-प्रेशर की बहुत तारीफ कर रहा था।''

''तुम्हारे कूल्हों के सँकरे होने के बारे में वह क्या कह रहा था?''

''कुछ नहीं, कुछ भी नहीं, उसने बोला कि मुझे स्कीइंग नहीं करनी चाहिए।''

''बिलकुल ठीक कहा।''

''उसने बताया कि अगर पहले कभी नहीं की है तो अब शुरू करने के लिए बहुत देर हो चुकी है। उसने कहा कि अगर मैं गिरूँ न तो स्कीइंग कर सकती हूँ।''

''बहुत बड़ा जोकर है वह।''

''नहीं, बहुत अच्छा था वह। बच्चा होगा तब हम उसी को बुलाएँगे।''

''तुमने उससे नहीं पूछा कि हमें शादी कर लेनी चाहिए?''

''नहीं, मैंने उसे बताया कि चार साल पहले हमारी शादी हुई है। देखो डार्लिंग, अगर मैं तुमसे शादी करती हूँ तो मैं भी अमेरिकन हो जाऊँगी और अमेरिकन कानून के अनुसार हम कभी भी शादी करें बच्चा वैध हो जाएगा।''

''यह तुम्हें कहाँ से पता चला?''

''लाइब्रेरी में 'न्यूयार्क वर्ल्ड एलमैंनेक' में।''

''बहुत ऊँची चीज हो तुम।''

''अमेरिकन बनकर मुझे बड़ी खुशी होगी और हम लोग उसके बाद अमेरिका जाएँगे, जाएँगे न डार्लिंग? मैं न्याग्रा जलप्रपात देखना चाहती हूँ।''

''तुम बहुत अच्छी लड़की हो।''

''और भी कई चीजें हैं जो मैं देखना चाहती हूँ लेकिन याद नहीं आ रहा है।''

''स्टॉकयार्ड्स?''

''नहीं, मुझे नहीं याद आ रहा है।''

''वूलवर्थ भवन।''

''नहीं।''

''भव्य कैन्योन।''

''नहीं, लेकिन वह भी देखना है।''

''और फिर क्या?''

''गोल्डन गेट! वह मैं देखना चाहती हूँ। गोल्डेन गेट कहाँ है?''

''सैन फ्रांसिस्को।''

''वहाँ हमें चलना चाहिए, मैं हर हाल में सैन फ्रांसिस्को देखना चाहती हूँ।''

''ठीक है, हम लोग वहाँ चलेंगे।''

''अब हमें ऊपर पहाड़ पर चलना चाहिए, चलें? क्या बस मिल सकती है?''

''पाँच के थोड़ी देर बाद एक ट्रेन है।''

''उसी को पकड़ते हैं।''

''ठीक है, तब मैं बीयर का एक ड्रिंक और लूँगा।''

जब हम बाहर निकले और स्टेशन जाने के लिए सीढ़ियाँ चढ़ने लगे तो काफी ठंड पड़ रही थी। रोन घाटी की ओर से ठंडी हवा आ रही थी। दुकानों के शो-केस में बत्तियाँ जल रही थीं। तेज ढलवाँ पत्थर की सीढ़ियों के रास्ते से हम ऊपर की सड़क तक चढ़ गए और फिर दूसरी सीढ़ियों से स्टेशन पहुँच गए। इलेक्ट्रिक ट्रेन सवारियों की प्रतीक्षा में खड़ी थी और सभी बत्तियाँ जल रही थीं। एक पट्ट था जिस पर गाड़ी के जाने का समय इंगित था। घड़ी की सुइयाँ पाँच बजकर दस मिनट का इशारा कर रही थीं। मैंने स्टेशन की घड़ी देखी, यह पाँच मिनट पीछे थी। जैसे ही हम चढ़े, मैंने ड्राइवर और कन्डक्टर को स्टेशन की वाइन-शॉप से बाहर आते देखा। हम बैठ गए और खिड़की खोल दी। ट्रेन में ए.सी. होने के कारण घुटन सी थी लेकिन खिड़की खोल देने से ताजी हवा अन्दर आ रही थी।

''कैट, क्या तुम थक गई हो?'' मैंने पूछा।

''नहीं, मुझे तो अच्छा लग रहा है।''

''ज्यादा लम्बी यात्रा नहीं है।''

''मुझे सैर करना अच्छा लग रहा है।'' उसने कहा, ''डार्लिंग, मेरी चिन्ता मत करो, मैं ठीक हूँ।''

क्रिसमस के तीन दिन पहले तक बर्फ नहीं गिरी, एक दिन हम जगे तो देखा बर्फ गिर रही थी। स्टोव में तेज आग जलाकर हम बिस्तर में बैठे रहे और हिमपात देखते रहे। मिसेज गटिंगन ने नाश्ते की ट्रे हटा दी, स्टोव में और लकड़ियाँ डाल दीं। बड़ा बर्फीला तूफान था। मैं खिड़की तक गया और बाहर देखा लेकिन सड़क के पार कुछ दिखाई नहीं दिया। तेज आँधी चल रही थी और जबर्दस्त बर्फ गिर रही थी। मैं वापस बिस्तर तक गया और हम लेटकर बातें करते रहे।

''काश, मैं स्कीइंग कर पाती।'' कैथरीन ने कहा, ''स्कीइंग न कर पाना कितना खराब लगता है।''

''हम लोग एक स्लेज ले लेंगे, और सड़क पर चलेंगे। तुम्हारे लिए वह कार में चलने से ज्यादा खराब नहीं है।''

''दिक्कत नहीं होगी उसमें?''

''देखते हैं?''

''उम्मीद है ज्यादा उबड़-खाबड़ नहीं होगा।''

''कुछ देर बाद हम लोग बर्फ में पैदल घूमेंगे।''

कैथरीन ने कहा, ''लंच के पहले जिससे भूख भी अच्छी लगेगी।''

''मुझे तो हमेशा भूख लगती है।''

''मुझे भी।''

हम लोग बर्फ में निकले, बर्फ में फिसलन थी इसलिए हम बहुत दूर तक घूम नहीं सके। मैं आगे गया और स्टेशन तक एक पगडंडी बनाई। लेकिन वहाँ पहुँचे तो हम लोग बहुत दूर निकल आए थे। बर्फ गिर रही थी इसलिए बहुत मुश्किल से कुछ दिखाई पड़ रहा था। हम स्टेशन के पास वाली सराय में चले गए और झाड़ू से एक-दूसरे की बर्फ को साफ किया और एक बैंच पर बैठकर वरमाउथ पी।

''बहुत भारी तूफान है।'' बार में काम करनेवाली लड़की ने कहा।

''हाँ।''

''इस साल बर्फ बहुत देर से गिरी है।''

''हाँ।''

''क्या मैं एक चॉकलेट खा लूँ?'' कैथरीन ने पूछा, ''या अब खाना ही खाना है? मुझे हमेशा भूख लगती रहती है।''

''जाओ और एक ले लो।'' मैंने कहा।

''मैं बादाम के साथ एक खाऊँगी।'' कैथरीन ने कहा।

''बहुत अच्छे होते हैं।'' बार वाली लड़की ने कहा, ''मुझे तो सबसे अच्छे लगते हैं।''

''मैं एक वरमाउथ और लूँगा।'' मैंने कहा।

जब हम वापस आने के लिए बाहर निकले तो रास्ता बर्फ से भर गया था। जहाँ थोड़े से गड्ढे थे, वहाँ खाँचे बन गए थे। बर्फ उड़कर हमारे चेहरों पर आ रही थी इसलिए देख पाना बहुत मुश्किल था। एक दूसरे को साफ करके हम लोग खाने के लिए अन्दर चले गए और मि. गटिंगन ने लंच लगा दिया।

''कल उधर स्कीइंग होगी।'' उसने बताया, ''मि. हेनरी, क्या आप स्कीइंग करते हैं?''

''नहीं, लेकिन मैं सीखना चाहता हूँ।''

''आप बड़ी आसानी से सीख जाएँगे, मेरा लड़का क्रिसमस पर यहाँ आएगा, वह आपको सिखा देगा।''

''यह अच्छा है, कब आ रहा है वो?''

''कल रात को।''

खाना खाने के बाद छोटे से कमरे में स्टोव के पास बैठकर जब हम गिरती हुई बर्फ को खिड़की से देख रहे थे तो कैथरीन ने कहा, ''डार्लिंग, क्या तुम्हारा अकेले कहीं घूमने, लोगों से मिलने और स्कीइंग करने का मन नहीं करता?''

''नहीं, क्यों भाई?''

''मुझे लगता है तुम कभी-कभी मेरे अलावा दूसरे लोगों से भी मिलना चाहते होगे?''

''क्या तुम दूसरे लोगों से मिलना चाहती हो?''

''नहीं।''

''मैं भी नहीं चाहता।''

''मैं जानती हूँ लेकिन तुम अलग हो। मैं तो बच्चे को जन्म दे रही हूँ इसलिए सन्तुष्ट हूँ और मेरा कुछ भी करने का मन नहीं करता। मुझे पता है मैं बिलकुल बेवकूफ हूँ और बहुत बोलती हूँ। मुझे लगता है तुम्हें घूमकर आना चाहिए जिससे तुम मुझसे परेशान नहीं होगे।''

''तुम चाहती हो मैं चला जाऊँ?''

''नहीं, मैं चाहती हूँ तुम रहो।''

''वही तो मैं कर रहा हूँ।''

''यहाँ मेरे पास आ जाओ।'' उसने कहा, ''मैं तुम्हारे सिर का गूमड़ा देखना चाहती हूँ। कितना बड़ा है न।'' उसने अपनी उँगलियाँ सिर पर फिराईं। ''डार्लिंग, तुम दाढ़ी बढ़ाओगे?''

''तुम चाहती हो?''

''मजा आएगा, मैं तुम्हें दाढ़ी में देखना चाहती हूँ।''

''ठीक है, मैं बढ़ाता हूँ। मैं अभी इसी वक्त शुरू कर देता हूँ। अच्छा आइडिया है। मेरे पास भी करने को कुछ होगा।''

''तुम्हारे पास कोई काम नहीं है इसलिए तुम परेशान हो क्या?''

''नहीं, मुझे अच्छा लग रहा है। जिन्दगी अच्छी निकल रही है, तुम्हें ऐसा नहीं लगता?''

''मेरी भी जिन्दगी अच्छी कट रही है। मुझे तो डर है कि मैं अब इतनी मोटी होती जा रही हूँ कि तुम कहीं मुझसे बोर न हो जाओ।''

''ओह, कैट। तुम्हें पता नहीं है कि मैं तुम्हें कितना ज्यादा चाहता हूँ।''

''इतना ज्यादा?'' अपने पेट की तरफ इशारा करते हुए कैथरीन बोली।

''जैसी भी तुम हो उसी रूप में। मेरा समय बहुत अच्छा है। क्या हमारी जिन्दगी अच्छी नहीं है?''

“मेरी तो ठीक है लेकिन मुझे लगा तुम अधीर हो रहे होगे।”

“नहीं, कभी-कभी मोर्चे के बारे में और कभी जिन लोगों को मैं जानता हूँ उनके बारे में सोचकर मुझे आश्चर्य होता है लेकिन मैं चिन्ता नहीं करता। मैं किसी भी चीज के बारे में ज्यादा नहीं सोचता।”

“किसके बारे में आश्चर्य होता है?”

“रिनाल्डी, पादरी और दूसरे बहुत से लोग जिन्हें मैं जानता हूँ, लेकिन मैं उनके बारे में ज्यादा नहीं सोचता। मैं युद्ध के बारे में सोचना नहीं चाहता। मेरे लिए यह समाप्त हो गया।”

“अभी तुम क्या सोच रहे हो?”

“कुछ नहीं।”

“तुम सोच रहे थे। मुझे बताओ।”

“मैं सोच रहा था कि वाकई रिनाल्डी को सिफलिस थी।”

“बस इतना ही?”

“हाँ।”

“उसे सिफलिस है?”

“मुझे नहीं मालूम।”

“मुझे खुशी है तुम्हें नहीं है। तुम्हें भी कभी ऐसा कुछ हुआ?”

“मुझे सूजाक था।”

“मैं इसके बारे में सुनना नहीं चाहती। डार्लिंग, क्या बहुत पीड़ाजनक था?”

“बहुत।”

“मुझे भी हो जाता।”

“नहीं, नहीं, तुम नहीं चाहतीं।”

“मैं चाहती हूँ। मैं चाहती हूँ तुम्हारे जैसा होने के लिए मुझे भी हो जाता। मैं चाहती हूँ मैं तुम्हारी उन सारी लड़कियों से मिलती और तुम्हारे सामने उनका मजाक बना पाती।”

“यह तो बड़ा खूबसूरत दृश्य होता।”

“तुम्हें सूजाक होता तो अच्छा दृश्य नहीं है।”

“मैं जानता हूँ, अब बर्फ को देखो।”

“मैं तुम्हारी तरफ देखूँगी। डार्लिंग, तुम अपने बालों को क्यों नहीं बढ़ने देते?”

“कैसे बढ़ाऊँ?”

“थोड़े से लम्बे कर लो।”

“अच्छे-खासे बड़े हैं अब।”

“तुम अपने थोड़े से बढ़ा लो। मैं अपने थोड़े से काट लेती हूँ और हम दोनों एक जैसे हो जाएँगे हममें से एक के सुनहरे और दूसरे के काले।”

''मैं तुम्हें बाल नहीं कटवाने दूँगा।''

''मजा आएगा। मैं इससे परेशान हूँ। रात में बिस्तर पर बहुत परेशान करते हैं।''

''मुझे अच्छे लगते हैं।''

''छोटे होने से तुम्हें अच्छे नहीं लगेंगे?''

''हो सकता है लगें। अभी जैसे हैं वैसे मुझे पसन्द हैं।''

''छोटे होकर शायद अच्छे लगें। फिर हम दोनों एक से हो जाएँगे। ओह, डार्लिंग, मैं तुम्हें इतना चाहती हूँ कि मैं खुद तुम बन जाऊँ।''

''तुम हो, हम दोनों एक ही हैं।''

''मैं जानती हूँ यह। रात में हम दोनों एक हो जाते हैं।''

''रातें बहुत शानदार हैं।''

''मैं चाहती हूँ कि हम एकदम घुल-मिल जाएँ। मैं नहीं चाहती कि तुम मुझसे दूर जाओ। मैंने ऐसे ही कहा था। अगर तुम जाना चाहते हो तो जाओ। लेकिन जल्दी वापस लौटना। क्योंकि डार्लिंग, जब मैं तुम्हारे साथ नहीं होती हूँ तो मुझ में जान नहीं रहती है।''

''मैं कभी भी दूर नहीं जाऊँगा।'' मैंने कहा, ''तुम नहीं होती तो मेरा भी वही हाल रहता है। मेरे लिए भी जिन्दगी बेमानी हो जाती है।''

''मैं चाहती हूँ तुम्हारी जिन्दगी बहुत अच्छी हो। बहुत ही अच्छी और हम इसे साथ-साथ जिएँ, है न?''

''अच्छा अब तुम बताओ कि मैं दाढ़ी बढ़ने दूँ या रहने दूँ?''

''बढ़ा लो, मजा आएगा। देख लेना, न्यू ईयर पर कटवा लेना।''

''अच्छा अब शतरंज खेलोगी?''

''मैं तो तुम्हारे साथ कुछ और खेलूँगी।''

''नहीं, शतरंज खेलते हैं।''

''फिर उसके बाद खेलेंगे?''

''हाँ।''

''ठीक है।''

मैंने चैस-बोर्ड बाहर निकाला और मोहरे लगा दिए। बाहर अभी भी भारी बर्फ गिर रही थी।

रात को एक बार मैं जागा तो पता चला कि कैथरीन भी जाग रही थी। खिड़की में चाँद चमक रहा था और खिड़की के शीशे में लगी छड़ों की परछाईं बिस्तर पर पड़ रही थी।

''स्वीटहार्ट, तुम जाग रही हो?''

''हाँ, तुम्हें भी नींद नहीं आई?''

"मैं यह सोचते हुए जाग गया कि जब मैं तुमसे पहली बार मिला था तो कैसा पागल हो गया था, तुम्हें याद है?"

"तुम थोड़े से सनक गए थे।"

"अब मैं वैसा नहीं रहा, अब मैं बहुत अच्छा हूँ। तुम 'ग्रैंड' बहुत अच्छा बोलती हो। जरा 'ग्रैंड' कहना।

"ग्रैंड।"

"ओह, तुम कितनी प्यारी हो। अब मैं पागल नहीं हूँ। मैं अब बहुत-बहुत ज्यादा प्रसन्न हूँ।"

"सो जाओ।" मैंने कहा।

"ठीक है, हम दोनों एक साथ सोते हैं।"

"ठीक है।"

लेकिन हम सो नहीं सके। कैथरीन के मुखड़े पर पड़ती हुई चाँदनी और कैथरीन को सोते हुए, देखते हुए तथा सारी बातों के बारे में सोचते हुए मैं बहुत देर तक जागता रहा। फिर मुझे भी नींद आ गई।

## अध्याय-39

जनवरी के मध्य तक मेरी दाढ़ी बढ़ चुकी थी और जाड़ा ठंडे चमकदार दिनों और कठोर ठंडी रातों में परिवर्तित हो चुका था। हम फिर से सड़कों पर घूम सकते थे। सूखी घास, लकड़ी के स्लेज और पर्वतों से घसीटकर लाए जाने वाले लकड़ी के लट्ठों से बर्फ कड़ी और चिकनी हो गई थी। पूरे इलाके में नीचे मौंट्रेक्स तक बर्फ ही बर्फ थी। झील के दूसरी ओर के पर्वत सफेद हो गए थे और रोन घाटी तक का मैदान ढँक गया था। हम लोग पर्वत के दूसरी ओर बैंज एलीज तक दूर तक घूमा करते थे। कैथरीन नोंकदार जूते और ओवरकोट पहनती थी और स्टील की नुकीली छड़ी लेकर जाती थी। ओवरकोट पहनकर भी वह लम्बी-चौड़ी नहीं दिखती थी। हम लोग बहुत तेज नहीं चलते थे। जब कैथरीन थक जाती थी तो हम रुक जाते थे और सड़क के किनारे पड़े लट्ठों पर आराम करने के लिए बैठ जाते थे।

बैंस एलीज में पेड़ों के बीच एक सराय थी जहाँ लकड़ी काटने वाले शराब पीने के लिए रुकते थे। हम वहाँ स्टोव के पास बैठकर गरमाहट ले रहे थे। हमने गरम रेड वाइन मसाले और नीबू के साथ पी। वह लोग इसे 'ग्लूवैन' कहते थे। गर्मी पाने और मौज करने के लिए यह अच्छी चीज थी। सराय में अन्दर अँधेरा

था और धुआँ भरा हुआ था। बाहर निकलने पर ठंडी हवा तेजी से फेफड़ों में लगती थी और साँस लेने पर नाक के सिरों को सुन्न कर जाती थी। हमने मुड़कर सराय की ओर देखा, खिड़कियों से रोशनी झाँक रही थी। लकड़हारों के घोड़े गरम रहने के लिए जमीन पर पैर पटक रहे थे और सिर को झटके दे रहे थे। उनके थूथन के बालों पर कोहरा जम गया था और साँसें हवा में कोहरे के बगूले छोड़ रही थीं।

ऊपर घर की ओर जाने वाली सड़क पर थोड़ी दूर तक फिसलन हो गई थी और जहाँ तक लकड़ियों वाला रास्ता था वहाँ घोड़ों की लीद से बर्फ पीली हो गई थी। उसके बाद सड़क जंगल से होकर जाती थी जहाँ एकदम साफ बर्फ थी। शाम को घर आते समय हमें दो बार बिल्लियाँ दिखाई दीं।

यह देश बहुत सुन्दर था और जब भी हम बाहर जाते थे बहुत आनन्द आता था।

''अब तुम्हारी दाढ़ी बहुत अच्छी हो गई है।'' कैथरीन ने कहा, ''बिलकुल लकड़हारों जैसी लगती है, क्या तुमने सोने की छोटी-छोटी बालियाँ पहने उस आदमी को देखा था?''

''वह साँभर का शिकारी है।'' मैंने कहा, ''उनका कहना है कि वह बालियाँ इसलिए पहनते हैं क्योंकि इनसे सुनने में आसानी होती है।''

''सच? मुझे विश्वास नहीं होता। मुझे लगता है वह सिर्फ इसलिए पहनते हैं कि पता चल जाए कि वह साँभर के शिकारी हैं। क्या यहाँ आसपास साँभर है?''

''हाँ। 'डैंट दे जमान' के आगे।''

''लोमड़ी देखकर अच्छा लगा न।''

''जब वह सोती है तो गर्मी के लिए अपनी पूँछ चारों ओर लपेट लेती है।''

''अच्छा लगता होगा न।''

''मेरी हमेशा यह इच्छा थी कि मेरी भी वैसी पूँछ हो। कितना अच्छा होता अगर हमारे भी लोमड़ी जैसी पूँछ होती।''

''कपड़े पहनने में बहुत दिक्कत होती।''

''हम वैसे ही कपड़े बनवाते या ऐसी जगह रहते जहाँ कपड़े पहनने या न पहनने से फर्क ही न पड़ता।''

''हम ऐसे देश में रहते हैं, जहाँ किसी बात से फर्क नहीं पड़ता। कितना अच्छा है कि यहाँ किसी से मुलाकात ही नहीं होती? तुम लोगों से मिलना नहीं चाहते हो, डार्लिंग, बोलो?''

''नहीं।''

''एक मिनट यहाँ बैठ लें? मैं थोड़ा थक गई हूँ।''

हम लकड़ी के लट्ठे पर सटकर बैठ गए। आगे सड़क जंगल से होकर जाती थी।

"वह हम दोनों के बीच तो नहीं आएगी, या आएगी? छोटी परी।"

"नहीं, हम नहीं आने देंगे।"

"अब पैसे कितने हैं हमारे पास?"

"काफी हैं, पिछला साइट ड्राफ्ट बैंक ने मान लिया था।"

"अब तुम्हारे घरवालों को पता चल गया है कि तुम स्विटजरलैंड में हो तो वह तुम्हें वापस बुलाने की कोशिश नहीं करेंगे?"

"शायद। मैं उन्हें कुछ लिखूँगा।"

"तुमने अभी तक लिखा नहीं है।"

"नहीं, सिर्फ ड्राफ्ट के लिए लिखा था।"

"शुक्र है, मैं तुम्हारे परिवार में नहीं हूँ।"

"मैं उनको तार भेज दूँगा।"

"तुम्हें उन लोगों की चिन्ता नहीं होती?"

"मुझे चिन्ता होती थी लेकिन इतने झगड़े होते थे कि धीरे-धीरे सब खत्म हो गया।"

"मुझे लगता है, वह मुझे अच्छे लगेंगे। शायद वो लोग मुझे बहुत पसन्द आएँगे।"

"उन लोगों के बारे में बात मत करो, नहीं तो मुझे उनकी चिन्ता होने लगेगी।"

कुछ देर बाद मैंने कहा, "अगर थकान कम हो गई हो तो चलें?"

"हाँ, आराम मिल गया है।"

हम सड़क से नीचे चल पड़े। अब अँधेरा हो चला था और बर्फ हमारे जूतों के नीचे चर्र-चर्र कर रही थी। रात ठंडी, शुष्क और साफ थी।

"मुझे तुम्हारी दाढ़ी पसन्द है।" कैथरीन ने कहा, "यह बहुत बड़ी सफलता है। इतनी कड़ी और खूँखार लगती है और मुलायम भी है तथा सुखदायक भी।"

"क्या तुम्हें यह बिना दाढ़ी से अच्छी लगती है?"

"हाँ, शायद। डार्लिंग, तुम्हें पता है अब मैं छोटी कैथरीन के पैदा होने से पहले अपने बाल नहीं कटवाऊँगी। अब मैं बड़ी और माँ जैसी लगती हूँ। लेकिन उसके जन्म के बाद मैं पतली हो जाऊँगी। उसके बाद मैं बाल कटवाऊँगी और फिर एक अच्छी और एकदम भिन्न लड़की के रूप में तुम्हारे सामने होऊँगी। हम दोनों साथ-साथ कटवाने जाएँगे, या मैं अकेले जाऊँगी और तुम्हें हैरत में डाल दूँगी।"

मैंने कुछ नहीं कहा।

"तुम इतना भी नहीं कहोगे कि मैं ऐसा नहीं कर सकती, बोलो?"

"नहीं, मुझे लगता है कि यह बहुत ही रोचक होगा।"

''ओह, तुम कितने अच्छे हो। हो सकता है डार्लिंग, मैं और सुन्दर दिखूँ और इतनी पतली और आकर्षक हो जाऊँ कि तुम्हें एक बार फिर मुझसे प्यार हो जाए।''

''बकवास।'' मैंने कहा, ''मैं अभी भी तुम्हें बेहद प्यार करता हूँ। तुम क्या चाहती हो? मुझे एकदम निकम्मा बनाना?''

''हाँ, मैं तुम्हें निकम्मा बनाना चाहती हूँ।''

''अच्छा ठीक है।'' मैंने कहा, ''मैं भी यही चाहता हूँ।''

## अध्याय-40

जिन्दगी बहुत अच्छी गुजर रही थी। जनवरी और फरवरी के महीने निकल गए। जाड़ा बहुत अच्छा निकला और हम लोग प्रसन्न थे। गर्म हवा चलती थी तो थोड़ा हिम-गलन हो जाता था, बर्फ मुलायम हो जाती थी और हवा में बसन्ती लहर सी लगती थी। लेकिन फिर हमेशा कठोर जाड़ा पड़ता और ठंड फिर से वापस लौट आती। मार्च आने पर जाड़े में पहली बार कमी आई। रात में बारिश शुरू हो गई। पूरी सुबह बारिश होती रही जिससे बर्फ पतली कीचड़ में बदल गई और पर्वतों का दृश्य धुँधला हो गया। झील और घाटी के ऊपर बादल घिरे हुए थे। ऊपर पहाड़ों पर भी बारिश हो रही थी। कैथरीन ने बड़े वाले भारी जूते डाले और मैंने मि. गटिंगन के रबर के जूते पहन लिये। हम दोनों छाता लेकर स्टेशन तक आए। सड़क पर कीचड़ थी और बहते हुए पानी से बर्फ भी बह रही थी। लंच से पहले वरमाउथ पीने के लिए हम एक पब में रुक गए। बाहर बरसात का शोर सुनाई दे रहा था।

''तुम्हारा शहर चलने के बारे में क्या ख्याल है?''

''तुम बताओ, तुम्हारा क्या इरादा है?'' कैथरीन ने पूछा।

''अगर जाड़ा खत्म हो गया और बारिश इसी तरह होती रही तो यहाँ मजा नहीं आएगा। छोटी कैथरीन के आने में अभी कितना वक्त है?''

''लगभग एक महीना, शायद थोड़ा सा और ज्यादा।''

''हम नीचे लौसेन क्यों न चलें? वहाँ हॉस्पिटल भी है।''

''ठीक है, लेकिन मैंने सोचा कि शायद वह बहुत बड़ा शहर है।''

''बड़े शहर में भी हम लोग उतने ही अकेले रह सकते हैं और लौसेन अच्छा रहेगा।''

''हम लोग कब चलें?''

''मुझे कोई फर्क नहीं है, डार्लिंग। जब तुम चाहो। अगर तुम नहीं चाहते हो तो मैं भी नहीं जाऊँगी।''

''चलो देखते हैं, मौसम कैसा रहता है?''

तीन दिन तक बारिश होती रही। स्टेशन के नीचे पहाड़ों की ओर सारी बर्फ समाप्त हो गई थी। सड़क पर गन्दे बर्फ के पानी की धारा बन गई थी। बाहर जाने के लिए बहुत कीचड़ थी और गीला भी था। बारिश के तीसरे दिन की सुबह हमने नीचे कस्बे में जाने का निर्णय लिया।

''ठीक है मि. हेनरी।'' गटिंगन ने कहा, ''आपको मुझे कोई नोटिस देने की जरूरत नहीं है। मैंने भी नहीं सोचा था कि खराब मौसम आने के बाद आप यहाँ रुकना चाहेंगे।''

''मैडम की वजह से हमें हर हाल में हॉस्पिटल के आस-पास ही रहना पड़ेगा।'' मैंने कहा।

''मैं समझाता हूँ।'' उसने कहा, ''क्या आप फिर कभी छोटे बच्चे के साथ आकर यहाँ रुकेंगे?''

''हाँ, अगर आपके पास जगह होगी तो।''

''वसन्त में जब अच्छा मौसम होगा तब आप आइए और आनन्द लीजिए। छुटकी को और नर्स को जो बड़ा वाला कमरा अभी बन्द है, उसमें रख देंगे और आप और मैडम अपने उसी कमरे में रहिएगा जहाँ से झील दिखाई पड़ती है।''

''मैं आऊँगा तो चिट्ठी लिखूँगा।'' मैंने कहा। हमने सामान बाँधा और लंच के बाद नीचे जानेवाली ट्रेन से चल दिए। मि. और मिसेज गटिंगन हमारे साथ स्टेशन तक आए।

गटिंगन कीचड़ में स्लेज से हमारा सामान खींचकर लाए। वह लोग बारिश में स्टेशन पर खड़े होकर विदाई में हाथ हिलाते रहे।

''अच्छे लोग थे।'' कैथरीन ने कहा।

''वह हमारे लिए बहुत अच्छे थे।''

हम लोगों ने मौंट्रैक्स से लौसेन की गाड़ी पकड़ी। बादलों के कारण खिड़की से बाहर देखने पर हम जहाँ रहते थे, वह पहाड़ दिखाई नहीं पड़ रहे थे। ट्रेन वैवे में रुकी और फिर एक तरफ झील और दूसरी ओर भीगे हुए बादामी खेतों, नंगे जंगलों और भीगे हुए घरों को पार करती हुई चल पड़ी। हम लौसेन में प्रवेश कर गए और मध्यम श्रेणी के एक होटल में ठहरने चले गए। हमारे सड़क से चलने और होटल में गाड़ी के प्रवेश द्वार पर पहुँचने तक बारिश हो रही थी। गटिंगन दम्पती के घर में रहने के बाद ताँबे की चाबियों का गुच्छा लिये द्वारपाल, लिफ्ट, फर्श पर बिछे कालीन, सफेद गमलों में जड़ी हुई वस्तुएँ, ताम्र शैया और बड़ा सा आरामदायक बेड-रूम बहुत बड़ी विलासिता लग रहे थे। कमरे की खिड़कियों के बाहर एक भीगा हुआ बाग था जिसकी दीवार पर लोहे की जाली लगी थी। सीधी नीचे जाने वाली सड़क के पार

वैसी ही दीवार और बगीचे वाला एक और होटल था। बाग के फव्वारे में मुझे बारिश पड़ते हुए दिख रही थी।

कैथरीन ने सारी बत्तियाँ जला दीं और सामान खोलना शुरू कर दिया। मैंने व्हिस्की और सोडे का आर्डर दिया और लेटकर स्टेशन से खरीदे हुए अखबार पढ़ने लगा। मार्च, 1918 थी और फ्रांस पर जर्मनी का आक्रमण हो गया था। मैंने सोडा और व्हिस्की पी और अखबार पढ़ता रहा। कैथरीन सामान खोलती रही और कमरे में इधर-उधर घूमती रही।

''तुम्हें पता है मुझे अब क्या सामान लाना है?'' उसने कहा।

''क्या?''

''बच्चे के कपड़े। बहुत कम लोग हैं जो मेरी स्थिति तक बच्चे की चीजें नहीं खरीदते।''

''तुम सारी चीजें खरीद लो।''

''पता है मुझे, कल मैं यही करूँगी। मैं देखती हूँ, क्या-क्या जरूरी है।''

''तुम्हें तो पता होना चाहिए, तुम तो नर्स थी।''

''लेकिन बहुत कम जवानों के हॉस्पिटल में बच्चे हुआ करते थे।''

''मेरा तो हुआ।''

उसने तकिया फेंककर मुझे मारा और सोडा तथा व्हिस्की गिरा दी।

''मैं तुम्हारे लिए दूसरा मँगा देती हूँ।'' उसने कहा, ''आई एम सॉरी कि मुझसे गिर गया।''

''ज्यादा नहीं बची थी। चलो बिस्तर पर आ जाओ।''

''नहीं, मैं कोशिश करती हूँ कि यह कमरा रहने लायक हो जाए और कुछ विशेष सा दिखे।''

''किस तरह से।''

''हमारे घर जैसा।''

''मित्र राष्ट्रों का झंडा फहरा दो।''

''ओह शट अप।''

''फिर से कहना।''

''शटअप।''

''तुम यह इतना सावधानी से कहती हो।'' मैंने कहा, ''जैसे तुम किसी की भावनाओं को आहत नहीं करना चाहती।''

''हाँ, मैं नहीं चाहती।''

''तो फिर इधर आ जाओ।''

''ठीक है।'' वह आई और बिस्तर पर बैठ गई। ''मैं जानती हूँ, डार्लिंग, मैं तुम्हारे लिए बड़ा आकर्षण नहीं हूँ, मैं आटे की बड़ी चक्की जैसी हो गई हूँ।''

''नहीं, नहीं, तुम सुन्दर हो और बहुत प्यारी हो।''

''मैं ऐसी हूँ जिससे शादी करके तुम्हें कोई फायदा नहीं हुआ।''

''नहीं, ऐसा नहीं है। तुम हमेशा बहुत सुन्दर हो।''

''नहीं, डार्लिंग, मैं फिर से पतली हो जाऊँगी।''

''अब भी तुम पतली हो।''

''तुमने पी रखी है।''

''बस थोड़ी सी व्हिस्की और सोडा।''

''एक और दूसरा पैग भी आ रहा है।'' उसने कहा, ''अच्छा अब डिनर का आर्डर यहीं दे दें?''

''यह ठीक रहेगा।''

''फिर हम लोग बाहर नहीं जाएँगे, क्यों? आज रात अन्दर ही रहेंगे।''

''और खेलेंगे।'' मैंने कहा।

''मैं थोड़ी सी वाइन लूँगी।'' कैथरीन ने कहा, ''मुझे नुकसान नहीं होगा इससे। हो सकता है पुरानी सफेद कापरी मिल जाए।''

''मुझे पता है कि मिल सकती है।'' मैंने कहा, ''इतने बड़े होटल में इटैलियन वाइन जरूर होगी।''

वेटर ने दरवाजा खटखटाया। वह गिलास में बर्फ के साथ व्हिस्की ले आया और ट्रे में सोडे की छोटी बोतल भी रखी थी।

''थैंक्यू।'' मैंने कहा, ''वहाँ रख दो, क्या आप यहीं दो लोगों का डिनर और बर्फ के साथ दो सफेद कापरी भिजवा देंगे?''

''क्या आप डिनर की शुरुआत सूप के साथ करेंगे?''

''कैथरीन तुम सूप लोगी?''

''हाँ, प्लीज।''

''एक सूप ले आना।''

''थैंक्यू सर।'' वह बाहर निकल गया और दरवाजा बन्द कर गया। मैं फिर से अखबार में युद्ध के समाचार पढ़ने लगा। मुझे इन लोगों को बताना पड़ेगा कि व्हिस्की में बर्फ न डालें। बर्फ अलग से लेकर आनी चाहिए। उससे यह पता चलेगा कि व्हिस्की कितनी थी और सोडा डालने से व्हिस्की अचानक हल्की न हो जाए। मैं व्हिस्की की एक बोतल ले लूँगा और उनसे केवल बर्फ और सोडा लाने के लिए कहूँगा। इसी में समझदारी थी। अच्छी व्हिस्की बहुत खुशगवार थी। जिन्दगी के खुशनुमा हिस्सों में से यह एक थी।

''डार्लिंग, तुम क्या सोच रहे हो?''

''व्हिस्की के बारे में।''

''क्या व्हिस्की के बारे में?''

''यही कि कितनी अच्छी चीज है यह।''

कैथरीन ने मुँह बिचकाया, ''ठीक है।''

तीन सप्ताह हम उस होटल में रहे। होटल खराब नहीं था, डाइनिंग रूम अक्सर खाली रहता था और रात का खाना हम कमरे में ही खाते थे। हम शहर में घूमते थे और रेल पकड़कर नीचे आउची तक जाया करते थे फिर झील के किनारे घूमा करते थे। मौसम काफी गरम हो गया था और वसन्त जैसा था। हमारी बड़ी इच्छा थी कि हम वापस पहाड़ों पर जाते। वसन्त ऋतु बहुत थोड़े दिन रही और गरमियों की शुरुआत फिर हो गई।

कैथरीन ने बाजार में से बच्चे की जरूरत की सभी चीजें खरीद लीं। फ्लाईओवर के नीचे बने जिम्नेजियम में मैं व्यायाम करने के लिए बॉक्सिंग करने चला जाता था। मैं वहाँ अक्सर सुबह के समय जाता था जब कैथरीन देर तक सोती थी। वासन्ती दिनों में बहुत अच्छा लगता था, बॉक्सिंग करने के बाद नहाना, गलियों में घूमते हुए हवा में वसन्त की सुगन्ध लेना, रुककर किसी कैफे में बैठना, लोगों को देखना, अखबार पढ़ना, वरमाउथ पीना, फिर वापस होटल लौटना और कैथरीन के साथ लंच करना। बाक्सिंग के कोच की मूँछें थीं और वह बहुत ही सटीक और चपल था। अगर आपने उसके बाद शुरुआत की तो वह आपकी हालत बिगाड़ देगा।

लेकिन जिम का माहौल अच्छा था। वहाँ शुद्ध हवा और प्रकाश था और मैं खूब मेहनत करता था। स्किपिंग रोप, शैडो-बॉक्सिंग, खुली हुई खिड़की से आती धूप में लेटकर उदर का व्यायाम। कभी-कभी मैं बॉक्सिंग में कोच को डराने की कोशिश भी करता था। मैं शुरू में सँकरे लम्बे शीशे के सामने शैडो-बॉक्सिंग नहीं कर पाता था, क्योंकि दाढ़ी वाले आदमी को बॉक्सिंग करते देखकर बड़ा अजीब सा लगता था। आखिरकार मैंने सोच लिया कि यह भी एक मजाक है। बॉक्सिंग शुरू करते ही मैं दाढ़ी कटवाना चाहता था लेकिन कैथरीन ऐसा नहीं चाहती थी।

कभी-कभी मैं और कैथरीन गाड़ी में बैठकर देहात की ओर घूमने जाया करते थे। दिन जब खुशनुमा होते थे तो घूमना अच्छा लगता था। हमने दो ऐसी जगहें तलाश कर ली थीं जहाँ घूमने के बाद हम खाना खा सकते थे। कैथरीन अब ज्यादा पैदल नहीं चल पाती थी और मुझे उसके साथ गाड़ी में बैठकर देहात में घूमने में बहुत अच्छा लगता था।

जब दिन अच्छा होता था तो हम बहुत आनन्द करते थे और कभी कोई परेशानी नहीं हुई। हम जानते थे कि बच्चे का आना बहुत नजदीक है और इससे ऐसी भावना होती थी कि जैसे हमें किसी चीज की बहुत जल्दी हो। हम किसी भी तरह इस खूबसूरत वक्त को खोना नहीं चाहते थे।

# अध्याय-41

एक सुबह तीन बजे के लगभग मेरी नींद खुली तो देखा कि कैथरीन बिस्तर में छटपटा रही थी।

"तुम ठीक तो हो?"

"मैं दर्द महसूस कर रही हूँ, डार्लिंग।"

"लगातार।"

"नहीं, बहुत तो नहीं।"

"अगर तुम्हें दर्द लगातार हो रहा हो तो हम हॉस्पिटल चल पड़ेंगे।"

मुझे बहुत नींद आ रही थी और मैं सो गया, थोड़ी देर बाद मैं फिर जागा।

"बेहतर होगा कि तुम डॉक्टर को बुला लो।" कैथरीन ने कहा, "मुझे लगता है कि यही है।"

मैं उठा और डॉक्टर को फोन मिलाया। उसने पूछा कि "दर्द का अन्तराल क्या है?"

"कितनी-कितनी देर बार दर्द उठ रहा है, कैट?"

"मेरे हिसाब से हर पन्द्रह मिनट बाद।"

"आपको हॉस्पिटल चले जाना चाहिए।" डॉक्टर ने कहा, "मैं भी ड्रेस पहनकर खुद वहाँ आ जाऊँगा।"

मैंने फोन उठाया और स्टेशन के पास वाले गैरेज से टैक्सी भेजने को कहा। काफी देर तक फोन पर किसी ने जवाब नहीं दिया, आखिरकार एक आदमी मिला जिसने तत्काल टैक्सी भेजने का वायदा किया। कैथरीन कपड़े पहन रही थी। बच्चे की चीजों और हॉस्पिटल में जरूरत पड़नेवाली दूसरी चीजों से उसका बैग भरा हुआ था। बाहर हॉल में जाकर मैंने लिफ्ट के लिए घंटी बजाई। कोई जवाब नहीं मिला। मैं सीढ़ियों से नीचे गया। रात के चौकीदार के अलावा नीचे भी कोई नहीं था। मैं स्वयं लिफ्ट लेकर ऊपर आया, कैथरीन का बैग उसमें रखा, कैथरीन ने लिफ्ट के अन्दर कदम रखा और हम नीचे उतर गए। चौकीदार ने हमारे लिए दरवाजा खोला और हम बाहर सीढ़ियों के पास रास्ते की ओर बनी पत्थर की पटिया पर बैठकर टैक्सी का इंतजार करने लगे। रात साफ थी और तारे चमक रहे थे। कैथरीन बहुत उत्तेजित थी।

"मैं बहुत खुश हूँ कि दर्द शुरू हो गया।" उसने कहा, "अब थोड़ी देर में सारा काम खत्म हो जाएगा।"

"तुम बहुत साहसी लड़की हो।"

"मुझे डर नहीं लग रहा है, हालाँकि मैं चाहती हूँ कि टैक्सी जल्दी आ जाए।"

हमें सड़क पर टैक्सी की आवाज सुनाई पड़ी उसकी हैडलाईट भी चमक रही थी। टैक्सी ड्राइव-वे पर आ गई। मैंने कैथरीन को गाड़ी में चढ़ने में मदद की और ड्राइवर ने बैग आगे की सीट पर रख दिया।

''हॉस्पिटल चलो।'' मैंने कहा।

हम ड्राइव-वे से बाहर निकले और पहाड़ी के ऊपर चढ़ने लगे। हॉस्पिटल पहुँचकर हम अन्दर गए, बैग मेरे साथ था। डेस्क पर एक महिला थी, जिसने कैथरीन का नाम, आयु, पता, सम्बन्धी और धर्म रजिस्टर में लिखा। कैथरीन ने बताया कि उसका कोई धर्म नहीं है और महिला ने उस शब्द के बाद दी हुई जगह में एक रेखा खींच दी। उसने अपना नाम कैथरीन हेनरी बताया।

''मैं आपको आपके कमरे तक पहुँचा देती हूँ।'' उसने कहा।

हम लिफ्ट से ऊपर गए। महिला ने लिफ्ट रोकी, हम बाहर निकले और उसके पीछे-पीछे एक हॉल में आ गए। कैथरीन मेरी बाँह कसकर पकड़े हुए थी।

''यही कमरा है।'' महिला ने कहा।

''क्या आप कपड़े उतारकर बिस्तर पर लेटेंगी? आपके पहनने के लिए यह नाइट-गाउन है।''

''मेरे पास नाइट-गाउन है।'' कैथरीन ने कहा।

''यह नाइट गाउन आपके लिए बेहतर रहेगा।'' महिला ने कहा।

मैं बाहर निकला और हॉल में एक कुर्सी पर बैठ गया।

''अब आप अन्दर आ सकते हैं।'' महिला ने दरवाजे से कहा। कैथरीन छोटे से बिस्तर पर सादा सा चौकोर नाइट-गाउन पहले लेटी हुई थी। नाइट-गाउन लगता था जैसे किसी सख्त चादर से बनाया हुआ था। वह मुझे देखकर मुस्कुराई।

''अब मुझे दर्द अच्छे से हो रहा है।'' उसने कहा। महिला उसकी कलाई पकड़े हुए थी और घड़ी से उसकी बारंबारता नोट कर रही थी।

''इस बार बहुत ज्यादा था।'' कैथरीन बोली। मुझे दर्द उसके चेहरे पर दिख रहा था।

''डॉक्टर कहाँ हैं?'' मैंने महिला से पूछा।

''वह नीचे सो रहे हैं, जब जरूरत होगी वह यहाँ आ जाएँगे।''

''अब मुझे मैडम के लिए कुछ और करना है, आप फिर से जाएँगे?''

मैं बाहर हॉल में आ गया। हॉल खाली था। उसमें दो खिड़कियाँ थीं और नीचे की ओर जाने वाले कॉरीडोर के सभी दरवाजे बन्द थे। हॉस्पिटल की गन्ध आ रही थी। मैं कुर्सी पर बैठकर फर्श की ओर देखने लगा और कैथरीन के लिए प्रार्थना करने लगा।

''आप अन्दर आ सकते हैं।'' नर्स ने कहा। मैं अन्दर आ गया।

''हैलो डार्लिंग!'' कैथरीन ने कहा।

''कैसा है?''

''अब काफी जल्दी-जल्दी दर्द उठ रहा है।'' उसका चेहरा खिंच गया, फिर वह मुस्कुरा उठी।

''अब की बार असली था। नर्स क्या तुम मेरी पीठ पर हाथ लगाओगी?''

''हाँ, अगर आपको राहत मिलती है तो।'' नर्स ने कहा।

''तुम जाओ, डार्लिंग।'' कैथरीन ने कहा, ''बाहर जाओ और खाने को कुछ ले लो। नर्स का कहना है यह तो देर तक चलेगा।''

''पहले बच्चे में दर्द देर तक चलता है।'' नर्स ने बताया।

''प्लीज, तुम बाहर जाओ और कुछ खा लो, मैं बिलकुल ठीक हूँ।''

''मैं थोड़ी देर रुकूँगा'' मैंने कहा।

दर्द लगातार उठता था और फिर हल्का हो जाता था। कैथरीन बहुत उत्तेजित थी। दर्द जब तेज होता था तो वह उसे अच्छा दर्द बताती थी। दर्द कम हो गया तो वह निराश हो गई और लज्जित महसूस करने लगी, ''तुम बाहर जाओ, डार्लिंग।'' उसने कहा, ''तुम्हारे रहने से मुझे संकोच हो रहा है।'' उसका चेहरा तन गया। ''यहाँ, इस बार बेहतर था। मैं एक अच्छी बीवी बनना चाहती हूँ और इस बच्चे को बिना कोई बेवकूफी किए जन्म देना चाहती हूँ, डार्लिंग, प्लीज तुम जाओ और कुछ नाश्ता कर लो फिर आ जाना। मैं तुम्हें याद नहीं करूँगी। नर्स बहुत अच्छी हैं।''

''ब्रेकफास्ट के लिए आपके पास बहुत समय है।'' नर्स ने कहा।

''फिर मैं जाता हूँ, गुडबाय, स्वीट।''

''गुडबाय।'' कैथरीन बोली, ''और मेरे लिए भी अच्छा सा नाश्ता ले आना।''

''नाश्ता कहाँ मिल सकता है?'' मैंने नर्स से पूछा।

''नीचे गली में चौक पर एक कैफे है।'' उसने कहा, ''इस समय तक खुल गया होगा।''

बाहर प्रकाश हो रहा था। मैं खाली सड़क पर घूमता हुआ कैफे पहुँच गया। खिड़की से लाइट जलती दिख रही थी। मैं अन्दर गया और जस्ते की बार के पास खड़ा हो गया। एक बूढ़े आदमी ने मुझे एक गिलास सफेद वाइन और एक ब्रोचे दिया। ब्रोचे बासी था। मैंने इसे शराब में डुबोया और फिर एक गिलास कॉफी पी।

''इस वक्त इतनी सुबह आप क्या कर रहे हैं?'' बूढ़े आदमी ने पूछा।

''मेरी पत्नी हॉस्पिटल में प्रसव में है।''

''अच्छा, मेरी शुभकामनाएँ।''

''एक गिलास वाइन और दीजिए।''

उसने बोतल से गिलास में वाइन डाली लेकिन ज्यादा झुका देने के कारण थोड़ी सी जिंक पर गिर गई। मैंने यह गिलास भी पिया, पैसे दिए और बाहर चला गया।

बाहर सड़क के किनारे कचड़ा उठानेवाले के इंतजार में पुराने डिब्बे रखे हुए थे। एक कुत्ता डिब्बे को सूँघ रहा था।

"क्या चाहिए तुम्हें?" मैंने पूछा और डिब्बे में देखा कि अगर कुछ हो तो उसके लिए निकाल दूँ, सिवाय कॉफी की खुरचन, धूल और सूखे हुए फूलों के अतिरिक्त कुछ नहीं था।

"कुत्ते, इसमें कुछ भी नहीं है।" मैंने कहा। कुत्ता सड़क पार करके चला गया। कैथरीन जिस तल पर थी, वहाँ तक मैं सीढ़ियों से चढ़ गया और हॉल से उसके कमरे तक पहुँच गया। मैंने दरवाजा खटखटाया। कोई जवाब नहीं मिला। मैंने दरवाजा खोला कमरा खाली था केवल कैथरीन का बैग एक कुर्सी पर रखा हुआ था और नाइट-गाउन दीवार पर टँगा हुआ था। मैं बाहर निकला और किसी स्टाफ को ढूँढ़ता हुआ हॉल में आ गया। मुझे एक नर्स मिल गई।

"मैडम हेनरी कहाँ हैं?"

"एक महिला अभी-अभी डिलीवरी कक्ष में गई है।"

"कहाँ है यह?"

"मैं आपको दिखा देती हूँ।"

वह नीचे मुझे हॉल के आखिर तक ले गई। कमरे का दरवाजा थोड़ा सा खुला हुआ था। मैंने देखा कैथरीन एक चादर ओढ़े हुए मेज पर लेटी थी। मेज के एक ओर नर्स तथा दूसरी ओर डॉक्टर खड़ा हुआ था और साथ में कुछ सिलिंडर रखे हुए थे। डॉक्टर नली से जुड़ा हुआ एक रबर का मास्क हाथ में पकड़े था।

"मैं आपको एक गाउन देती हूँ और आप अन्दर जा सकते हैं।" नर्स ने कहा, "आइए, अन्दर आइए।"

उसने एक सफेद गाउन मुझे पहना दिया और पीछे गरदन की ओर से एक गाँठ लगा दी।

"अब आप अन्दर जा सकते हैं।" उसने कहा। मैं कमरे में गया।

"हैलो, डार्लिंग।" कैथरीन ने थकी सी आवाज में कहा, "मुझे अब ज्यादा दर्द नहीं हो रहा है।"

"आप मि. हेनरी हैं?" डॉक्टर ने पूछा।

"हाँ, डॉक्टर, कैसा चल रहा है सब।"

"बहुत अच्छा।" डॉक्टर ने कहा, "हम लोग यहाँ अन्दर इसलिए आ गए क्योंकि यहाँ दर्द में गैस देना आसान है।"

"अब दीजिए।" कैथरीन ने कहा। डॉक्टर ने रबर का मास्क उसके मुँह पर लगाकर डायल घुमा दिया। मैं कैथरीन को गहरी और तेज साँस लेते हुए देखने लगा फिर कैथरीन ने मास्क हटा दिया और डॉक्टर ने आक्सीजन बन्द कर दी।

''यह ज्यादा बड़ा नहीं था, थोड़ी देर पहले काफी बड़ा हुआ था। डॉक्टर ने मुझसे कहा यहीं काम खत्म करो, कहा था न डॉक्टर।''

उसकी आवाज अजीब सी हो गई थी। डॉक्टर शब्द पर आवाज तेज हो गई। डॉक्टर मुस्कुराया।

''फिर से लगाइए।'' कैथरीन ने कहा। उसने रबर को अपने मुँह पर कसकर पकड़ लिया और तेज साँस ली। मुझे उसके थोड़े कराहने की आवाज सुनाई दी, उसने फिर मास्क खींचकर हटा दिया और मुस्कुराई।

''इस बार काफी बड़ा था।'' उसने कहा, ''इस बार काफी बड़ा था, डार्लिंग तुम चिन्ता मत करो, तुम जाओ, जाओ एक बार और ब्रेकफास्ट कर लो।''

''मैं रुकूँगा।'' मैंने कहा।

सबेरे चार बजे के लगभग हम हॉस्पिटल गए थे और दोपहर तक कैथरीन डिलीवरी रूम में ही थी। दर्द एक बार फिर कमजोर पड़ गए थे। अब वह बहुत थकी हुई और निढाल लग रही थी फिर भी वह प्रसन्न थी।

''मैं बिलकुल बेकार हूँ, डार्लिंग।'' उसने कहा, ''मुझे दुख है मैंने सोचा था कि मैं आराम से कर लूँगी, अब...हाँ, हो रहा है... ।'' उसने अपना हाथ मास्क की ओर बढ़ाया और उसे मुँह पर लगा लिया। डॉक्टर ने डायल घुमाया और कैथरीन को देखा। थोड़ी देर में दर्द चला गया।

''ज्यादा नहीं था।'' कैथरीन ने कहा, वह मुस्कुराई, ''मैं गैस के बारे में अनभिज्ञ हूँ, यह तो बड़ी अच्छी चीज है।''

''थोड़ी सी घर के लिए ले चलेंगे।'' मैंने कहा।

''फिर हो रहा है।'' कैथरीन ने जल्दी से कहा, डॉक्टर ने डायल घुमाया और अपनी घड़ी देखी।

''अब अन्तराल कितना है?'' मैंने पूछा।

''लगभग एक मिनट।''

''आप लंच नहीं करेंगे?''

''मैं जल्दी ही कुछ ले लूँगा।'' डॉक्टर ने कहा।

''डॉक्टर, आप कुछ जरूर खा लीजिए।'' कैथरीन ने कहा, ''आई एम सॉरी, मैं इतना ज्यादा वक्त लगा रही हूँ, क्या मेरे हसबैंड गैस नहीं दे पाएँगे?''

''अगर तुम चाहती हो तो।'' डॉक्टर ने कहा, ''आप इसे दो के अंक पर घुमा दीजिएगा।''

''ठीक है।'' मैंने कहा। डायल के ऊपर एक चिह्न था जो हैंडिल से घूमता था।

''अभी लगाओ।'' कैथरीन ने कहा। उसने मास्क मुँह पर कसकर पकड़ लिया। मैंने डायल दो पर घुमाया और जब कैथरीन ने मास्क नीचे रख दिया तो

उसे बन्द कर दिया। यह डॉक्टर की भलाई थी कि उसने मुझे कुछ करने का मौका दिया।

''डार्लिंग किया तुमने?'' कैथरीन ने पूछा, उसने मेरी कलाई छुई।

''हाँ।''

''कितने अच्छे हो तुम।'' गैस से उसे हल्का सा नशा हो रहा था।

''मैं अगले कमरे में थाली से कुछ खा लेता हूँ।'' डॉक्टर ने कहा, ''आप किसी भी वक्त मुझे बुला सकते हैं।''

वक्त निकल रहा था और मैं डॉक्टर को खाते हुए देख रहा था, फिर थोड़ी देर बाद वह लेटकर सिगरेट पी रहा था। कैथरीन को बहुत थकान हो रही थी।

''तुम्हें लगता है कि यह बच्चा मुझे होगा।'' उसने पूछा।

''हाँ, बिलकुल होगा।''

''मैं बहुत कोशिश कर रही हूँ, मैं नीचे की ओर जोर लगाती हूँ लेकिन यह दूर चला जाता है। अब हो रहा है, अब गैस लगाओ।''

दो बजे मैं बाहर गया और लंच किया, कैफे में कुछ लोग थे जो मेजों पर कॉफी और शराब के गिलास लिये बैठे थे, मैं भी एक मेज पर बैठ गया।

''कुछ खाने को है?'' मैंने वेटर से पूछा।

''लंच का समय तो खत्म हो गया।''

''कुछ ऐसा नहीं है, जो हमेशा मिलता हो।''

''चौक्राउट मिल जाएगी।''

''चौक्राउट और बीयर ले आओ।''

''आधी या फुल?''

''लाइट डेमी।''

वेटर 'सॉरक्रोट' के ऊपर हैम और शराब में डुबोये हुए गरम कल्ले के अन्दर सौसेज लगाकर ले आया। मैंने इसे खाया और बीयर पी। मुझे बहुत भूख लगी थी। कैफे में बैठे हुए लोगों को मैं देख रहा था। एक मेज पर वह लोग ताश खेल रहे थे और सिगरेट पी रहे थे। कैफे में धुआँ भरा हुआ था। जिंक बार जिसके पीछे मैंने नाश्ता किया था वहाँ अब तीन आदमी खड़े थे। एक बूढ़ा आदमी, काली ड्रेस पहने हुए, काउंटर के पीछे बैठी एक मोटी औरत जो मेजों पर परोसी जाने वाली हर चीज का हिसाब रखती थी और एक लड़का जो एप्रन पहने था। मुझे आश्चर्य हो रहा था कि उस औरत के कितने बच्चे थे और वह कैसे पैदा हुए होंगे।

'चौक्राउट' खा लेने के बाद मैं वापस हॉस्पिटल चला गया। सड़क अब पूरी साफ थी, कचरे के डिब्बे अब वहाँ नहीं थे। आसमान में बादल छाए हुए थे लेकिन सूरज निकलने की कोशिश कर रहा था। मैं लिफ्ट से ऊपर गया, बाहर निकला और हॉल में कैथरीन के कमरे में गया जहाँ मैंने अपना सफेद गाउन छोड़ दिया था। मैंने

इसे पहनकर पीछे गरदन के पास पिन लगा ली। शीशे में देखा तो पाया कि मैं दाढ़ी वाला नकली डॉक्टर दिख रहा था। मैं हॉल से होकर डिलीवरी रूम में पहुँचा। दरवाजा बन्द था इसलिए मैंने खटखटाया, किसी ने जवाब नहीं दिया तो मैंने हैंडिल घुमाया और अन्दर घुस गया। नर्स कमरे के दूसरे कोने में कुछ कर रही थी।

"लो तुम्हारे हसबैंड आ गए।" डॉक्टर ने कहा।

"ओह, डार्लिंग, डॉक्टर बहुत ही अच्छे हैं।" कैथरीन ने बड़ी अजीब सी आवाज में कहा, "उन्होंने मुझे बड़ी अच्छी-अच्छी कहानियाँ सुनाई हैं और जब दर्द बहुत तेज हुआ तो उन्होंने मुझे पूरी तरह बचा लिया। बहुत ही असाधारण है वह। डॉक्टर आप ग्रेट हैं।"

"तुम्हें नशा हो गया है।" मैंने कहा।

"मुझे पता है।" कैथरीन ने कहा, "लेकिन तुम्हें यह कहना नहीं चाहिए।" तभी जोर से 'लगाओ, लगाओ' कहते हुए उसने मास्क पकड़ लिया और हाँफते हुए छोटी-छोटी गहरी साँसें लेने लगी जिससे श्वसन नली आवाज करने लगी। फिर उसने एक लम्बी साँस ली और डॉक्टर ने अपने बायाँ हाथ ले जाकर मास्क दूर हटा लिया।

"इस बार काफी बड़ा था।" कैथरीन ने कहा। इस बार उसकी आवाज एकदम अजीब सी हो गई थी। "डार्लिंग, अब मैं मरने वाली नहीं हूँ। जहाँ मैं मर सकती थी वहाँ से मैं आगे निकल आई हूँ। तुम खुश हो न?"

"अब उस जगह फिर मत पहुँचना।"

"नहीं, मैं नहीं जाऊँगी, हालाँकि मुझे उसका भय नहीं है। मैं मरूँगी नहीं, डार्लिंग।"

"तुम ऐसी कोई बेवकूफी नहीं करोगी।" डॉक्टर ने कहा "तुम नहीं मरोगी और अपने पति को छोड़कर नहीं जाओगी।"

"ओह, नहीं मैं नहीं मरूँगी, मैं मरूँगी नहीं, मरना मूर्खता है, हो रहा है, मुझे लगा दो।"

थोड़ी देर बाद डॉक्टर ने कहा, "मि. हेनरी, आप थोड़ी देर के लिए बाहर जाएँगे, मैं थोड़ी जाँच करूँगा।"

"वह यह देखना चाहते हैं कि मैं कैसे कर रही हूँ।" कैथरीन ने कहा, "डार्लिंग, तुम थोड़ी देर बाद अन्दर आ सकते हो, आ सकते हैं न डॉक्टर?"

"हाँ।" डॉक्टर ने कहा, "मैं बता दूँगा कि वह कब वापस आ सकते हैं।"

मैं दरवाजे से बाहर निकलकर हॉल से उस कमरे में चला गया जहाँ कैथरीन को बच्चा होने के बाद आना था। मैं एक कुर्सी पर बैठ गया और कमरे को देखने लगा। वह अखबार जो मैंने बाहर लंच करते समय खरीदा था मेरी जेब में पड़ा था उसे मैंने पढ़ा। बाहर अँधेरा होनेवाला था इसलिए मैंने पढ़ने के लिए लाइट जला दी। थोड़ी देर

बाद मैंने पढ़ना बन्द कर दिया, लाइट बन्द कर दी और बाहर अँधेरा होते हुए देखने लगा। मुझे आश्चर्य हो रहा था कि डॉक्टर ने मुझे अब तक क्यों नहीं बुलाया। शायद मैं दूर था यही बेहतर था। वह सम्भवत: मुझे थोड़ी देर दूर रखना चाहता था। मैंने अपनी घड़ी देखी। अगर उसने दस मिनट में मुझे नहीं बुलाया तो मैं नीचे चला ही जाऊँगा।

बेचारी, बेचारी कैट। यह कीमत है जो तुम्हें मेरे साथ रहने के लिए चुकानी पड़ी। यह उस जाल का अन्त था। एक दूसरे को प्यार करने पर लोगों को यही मिलता था। गैस के लिए भगवान का शुक्रिया। जब एनस्थीसिया नहीं था तो क्या हाल रहा होगा? जब एक बार शुरू किया तो वह दिए जा रहे थे। कैथरीन का गर्भावस्था का समय अच्छा ही निकल गया था। खराब तो नहीं ही था। वह शायद ही कभी बीमार पड़ी थी। आखिरी दिनों से पहले उसे कभी भी ज्यादा परेशानी नहीं हुई थी। इसलिए अब अन्त में उसे कष्ट हो रहा था। बिना परेशानी के कहीं से निकल पाना कितना मुश्किल है। बच पाना बकवास? वह जिन्दा रहेगी। आजकल प्रसव में लोग मरते नहीं हैं। सारे पति यही सोचते हैं। हाँ, लेकिन अगर उसे कुछ हो गया तो? वह जीवित रहेगी, केवल उसको परेशानी हो रही है। बाद में हम कहेंगे कितना बुरा वक्त था और कैथरीन कहेगी इतना बुरा वक्त तो नहीं था। लेकिन उसे कुछ हो गया तो। उसे जिन्दा रहना ही पड़ेगा। हाँ, लेकिन कुछ हो गया तो? नहीं वह ऐसा नहीं कर सकती, मैं बता रहा हूँ न, मूर्ख मत बनो। यह केवल बुरा समय है। प्रकृति उसे कष्ट दे रही है। यह पहला प्रसव है जो लगभग हमेशा लम्बा चलता है। हाँ ठीक है, लेकिन उसे कुछ हो गया तो? वह मर नहीं सकती, क्यों मरेगी वह? ऐसा करने के लिए उसके पास क्या वजह है? सिर्फ एक बच्चे को जन्म लेना है जो मिलान की हसीन रातों की देन है। वह परेशानी देता है, जन्म लेता है फिर आप उसकी परवरिश करते हैं और सम्भव है उसे स्नेह करने लगें। लेकिन उसे कुछ हो गया तो क्या होगा? ऐसा नहीं होगा। वह ठीक है, लेकिन कुछ हो गया तो? वह मुझे छोड़कर नहीं जा सकती, लेकिन उसे कुछ हो गया तो? अरे, फिर क्या होगा? अगर उसे कुछ हो गया तो? डॉक्टर कमरे में आया।

"डॉक्टर, कैसा चल रहा है?"

"कुछ नहीं हो पा रहा है।" उसने कहा।

"क्या मतलब है आपका?"

"यही, मैंने जाँच की...।" उसने जाँच का परिणाम विस्तार से बताया, तभी से मैं प्रतीक्षा कर रहा हूँ, लेकिन कुछ भी नहीं हो पा रहा है।

"क्या सलाह है आपकी?"

"देखिए दो बातें हैं या तो उच्च संदंशिका प्रसूति जो बहुत खतरनाक हो सकती है और साथ-साथ बच्चे के लिए भी खराब है या फिर सिजैरियन ऑपरेशन।"

"सिजैरियन में क्या खतरा है? उससे कहीं मृत्यु तो नहीं हो जाएगी?"

''एक साधारण प्रसव के जोखिम से अधिक खतरा नहीं होना चाहिए।''

''आप स्वयं करेंगे।''

''हाँ, सम्भवतः मुझे सारा सामान तैयार करने और जिन लोगों की जरूरत पड़ेगी उन्हें जुटाने में लगभग एक घंटा लगेगा। शायद उससे भी थोड़ा कम।''

''आप क्या सोचते हैं?''

''मैं सिजैरियन ऑपरेशन की ही सलाह दूँगा, अगर मेरी पत्नी होती तो मैं सिजैरियन ही करता।''

''इसका बाद में कोई प्रभाव पड़ सकता है?''

''कुछ भी नहीं, केवल निशान रह जाता है।''

''कोई इनफेक्शन?''

''खतरा उतना ज्यादा नहीं है जितना कि उच्च संदर्शिका प्रसूति में है।''

''अगर ऐसे ही चलने दें और कुछ न करें तो क्या होगा?''

''आखिरकार आपको कुछ न कुछ तो करना पड़ेगा, मिसेज हेनरी पहले ही अपनी सारी शक्ति खो चुकी हैं, जितनी जल्दी हम ऑपरेशन कर दें उतना ही सुरक्षित है।''

''आप जितनी जल्दी हो सके, आपरेशन करिए।'' मैंने कहा।

''मैं जाकर हिदायत दे देता हूँ।''

मैं डिलीवरी कक्ष में चला गया। कैथरीन मेज पर लेटी हुई थी, चादर के नीचे एकदम पीली और थकी हुई दिख रही थी, नर्स उसके पास थी।

''क्या तुमने ऑपरेशन करने के लिए बता दिया?'' कैथरीन ने पूछा।

''हाँ।''

''अच्छा है न, अब एक घंटे में सब हो जाएगा। मेरा लगभग काम हो चुका है। मैं टुकड़े-टुकड़े हुई जा रही हूँ। प्लीज वह लगाओ, इससे कुछ नहीं होता, ओह! इससे कुछ नहीं होता।''

''गहरी साँस लो।''

''मैं ले रही हूँ। अब इससे कुछ नहीं होता, बेकार है यह।''

''दूसरा सिलिंडर ले आइए।'' मैंने नर्स से कहा।

''यह नया सिलिंडर है।''

''डार्लिंग, मैं थोड़ी बेवकूफ हूँ।'' कैथरीन ने कहा, ''लेकिन इससे कुछ नहीं हो रहा।'' वह रोने लगी। ''ओह, मैं यह बच्चा चाहती थी और परेशानी खड़ी नहीं करना चाहती थी। अब मेरा दम निकल चुका है और मैं टुकड़े-टुकड़े हुई जा रही हूँ। अब इस गैस से कोई फायदा नहीं हो रहा। ओह, डार्लिंग यह बिलकुल भी काम नहीं कर रही है। मैं मर भी जाऊँ मुझे कोई परवाह नहीं लेकिन यह दर्द बन्द होना चाहिए। ओह, डार्लिंग, किसी तरह यह दर्द बन्द करो। फिर हो रहा है, ओह...ओ...ओह।''

उसने मास्क में सिसकते हुए साँस ली। ''यह काम नहीं कर रहा। यह काम नहीं कर रहा। यह काम नहीं कर रहा है, डार्लिंग, परेशान न हो। प्लीज रोओ नहीं...मेरा कचूमर निकल गया है। तुम बेचारे। मैं तुमसे प्यार करती हूँ इसलिए मैं फिर से ठीक हो जाऊँगी। इस बार मैं ठीक हो जाऊँगी। यह लोग मुझे कुछ दे नहीं सकते? कुछ भी यह लोग मुझे दे देते।''

''मैं इसे चलाता हूँ, मैं इसे पूरा घुमा दूँगा।''

''अब मुझे लगा दो।''

मैंने पूरा डायल घुमा दिया और जैसे ही उसने जोर से गहरी साँस ली उसका हाथ मास्क पर ढीला पड़ गया। मैंने गैस बन्द कर दी और मास्क उठा लिया। वह कहीं दूर से फिर लौट आई।

''इस बार ठीक था, डार्लिंग, ओह तुम कितने अच्छे हो।''

''तुम हिम्मत से काम लो, मैं बार-बार ऐसा नहीं कर सकता। इससे नुकसान हो सकता है।''

''मुझमें अब हिम्मत नहीं रही, डार्लिंग। मैं टूट चुकी हूँ, दर्द ने मेरी जान निकाल ली है। अब मेरी समझ में आ गया है।''

''सबके साथ ऐसा ही है।''

''यह तो बहुत अजीब बात है, जब तक आपका कचूमर न निकाल दे तब तक क्यों लगाए रहते हैं।''

''एक घंटे में सब ठीक हो जाएगा।''

''कितना अच्छा है न? डार्लिंग, मैं मरूँगी नहीं न, क्यों?''

''नहीं, मैं वचन देता हूँ तुम्हें कुछ भी नहीं होगा।''

''क्योंकि मैं मरकर तुम्हें छोड़ना नहीं चाहती, लेकिन मैं इतना थक जाती हूँ कि महसूस होता है कि मैं मरने वाली हूँ।''

''बकवास! सबको ऐसा लगता है।''

''कभी-कभी मुझे पता चल जाता है कि मैं मरनेवाली हूँ।''

''तुम्हें कुछ नहीं होगा, तुम ऐसा नहीं कर सकती।''

''लेकिन अगर मुझे मरना पड़ा तो?''

''मैं तुम्हें ऐसा नहीं करने दूँगा।''

''जल्दी से लगाओ, मुझे दे दो।''

फिर थोड़ी देर बाद, ''मैं मरूँगी नहीं, मैं खुद को मरने नहीं दूँगी।''

''यकीनन तुम्हें कुछ नहीं होगा।''

''तुम मेरे पास रहोगे?''

''नहीं, यह देखने के लिए नहीं।''

''नहीं, केवल बने रहना।''

''पक्का, मैं सारे वक्त यहीं रहूँगा।''

''तुम मेरे लिए कितने अच्छे हो, हाँ, अब मुझे दे दो, थोड़ी सी! और। कुछ नहीं हो रहा है।''

मैंने डायल पहले तीन पर और फिर चार पर कर दिया। मैं चाहता था कि डॉक्टर वापस आ जाए। दो नंबर से आगे करने पर मुझे डर लग रहा था।

अन्ततः दो नर्सों के साथ एक नया डॉक्टर आया, उन्होंने कैथरीन को पहियों वाली स्ट्रेचर पर उठाकर रखा और हम हॉल से नीचे चल दिए। स्ट्रेचर नीचे और लिफ्ट में तेजी से गई, जहाँ जगह बनाने के लिए सभी को उसकी दीवार से सटना पड़ा। लिफ्ट ऊपर गई, फिर एक खुला दरवाजा और लिफ्ट से निकलकर हम हॉल में रबर के पहियों के सहारे ऑपरेशन रूप में पहुँच गए। डॉक्टर को मैं पहचान नहीं सका क्योंकि वह कैप और मास्क लगाए था। वहाँ एक और डॉक्टर और कई नर्सें थीं।

''यह लोग मुझे कुछ लगा क्यों नहीं रहे हैं।'' कैथरीन ने कहा, ''यह लोग मुझे कुछ देते क्यों नहीं, ओह, डॉक्टर कुछ ज्यादा सा दीजिए जिससे कुछ फायदा हो।''

एक डॉक्टर ने मास्क उसके मुँह पर लगा दिया। मैंने दरवाजे से ऑपरेशन रूम का चमकता हुआ एम्फीथियेटर देखा।

''आप दूसरे दरवाजे से जाकर वहाँ बैठ सकते हैं।'' एक नर्स ने मुझसे कहा। एक बैंच पड़ी हुई थी जिससे सफेद गेज और लाइटें दिखाई पड़ती थीं। मैंने कैथरीन को देखा, मास्क उसके मुँह पर लगा हुआ था, अब वह शान्त थी। उन्होंने स्ट्रैचर को आगे की ओर घुमाया, मैं मुड़ा और नीचे हॉल की ओर चला गया। दो नर्सें गैलरी के प्रवेश की ओर तेजी से जा रही थीं।

''सिजैरियन ही है।'' एक बोली ''सिजैरियन ही करनेवाले हैं।''

दूसरी हँस पड़ी, ''हम लोग समय पर पहुँच गए। लकी हैं न हम लोग।'' वह दोनों गैलरी में जानेवाले दरवाजे में घुस गईं।

एक और नर्स साथ में आई। वह भी जल्दी में थी।

''तुम वहाँ अभी जाओ, सीधे अन्दर जाओ।'' उसने कहा।

''मैं बाहर रुक रही हूँ।''

वह तेजी से अन्दर गई। मैं हॉल में ऊपर-नीचे घूमता रहा। मैं अन्दर जाने से डर रहा था, मैंने खिड़की से बाहर देखा। अँधेरा था लेकिन खिड़की की रोशनी में मैंने देखा कि बारिश हो रही थी। मैं हॉल के दूर वाले किनारे पर बने कमरे में चला गया और एक गिलास केस में रखी हुई बोतलों के लेबल देखने लगा। फिर मैं बाहर आया और खाली हॉल में खड़े होकर ऑपरेशन कक्ष के दरवाजे की ओर देखने लगा।

एक डॉक्टर बाहर आया जिसके पीछे नर्स भी थी। उसके दोनों हाथों में कोई चीज थी जो नवजात खरगोश जैसी लग रही थी। डॉक्टर तेजी से कॉरीडोर से होकर

दरवाजे में घुस गया। जिस दरवाजे में वह घुसा था मैं वहीं पहुँच गया और देखा कि वह कमरे में नवजात शिशु को कुछ कर रहे थे। डॉक्टर ने मुझे दिखाने के लिए उसे ऊँचा उठाया। उसने उसकी एड़ियाँ पकड़ी हुई थी और एक हलकी चपत लगाई।

''वह ठीक है क्या?''

''वह एकदम अच्छा है, कम से कम पाँच किलो वजन होगा।''

मेरे दिल में उसके लिए कोई भावनाओं का ज्वार नहीं उठा जैसे उसका मुझसे कोई मतलब ही नहीं था। मेरे अन्दर पितृत्व का कोई भाव नहीं जागा।

''क्या आपको अपने पुत्र पर गर्व नहीं है?'' नर्स ने पूछा। वह उसे नहलाकर किसी चीज में लपेट रहे थे। मैंने उसका छोटा सा साँवला चेहरा और हाथ देखा लेकिन हिलते हुए या रोते हुए नहीं देखा। डॉक्टर पुनः कुछ कर रहा था। वह थोड़ा परेशान सा था।

''नहीं।'' मैंने कहा, ''उसने अपनी माँ को तो लगभग मार ही दिया था।''

''नहीं, इसमें इस छोटे से बच्चे का कोई दोष नहीं है, क्या आप लड़का नहीं चाहते थे?''

''नहीं।'' मैंने कहा। डॉक्टर बच्चे में व्यस्त था। उसने पैर पकड़कर उठाया और फिर चपत लगा दी। मैं यह सब देखने के लिए नहीं रुका और बाहर हाल में चला गया। अब मैं अन्दर जा सकता था और कैथरीन को देख सकता था। मैं दरवाजे में घुसा और गैलरी में थोड़ा अन्दर चला गया, नर्सें जहाँ बैठी हुई थीं उन्होंने मुझे वहीं नीचे आने का इशारा किया। मैंने सिर हिलाया, मेरी समझ में आ गया था कि मैं कहाँ था।

मुझे लगा कि जैसे कैथरीन मर गई थी। वह मृतप्राय दिखती थी। उसका चेहरा जितना मुझे दिख रहा था, पीला पड़ गया था। नीचे प्रकाश में डॉक्टर घाव को सिल रहा था। मास्क लगाए हुए दूसरा डॉक्टर एनस्थीसिया दे रहा था। मास्क पहने दो नर्सें चीजें पकड़ा रही थीं। वह आन्तरिक प्रश्नों के रेखाचित्र जैसा लग रहा था। यह सब देखते समय मैं जानता था कि मैं सारा कुछ देख सकता था लेकिन मुझे खुशी थी कि मैंने यह सब नहीं देखा। मुझे नहीं लगता कि मैं उन्हें काटते हुए देख पाता लेकिन बन्द घाव को मैंने देखा जहाँ एक कलात्मक रूप से तेजी से लगाते हुए टाँकों की एक ऊँची सी परत बन गई थी वैसे ही जैसे कोई मोची लगा देता है और मैं प्रसन्न था। जब घाव बन्द हो गया तो मैं बाहर हॉल में चला गया और फिर पुनः ऊपर नीचे गया। थोड़ी देर में डॉक्टर बाहर आ गया।

''कैसी है वह?''

''अब वह बिलकुल ठीक है, तुमने देखा क्या?'' डॉक्टर थका हुआ सा लग रहा था।

''मैंने आपको बन्द करते हुए देखा था, कटा हुआ भाग काफी लम्बा लग रहा था।''

''आपको ऐसा लगा?''

''हाँ, वह निशान ठीक हो जाएगा क्या?''

''ओह, हाँ।''

थोड़ी देर बाद वह पहियोंवाली स्ट्रेचर बाहर ले आए और तेजी से हॉल में से लिफ्ट की ओर ले गए। मैं उसके साथ-साथ गया। कैथरीन सुबक रही थी। उन्होंने उसे अपने कमरे में बिस्तर पर लिटा दिया। मैं बिस्तर के पैरों की ओर पड़ी एक कुर्सी पर बैठ गया।

मैं उठा और बिस्तर के पास खड़ा हो गया। कमरे में अँधेरा था। कैथरीन ने अपना हाथ बाहर निकाला। ''हलो, डार्लिंग'' उसने कहा। उसकी आवाज बहुत कमजोर और थकी हुई थी।

''हैलो, कैथरीन।''

''बच्चा कैसा था?''

''श...श...श...बात मत करो।'' नर्स ने कहा।

''लड़का, वह लम्बा-चौड़ा और साँवला है।''

''वह बिलकुल ठीक है?''

''हाँ, वह ठीक है।'' नर्स मुझे आश्चर्य भरी नजरों से देख रही थी।

''मैं बुरी तरह थक गई हूँ।'' कैथरीन ने कहा, ''और भयानक दर्द हो रहा है, तुम तो ठीक हो न, डार्लिंग।''

''मैं ठीक हूँ, तुम बात मत करो।''

''तुम मुझे बहुत प्यार करते थे, 'ओह, डार्लिंग, मुझे बहुत दर्द है, वह देखने में कैसा है?''

''छोटा खरगोश जैसा।''

''आप बाहर चले जाएँ।'' नर्स ने कहा, ''मैडम हेनरी का चुप रहना बहुत जरूरी है।''

''मैं बाहर ही रहूँगा।''

''जाइए और खाने के लिए कुछ ले लीजिए।''

''नहीं, मैं बाहर ही रहूँगा।'' मैंने कैथरीन को प्यार किया। वह बहुत कमजोर, थकी हुई, पीली पड़ गई थी।

''क्या मैं आप से बात कर सकता हूँ?'' मैंने नर्स से कहा। वह मेरे साथ हॉल में बाहर आ गई। मैं थोड़ा सा नीचे की ओर हॉल में चला।

''बच्चे को क्या परेशानी थी?'' मैंने पूछा।

''आपको मालूम नहीं है?''

''नहीं।''

''वह जीवित नहीं था।''

''वह मरा हुआ था?''

"वे उसकी साँस प्रारम्भ नहीं करा सके। श्वसन नली गर्दन के पास फँसी हुई थी या ऐसा ही कुछ था।"

"इसका मतलब वह अब नहीं है।"

"हाँ, बड़े दुख की बात है, वह काफी स्वस्थ और बड़ा लड़का था। मैंने सोचा कि तुम्हें मालूम था।"

"नहीं।" मैंने कहा, "बेहतर है कि आप अन्दर मैडम के पास जाएँ।"

मैं एक कुर्सी पर बैठ गया जिसके सामने की मेज के किनारे पर नर्सों की रिपोर्ट के कागज लटके हुए थे। मैं खिड़की के बाहर देख रहा था। खिड़की के बाहर रोशनी में मुझे अँधेरे और बारिश के सिवाय कुछ नहीं दिख रहा था। तो बस यही रहा। बच्चा मर गया था। इसीलिए डॉक्टर इतना क्लांत दिख रहा था। लेकिन कमरे में वह बच्चे के साथ ऐसे क्यों कर रहे थे? शायद उन्होंने सोचा होगा कि वह ठीक हो जाएगा और साँस लेना प्रारम्भ कर देगा। मेरा कोई धर्म नहीं था लेकिन मैं जानता था कि उसका बपतिस्मा जरूर हो गया होगा, लेकिन क्या पता उसने कभी साँस बिलकुल ली ही न हो। उसने साँस ही नहीं ली। वह कभी जीवित नहीं था। कैथरीन के गर्भ के अलावा मैंने उसे वहाँ अक्सर पैर चलाते हुए महसूस किया था लेकिन एक सप्ताह से मुझे ऐसा नहीं लगा था। शायद तभी उसकी साँस घुट गई थी। बेचारा बच्चा, काश ऐसे मेरी भी साँस घुट गई होती। नहीं, मैं नहीं चाहता। तब भी इस तरह तो नहीं मरना पड़ता। अब कैथरीन भी नहीं बचेगी। यह क्या किया तुमने, तुम तो चले गए। तुम्हें पता भी नहीं चला कि क्या हुआ, तुम्हें जानने का मौका ही नहीं मिला या उन्होंने जैसे बिना किसी बात के आयमो को मार दिया था या जैसे रिनाल्डी को सिफलिस दे दी थी। आखिर में तो उन्होंने मृत्यु ही दी थी। आप इस बात को पक्का मानिए। आप आसपास बने रहिए और आप मारे जाएँगे।

एक बार कैम्प में मैंने एक लकड़ी आग के ऊपर रख दी थी जिसमें चीटियाँ भरी हुई थीं। जैसे ही लकड़ी जलना शुरू हई, चीटियों के झुंड निकल पड़े और वह पहले मध्य की ओर भागीं वहाँ आग थी, फिर वह पीछे मुड़ गईं और सिरे की तरफ भागीं। आखिर में जब सिरे पर बहुत सी इकट्ठी हो गईं तो कुछ आग में गिर गईं। कुछ बाहर निकल गईं, उनकी देह झुलस कर फैल गई। बिना जाने कि वह किधर जा रही हैं, वह चली गईं, लेकिन उनमें से अधिकांश आग की तरफ गईं, फिर वापस लौटीं और बड़े सिरे पर एकत्रित हुईं और अन्ततः आग में गिर गईं। मुझे याद है कि उस वक्त मैं सोच रहा था कि जैसे दुनिया खत्म हो गई थी और मसीहा बनने का शानदार अवसर था। केवल लकड़ी उठाकर बाहर फेंक देनी थी, बस और कुछ नहीं...चींटियाँ बाहर जमीन के ऊपर आ जातीं। लेकिन मैंने कुछ नहीं किया था। जबकि मैं पानी से भरा एक कप भी लकड़ियों पर डाल सकता था। मेरे पास खाली कप भी था, जिसमें मैंने शराब पी थी। मैं लकड़ी पर पानी डाल सकता

था। सोचता हूँ एक कप पानी से जली लकड़ी केवल भाप की तरह चींटियों के लिए होती।

अब मैं हॉल के बाहर आकर बैठ गया था और इन्तजार कर रहा था कि पता चले कि कैथरीन कैसी है? बहुत देर तक जब नर्स नहीं आई तब मैं दरवाजे के पास गया और धीरे से खोलकर अन्दर झाँका। पहले तो मुझे कुछ नहीं दिखाई दिया क्योंकि हॉल के अन्दर रोशनी थी और यहाँ कमरे में अँधेरा था। बाद में मैंने देखा कि नर्स कैथरीन के बिस्तर पर बैठी थी और कैथरीन सिर पर तकिए को लगाकर चादर के अन्दर सीधी लेटी थी। नर्स उँगलियों को उसके होंठों पर फेर रही थी। नर्स खड़ी हो गई और दरवाजे के पास आई।

''वह कैसी है?'' मैंने पूछा।

''बिलकुल ठीक है।'' नर्स ने कहा, ''तुम जाओ और रात का खाना खा लो और इच्छा हो तो वापस आ जाना।''

मैं हॉल में वापस आया और सीढ़ियों से उतरकर अस्पताल के बाहर आ गया। बरसात हो रही थी और कैफे जानेवाली गली में अँधेरा था। कैफे के अन्दर तेज रोशनी थी और वहाँ मेज पर बहुत से लोग बैठे थे। मुझे बैठने के लिए कोई जगह नहीं दिखाई दे रही थी तभी वहाँ वेटर आया। उसने मेरा भीगा कोट देखा और मुझे दूसरी ओर एक खाली सीट दिखाई जहाँ एक बुजुर्ग बीयर पी रहे थे और शाम का अखबार पढ़ रहे थे। मैं वहाँ बैठा और वेटर से पूछा कि स्पेशल थाली में आज क्या है?

''वील स्टू लेकिन अब खत्म हो गया है।''

''खाने में क्या मिलेगा अब?''

''सुअर का मांस और अंडे, पनीर भरा अंडा और शराब में चौक्राउट।''

''यह शराब तो दोपहर में ली थी।''

''यह सच है।'' उसने कहा। ''आप चौक्राउट ले चुके हैं।'' वेटर अधेड़ उम्र का था और थोड़ा गंजा था। उसके चेहरे पर सज्जनता थी।

''आप क्या पसन्द करोगे? सुअर का मांस या पनीर अंडा?''

''सुअर का मांस और अंडा।'' मैंने कहा, ''और बीयर।''

''एक डैमी ब्लॉन्डे?''

''हाँ।''

''मुझे याद आ रहा है।'' उसने कहा, ''दोपहर में आपने डेमी-ब्लॉन्डे ली थी।''

मैंने सुअर का मांस और अंडे खाए तथा बीयर पी। हैम और अंडा एक गोल प्लेट में थे जिसमें गोश्त नीचे था और अंडा ऊपर। यह बहुत गरम था और पहली बार गर्म खाने से मेरा मुँह जल गया था। मुँह ठंडा करने के लिए मुझे बीयर का घूँट लेना पड़ा जिससे मुँह ठंडा हुआ। मैं भूखा था। मैंने वेटर को एक और ऑर्डर दिया। मैं लगातार बीयर पिए जा रहा था।

मैं कुछ भी नहीं सोच रहा था। सामने बैठे आदमी के अखबार को पढ़ने की कोशिश कर रहा था जिसमें ब्रिटिश फ्रंट के टूटने की खबर थी। जब सामने बैठे व्यक्ति को लगा मैं उसका अखबार पढ़ रहा हूँ तो उसने अपना अखबार समेट लिया। मैंने सोचा कि वेटर से कहूँ कि अखबार ला दे पर स्वयं को एकाग्र नहीं कर सका। कैफे में गर्मी थी और खराब हवा चल रही थी। कैफे टेबल पर बैठे लोग एक दूसरे को जानते थे। वहाँ बहुत सी जगह ताश खेले जा रहे थे। वेटर ड्रिंक्स आदि लाने में व्यस्त थे। दो लोग जिन्हें बैठने के लिए जगह नहीं मिली तो वे मेरी टेबल के सामने आकर खड़े हो गए थे। मैंने एक और बीयर का आदेश दिया। मैं अभी उठने के मूड में नहीं था और इतनी जल्दी अस्पताल वापस नहीं पहुँचना चाहता था। मैं थक गया था और बिलकुल शान्त था। मैं कुछ भी नहीं सोच पा रहा था। लोग चारों ओर खड़े थे। बैठे हुए लोग उठ नहीं रहे थे। इसलिए वे वापस चले गए। मैंने एक और बीयर पी।

मेरे सामने वाली टेबल पर प्लेटों का ढेर लग गया था। मेरे सामने बैठे आदमी ने अपना चश्मा उतारा, खोल में रखा। अखबार को मोड़कर जेब में रखा, अपना गिलास उठाया और बाहर चला गया। अचानक मैंने महसूस किया कि मुझे वापस जाना था। मैंने वेटर को पुकारा और हिसाब चुकाया। कोट पहना, हैट लगाया और दरवाजे से बाहर आ गया। बरसात में भीगता हुआ मैं हॉस्पिटल आ गया।

ऊपरी मंजिल में नर्स मिली जो हॉल से वापस आ रही थी।

''मैंने अभी आपको होटल में कॉल किया था।'' उसने कहा। मेरे अन्दर भय सा बैठ गया।

''कुछ गलत हुआ?''

''मिसेज हेनरी को पक्षाघात हुआ।''

''मैं अन्दर जा सकता हूँ?''

''नहीं, अभी नहीं। उन्हें डॉक्टर देख रहे हैं।''

''क्या वह खतरे में हैं?''

''हाँ बहुत खतरनाक है।''

नर्स कमरे में चली गई और कमरा बन्द कर लिया। मैं हॉल में बाहर बैठ गया। हर चीज मेरे मन में घुमड़ रही थी। मैं सोच नहीं पा रहा था। मुझे लग रहा था कि वह मौत की तरफ बढ़ रही थी। मैं प्रार्थना कर रहा था कि उसे कुछ न हो। मैं उसकी मौत होते देख नहीं पाऊँगा। हे ईश्वर! मैं उसकी मौत होते न देखूँ। मेरे प्यारे ईश्वर उसकी मौत न हो। कृपया! कृपया!! कृपया!!! उसकी मौत न हो। कृपा करो ईश्वर, उसे मौत से लड़ने की शक्ति दो। मैं वह सब करूँगा जो आप कहेंगे। अगर तुम उसे मौत से बचा लो। तुमने बच्चा ले लिया ठीक है। अब उसे न लो। उसकी मौत न होने दो। प्लीज, प्लीज, प्लीज उसकी मौत न होने दो।

नर्स ने दरवाजा खोला और उँगली से मेरी ओर इशारा करके बुलाया। मैं कमरे में उसके पीछे–पीछे हो लिया। मैं कमरे में घुसा तो कैथरीन ने नहीं देखा। मैं बिस्तर के पास चला गया। डॉक्टर बिस्तर की दूसरी तरफ खड़ा था। कैथरीन मुझे देखकर मुस्कुराई। मैं बिस्तर की ओर झुका और रोना शुरू कर दिया।

''पुअर डार्लिंग।'' कैथरीन ने धीमी आवाज में कहा। उसका चेहरा सफेद हो गया।

''तुम पूरी तरह ठीक हो।'' मैंने कहा, ''तुम पूरी तरह ठीक हो रही हो।''

''मैं मर रही हूँ।'' थोड़ी देर रुककर उसने कहा, ''मैं मौत से नफरत करती हूँ।''

मैंने उसका हाथ अपने हाथों में ले लिया।

''मुझे मत छुओ।'' वह बोली। मैंने अपना हाथ हटा लिया।

वह मुस्कुराई, ''पुअर डार्लिंग। तुम चाहते हो तो पूरा छू लो।''

''तुम बिलकुल ठीक हो जाओगी कैथ! मैं जानता हूँ कि तुम पूरी तरह ठीक हो जाओगी।''

''मैंने सोचा था कि तुम्हें एक पत्र लिखूँ कि अगर मुझे कुछ हो जाए तो...पर मैं लिख नहीं पाई।''

''क्या मैं किसी पादरी को बुलाऊँ या किसी और को भी जिसे तुम देखना चाहती हो।''

''सिर्फ तुम।'' उसने कहा, ''मैं मौत से घबराती नहीं हूँ। उससे नफरत करती हूँ।''

''तुम ज्यादा बात मत करो।'' डॉक्टर ने कहा।

''ठीक है।'' कैथरीन ने कहा।

''तुम मुझसे कुछ चाहती हो कैथ? मुझे बताओ कैथरीन मैं तुम्हारे लिए क्या करूँ?''

कैथरीन मुस्कराई, ''कुछ नहीं।'' थोड़ी देर बाद बोली, ''तुम मेरी जगह इन बातों के लिए किसी और लड़की को नहीं चाहोगे। उसके साथ वह सब बातें नहीं करोगे न।''

''कभी नहीं।''

''हालाँकि मैं चाहती हूँ कि तुम लड़कियों के संसर्ग में रहो।''

''मैं ऐसा नहीं चाहता।''

''तुम बहुत ज्यादा बात कर रही हो।'' डॉक्टर ने कहा, ''मिस्टर हेनरी अभी आप बाहर जाइए। कुछ समय बाद फिर आप आ सकते हैं। तुम्हें कुछ नहीं होने जा रहा। तुम बेवकूफ नहीं हो।''

''ठीक है।'' कैथरीन ने कहा, ''मैं वापस आऊँगी और तुम्हारे साथ रातें बिताऊँगी।'' उससे कुछ भी नहीं बोला जा रहा था।

''कृपया कमरे से बाहर जाइए।'' डॉक्टर ने कहा, ''तुम बात मत करो।''

कैथरीन ने मुझे देखकर पलकें झपकाईं। उसके चेहरे पर सफेदी छाई हुई थी।

''मैं बाहर ही बैठा हूँ।'' मैंने कहा।

''चिन्ता मत करो, डार्लिंग।'' कैथरीन ने कहा, ''मैं तनिक भी भयभीत नहीं हूँ। यह वक्त की एक घटिया चाल है।''

''तुम बहुत प्यारी हो। तुम बहादुर और प्यारी लड़की हो।''

मैं हॉल में बैठकर एक लम्बे समय तक इन्तजार करता रहा। नर्स दरवाजे पर आई और फिर मेरे पास।

''मैं मिसेज हेनरी को लेकर भयभीत हूँ। वह बहुत बीमार हैं।'' नर्स ने कहा।

''क्या वह मर गई है?''

''नहीं, लेकिन अचेत है।''

कैथरीन को एक के बाद दूसरा 'हैमरेज' हो रहा है। डॉक्टर कुछ नहीं कर पा रहे हैं। मैं उसके कमरे में गया और तब तक रुका जब तक वह जिन्दा रही। पूरे समय वह अचेत थी। मृत्यु को गले लगाने में उसे अधिक समय नहीं लगा।

कमरे के बाहर हॉल में मैंने डॉक्टर से कहा कि ''ऐसा कुछ है जो मैं आज रात को कर सकूँ।''

''नहीं, यहाँ ऐसा कुछ नहीं है। क्या मैं आपको आपके होटल तक छोड़ दूँ।''

''नहीं, धन्यवाद। मैं कुछ देर तक यहीं रुकूँगा।''

''मैं जानता हूँ कि कहने लायक कुछ भी नहीं है। क्या बताऊँ मैं आपको?...''

''नहीं।'' मैंने कहा, ''कुछ भी कहने की जरूरत नहीं है?''

''गुड नाइट।'' डॉक्टर ने कहा, ''क्या मैं आपको होटल तक नहीं छोड़ सकता?''

''नहीं, धन्यवाद।''

''इसके अलावा कुछ नहीं किया जा सकता था।'' डॉक्टर ने कहा, ''ऑपरेशन असफल सिद्ध...।''

''मैं इस बारे में कोई बात नहीं करना चाहता?'' मैंने कहा।

''मैं आपको आपके होटल तक छोड़ना चाहूँगा।''

''नहीं, धन्यवाद।''

डॉक्टर हॉल से नीचे चला गया। मैं कमरे के दरवाजे तक गया।

''तुम अब अन्दर नहीं आ सकते।'' एक नर्स ने कहा।

''मैं आ सकता हूँ।'' मैंने कहा।

''तुम अब नहीं आ सकते।''

''तुम बाहर जाओ।'' मैंने कहा, ''और दूसरी भी।'' लेकिन उन सबको बाहर भेजने और दरवाजे और लाइट बन्द करने का कोई उपयोग नहीं था। यह सब किसी बुत से अलविदा कहने जैसा था। कुछ समय बाद ही मैं अस्पताल से निकलकर बारिश में ही होटल की ओर चल पड़ा।

❂❂❂